2018年主题出版重点出版物

曲青山
黄书元 主编

中国改革开放全景录

山东卷

田德全 丁龙嘉 / 著

山东人民出版社 · 济南

总　　序*

曲青山

为庆祝改革开放40周年，中央党史研究室、人民出版社决定联合全国各省区市相关单位共同编写出版《中国改革开放全景录》大型丛书。这是党史界、出版界围绕中心、服务大局，积极作为、主动履职的一件大事。

一、我们为什么要庆祝改革开放

党的十九届一中全会后，习近平总书记在十九届中央政治局常委同中外记者见面时的讲话中指出："中共十九大到二十大的5年，正处在实现'两个一百年'奋斗目标的历史交汇期，第一个百年目标要实现，第二个百年奋斗目标要开篇。这其中有一些重要的时间节点，是我们工作的坐标。"第一个重要坐标就是2018年改革开放40周年。为什么将改革开放同中华人民

* 此文为曲青山同志在2018年1月10日《中国改革开放全景录》丛书编写出版第三次工作会议上的讲话。

共和国成立、全面建成小康社会、中国共产党成立等重大历史事件一道确立为党和国家工作全局的坐标呢？因为改革开放是决定当代中国命运的关键一招，也是决定实现“两个一百年”奋斗目标、实现中华民族伟大复兴中国梦的关键一招。改革开放是我们党在经过曲折、反思后，实现伟大历史转折和伟大飞跃，大踏步赶上世界潮流、走近世界舞台中央的一个重要法宝，改革开放对党、对国家、对民族、对世界都产生了重大而深远的影响。

改革开放使党的面貌发生了历史性变化。改革开放 40 年来，我们坚持党要管党、全面从严治党，党的建设质量不断提高，党的执政地位更加巩固，为开创、坚持和发展中国特色社会主义提供了坚强的政治保证和组织保证。特别是党的十八大以来，以习近平同志为核心的党中央坚定不移推进全面从严治党，形成了反腐败斗争压倒性态势，消除了党和国家内部存在的严重隐患，党内政治生活气象更新，党内政治生态明显好转，全党理想信念更加坚定、党性更加坚强，党自我净化、自我完善、自我革新、自我提高能力显著提高，党的执政基础和群众基础更加巩固，为党和国家事业取得的全方位、开创性成就，发生的深层次、根本性变革提供了坚强政治保证。改革开放取得的巨大成就，使得中国共产党成为一个拥有 8900 多万名党员、450 多万个基层党组织的世界第一大党，成为一个在拥有 13 亿多人口的中国长期执政的党。

改革开放使中国的面貌发生了历史性变化。改革开放之初，我们党发出了“走自己的道路，建设有中国特色的社会主义”的伟大号召。经过长期努力，中国特色社会主义进入了新时代，意味着科学社会主义在21世纪的中国焕发出强大生机活力，在世界上高高举起了中国特色社会主义伟大旗帜。从1978年到2017年，我国国内生产总值由3679亿元增长到82.7万亿元；城镇居民人均可支配收入和农村居民人均可支配收入分别由1978年的343.4元、133.6元增加到2017年的36396元、13432元；农村贫困发生率从1978年的97.5%大幅下降到2017年的3.1%以下。220多种主要工农业产品生产能力稳居世界第一位，改革开放前长期困扰我们的短缺经济和供给不足状况已经发生根本性转变，我国社会主要矛盾已经转化为人民日益增长的美好生活需要和不平衡不充分的发展之间的矛盾。改革开放取得的巨大成就，使得具有5000多年文明历史的古老中国重新焕发出强大生机活力，使得中国这个世界上最大的发展中国家在短短40年时间里摆脱贫困并跃升为世界第二大经济体，彻底摆脱被“开除球籍”的危险。可以说，没有改革开放，就没有中国的今天；离开改革开放，也没有中国的明天。

改革开放使中华民族的面貌发生了历史性变化。习近平总书记曾深刻指出：“60多年前我们党领导人民经过长期艰苦卓绝的斗争建立了新中国，30多年前我们党领导人民开始了改革开放，这两件大事大大加快了实现中华民族伟大复兴的历史进程。”党的十一届三中全会以来，中国共产党团结带领人民进行改革开放新的伟大革命，破除阻碍国家和民族发展的一切思想和体制障碍，开辟了中国特色社会主义道路，形成了中国特色社会主义理论体系，确立了中国特色社会主义制度，发展了中国特色社会主义文化，使中国大踏步赶上时代，使久经磨难的中华民族迎来了从站起来、富起来到强起来的伟大飞跃。改革开放取得的巨大成就，使我们比历史上任何时期都更接近中华民族伟大复兴的目标，比历史上任何时期都更有信心、有能力实现这个目标。今天的中华民族充满自信，正日益走近世界舞台中央，迎来了实现伟大复兴的光明前景。

改革开放使世界格局的面貌发生了历史性变化。改革开放既改变了中国的面貌，又重塑了世界格局。40年来，我国综合国力不断增强，国际地位显著提高，国际影响力、感召力、塑造力进一步提升，中国同世界的关系进入新阶段，国内国际两个大局联系更加紧密。作为世界和平的建设者、全球发展的贡献者、国际秩序的维护者，在全球治理体系变革等关乎人类前途命运的重大课题上，再也不能少了中国声音。正如习近平总书记指出："世界那么大，问题那么多，国际社会期待听到中国声音、看到中国方案，中国不能缺席。"改革开放取得的巨大成就，也拓展了发展中国家走向现代化的途径，给世界上那些既希望加快发展又希望保持自身独立性的国家和民族提供了全新选择，为解决人类问题贡献了中国智慧和中国方案。

改革开放是我们党的历史上一次伟大觉醒，正是这个伟大觉醒孕育了新时期从理论到实践的伟大创造。40年来的伟大实践充分证明："只有社会主义才能救中国，只有改革开放才能发展中国、发展社会主义、发展马克思主义。"我们坚信，在以习近平同志为核心的党中央坚强领导下，中华民族伟大复兴必将在改革开放的伟大进程中得以实现。

二、我们为什么要编写出版《中国改革开放全景录》

庆祝改革开放40周年，是党和国家政治生活中的一件大事。中央党史研究室是直属党中央的党史研究机构，是中央主管党史业务的工作部门。人民出版社是党和国家重要的宣传思想文化阵地。双方合作编写出版《中国改革开放全景录》，这是党史界和出版界共同为庆祝改革开放40周年献上的一份厚礼，具有重要意义。

第一，编写出版《中国改革开放全景录》是为了记史存史、资政育人

准确记载和反映党的历史，发挥党史以史鉴今、资政育人重要作用，是党史工作者的重要任务，也是出版工作者的使命责任。做好丛书编写工作，必须紧紧围绕记史存史、资政育人这一目标展开，把改革开放的历史研究好、记载好，把改革开放的成功经验梳理好、总结好，把改革开放的伟大成就宣传好、维护好。

一是生动记录改革开放波澜壮阔的历史进程，为改革画像，为先贤留名，为人民存史。从党的十一届三中全会作出把党和国家工作中心转移到经济建设上来、实行改革开放的历史性决策以来，已经40年了。按照中国传统的说法，改革开放已经进入不惑之年。40年，改革的春风吹遍神州大地，创造出一个又一个彪炳史册的人间奇迹。我们编写《中国改革开放全景录》丛书，就是要生动记录我们党团结带领全国各族人民进行改革开放的伟大实践，集中反映改革开放和社会主义现代化建设取得的历史性成就，充分彰显中国特色社会主义道路自信、理论自信、制度自信、文化自信，为后世留一份珍贵的历史资料。

二是总结好改革开放的历史经验，发挥党史资政作用，为新时代全面深化改革开放贡献智慧和力量。早在延安时期，毛泽东同志就指出："如果不把党的历史搞清楚，不把党在历史上所走的路搞清楚，便不能把事情办得更好。"改革开放40年的历史，蕴含着丰富的管党治党和治国理政的经验和智慧，是一笔宝贵的政治财富，在丛书的编写过程中需要我们予以深入挖掘和总结。比如，我们统筹推进"五位一体"总体布局和协调推进"四个全面"战略布局，就需要总结党领导经济建设、政治建设、文化建设、社会建设、生态文明建设的经验，需要总结全面建成小康社会、全面深化改革、全面依法治国、全面从严治党的经验，从中寻找历史借鉴和启示。

三是用改革开放历史激励人民、教育人民、启迪人民，增进改革共识。编写《中国改革开放全景录》丛书，就是要用人民群众喜闻乐见的形式和方法，把改革开放的伟大成就、基本经验和重大事件、典型人物具体生动地表现出来，引导广大群众充分认识改革开放是当代中国发展进步的必由之路，是实现中国梦的必由之路，激励广大群众以逢山开路、遇水架桥的韧劲，将改革进行到底。

第二，把握好《中国改革开放全景录》的特点和亮点

丛书编写成功与否，原因是多方面的，其中一个重要因素是看它有没有特点，有没有使读者眼前一亮的独特气质。与社会上出版的其他书籍相比，《中国改革开放全景录》应呈现以下几个鲜明的特点和亮点。

一是系统性。编写这套丛书，要力争系统地反映改革开放40年来的全部历史，系统地反映我国改革发展稳定、内政外交国防、治党治国治军各方面取得的成就，系统地反映改革开放对生产力和生产关系、经济基础和上层建筑的促进与完善。

二是完整性。这套丛书从时间跨度上看，涵盖了从1978年党的十一届三中全会至今40年的历史，是一部完整地记录改革开放全过程的历史丛书；从地域分布上看，既有反映全国改革开放历程的中央卷，又有31个省、自治区、直辖市各自的地方卷，可以全方位反映出改革开放给中国带来的发展变化。

三是准确性。参与丛书编写的大都是各省区市党史研究室和社会科学院的领导同志与专家学者，很多同志长期从事本地区改革开放历史研究，学养深厚，对其中的重点难点问题比较了解熟悉，在资料利用方面又有得天独厚的优势。

四是生动性。这套丛书主要面向普通读者，以写事为主，夹叙夹议，要求在文字上力求生动鲜明简洁，并辅之以记录改革开放重大事件和重要人物的图片。应做到可读可信可取，既引人入胜，又给人启发。

总之，我们必须牢牢把握这套丛书既是记录改革开放全过程和各方面的资料书，又是能够阐明改革开放所以然的理论著作的这样一个定位，以生动再现和总结党的十一届三中全会以来40年波澜壮阔的历史。

三、我们应该怎样把《中国改革开放全景录》编写成一部精品力作

《中国改革开放全景录》丛书已列入中宣部、国家新闻出版广电总局重点图书，所以，我们要认认真真、扎扎实实、群策群力、按时保质推进编写工作，注意史学规范，做到言之有物、言之有据，史论结合、论从史出，确保丛书成为一部明白晓畅而又严谨切实的历史著作。

一是要坚持正确政治导向。丛书编写工作，要高举中国特色社会主义伟大旗帜，以习近平新时代中国特色社会主义思想为指导，以习近平总书记关于改革开放重要论述为根本遵循，牢牢把握改革开放40年历史的主题和主线、主流和本质，深刻阐释历史和人民在艰苦探索中选择了改革开放，正确对待改革开放中的一些失误和曲折，旗帜鲜明地反对各种歪曲、丑

化、否定改革开放历史的言行。

二是要通力合作、集体攻关。要编写这样一套丛书，是很不容易的，无论哪一个人哪一方面单打独斗都很难完成，必须依靠全党、全社会各方面的力量，齐心协力、集体攻关。中国历史上的大型丛书如《四库全书》等，都是当时举全国之力完成的。1983年开始启动的《当代中国》丛书，也是全党、全军、全国各条战线10多万工作人员前后用时15年时间集体合作完成的。《中国改革开放全景录》这套丛书虽然规模体量没有那么大，但没有通力合作、集体攻关的精神是完成不了的。做好丛书编写出版工作，不是少数人、个别人的任务，必须整合包括党政机关、党校、行政学院、社会科学院、高等院校、出版社在内的各方面力量。

三是要建立责任共同体。既然丛书的编写出版需要通力合作、集体攻关，那么大家就是一个责任共同体，要相互理解、相互配合、相互支持，最后达到双赢、共赢的结果。所谓责任共同体，就是我离不开你、你离不开我，我中有你、你中有我。具体来说，中央党史研究室的同志要认真把好书稿总体的政治关、史实关、文字关；人民出版社的同志要做好丛书的总体组织协调和出版工作。相信我们双方一定能尽心尽力把丛书编写好，一起承担责任，一起应对挑战，一起分享成绩。

四是要抓紧时间。抓而不紧，等于没抓。为了丛书的顺利出版，人民出版社和各地人民出版社提前谋划，做了大量工作，各项工作正在如期进行。希望大家发扬时不我待、只争朝夕的精神，把各项工作往前赶，打出提前量，力争丛书按时出版。

我们处在历史的一个重要节点上，一代人有一代人的历史任务。我们这一代人是乘着改革开放的东风成长起来的，我们都是改革开放的受益者，也是改革开放的参与者、见证者。身处这个伟大时代，是我们的光荣和幸运。把改革开放的历史记录好、研究好、出版好、宣传好，更是我们这一代党史工作者和出版工作者义不容辞的职责。让我们共同努力，携手完成《中国改革开放全景录》的编写出版工作，向庆祝改革开放40周年献礼，向党和人民献礼！

2018年1月10日

目　录

第一章　拨乱反正的全面展开 …… 1

一、党的十一届三中全会的召开和山东省委实现工作重点转移的意见 …… 1

二、邓小平的山东之行和真理标准问题讨论的补课 …… 6

三、冤假错案的彻底平反和社会政治关系的积极调整 …… 13

四、中央国民经济新“八字方针”的制定和山东国民经济的调整、发展 …… 18

五、中央关于历史问题的决议和山东思想路线拨乱反正的完成 …… 24

六、权力机构的恢复、健全和党组织建设的加强 …… 27

第二章　改革开放的起步 …… 34

一、菏泽等地包产到户的突破和全省农村第一步改革的完成 …… 34

二、企业自主权的扩大和经济责任制的推行 …… 42

三、外贸经营自主权的扩大和外贸体制的改革 …… 48

四、教育文化事业的振兴和科技事业的发展 …… 52

第三章　现代化建设局面的开创……61
一、中央开创现代化建设新局面纲领的制定
和中共山东省第四次代表大会的胜利召开……61
二、农村种植业结构的调整和土地规模经营的探索……68
三、人民公社管理体制的改革……70
四、企业利改税的推行和厂长负责制的试行……73
五、“五讲四美三热爱”活动的开展……76

第四章　改革开放的全面展开……82
一、山东经济体制改革的展开……82
二、全省开始第二步农村改革和诸城“农村商品
经济大合唱”的推广……86
三、乡镇企业的异军突起和周村农村股份制
合作的试验……98
四、青岛、烟台、山东半岛列入对外开放地带
和外向型经济的发展……105
五、全省区域发展战略的首次制定和开发建设
黄河三角洲……111

第五章　精神文明、民主法治建设和政治体制改革的推进……116
一、山东“三抓三创一开展”活动的开展
与精神文明建设的成效……116
二、开展“一五”普法教育活动和依法治省
政策的出台……120
三、山东政治体制改革的探索和城市机构改革试点……124
四、县级管理和乡镇职能的强化……128

第六章 改革开放中执政党的建设 …… 132
一、1983 年至 1987 年的整党 …… 132
二、加强干部队伍和干部管理制度建设 …… 141
三、加强廉政建设，保持党政机关的廉洁 …… 145
四、大量优秀知识分子入党和党员如何发挥先锋模范作用的大讨论 …… 147

第七章 历史波折中深化改革扩大开放 …… 151
一、山东改革开放过程中出现的问题 …… 151
二、“一高一低一上”发展思路的提出和“科教兴鲁”“海上山东”两大战略的实施 …… 160
三、诸城“贸工农一体化”的推广和全省农村经济“三个良性循环”的推行 …… 171
四、转换企业经营机制和“三改一管”思路的提出 …… 179
五、外贸体制的深化改革和外向型经济新局面的开创 …… 184
六、加强党的建设与社会主义民主法制建设 …… 188

第八章 建立社会主义市场经济的新步伐 …… 193
一、外向型经济战略的确立和山东为建立市场经济体制闯五关 …… 193
二、强县强乡带动和欠发达地区改革开放试点县两大战略的实施 …… 197
三、发展“高产优质农业”的探索和农业产业化经营模式的创举 …… 202
四、国有大中型企业建立现代企业制度的探索和诸城国有中小企业股份制合作改制的推广 …… 211

五、市场条件下山东农村经济发展的新思路
和乡镇企业的快速发展……220
六、科技事业的发展和教育优先发展战略的实施……226
七、“三五”普法教育的实施和“148”法律服务
专线的设立……231
八、新时期的基层治理和精神文明建设……238

第九章　邓小平理论指引下的世纪跨越……245
一、邓小平理论旗帜的高举和山东改革开放的更大步伐……245
二、两大跨世纪工程建设的新发展和四大经济
社会发展战略的实施……248
三、农业结构的调整优化和农村税费的改革……259
四、国有企业改革的攻坚和民营经济的新突破……264
五、应对亚洲金融危机的冲击和促进对外经贸的发展……269
六、海尔中国第一品牌的创立和重汽集团重组后的发展……273
七、依法行政、政府法治的加强和经济立法的强化……277
八、精神文明建设品牌的打造和文化大省的建设……281
九、住房制度的改革和新型社会保障制度的建立……286
十、县以上领导干部“三讲”教育活动和农村
“三个代表”重要思想学习教育活动的开展……291
十一、山东小康水平的初步达到和21世纪经济
社会发展的战略研究……296

第十章　全面建设小康社会的新阶段……299
一、中央全面建设小康社会纲领的制定和实行
科学发展观、构建和谐社会的提出……299

二、21 世纪前 20 年山东经济社会发展的基本思路和全省区域发展战略的新演进…………304
三、农业税的废止和社会主义新农村的建设…………307
四、国有企业现代产权制度的建立和胶东半岛制造业基地的打造…………310
五、外经外贸、高新技术、民营经济的突出发展和交通事业发展的鲜明特色…………313
六、山东半岛城市群的崛起和城乡之间的统筹发展…………320
七、新型县域经济格局的构建和县域经济又好又快发展…………323
八、村务公开、民主管理的推进和城市居委会的健全…………327
九、文化体制改革、产业发展和高等教育从“精英”到“大众”的转变…………329
十、新型农村合作医疗的推广和社会救济制度的发展…………334
十一、“平安山东”的建设和新泰、宁阳的“平安协会”…………338

第十一章　实现富民强省的新跨越…………343
一、“富民强省”的新理念和建设“经济文化强省”的新战略…………343
二、全省区域发展战略的再演进和海洋经济战略的提出…………346
三、与日韩合作全面展开和与全球其他经济板块合作的进一步加强…………352
四、十六字经济建设方针的提出和二十一条促消费拉内需政策的出台…………355

五、农业产业化经营的纵深发展和土地流转制度“西岗模式”的面世……359
六、山东钢铁集团的成立和工业发展新特优工程的实施……362
七、全国最大优秀旅游城市群的建成和服务业“三大载体”的培育……366
八、山东文博会的举行和“泉城义工”的行动……371
九、农村最低生活保障制度的建立和城镇居民基本医疗保险的启动……375

第十二章　市场经济中执政党的建设……381
一、“党员先进性教育活动”在泰安的综合试点和山东党组织保持共产党员先进性教育活动的开展……381
二、学习实践科学发展观活动在六个单位的试点和在全省的逐步展开……384
三、基层党组织执政能力的建设和新型领域党建整体框架的形成……387
四、莱芜党代表任期制的实行和乳山“发展党内民主”的创新实践……391
五、《建立健全教育、制度、监督并重的惩治和预防腐败体系实施纲要》的落实和杜世成、段义和案件的查处……395

第十三章　推进由大到强战略性转变中的目标定位和各项体制改革……400
一、推进由大到强战略性转变的目标定位……400

二、各项体制改革……406

第十四章 经济文化强省建设中的坚实步伐……436
一、高质量发展推动新旧动能转换……436
二、做大做强海洋经济……441
三、实施乡村振兴战略，建设美丽乡村……443
四、协调推进区域、城乡发展……446
五、稳步推进新型城镇化……448
六、不断增强县域综合实力……451
七、加快建设“生态山东”……453
八、全力打赢脱贫攻坚战……457
九、化工等产业安全生产转型升级……461
十、人民群众生活持续改善……462
十一、深入培育务力践行社会主义核心价值观……464
十二、纵深推进文化领域改革……467

第十五章 国内国际新格局中的扩大开放……471
一、积极参与“一带一路”建设……471
二、深入推进鲁港、鲁台交流合作……478
三、继续优化对外贸易结构……481

第十六章 全面从严治党中的新气象……485
一、坚决落实中央八项规定精神……486
二、开展党的群众路线教育实践活动……490
三、进行“三严三实”专题教育……493
四、进行“两学一做”学习教育……495

五、查处王敏、杨鲁豫贪腐案……501
六、反腐败斗争形成压倒性态势……504

主要参考文献……508
后　记……511

第一章
拨乱反正的全面展开

“文化大革命”结束后，打破“左”倾思想的束缚，开创社会主义建设的新局面成为当务之急。可是，在“两个凡是”思想的影响下，各项工作进展缓慢。1978 年真理标准问题的讨论，解放了思想；党的十一届三中全会的召开，确立了新的思想路线和行动纲领。在此背景下，山东省的拨乱反正工作得以全面展开。

一、党的十一届三中全会的召开和山东省委实现工作重点转移的意见

（一）中央工作会议和党的十一届三中全会的召开

中央工作会议于 1978 年 11 月 10 日至 12 月 15 日在北京召开。

与会人员高度评价了实践是检验真理的唯一标准的讨论，批评了“两个凡是”的错误方针，指出“两个凡是”背离了党的实事求是的思想路线，是完全错误的。

与会人员一致同意中央政治局提出的从 1979 年 1 月起把全党工作重点转移到社会主义现代化建设上来的决策。

12月13日，邓小平作了《解放思想，实事求是，团结一致向前看》的重要讲话。这个讲话共分为四个部分：(1) 解放思想是当前的一个重大政治问题。讲话首先指出，在党的干部特别是领导干部中间，解放思想这个问题并没有完全解决。不少人还处在僵化或半僵化的状态。接着分析了存在这种状况的原因，即十多年来，由于林彪、“四人帮”大搞禁区、禁令，使人们思想禁锢；民主集中制受到破坏，党内确实存在权力过分集中的官僚主义；是非功过不清，赏罚不明，使得人们不愿意动脑筋；小生产习惯势力的影响，使得人们安于现状，不求进取。然后分析了由于思想僵化而产生的党包办一切、干预一切，做事不讲党性、不讲原则，而是看来头、看风向的坏现象。最后严肃地指出：“不打破思想僵化，不大大解放干部和群众的思想，四个现代化就没有希望。”目前进行的关于实践是检验真理的唯一标准问题的讨论，实际上是要不要解放思想的争论。一个党，一个国家，一个民族，如果一切从本本出发，思想僵化，迷信盛行，它的生机就要停止，就要亡党亡国。因此，“只有解放思想，坚持实事求是，一切从实际出发，理论联系实际，我们的社会主义现代化建设才能顺利进行，我们党的马列主义、毛泽东思想的理论也才能顺利发展”。从中央到地方，甚至于一个学校、一个商店、一个生产队都需要实事求是、解放思想。(2) 民主是解放思想的重要条件。讲话指出：“我们需要集中统一的领导，但是必须有充分的民主，才能做到正确的集中。”过去一个相当长的时间内，民主集中制没有真正实行，离开民主讲集中，民主太少。要创造民主的条件，要重申“三不主义”，即不抓辫子，不扣帽子，不打棍子。要发扬经济民主，要扩大厂矿企业和生产队的自主权，千方百计发挥他们的主动创造精神。为了保障人民民主，必须加强法制。必须使民主制度化、法律化，使这种制度和法律不因领导人的改变而改变。(3) 处理遗留问题为的是向前看。讲话指出，解决了一些过去遗留下来的问题，分清了一些人的功过，纠正了一批重大的冤案、错案、假案，这是解放思想的需要，也是安定团结的需要。目的是为了向前看，是为了顺利实现全党工作重心的转变。(4) 研究新情况，解决新问题。讲话指出，要向前看，就要研究新情况、解决新问题，尤其要研究和解决管理方法、管理制度、经济政策三个方面的问题。在管理方法上，当前要特别注意克服官僚主义，因为它与社会化的大生产是根本不相容的。在管理制度上，要特别注意加强责任制，要扩大管理人员的权限；要善于选用人员，量才授予职责；要严格考核，赏罚分明。在经济政策上，要允许一部分地区、一部分企业、一部分工人农民，由于辛勤劳动而生活先好起来，以他们的示范力量带动其他地区和其他的人们。邓小平的讲话为即将召开的党的十一届三中全会提供了根本指导思想。

真理标准问题的大讨论和 1978 年 11 月召开的中央工作会议，为党的十一届三中全会的召开做了准备，在此基础上，于 1978 年 12 月 18 日至 22 日，在北京召开了党的十一届三中全会。

党的十一届三中全会主要解决了以下问题：(1) 重新确定了党的正确的思想路线。会议高度评价了关于真理标准问题的讨论，指出实践是检验真理的唯一标准，是党的思想路线的根本原则，从而重新确立了党的实事求是的思想路线。会议坚决批判了“两个凡是”的错误方针，指出它是维护过去“左”倾错误的思想武器，必须彻底抛弃。同时，会议充分肯定了毛泽东在长期的革命斗争中建立的伟大功勋，强调要完整地、准确地掌握毛泽东思想的科学体系。(2)重新确立了党的正确的政治路线。会议果断地停止使用“以阶级斗争为纲”的口号，作出了把全党工作的着重点和全国人民的注意力转移到社会主义现代化建设上来的战略决策。这是党在政治路线上的最根本的拨乱反正。(3)会议实现了组织路线的拨乱反正。一大批老一辈无产阶级革命家重新回到了重要的领导岗位，以邓小平同志为核心的党的第二代中央领导集体经过十一届三中全会实际上已经建立起来。这为重新确立正确的思想路线和政治路线提供了组织上的保证。(4)会议着重提出了健全社会主义民主和加强社会主义法制的任务。会议指出，过去离开民主讲集中，民主太少，当前要特别强调民主，强调民主和集中辩证统一的关系。要健全党规党纪，严肃党纪。在人民内部不能采取压制、打击的手段，要实行民主的方法。为了保障人民民主，必须加强社会主义法制，使民主制度化、法律化。(5)会议对经济工作做出对外开放、对内搞活的重要部署，强调首先要把农业搞上去，要制定发展农业的新政策。

党的十一届三中全会解决了关系党和国家命运的一系列重大问题，标志着中国共产党从根本上冲破了长期“左”倾错误的严重束缚，从此走上了建设有中国特色社会主义的新道路，它揭开了党和国家历史的新篇章，是新中国成立以来我党历史上具有深远意义的伟大转折。

(二)中共山东省委实现工作重点转移的意见

党的十一届三中全会闭幕的第三天，即1978年12月24日，在济南的中共山东省委常委、山东省革委会副主任、济南军区党委常委，分别举行会议，认真学习了党的十一届三中全会公报，

代表们参观农机修造厂制造的玉米收获机

大家表示要坚决贯彻执行党的十一届三中全会的精神。

1979 年 1 月 4 日至 24 日，中共山东省委在济南举行工作会议。会议认真学习了党的十一届三中全会的文件，初步联系山东的实际，对中共山东省委在“文化大革命”前的工作进行了评价，对省委在“文化大革命”期间工作的经验教训进行了总结。会议号召，全省广大党员、干部、群众都要深刻认识党的工作重点转移的重大现实意义，要从思想上、行动上支持这个转移，跟上这个转移。会议强调，全省各级党组织和政府各部门，都要按照省委的部署，在妥善解决揭批“四人帮”运动中遗留问题的基础上，把搞现代化建设作为压倒一切的中心工作。党委、政府的主要领导都要集中精力抓经济建设。会议要求，党的各级组织机构要由适应政治运动转变为适应现代化建设；思想政治工作，要紧紧围绕经济工作、围绕现代化建设去做；要裁减党政机构和工作人员，同时，要充实、加强经济、教育、科技机构；要抓紧揭批查运动的结束工作和遗留问题的处理；要放眼长远，狠抓当前；要按经济规律办事，用经济手段管理经济；要转变领导作风；党的十一届三中全会精神的传达贯彻要一竿子插到底等。中共山东省委实现工作重点转移的意见，进一步加深了山东省广大党员、干部、群众对党的十一届三中全会的理解，促使人们的思想得到了进一步的解放，同时也有力地促进了山东省社会主义现代化建设的全面展开。

二、邓小平的山东之行和真理标准问题讨论的补课

（一）真理标准问题讨论补课的兴起

党的十一届三中全会后的实际情况是在贯彻全会精神的过程中，既遇到了右的干扰，也遇到了“左”的干扰。右的干扰表现为：在党提倡解放思想、实事求是、解决“天安门事件”等重大政治问题的过程中，出现了怀疑、否定、反对共产党领导和走社会主义道路的言论，这主要的表现是北京市西单墙的大字报。“左”的干扰表现为：党内许多干部，还没有摆脱“左”的束缚，思想处于僵化、半僵化状态，自觉不自觉地以“两个凡是”的眼光看待问题，对党的十一届三中全会精神不理解，想不通，抱抵触情绪，甚至持反对态度，而右的干扰的出现，更使他们将右的社会现象归咎于真理标准问题讨论和思想解放。

针对上述情况，邓小平代表中共中央于1979年3月30日发表了《坚持四项基本原则》的讲话。其中指出，“中央认为，我们要在中国实现四个现代化，必须在思想政治上坚持四项基本原则”，

即坚持社会主义道路，坚持无产阶级专政，坚持共产党的领导，坚持马克思列宁主义、毛泽东思想。在此后的一段时间里，全国集中进行了坚持四项基本原则的教育，使人们的思想认识较快地统一到党的思想认识上来。但是，实际工作表明，进一步开展真理标准问题的讨论，即进行这一讨论的补课，确立解放思想、实事求是的思想路线，仍然是推进四个现代化建设的一个关键问题。

1978 年 10 月 16 日，山东省委第一书记白如冰在省委党校领导干部读书班开学典礼上，作了题为《坚持马克思主义认识论，进一步解放思想，加快四个现代化的速度》的讲话，代表省委就实践是检验真理的唯一标准表明了肯定的态度。1979 年 1 月 22 日至 2 月 8 日，山东省委宣传部召开全省理论工作务虚会。会议围绕理论工作如何为社会主义四个现代化服务这个总题目，针对真理标准问题，社会主义社会的基本矛盾，主要矛盾发展动力以及“左”倾错误的危害等问题，联系实际，展开讨论。与此同时，《大众日报》等报刊和电台、电视台加大了对三中全会精神的宣传力度，发表了一批文章。但由于认识高度不够，只是从适应工作重点转移的角度提出解放思想，没有把解决思想路线问题放在首位，所以不但没有解决好思想路线问题，而且也没有解决好工作重点转移问题。

一直到 1979 年 7 月，山东省委都没有提出进行真理标准问题讨论的补课。因为省委对解决思想路线问题抓得不够有力、不够深透，所以在一些领导干部中，对这场讨论的伟大意义认识不足，有的人认为这场讨论与自己的实际工作无关；有的人怕开展讨论引起混乱；有的人甚至反对开展这场讨论，说什么“前一段那么乱，就是讨论真理标准问题的结果”。因为思想路线不够端正，所以在一些领导干部中，有的人对党的十一届三中全会提出的工作重点的转移、阶级斗争不是目前社会的主要矛盾感到不好理解；有的人对党的十一届三中全会确立的“解放思想，开动脑筋，实事求是，团结一致向前看”这一方针表示怀疑和抵触；有的人对党的十一届三中全会制定的政策表示怀疑和非难。现实表明，进行真理标准问题讨论的补课，是必要的。

（二）邓小平对山东的视察及山东对真理标准问题讨论补课的开展和历史意义

关键时刻，中共中央副主席、中央军委副主席邓小平来到山东视察。1979 年 7 月 28 日，邓小平在青岛接见了山东省委常委及青岛市委书记，听取了省委第一书记白如冰代表省委所做的工作汇报，之后发表了重要讲话。

邓小平突出讲了思想路线和真理标准讨论问题。他说：“我们解决了两个方面的问题，一个是思想路线问题，一个是政治路线问题。思想路线非常重要，没有正确的思想路线，不可能有正确的政治路线。我们的政治路线就是搞四个现代化。四个现代化的基础就是辩证唯物主义。”“思想路线，从中央来说解决了，不等于每个地方解决了。”邓小平显然对山东关于真理标准问题的讨论是不满意的，但是他没有直接表示出来，而是借着白如冰的汇报加以发挥，委婉而又深刻地提出批评。他说：“实践是检验真理的唯一标准，真理标准问题的讨论是基本建设，越看越重要，越看意义越大，这个问题没有完全解决好。刚才你（指白如冰）不是说山东还没有解决好，要好好解决。这个问题不解决，思想不解放，实现‘四化’的思想基础是不牢固的。”“思想路线问题不解决，政治路线不能贯彻，说拥护政治路线是假的。”

邓小平又讲了组织路线和选拔培养接班人问题。他说："从全党来说，政治路线和思想路线是确立了，当然还没有完全解决，还要做大量工作。但是，现在要明确提出解决组织路线问题，而组织路线最根本的是选择培养接班人。""要从上至下有意识地选一些比较年轻的人、真正坚持我们现在的政治路线的人、正派的人、党性强的人。""解决组织路线问题比解决思想路线问题的阻力更大。"

7 月 29 日，邓小平在接见中共海军委员会常委扩大会议全体人员时，再次强调了思想路线和组织路线问题。他说："就全国范围来说，就大的方面来说，通过实践是检验真理唯一标准和'两个凡是'的争论，已经比较明确地解决了我们的思想路线问题，重新恢复和发展了毛泽东同志倡导的实事求是、理论联系实际、一切从实际出发的思想路线。这是很重要的。""对于实践是检验真理的唯一标准的论点，开始的时候反对的人不少，但全国绝大多数干部群众还是逐步接受了的。这个争论还没有完，海军现在考虑补课，这很重要。真理标准问题的讨论是基本建设，不解决思想路线问题，不解放思想，正确的政治路线就制定不出来，制定了也贯彻不下去。我们的政治路线就是搞社会主义现代化建设。""党的思想路线和政治路线，尽管有人不通，但总是已经确立了。现在我们还没有解决的问题是什么呢？是组织路线问题。这是一个很重要的问题。""解决组织路线问题，最大的问题，也是最难、最迫切的问题，是选好接班人。""选干部，标准有好多条，主要是两条，一条是拥护三中全会的政治路线和思想路线，一条是讲党性，不搞派性。"

邓小平的青岛讲话是具有震撼力的，促使山东迅速开展起真理标准问题讨论的补课。

邓小平青岛讲话后，山东省委立即在青岛召开了常委会议，学习讲话精神。7月31日，邓小平到烟台视察。8月1日至4日，山东省委召集30余名地（市）委书记、副书记和部分县委书记来到烟台，认真学习、讨论邓小平关于对真理标准问题讨论要进行补课，进一步端正思想路线的重要指示，清理思想上的“左”倾错误的影响，端正对真理标准问题讨论的重大意义的认识。省委第一书记白如冰在会上强调指出：要继续开展关于真理标准问题的讨论。这个讨论，山东前段是搞了，但抓得很不够，开展得不够深入，需要认真补好这一课。这次会议之后，各地（市）委都召开了县委书记和直属机关各单位、大企业党委负责人会议，布置真理标准问题讨论补课。

8月中旬，山东省委又召开全省宣传工作会议。会议根据省委常委会议和地（市）委书记会议精神，对重新学习党的十一届三中全会文件、深入开展真理标准问题的讨论做出了安排和部署。

全省地（市）委书记会议和全省宣传工作会议的召开表明，山东省委切实将解决思想路线问题放在了首位。以这两次会议为标志，山东省大规模的真理标准问题讨论的补课拉开了序幕。

全省真理标准问题讨论补课开始后，山东省委从四个方面不断推进：一是突出抓了各级领导干部的学习、讨论。省委常委连续几天坐下来，学习邓小平的讲话，解放思想，端正思想路线。省、地（市）、县各级领导干部，都坐下来认真学习文件，联系实际，对照检查思想。二是着力培训骨干。到1979年9月中旬，省直举办了100多期培训班，培训骨干2000多人。到1979年9月上旬，全省地（市）、县两级举办了近1000期培训班，培训骨干12.3万人。三是在基层试点，取得经验，推而广之。省直宣传部门组织了5个工作组，由一名副部长、四名处长和报社一名部主任带领，到济南、枣庄、昌潍、菏泽等地（市）抓了两个县、两个公社、四个大队、一个工厂的试点工作。试点结果表明，在基层开展真理标准问题的讨论，只要领导重视，注意联系实际，干部群众非常容易接受，而且收效很好。到1979年9月，全省各地共搞了285个试点。济宁地委确定一市、一社、一队、一厂为试点；惠民地委确定一局和一县为试点；昌潍地委在宣传工作会议上，安排寿光县委、平度县委、弥河公社党委和市庄大队、石拉子大队，分别介绍了真理标准问题讨论的经验。四是结合各个领域的工作解放思想。全省纪律检查工作会议，全省公安预审会议，地、县法院院长会议，地、县检察院检察长会议，青年团地（市）委书记会议，省文艺创作座谈会等，都把真理标准问题讨论作为重要内容。特别是1979年12月5日召开的全省社会主义生产目的讨论会，因为解放了思想，所以进一步突破了林彪、“四人帮”在生产目的问题上设置的思想禁区，明确了社会主义生产的目的就是最大限度地满足整个社会不断增长的物质、文化生活需要，从而增强了广大干部、群众投身社会主义现代化建设的自觉性和主动性。

由于省委的强力推动，全省真理标准问题讨论补课，从省直机关到基层单位，很快就形成了高潮。1979年8月，胡耀邦在听取上海、山东、湖北关于真理标准讨论情况汇报时提出，“真理标准讨论，我赞成补课……把上海、湖北、山东的经验集中起来，把百花镇搞篇通讯来，生动得很”。

1979年9月16日，山东省委召开地（市）委书记会议，对前段真理标准问题补课进行总结，对下段补课的深入进行部署。会议要求着重从思想上搞清楚六个问题：第一，需要讨论清楚到底什么是检验真理的标准；第二，如何看待党的十一届三中全会以后的形势发展；第三，怎样才算真正高举毛泽东思想旗帜；第四，如何看待当前的阶级状况和社会主要矛盾；第五，建设什么样的社会主义；第六，搞经济建设，要一切从解放生产力出发，按照经济规律办事，要彻底解除“条条”“框框”的束缚。会议强调指出，长期以来，林彪、“四人帮”推行极“左”路线流毒很深，反映在各级领导干部思想上，往往对“左”的一套东西的危害性认识不足，自觉不自觉地认为“左”比右好，以致有些人思想僵化半僵化，正确的东西不敢大胆坚持，错误的东西不敢大胆纠正，这个问题不解决，各项工作很难大踏步前进。地（市）委书记会议召开不久，省委又召开全省宣传工作会议。会议通报了各地（市）情况，并根据党的十一届三中全会和五届全国人大二次会议提出的各项要求，根据省委常委会议和地（市）委书记会议精神，对深入开展真理标准问题讨论补课做出了安排和部署，强调要继续办好各种形式的学习班、培训班，培训理论骨干；要把实践是检验真理的唯一标准问题作为各级党校、干校和干部在职学习的主要内容；要加强试点工作，把真理标准问题讨论补课全面推进到基层群众中去。以地（市）委书记会议和全省宣传工作会议为标志，山东省大规模的真理标准问题讨论补课深入开展起来。

全省大规模的真理标准问题讨论补课高潮历经半年之后，转入了平稳状态。这次补课，无论是从当时看，还是从以后看，都是意义重大、影响深远的。首先是，使人们的思想冲破了“左”的“两个凡是”的束缚，恢复了党的实事求是的思想路线，从而为全面拨乱反正、贯彻党的十一届三中全会精神，为改革开放、建设社会主义现代化国家，提供了强大的思想武器和精神动力。

其次是，推动了深入实际、调查研究、实事求是之风大兴，从而为山东结合实际贯彻中央的路线、方针、政策奠定了基础。特别是，为人们在当时和以后破除迷信、判断是非确立了唯一的标准——实践。仅从这一点看，其意义也是历史性的。

三、冤假错案的彻底平反和社会政治关系的积极调整

“文化大革命”期间，在极“左”路线的影响下，全国上下制造了大量的冤假错案，许多无辜人员蒙受不白之冤，社会道德急剧下降，人际关系严重不正常。除此之外，新中国成立后在历次政治运动中还遗留下许多问题。上述问题不解决，就无法真正完成拨乱反正的任务，亦无法打破精神枷锁，解放思想，无法调动全民集中精力搞建设的积极性。

（一）大量冤假错案的彻底平反

党的十一届三中全会召开后，中央果断决定，停止使用“以阶级斗争为纲”的口号，确立实事求是的思想路线，实现了指导思想的拨乱反正，认真清理了“左”的错误，为彻底平反冤假错案、调整各方面的社会关系铺平了道路。

山东平反冤假错案的工作，在粉碎“四人帮”之后就已经开始，首先解决的是一些涉及“四人帮”的重大冤假错案。1978 年 10 月，中共山东省委在济南召开万人大会，为所谓的“阴谋陷害江青的重大反革命集团”冤案彻底平反昭雪。这个重大冤案的起

因是：1959年，山东省公安厅根据公安部指示，为保卫毛泽东的安全，对江青的有政治历史问题的亲哥哥李干卿进行了调查。“文化大革命”风起，窃据山东省革委会主任高位的王效禹，得知此事，便视之为进一步投靠林彪、江青集团的好铺垫。1968年4月2日，他给参与调查李干卿问题的同志，扣上“矛头指向无产阶级司令部”的铁帽子，既发密电又跑北京，向林彪、江青汇报。后来，江青、吴法宪的指令到了济南，即刻抄了山东省公安厅副厅长李秉政、警卫处处长于杰、省交际处处长陈静波、济南铁路局公安处副处长王茂青、济南铁路公安分处副处长曲和钧和保卫股股长史殿安6人的家，并在4月29日用北京来的两架专机把这些同志押到北京“拘留审查”，大搞法西斯式的审讯迫害。同时，把身患重病的省公安厅厅长张国峰，从病床上拖起，押往外地一个小医院秘密“监护”，把他折磨致死。肥城县公安局原局长叶茂林，在担任省公安厅办公室主任时，只听过一次调查李干卿的情况汇报，也被投入监狱，出狱后不到3个月，就含冤死去。此案还株连了其他39名公安干警和他们的家属子女。

山东省委负责人在平反大会上宣布：所谓“阴谋陷害江青的重大反革命集团案”，纯属冤案，是林彪死党和江青及他们在山东的代理人王效禹，蓄意制造的重大政治冤案；所有强加给被迫害同志的种种罪名，一律推倒，给这些同志彻底平反昭雪。

除此之外，济南“5·7”事件、枣庄“7·25”事件、临沂“马陵山事件”以及“冠县事件”等一大批重大案件，真相都得以公布，案件一一被平反。

1979年1月4日至24日，山东省委在济南召开工作会议，强调要抓紧揭批查运动的结束工作和遗留问题的处理。这次会议之后，山东开始认真地纠正“文化大革命”中及其以前的“左”的错误，为实现全省工作重点的转移奠定了基础。

冤假错案的平反，极大地平复了广大民众的心情。大家重新抖擞精神，开始全心全意地投入到社会主义现代化建设事业中去。

（二）干部和知识分子政策的切实落实

新中国成立以后的历次政治运动中，干部和知识分子是受冲击最大的群体。随着一系列冤假错案被纠正，绝大部分干部和知识分子都得以平反，但如何落实相关政策，尽快让这些人走上新的工作岗位，为社会主义建设服务，成为党和政府的迫切任务。

为落实干部和知识分子政策，山东省委、省政府下发了《中共山东省委、山东省人民政府关于进一步落实知识分子政策的决定》等一系列落实知识分子政策的文件，明确肯定了广大知识分子是工人阶级的一部分，是党的依靠力量，要充分发挥知识分子在社会主义现代化建设中的作用，要合理使用和积极培养有真才实学的人，要正确规定知识分子的政治待遇，要尽快解决知识分子工作、生活上的困难等等。在山东省委、省政府的领导下山东省各级党政组织采取了一系列切实有效的措施。

第一，建立机构，调查摸底，做好基础工作。省、地（市）、县普遍设立了落实政策工作领导小组和专门机构，对历史上特别是“文化大革命”中形成的案件以及所涉及的人和事，普遍进行调查摸底、登记造册和建档立卡，做到心中有数。

第二，实事求是，依据政策办事，确保办案质量。为此，省委制定了一些具体的政策规定，特别对于集团案件和年深日久的案件，尤其强调执行好政策，从而使办案人员有章可循。

第三，建立和完善工作责任制，限期完成任务。山东省委、省政府要求各地区、各部门、各单位要认真贯彻省委、省政府关于落实知识分子政策的文件精神，要结合本地区、本部门、本单位的实际，把省里的精神落到实处，并要限期完成。至1980年年底，山东各级党组织为1.4万名知识分子和干部解决了夫妻两地分居的问题，发展8500多名知识分子入党。

在各级党政组织的努力下，干部和知识分子政策落实工作取得丰硕成果。全省在“文化大革命”中形成的各类干部案件共24.5万起，全部被复查一遍。其中有6.8万件被立案审查，经过艰苦的复查后有5.5万起案件得以平反；受审查的农村城镇基层党员干部7.6万起，经复查平反6.99万起；被批斗罢官的基层干部有10余万人，全部平反，恢复了名誉，对善后工作也进行了妥善处理，还解决了五六十年代形成的30万人的遗留问题，基本达到各方满意。

（三）各项统战政策的全面落实

1979年8月15日，第十四次全国统战工作会议在北京召开。会议着重解决了七个问题：(1) 确定了现阶段统一战线应是革命的爱国统一战线。(2) 明确了新时期革命的爱国的统一战线是一个全体社会主义劳动者和一切爱国者（包括拥护社会主义的爱国者和拥护祖国统一的爱国者）的非常广泛的联盟。它除了社会主义的工人、农民、知识分子和其他拥护社会主义的爱国者外，还包括一切热爱祖国、赞成祖国统一的人。即使不赞成社会主义制度的人，也要团结。(3) 明确了新时期统一战线担负着为四个现代化和统一祖国服务的双重任务。(4) 重新确定了统战部门要管理知识分子工作。(5) 要认真贯彻对党外人士的安排使用政策。(6) 确立了新时期统一战线的基本政策。(7)要加强党对统战工作的领导，发动全党来做统战工作。

为贯彻落实全国统战工作会议精神，1979 年 11 月 15 日至 27 日，山东省委召开全省统战工作会议。会议分析了国内阶级关系的根本变化和统战工作的根本任务，明确了新时期统战工作的性质、任务、方针和基本政策，研究部署了全省今后一个时期统战工作的任务。即要继续抓紧落实政策，发展安定团结的政治局面；协同有关部门加强知识分子工作；认真贯彻对党外人士的安排使用政策，搞好党与非党人士的合作共事关系；继续做好原工商业者的工作；加强民族、宗教和侨务工作；积极开展对台工作。

在会议精神的指导下，全省统战工作迅速进入正轨。首先，为那些错划为右派、反社会主义分子以及因右派问题受到处理的人平反。为做好该项工作，省委统战部、组织部、宣传部，省公安厅、民政厅联合成立了办事机构，集中解决此类问题。到 1979 年年底，全省原划右派 3.8 万人，改正 34365 人；因右派问题而受处分的 7753 人，改正 7741 人；原划反社会主义分子 4044 人，改正 4043 人。其次，为工商业者正名，在原 30501 名工商业者中，24626 人被确定为劳动者；需明确干部身份的 5292 人，明确了 5189 人。再次，台胞中的 32 件政策也全部得到复查处理，党和国家关于台胞及去台人员在大陆亲属的政策得到落实。随着落实政策工作的进一步深入，各级政协机构重新组建，各级党委的统战部门重新设立，各民主党派重新恢复了正常活动，工商联、台胞、侨胞以及爱国宗教团体等社会团体也纷纷恢复，新时期的统战步入正轨。

至 1986 年年底，山东省平反冤假错案、落实各项政策的工作基本结束。期间，全省共有20多万名干部的冤案得到平反，除去世和因身体健康原因退休的之外，绝大多数干部都已在各自新的工作岗位上开始工作，数以百万计的因与这些干部有亲属关系或工作关系而受到株连的干部和群众因此得到解脱。同时，本不存在的“党内走资派”“叛徒”集团、大批“特务”等也随之烟消云散。在1978年4月党中央决定全部摘掉“右派分子”帽子之后，山东又为除少数人之外的46149名被错划为右派、反社会主义分子的人平反。从此，被长期列为专政对象的“右派分子”消失了。

四、中央国民经济新“八字方针”的制定和山东国民经济的调整、发展

（一）中央国民经济“调整、改革、整顿、提高”方针的制定

“十年浩劫”让中国经济跌入谷底。粉碎“四人帮”之后，最急切的任务莫过于恢复残破的经济。经过广大干部和群众的努力，国民经济停滞、倒退的局面迅速扭转，工农业生产得到了比较快的恢复。但是，在1977年、1978年，由于在经济工作指导思想上“左”的错误还没有得到全面清理，因此经济建设中存在着急于求成的倾向，追求不切实际的高指标和盲目扩大建设规模，使长期造成的经济比例失调的状况更加严重了。同时，经济管理体制存在着许多缺陷，妨碍了各方面积极性的发挥。相当多的企业管理落后，生产秩序不正常，在生产、建设、流通、分配等领域中都

存在着不少混乱现象，严重影响经济效益的提高。上述问题不解决，经济发展就无法步入正轨。

针对上述情况，1979年3月21日至23日，中共中央政治局召开会议讨论国民经济调整问题。陈云、邓小平在会上作了重要讲话。陈云提出，要充分利用外资和外国技术。他还说，现在比例失调的情况相当严重，最好有三年的调整时间。邓小平指出，现在的中心任务是调整，要有决心，东照顾、西照顾不行；过去提以粮为纲、以钢为纲，是到该总结的时候了；一个国家的工业水平，不光决定于钢，要把钢的指标减下来，搞一些别的；谈农业，只讲粮食不行，要农、林、牧、副、渔并举。

4月5日至28日，中共中央召开工作会议。针对当时面临的国民经济比例严重失调、体制不合理、管理不善、效益低下等问题，会议确立了“调整、改革、整顿、提高”的八字方针。李先念代表党中央、国务院作《关于国民经济调整问题》的讲话，在讲话中说明了调整的必要性，阐述了调整的方针、任务和所要采取的主要措施。李先念指出，今后一段时间经济工作的方针是：调整、改革、整顿、提高；以调整为中心，在调整中改革，在调整中整顿，在调整中提高。

“调整、改革、整顿、提高”八字方针的确立，标志着中国新时期经济建设指导思想的重要转变。

（二）山东国民经济的初步调整

中央为社会经济发展确立八字方针后，山东省委马上按照会议精神，查找自身在经济发展方面的问题。

当时，山东的经济发展状况与整个国家面临的情况差不多，同样是国民经济比例严重失调，主要表现为积累和消费、农轻重、工业内部的比例关系失调，加之农业基础薄弱，基本建设规模铺得过大，都严重影响国民经济的健康发展。

1979 年 5 月 5 日至 13 日，山东省委召开工作会议，贯彻中共中央 4 月工作会议决定的整个国民经济实行“调整、改革、整顿、提高”的方针，研究山东省国民经济调整的具体政策和措施。之后，全省开始着手扭转“文化大革命”造成的国民经济比例严重失调的状况，纠正 1978 年经济工作中急躁冒进的错误。

6 月 1 日，全省基本建设会议在济南举行。会议的议题是：贯彻落实中央关于调整国民经济的发展和全国基本建设工作的会议精神，在两三年内把全省基本建设调整好、改革好、整顿好、搞上去。会议提出了加快基本建设发展的措施：（1）认真清理在建项目，切实缩短基本建设战线。（2）积极创造条件，逐步改革基本建设管理体制。（3）认真整顿加强基本建设的管理，坚决按基本建设程序办事。（4）进一步搞好企业整顿，努力提高管理水平和技术水平。（5）广泛、深入、持久地开展增产节约运动。

1980 年 5 月 31 日，山东省人民政府召开全省基本建设工作会议，提出继续清理在建项目，积极进行基本建设管理体制改革试点，提高管理和技术水平，开展增产节约运动等措施。8 月 25 日至 31 日，省委在济南召开全省工业调整工作会议，认真总结了前段工业调整的进展情况，研究了今后工业调整工作。会议要求各工业部门必须坚定不移地贯彻中央提出的“发挥优势，保护竞争，推动联合”的方针，进一步把企业搞活，把生产搞上去。具体要求是：（1）大抓市场调节，充分发挥市场调节的作用。（2）坚持大打三个硬仗，进一步提高生产水平与产品竞争能力。（3）积极推动联合，走联合和专业化协作发展的生产道路。(4) 进一步搞好扩大企业自主权试点。(5) 切实提高安全生产观念，加强对安全生产的领导，保证安全生产。1980年年底，全省对工业调整取得初步成效：首先，对经济效益差又没有前途的356个企业进行关停并转，通过关停并转加强了轻纺、电子工业，增加了短线产品的生产；其次，按专业化协作的原则进一步把工业企业组织起来，通过组织产品扩散、“一条龙”协作生产、组建专业公司和总厂，共组织了87个专业公司和总厂，1014个企业实行了专业化协作；再次，搞好扩大企业自主权试点。全省第一批试点的58个企业从八九月份开始全面展开工作，取得了良好效果。

8月29日，山东省委、省政府批转省建委党组《关于加强基本建设工作意见的报告》，指出基本建设规模大、战线长、投资效果差仍然是全省国民经济中一个突出问题，要求压缩基本建设规模。当年，全省停建、缓建100万元以上在建项目70个，共压缩投资5.7亿元，占全部未完工程总投资的21.8%。

但是，由于对当时山东经济形势和存在的问题认识不一致，全省基本建设的摊子依然铺得过大，在建项目过多，基本建设规模未能压缩下来，因此这一阶段的调整，并没有取得明显成效。

（三）山东国民经济的再调整和发展

经济发展的八字方针，虽起到一定作用，但并未达到目标。当时，全国基本建设的总规模没有退下来，22个引进大项目该停的没有停，地方和企业又盲目上了一批重复建设项目，行政管理和各项事业费不但没有收缩，而且又增加了。以致1979年、1980年分别出现了170亿元、127亿元的巨额财政赤字。国民收入的分配上，积累和消费的总需求超过了总供给，从而导致货币量发行过大，物价上涨过多。1980 年 12 月，中共中央召开工作会议，邓小平在会上发表重要讲话，他把新的经济政策概括为“对内搞活，对外开放”，并要求在经济上实行进一步的调整。

1981 年 1 月，山东省委召开工作会议，研究贯彻落实中共中央工作会议精神。会议认真总结了山东经济工作几次重大失误的教训，确定了山东国民经济“节发展，求安定，压积累，保消费，速度服从调整，讲求经济效益”的指导思想。会议要求，下决心压缩基本建设规模，认真抓好企业的关停并转，努力增收节支，做到财政收支平衡。

根据国民经济进一步调整的任务和要求，山东采取了全方位协调整顿的措施。

其一，优化农业结构，力争农、林、牧、副、渔五业并举，形成共同发展的新局面。省委根据山东各地的地理环境和资源状况，对农村经济布局重新规划：烟台、青岛等沿海地区重点发展水果、蚕茧、海产品养殖和出口工艺品的生产；泰安、临沂、济宁、枣庄、淄博等中部地区，根据山地多、水面多的特点，重点发展山林、干鲜果、畜牧、淡水养殖等产业；鲁西北地区自然条件恶劣，盐碱涝洼严重，可以重点发展植树造林和草食动物饲养，在农副产品方面多下功夫。

其二，调整轻重工业比例，进一步加强轻纺工业等新兴产业。由于新中国成立以后长期侧重发展重工业，轻工业发展受到严重限制，导致工业比例失调，影响人民生活。因此，山东在再调整阶段把发展轻纺工业放在优先的位置，加大轻工业投资，调整重工业服务方向，打破行业界限，尽可能地为轻工业发展服务。到

优化农业结构，力争农、林、牧、副、渔五业并举。图为聊城地区棉花获得丰收（1981 年　刘传喜摄影）

1982 年年底，山东省轻工业产值达到了 236.4 亿元，比 1980 年增加 47 亿元，两年平均增长 11.7%；重工业产值为 161.5 亿元，两年平均增长仅 0.06%。轻、重工业的发展速度在再调整阶段得到了较为合理的控制。

其三，加强财政信贷管理，力争财政收支平衡，稳定市场物价，改善人民生活。1982 年，全省财政收入达到 49.29 亿元，比 1980 年增长 2.45%，扭转了连续三年出现财政赤字的局面。

其四，压缩基本建设投资，严控基本建设规模。经过对固定资产投资规模的压缩，1981 年实际完成基本建设投资 18 亿元，比 1980 年大大减少。

经过两次调整，山东省的国民经济有了明显好转，解决了比例失调等长期困扰经济发展的一些历史难题，全省经济发展布局日趋合理，发展速度明显加快。

五、中央关于历史问题的决议和山东思想路线拨乱反正的完成

党的十一届三中全会前后，党进行了指导思想和各条战线的拨乱反正工作。但如何看待新中国成立后的历次政治运动，如何评价毛泽东，成为一个极具争议的问题。党内和党外有些同志还对社会主义和我们党产生了一些疑惑，对毛泽东的一生功绩和思想的正确性也有种种不正确的想法。所以，如何看待新中国成立以后党的历史，如何评价“文化大革命”，如何评价毛泽东思想，成为当时中国政治生活中的一个大问题。这个问题不解决，就无法真正团结一致向前看。在这种情况下，急需党中央给出一些明确的说法，用其来统一思想。

（一）《关于建国以来党的若干历史问题的决议》的通过

《关于建国以来党的若干历史问题的决议》（以下简称《决议》）的起草工作，是在中央政治局、中央书记处领导下，由邓小平、胡耀邦主持进行的。起草小组由胡乔木负责。在《决议》的起草过程中，从1980年3月到党的十一届六中全会，邓小平多次谈过对《决议》稿的起草和修改意见。这些意见成为起草《决议》的“总的原则，总的指导思想”，归纳起来，主要有三条：

第一条，确立毛泽东的历史地位，坚持和发展毛泽东思想。这是最核心的一条。

第二条，对新中国成立三十二年来历史上的大事，哪些是正

确的，哪些是错误的，要进行实事求是的分析，包括一些负责同志的功过是非，要做出公正的评价。

第三条，通过这个《决议》对过去的事情作个基本的总结，宜粗不宜细。总结过去是为了引导大家团结一致向前看。争取在《决议》通过以后，党内、人民中间思想得到明确，认识得到一致，历史上重大问题的议论到此基本结束。

整个《决议》三万余言，分为八个部分，体现了上述指导思想。《决议》对新中国成立三十二年来党的重大历史事件，特别是“文化大革命”做出了正确的总结，科学地分析了在这些事件中党的指导思想的正确和错误，分析了产生错误的主观因素和社会原因；实事求是地评价了毛泽东在中国革命中的历史地位，指出他对中国革命的功绩远远大于他的过失，他的功绩是第一位的，错误是第二位的；并且科学地概括了毛泽东思想的基本内容，充分论述了毛泽东思想作为我们党的指导思想的伟大意义。《决议》进一步指明了社会主义事业和党的工作继续前进的方向。

1981 年 6 月 27 日至 29 日，党的十一届六中全会在北京举行。会议一致通过了《关于建国以来党的若干历史问题的决议》。《决议》既对多年来的“左”倾错误和毛泽东晚年的错误做了科学的分析和批评，又坚决地维护了党在长期斗争中形成的优良传统，维护了毛泽东思想的科学体系和毛泽东的历史地位，从而分清了是非，纠正了当时存在的“左”的和右的错误观点，统一了全党和全国人民的思想，为维护全党、全国人民的团结，为社会主义建设事业的健康发展，提供了根本的保证。《决议》的通过，标志着党在指导思想上的拨乱反正的胜利完成。

（二）山东划清重大历史问题的是非界限

1981年7月15日山东省委举行八届三次会议。会议传达学习了《关于建国以来党的若干历史问题的决议》等文件精神，研究了贯彻意见。7月16日，省委发出通知，要求全省各地认真组织广大干部、党员学习《关于建国以来党的若干历史问题的决议》，深刻领会其精神实质，做到在理论上弄通，思想上提高，认识上统一，实践上运用。通过学习，正确地吸取历史经验，提高全党的思想理论水平，坚定不移地贯彻执行党的十一届三中全会以来的路线、方针、政策，团结一致搞好社会主义现代化建设。

通过学习《关于建国以来党的若干历史问题的决议》，山东省委领导全省人民，在两个重大历史问题上统一了思想和认识：第一，划清了毛泽东的历史功绩和晚年发生的重大失误的是非界限，科学地认识了毛泽东以及毛泽东思想的历史地位；第二，划清了新中国成立三十二年革命和建设中成功的经验和失败的教训的是非界限，统一了用辩证唯物主义看待我们党及社会主义事业的认识。

毛泽东作为党、军队和新中国的缔造者，其历史功绩不容否认，虽然由于特殊历史环境的中国政治文化的影响，使其晚年犯下一些错误，但是这些失误，并不能影响毛泽东思想对中国革命和建设的指导作用，这一界限的厘清，有助于稳定、统一思想认识。新中国成立三十二年的革命和建设工作，既有成绩，也有失误，尽管走了许多弯路，但三十二年的艰苦探索，为改革开放奠定了基础。只有承认这一点，才算是对三十二年历史的客观评价，坚定人们对社会主义道路的信心。这两个大是大非问题的解决，对于山东省在新时期的发展至关重要。

六、权力机构的恢复、健全和党组织建设的加强

“文化大革命”期间，在极“左”思想的主导下，党的组织建设遭到严重破坏，特别是在“踢开党委闹革命”的冲击下，山东的各级党组织都陷入瘫痪半瘫痪状态。“文化大革命”结束后，恢复各级党组织及相关职能部门成为当务之急。

（一）各级人大、人民政府和政协的恢复

“文化大革命”时期，山东省人民代表大会被迫停止活动。1977 年 12 月 9 日至 14 日，山东省第五届人民代表大会第一次会议在济南召开，会议选举产生了新一届省革命委员会。1979 年 12 月 15 日至 22 日，山东省五届人大二次会议根据《关于修改〈中华人民共和国宪法〉若干规定的决议》和《中华人民共和国地方各

徂徕公社机关（1981 年 8 月 22 日　马尚斌摄影）

级人民代表大会和地方各级人民政府组织法》的规定，设立了省人大常委会，撤销了山东省革命委员会，组建了山东省人民政府。会议还选举产生了山东省第五届人大常委会。此后，全省县级以上地方各级人大常委会相继成立。地方各级人大常委会的设立，保证了人民代表大会工作的正常化和规范化。

省人民政府组建后，便开始采取措施加强各级政府的组织建设，并建立了必要的工作制度，从而使各级政府逐渐步入正轨。

在中共山东省委的领导下，各级政协也逐渐建立起来。

（二）社会主义民主与法制建设的加速

加强社会主义民主与法制建设，理应是新中国成立后政治建设的应有之义，但在“左”的思潮影响下，一直未能走向正轨，这导致人民民主权利无法得到保障、社会各阶层的积极因素也无法调动。因此，“文化大革命”结束后，通过加快社会主义民主与法制建设，有效提高全省人民的法制意识，保证社会的安定团结，成为当务之急。

1979 年 8 月至 12 月，山东省广泛开展民主和法制宣传教育活动，主要是宣传五届全国人大二次会议关于民主与法制建设的有关内容。为搞好这一活动，全省县以上党委主要进行了五项工作：(1) 层层培训领导骨干。各地通过党校和举办培训班，培训了农村大队党支部书记和工厂车间党支部书记以上领导干部，然后由他们带头向群众宣讲。(2) 培训宣传员。全省共培训宣传员和报告员 17 万余名，形成了一支宣讲员队伍。(3) 进行试点。全省 90%以上的县（市、区）均选择条件较好的农村、工厂、街道、学校等进行了试点。全省共搞试点 190 多个单位。(4) 调查研究。各地组织力量，深入基层，调查了解广大干部群众的反映，以及遵纪守法的典型和违法违纪的表现，有针对性地进行宣传教育。(5) 编印宣传教育材料，开展各种形式的宣传活动。为更深入广泛开展民主与法制宣传教育，省委在 11 月开展了宣传月活动。省委宣传部还在胶县召开了经验交流会。通过这次宣传活动，全省有 85%以上应受教育的人受到了教育。

为加快山东的民主与法制建设，山东省各级党委、人大常委会和政府都把法制宣传列入议事日程，公安、检察、法院、新闻、广播电台、文化教育、工、青、妇等有关部门直接或间接地参与了法制宣传。1981 年，省政府要求各地、各部门、各单位注重发挥法制教育在综合治理中的作用，把法制教育推向一个新高度。

1980 年 10 月 31 日，全省首届律师工作者代表大会在济南举行，大会选举产生了山东省律师协会。这次会议的召开和协会的建立，标志着山东省律师工作有了从无到有的突破。1982 年 2 月，山东省首批审批律师资格工作结束，有 83 人取得律师资格，20 人取得实习律师资格，他们的出现，有力地推动了社会主义民主法制建设。

1983 年 3 月 27 日，全省开展了法制宣传日活动。13 个地（市）的城乡基层设立了 1164 个宣传站（点），广大政法干警、律师、公证员、大专院校法律系部分师生，文艺工作者共 11600 余人走上社会，共为群众解答法律咨询 11000 多条，免费代写诉状 300 多件，散发宣传材料 224 万余份，演出法制文艺节目 291 个，展出挂图照片 2000 余套，出动宣传车 251 辆，有 3000 多万名干部群众受到了法制教育。此后，山东省又相继开展了法制宣传周、法制宣传月活动，并对宪法和婚姻法进行了重点宣传。这使全省广大干部群众的社会主义公民意识得到增强，依法办事的自觉性有所提高。

（三）党的各级纪律检查机构的设置

1977年8月，党的十一大通过新修订的《党章》，其中规定，在党的中央和地方各级党的委员会恢复设置纪律检查委员会，全国党的纪律检查机关的恢复重建工作正式启动。

1979年3月7日，山东省委发出《关于成立省委纪律检查委员会通知》，决定成立省委纪律检查委员会。同日，省委就成立党的各级纪律检查委员会问题发出通知：各地（市）、县（市、区）委成立纪律检查委员会，各公社设专职纪律检查干部，省直属各大企业、县以上厂矿企业和各高等院校均成立纪律检查委员会。到10月底，全省各地（市）、县（市、区）委普遍建立了纪律检查委员会，90%以上的人民公社配备了专职纪检干部。1983年7月，山东省委纪律检查委员会改称为中共山东省纪律检查委员会。

（四）《关于党内政治生活的若干准则》与《党和国家领导制度的改革》的学习、贯彻

经过“文化大革命”的冲击，党的组织、党员的党性观念、党的优良传统和作风，都遭到了严重破坏。为了医治“文化大革命”给党的建设造成的巨大创伤，恢复党的优良传统和作风，增强党的凝聚力、战斗力，党在恢复实事求是的思想路线和平反冤假错案的同时，为使党内政治生活逐步走上正轨，自党的十一大之后，党就在着手考虑制定《关于党内政治生活的若干准则》，以此作为党章的具体补充，从基本方面对党内政治生活加以规范。1979年3月19日，中央向全党公布了《关于党内政治生活的若干准则（草稿）》（以下简称《准则》），并要求全党开展学习讨

论，提出修改意见。与此同时，中央纪律检查委员会专门成立了《准则》修改组，在近一年的时间里，吸收全国各级党组织提出的1800多条意见，对《准则》做了7次修改。1980年2月29日，党的十一届五中全会正式通过了《关于党内政治生活的若干准则》。《准则》的制定和公布，是党中央为实施整党所采取的重大步骤，表明了中央一定要把党整顿好和建设好的决心和信心。

《党和国家领导制度的改革》是邓小平1980年8月18日在中共中央政治局扩大会议上的讲话。在这篇讲话中，邓小平总结了国内外社会主义国家政权建设的历史经验，特别是中国十年“文化大革命”的深刻教训，尖锐地揭露和分析了现行政治体制存在的种种弊端及其产生的原因，系统精辟地论述了政治体制改革的目的、意义、主要内容和必须遵循的原则，形成了较为完整的政治体制改革的基本思想。因而，这篇讲话是指导我国政治体制改革，特别是党和国家领导制度改革的纲领性文件。

1980年3月15日，山东省委为贯彻党的十一届五中全会精神召开全委会，对加强和改善党的领导，贯彻执行《关于党内政治生活的若干准则》，整顿党风、党纪等提出了明确的意见。按照省委的要求，各地都普遍联系实际，抓紧贯彻落实，通过党校学习、办轮训班、举办业余党校等方式，对党员进行思想政治教育。到4月底，全省轮训党员150万人，占党员总数的52%。

8月，邓小平关于《党和国家领导制度的改革》的重要讲话发表后，山东省委积极组织广大领导干部学习领会讲话精神，大家一致认为，邓小平提出的要废除干部领导职务实际上存在的终身制，逐步实现各级领导人员的革命化、年轻化、知识化、专业化，是高瞻远瞩的决定，对于党和国家的未来至关重要。针对山东部分领导干部思想僵化半僵化，对党的十一届三中全会以来的路线、方针、政策不理解，持怀疑态度；不少人业务管理水平和科学文化水平较低，缺乏领导现代化经济建设的能力；省、地、县三级领导班子，职数和平均年龄都超过了中央的有关规定的现状，山东省委采取措施，加快干部革命化、年轻化、知识化、专业化的建设。

1980 年 6 月 6 日至 11 日，山东省委召开地（市）委书记会议，研究部署选拔优秀干部，调整领导班子问题。会议根据党的十一届五中全会精神和中央组织部关于选拔优秀中青年干部，妥善安排年老体弱和难以坚持日常工作的干部，认真调整那些实践证明表现不好和不胜任现职的干部的精神，要求各级党委都要按照中央精神和领导班子革命化、年轻化、知识化、专业化的要求，力争在两年左右的时间内把全省人民公社以上单位的领导班子调整好。会议讨论了省委组织部起草的《关于抓紧做好选拔中青年干部工作的三年规划》《关于召开市、县（市、区）党代会选配好领导班子的几点补充意见》《关于进一步做好老年干部安置工作的意见》《关于在部分大专院校开展培训班培训优秀中青年干部的意见》等文件。会议指出，在选拔中青年干部的同时，必须抓紧对中青年干部的培训工作。为此，会议确定在部分大专院校开设干部培训班，重点培养 33 岁左右、有高中文化程度、有一定实践经验的优秀中青年干部和 40 岁左右，现职地、县级的领导骨干，有培养前途的干部，分别培训两年，达到大专文化程度。根据这一要求，同年 9 月，全省择优录取了 611 名中青年干部进入省委党校、山东大学等大专院校开设的干部专修科学习。

为更好地选拔中青年干部，从 1980 年起，全省各级党委及组织部门都相继制定了选拔中青年干部的规划，对后备干部名单进行了反复的调整审定，建立健全了后备干部队伍，并在对本地区、本部门大中专毕业生和专业技术干部调查摸底的基础上，挑选出一批优秀人才，建立起考查档案，为大量启用中青年干部打下基础。

第二章
改革开放的起步

山东的改革开放，从经济贫困的农村率先起步。在农业与农村改革的刺激下，城市工业体制的改革随即提上日程，进而带动了整个经济体制改革的全面展开。山东经济的快速增长，促进了教育、文化事业的振兴，并极大地推动了科学技术的发展，为山东开创现代化建设的新局面奠定了坚实的基础。

一、菏泽等地包产到户的突破和全省农村第一步改革的完成

山东的农村改革经历了两个阶段：第一阶段，实行以家庭联产承包责任制为中心的改革；第二阶段，在家庭联产承包责任制的基础上，围绕发展农村的商品经济，主要在调整农村产业结构、改变农产品统派购制度、疏通流通渠道和建立市场体系等方面进行改革。这场改革，得益于菏泽、聊城等几个贫困地区在农业生产分配体制方面的大胆探索，正是他们在实践中积累起来的经验，推动了全省农村完成了第一步的改革。

（一）菏泽地区在农业困境下的大胆尝试

菏泽地处山东、江苏、安徽、河南四个省交界处，地理位置非常重要，历来为兵家必争之地。近现代以来连续不断的战争与自然灾害，导致菏泽地区的经济一直比较落后。1978 年，农民年人均纯收入仅 44.20 元，不到山东省人均纯收入的一半，农民人均口粮仅 177 公斤。绝大多数农民过着半年糠菜半年粮的贫困生活，长期处在“吃粮靠返销，生产靠贷款，生活靠救济”的状态，成为全国有名的十大贫困片之一。

1978 年 1 月 16 日，时任菏泽地委书记的周振兴到小井村调研，看到的场景让他既震惊又困惑，震惊的是农民极度贫困的生活，困惑的是贫困农民并没有生产的热情。2 月，中共菏泽地委召开常委扩大会议，做出了关于认真落实党的农村经济政策的决定。决定指出：搞好人民公社的经营管理，尊重生产队的自主权，减轻生产队和社员的负担，退回社员自留地，坚决不购过头粮，允许和鼓励社员经营正当的家庭副业等。3 月，周振兴又主持召开地、县、社三级干部会议，认真落实扩大会议精神，形成了《会议纪要》，决定把批判“资本主义”时作价收归集体的 16 万辆地排车，全部退还给社员；把收归集体的 80 多万亩自留地，也陆续退还给社员群众。

东明县委、县政府最早响应，先把地排车、自留地退还给社员，为了进一步激发群众的积极性，东明县又把 10 万亩村头荒地、撂荒地也分给了社员耕种。由于长时间贫困，有些生产队缺牲畜、缺种子、缺肥料、劳力外流，只得把集体耕地包给社员，让各户自力更生，尽快完成耕作。在分配问题上，采取灵活的方式，有的规定交队里一部分，有的则规定全归个人所有。也有的队把一部分地分给社员作为“口粮田”，生产队不再分口粮，而把另一部分地定产定工承包给社员作为“责任田”，定产部分上交给队里由集体按工分分配，超产部分则可以归承包者所有。对经济作物，当地主要是花生，实行“大包干”，即社员承包土地，按规定的产量上交给集体一部分，其余的则全部归社员自己所有。沙窝公社柳里大队在 1978 年分给农民一部分盐碱地的基础上，1979 年又给每人分了一亩地，包产量，包口粮。破庙公社的许多大队也把一部分地分给农民作“口粮田”，集体不再分配口粮。大屯公社将 2500 亩花生地实行了包产到户。这些包产到户的做法，极大地调动了农民的生产积极性，仅一年的时间，马上收到成效。1979 年，东明县的粮食总产量达到 1.15 亿公斤，比 1978 年增长 18%，创历史最高水平，结束了连续 21 年吃国家统销粮的历史。与此同时，山东的另一贫困地区——聊城——也开始了农业生产体制的改革。聊城是山东最重要的棉花产区，1978 年，他们在生产队的植棉组中普遍推行“统一经营、五定一奖、联产到组”的责任制形式，激发棉农的生产积极性。德州地区陵县郑寨等公社搞了花生、棉花“五定一奖”到组责任制，特别困难的生产队还试行了包产到户。这些符合生产力发展水平的责任制，开始时遭到一些人的反对，少数人甚至指责是刮资本主义歪风，部分思想不够解放的干部顾虑重重，等待观望。但广大群众并没有因此而退缩，1979 年，有的地方又把这种责任制演变成“统一经营，联产到户”，少数则进一步变成了“包产到户”和“包干到户”。事实证明，责任越是明确，农民的积极性就越高，产量也随之有大幅度的提高。

在新的生产体制下，同样是那块土地，同样是那些人，但产量却不可同日而语。看到新的生产体制的巨大优势后，全省各地贫困落后的农村地区纷纷效法菏泽、聊城农村的改革办法，有的地方在改革的力度上更大，人民公社原有的一些经营管理制度逐步被突破，各种形式的农业生产责任制迅速发展起来。改革伊始，大部分实行的是“联产到组”的责任制，随着责任制优势日益明显，许多地方又逐步将联产到组发展到“联产到人”，并进一步发展到“包产到户”“包干到户”。农业生产责任制的春风，因适合当时中国农村的生产力发展水平，符合农民的心理期待，因而得到农民的欢迎，促进了农业生产的恢复和发展。

（二）全省农村家庭联产承包责任制的推行

正当农村改革刚刚起步之时，1979 年 3 月 15 日，《人民日报》头版头条发表了《“三级所有，队为基础”应该稳定》的一封“群众来信”，作者张浩，反对搞“分田到组，包产到户”，这封信也反映了当时某些中央领导在这个问题上的看法。9 月，党的十一届四中全会通过的《中共中央关于加快农业发展若干问题的决定》，删去了党的十一届三中全会发布试行的《中共中央关于加快农业发展若干问题的规定草案》中关于“不准包产到户”的规定，但仍把“包产到户限定在某些副业生产的特殊需要和边远山区、交通不便的单家独户”。10 月，山东省委也正式修改颁布了年初制定的《关于落实农村经济政策若干问题的试行规定》，其中仍有“不准包产到户”的说法。高层领导追求稳健的思想，没能阻遏基层群众一心求变的热情，基层农村已在不声不响中突破了当时的文件规定。到 1979 年年底，山东省有 1215 个农村基本核算单位实行了“包产到户”，占全省 352993 个农村基本核算单位的 0.3%。另

全省农村家庭联产承包责任制推行后，农作物连续获得大丰收

外，67％的核算单位实行了定额包干，14％的核算单位实行了联产到组，仅18.7％的核算单位没有实行责任制。

当时，“左”的思潮依旧禁锢着许多人的头脑，认为联产承包制鼓励个人发展经济，就是对集体经济的破坏，有资本主义复辟的危险。此论一出，让很多人因担心政治风险而驻足观望，停滞不前。1980年5月31日，邓小平在同中央负责同志的谈话中指出：“农村政策放宽以后，一些适宜搞包产到户的地方搞了包产到户，效果很好，变化很快。安徽肥西县绝大多数生产队搞了包产到户，增产幅度很大。‘凤阳花鼓’中唱的那个凤阳县，绝大多数生产队搞了大包干……有的同志担心，这样搞会不会影响集体经济。我看这种担心是不必要的。……只要生产发展了，农村的社会分工和商品经济发展了，低水平的集体化就会发展到高水平的集体化，集体经济不巩固的也会巩固起来。”

邓小平的讲话，为中央下一步的农业政策指明了方向。1980年9月，中央下发了《关于进一步加强和完善农业生产责任制的几个问题》，强调要进一步搞好集体经济，同时也指出在生产队领导下实行的包产到户是依存于社会主义经济，而不是脱离社会主义轨道的，没有什么复辟资本主义的危险。

在中央的支持和推动下，山东广大农村干部群众进一步解放思想，各种形式的农业生产责任制迅速发展，出现了繁花似锦、百舸争流的局面。1981年5月16日，山东省委批转《全省农业生产责任制座谈会纪要》，提出“建立健全各种行之有效的责任制，是落实农村政策的关键，是搞好农业生产、发展多种经营的主要环节”，要求各级党委和政府把这件事情列入重要的议事日程，认真研究新情况，总结新经验，解决新问题，使各种形式的生产责任制不断完善和提高。在实行各种形式的生产责任制中，实行联产到劳、包产到户、包干到户的越来越多。德州地区实行了“九个统一的大包干”，泰安地区实行了“联产到组、到劳”，烟台地区实行了专业承包，等等。各种形式的责任制的出现，极大地调动了农民的生产积极性，农业产量有明显提高。1981年，山东广大农村干部群众在实践中对各种形式的农业生产责任制进行了比较和筛选，大家一致认为，“交足国家的，留够集体的，剩下都是自己的”这种大包干的形式是最合理的，最适合山东农村的生产力发展水平，最有利于农业生产的发展。这个共识，很快得到领导和群众的认可，家庭联产承包责任制在山东全省迅速推广普及。8月，全省各地有85%的基本核算单位实行了联产计酬责任制。其中，统一经营，联产到劳、包产到户和包干到户的占69%以上。

1982年1月1日，中央在《全国农村工作会议纪要》中指出，农业生产责任制“大规模的变动已经过去，现在，已经转入了总结、完善、稳定阶段”。根据这个文件精神，山东全省各地开始对家庭联产承包责任制进行完善提高，处理生产队集体经营部分和农户分散经营部分的“统分”形式，对农户合理确定承包产量，建立健全合同制等。烟台地区从自己的区情出发，认真推行统一经营、专业承包和包干分配的方式，又吸取山东西部“大包干”的经验，坚持统分结合，继续发挥集体积累和大型农机机械、水利设施的作用。济南、潍坊、青岛、淄博的一些社队也实行了“统、专、包”责任制，将劳动和分配包干到人、到户。1982 年 8 月 31 日，省委办公厅、省政府办公厅印发了《山东省农业生产责任制试行办法》，指出：“目前实行的专业承包联产计酬，联产到劳、到组，包产到户，包干到户，小段包工定额计酬等形式，都是社会主义集体经济的生产责任制，不论采用哪种形式，只要群众不要求改变，就应该稳定下来，在实践中不断完善、提高。完善农业生产责任制，是一个长期的任务，要始终坚持因地制宜，尊重群众意愿，允许多种形式并存，注重经济效益的原则。要从群众的实践中不断研究新情况，解决新问题，推动生产责任制健康发展。”《山东省农业生产责任制试行办法》还对责任制的主要形式，农业、林业、畜牧业、渔业、工副业、农业技术推广、农机管理等各方面如何实行责任制做出了具体规定。全省各地也相应地制定了《农业责任制试行办法》，完善和强化本地的责任制形式。其中大多数地区都选择了“大包干”的做法，即家庭联产承包和集体统一经营相结合的体制。经过近一年的努力，1982 年年底，全省农村 424864 个基本核算单位，实行联产计酬的发展到 423624 个，占 99.7%。其中，包干到户的有 411081 个，占 96.8%。至此，全省基本上普及了以大包干为主要形式的家庭联产承包责任制。此后，家庭联产承包责任制在实践中不断得到完善和提高，并逐步向林、牧、副、渔各业普及。

山东省在改革开放之初推行的农业生产责任制，有以下几个特点：从实行责任制的地域上看，由经济欠发达的鲁西、鲁北发展到比较发达的地区，由个别地区发展到全省。从实行责任制的领域看，首先从经济作物发展到粮食作物，再从种植业发展到林、牧、副、渔各业。从实行责任制的形式看，由不联产到联产，由联产到队、到组到联产到劳、到户，由包产用工分分配到取消工分实行包干。这些特点充分说明，人民群众中蕴藏着巨大的创造力，只要给予适当的政策和正确的引导，他们是可以通过自己的智慧和劳动创造出美好生活的。

当然，农业生产责任制在带来诸多积极作用的同时，也产生了一些不容忽视的问题。如对集体财产和农田水利等公共基础设施保护不够，土地分割过于零碎，不利于使用机器和灌溉等。从长远来看，农业责任制是不利于农业现代化的，但在当时，这种生产方式符合农村发展的现实，极大地调动了农民的生产积极性，推动了农业生产的发展。

（三）农村改革的深化

为进一步繁荣农村商品经济，丰富广大农民的物质生活，山东省积极发展集体、个体和多种联合形式的商业组织，建立各种专业市场和批发市场。1979 年，山东省制定了《关于集体商业若干政策问题的试行规定》，对集体和个体工商户进行扶持和保护。1980 年，制定了《关于进一步搞活商品流通若干问题的暂行规定》，开始缩小农副产品统购包销的范围。随后，又逐步放开了蔬菜、水产品和果品的购销权力。权力的下放，使得山东农村的集贸市场开始逐渐活跃起来，各种商品逐渐可以自由买卖，改革的成效日益显现。从 1982 年起，山东省开启了农村流通体制的改革。1982年初，中央提出要逐步对农村的供销社进行体制改革，各省（区）可以选择一两个县先开展试点工作。5月，山东省决定，在潍坊诸城与菏泽巨野两个县先开展供销社体制改革的试点工作。1983年3月，试点又增加了日照县。4月，山东省人民政府召开全省供销社体制改革工作会议，商讨供销社未来的发展问题。在此期间，改革工作进展迅速，到6月，已经有1858个供销社开始进行体制改革，占基层供销社总数的91%。

二、企业自主权的扩大和经济责任制的推行

新中国成立后，受苏联的影响，城市经济一直被看作是公有制的支柱，集中管理成为城市经济体制最主要的特征。从历史经验看，后发现代化国家，在经济发展的过程中，必须对经济进行集中管制，以便为工业发展积累资金。因此，新中国成立后对城市经济集中管理的做法，在历史上一度发挥过积极的作用，为中国的工业化做出了贡献。但从长远来看，过度的集权不利于企业自身积极性的发挥，亦与现代企业管理制度背道而驰。因此，城市经济体制改革亦不可避免。

（一）企业自主权的扩大

现代企业，必须根据市场规律，随时调整生产经营方式，而在计划经济体制下，企业缺乏自主权，丧失了主动调整的能力与意愿。邓小平在中共中央工作会议闭幕会上的讲话中指出：“现在

企业自主权扩大后，企业干部职工干劲倍增

我国的经济管理体制权力过于集中，应该有计划地大胆下放，否则不利于充分发挥国家、地方、企业和劳动者个人四个方面的积极性，也不利于实行现代化的经济管理和提高劳动生产率。应该让地方和企业、生产队有更多的经营管理的自主权。”他强调：“当前最迫切的是扩大厂矿企业和生产队的自主权，使每一个工厂和生产队能够千方百计地发挥主动创造精神。”

在中央文件精神的指导下，山东扩大企业自主权的试点工作于 1979 年 9 月正式开始。根据同年 7 月国务院下发的文件，山东省于 9 月 6 日发出了《关于贯彻国务院五个改革管理体制文件，做好扩大国营企业自主权的通知》，确定全省 58 个国有企业，作为第一批试点企业，开始了扩大企业自主权的改革尝试。

从通知内容来看，当时给予企业的自主权，首先是扩大企业生产经营自主权，在完成国家生产计划的前提下，试点企业可以根据燃料、动力、材料等条件，按照市场的需要，制订生产计划；其次是实行利润留成制度，企业有权根据上级核定的比例，提留一部分利润，作为建立生产发展基金、集体福利基金和职工奖励基金。改变按工资总额提取企业基金的办法，把企业经营的好坏同企业的发展和职工的物质利益直接挂钩。不同的企业和行业，实行不同的利润留成比例；再次，扩大企业的人事权和机构设置权，让企业能够任免中下层干部，招聘优秀员工等。

企业生产经营自主权扩大后，可以通过奖励制度，调动广大企业职工的生产积极性，试点企业产值增长率迅速提升。1979 年，全省试点企业工业产值增长 15.1%，实现利润增长 24.6%，分别比预算内工业企业高出 9.3 个百分点和 21 个百分点。试点企业释放出来的良好信息，证明这一政策的合理性。从 1980 年开始，山东省将试点企业由 58 家扩大到 175 家，同时成立了省扩权试点工作领导小组，以加强对扩权试点工作的组织领导。在全省范围内，从生产计划、产销、物资、价格、劳动、人事等各方面逐步扩大了改革的内容，对试点企业实行基数留成和超利润分成的办法，进一步扩大企业利润分配的自主权，工商企业开始从封闭、被动、缺乏活力的状态下解放出来。更重要的是，扩大企业自主权一开始就明确提出要使所有企业都能成为社会主义的商品生产者。因此，企业生产经营自主权的扩大，对旧的经济体制形成了猛烈冲击，为山东省进行整体经济体制改革打开了局面。

企业生产经营自主权的扩大，使得许多企业有了部分计划权、利润留成权、资金运用权、产品销售权，甚至多了劳动人事权。这些虽然给企业带来了一些活力和生机，但它毕竟只是解决了企业的部分问题，而旧的管理体制中许多不合理的规章制度依然严重束缚着企业的发展。比如说，上级文件规定企业有生产经营自主权，但企业在生产经营方面能否自主，还要看企业的主管部门领导是否开明，是否真心支持这种改革，也就是说，人的因素依然比制度因素更重要。此外，企业自主权的扩大，与旧的生产经营模式也经常发生冲突，各种争议不断。因此，只有进一步深化改革，明确企业的责、权、利，企业才能更好地发展。由于生产责任制模式在农村改革中显示出巨大威力，人们自然而然地想把它引入到企业改革当中去，经济责任制开始出现在企业改革的大潮中。

（二）经济责任制的推行

扩大企业自主权的改革，初步调整了政府和企业的关系，但经济责任与经济利益脱节的问题仍未解决，当企业无法将追逐经济利益作为首要目标的时候，其生产积极性难以发挥。因此，借鉴农村生产责任制的经验，在企业中推行经济责任制，实行责、权、利相结合，成为企业改革的重要任务。

山东省是较早推行企业经济责任制的省份之一。早在 1980 年，部分企业开始运用奖金作为考核职工的经济手段，从而试行经济考核制度，个别有条件的企业还试行计件工资或超定额计件工资，寻求打破企业吃国家大锅饭、个人吃企业大锅饭的状况，改善企业运行机制。但由于相关政策并不明确，很多企业领导人害怕承担政治责任，所以推行经济责任制的企业还是极少数。

1981 年 4 月，全国工业、交通工作会议在北京召开，会议提出，工交企业应该像农村搞联产承包责任制那样，在企业内部试行责任制，进一步激发工人的生产工作积极性。根据这次会议精神，5 月，山东省工交工作会议明确提出，工业生产要上去，必须考虑调动工人的积极性，改变吃“大锅饭”的状况。会议要求把推行经济责任制作为经济工作的中心，把经济责任、经济效益和经济利益结合起来，充分调动广大职工的积极性，使企业发展有一个内在动力。会后，各地积极推行利润（亏损）包干经济责任制，进展迅速。根据当年 11 个地（市）的统计，到 1981 年 6 月底，在 1703 个县属以上国有工业企业中，试行经济责任制的有 1337 个，占总数的 78.5%。全省 440 个亏损企业中，有 410 家推行了包干任务，占总数的 93.2%。

1981 年 7 月，中央领导同志到山东考察，听取了济南市委和济南火柴厂、国棉三厂、塑料一厂、服装七厂推行经济责任制的汇报，对山东工业企业的经济责任制改革给予了充分肯定。中央领导的肯定，坚定了山东省委进一步改革的决心，此后，经济责任制进一步在全省推开。

1982 年，全省工业企业继续实行各种形式的以盈亏包干为主要内容的经济责任制，取得了较好的成效。年底，全省预算内的 2122 个国营工业企业中，实行全额利润留成的 316 家，占 14.89%；实行基数利润留成、增长利润分成的 73 家，占 3.44%；实行利润包干、超收分成和上缴利润递增包干的 1375 家，占 64.80%；实行亏损包干、减亏分成的 292 家，占 13.76%；实行以税代利、自负盈亏的 15 家，占 0.71%；实行企业基金制度的 51 家，占 2.40%。

全省在推行经济责任制的过程中，大胆探索，积极创新，因地制宜地采取了多种责任制形式：（1）对于扩大企业自主权的试点企业，继续按扩权办法实行。对因外部环境变化造成利润下降的57家企业，采取不同的变通办法：一是同面上非扩权企业一样，实行利润包干；二是实行超计划利润分成；三是由财政部门根据具体困难，在年终给予适当补贴性照顾。（2）联产计酬责任制，具体形式是包产计奖或联系产量、联系上缴利润计奖包干。（3）国营小企业按照集体企业的办法，将上缴利润改为征收所得税。（4）集体企业由统负改为自负盈亏。1980年，二轻集体企业实行自负盈亏的占全部企业的71.6%，进一步实行利润增长部分减征所得税20%—50%。（5）社办工业企业实行“定、包、奖”责任制，即定人员、定设备、定资金、定质量、定产量，包利润，超利润实行奖励。

经济责任制的普遍推行，确实取得了显著成效，但在实行初期，也暴露出一些不足。一是企业间盈利水平差别较大；二是企业内部分配还不是很合理；三是企业预先制订的盈亏包干额度难以按计划执行；四是有些企业只顾盈利，不顾质量。为了克服这些弊病，把经济责任制引向健康发展的道路，山东省委、省政府一方面要求坚定不移地推行经济责任制，另一方面又着重强调，必须正确处理三者利益关系，要在保证国家多收的前提下，做到企业多留，个人多得。总的原则是，“国家得大头，企业得中头，职工得小头”。1982年，山东省委、省政府又对经济责任制做了一些必要的调整：一是对利润包干基数过低的要适当提高；二是企业奖金超过三个月标准工资的，必须报经有关部门批准；三是企业留利中要留出生产发展基金、集体福利基金，不能过多地用于发奖金。这些措施对于保证经济责任制的健康发展起到了积极作用。

三、外贸经营自主权的扩大和外贸体制的改革

改革开放前，我国对外贸易领域的一个突出矛盾是出口商品货源尤其是适销对路的出口商品货源不足，出口贸易一直受到国内生产能力的限制，主要以出口农副土特产品为主。这导致我国出口商品品种单一、结构不合理。因此，扩大外贸企业的经营自主权、积极改革外贸体制、发展对外贸易、扩大出口、增加外汇收入，是贯彻党的十一届三中全会关于对外实行开放、对内搞活经济方针的重要组成部分。山东省根据国家有关的指示精神，在积极发展对外贸易的同时，开始扩大外贸企业的经营自主权，并对外贸体制进行了大刀阔斧的改革。

（一）外贸经营自主权的扩大

新中国成立后，山东很快就成为全国主要的外贸出口基地，山东省人民政府于 1949 年 11 月 27 日，将山东省进出口管理局更名为山东省国外贸易管理局，具体负责全省进出口贸易的管理，领导全省各国营进出口公司及部分直属公司。从 20 世纪 50 年代末到改革开放前，山东省的对外贸易工作全部由国营对外贸易公司完成。

山东省建立的这种由国营公司垄断外贸管理的体制，由于权力高度垄断，企业的积极性和自主性不高，再加上恶劣的国际环境，使得山东省的对外经济贸易发展十分缓慢。1955 年，山东的出口额才超过 1 亿美元，由于政治因素的干扰，后来一度又退回到新中国成立初期的水平，直到 1972 年，山东的对外贸易额才突破

2 亿美元大关。总体看来，从新中国成立到改革开放前这段时期，山东的对外贸易发展缓慢，规模有限。

“中国长期处于停滞和落后状态的一个重要原因是闭关自守。经验证明，关起门来搞建设是不能成功的，中国的发展离不开世界。”邓小平的这段话，简洁明了地指出了中国落后的根本原因。为此，他提出了设立经济特区的设想，通过加强对外贸易促进经济发展。1980 年，国务院正式批准深圳、珠海、汕头、厦门为经济特区，采用不同于内地的管理体制，探索经济改革的出路。很快，灵活的政策和先进的管理体制，取得了巨大的成功，高速成长的经济使得四大特区像四颗明珠一样点缀在中国东南沿海，成为全国乃至全世界瞩目的亮点。东南特区的发展，让山东人民深受鼓舞，扩大企业对外贸易自主权，通过鼓励对外贸易发展山东经济的大幕正式开启。

山东外贸自主权的扩大，表现在以下几个方面：

首先，打破原来的垄断模式，让部分生产企业直接从事国际经济活动，并且不受所有制限制，让私营企业也参与加工贸易，去掉中介环节，节省了人力物力，刺激了企业发展出口贸易的积极性。

其次，在计划任务方面，尝试将外贸出口任务分散到各地、市和中心城市，改变了外贸专业总公司承担全部出口计划任务的情况，下达的进出口计划中扩大了指导性计划，缩小了指令性计划，企业可以有更多的生产自主权。

再次，在出口计划中，出口总额指标为指导性，计划列名管理的主要商品出口指标为指令性，其余商品由企业自行经营。在进口方面，除了中央负责外汇支出的一些大宗商品，大型成套设备和技术引进项目及政府间协定贸易安排的指令性计划由指定公司进口外，不再下达商品的进口计划。

此外，山东省还对各外贸公司下放了财务计划权、物价管理权、固定资产管理权、转内销商品处理权、对外谈判权和劳动人事管理权。在对外贸易经营方面，外贸部门和出口产品生产企业的关系得到合理的协调，出口企业对外贸部门公开生产成本，外贸部门向生产出口产品的企业公开出口换汇的成本，允许企业同外商直接洽谈贸易。出口企业开始打破外贸部门独家经营的局面，直接接触国外市场，并把国外市场的需求动向与本国产品的生产方向有机地协调起来。这些措施极大地促进了山东对外贸易的发展。

（二）外贸体制的改革

外贸体制是指对外贸易的组织形式、机构设置、管理权限、经营分工和利益分配等方面的制度。新中国成立之初，为了与单一的计划经济体制相适应，当时我国建立了由外贸部统一领导、统一管理，外贸各专业公司统一经营，实行指令性计划和统负盈亏的高度集中的对外贸易体制。这种外贸体制在特定的历史条件下有利于使中国在国际收支中避免出现逆差，有利于控制中国进出口水平和构成，达到保护民族幼稚工业，实现进口替代战略的目的。但是，该体制也存在着严重的弊端，主要表现是：（1）独家经营，难以调动地方的主动性和积极性。（2）统得过死，阻碍了企业与买方、卖方的接触，不利于外贸企业发挥自主经营的能力。（3）统包盈亏，不利于外贸企业走上自主经营、自负盈亏、自我发展、自我约束的企业经营之路。

自 1978 年党的十一届三中全会以来，伴随着经济体制改革的进程，我国外贸体制的改革也陆续展开，山东省在扩大企业对外贸易自主权的同时，展开了对外贸易管理体制的改革。主要的措施是：

首先，政企分开，扩大对外贸易的自主权。从 1980 年起，国务院不断强调，把政企分开作为对外贸易体制改革的重要环节。根据这一指示精神，山东省于 1980 年成立了对外贸易总公司，下设 15 个专业进出口分公司，独立经营进出口业务，独立核算，自负盈亏；省进出口委员会和对外贸易厅只负责行政管理，不再直接从事经营活动。

其次，推行工贸结合，采用灵活的贸易方式，扩大对外出口。为解决工贸长期分离而导致相互脱节的问题，山东省在轻工、食品、服装等行业率先实行工贸合一的措施，组建进出口结合、产销结合和责、权、利三统一的对外贸易实体，使出口产品从生产到外销形成一条龙体制。如 1981 年 12 月，山东省在青岛组建纺织品联合进出口公司，以便直接管理青岛国棉三厂、国棉六厂、第一印染厂、第二印染厂、青岛印染厂、针织一厂、针织三厂、绒布厂、服装厂 9 家企业，在对外贸易中形成了产业有基础、出口有目的的巨大优势。

再次，利用外资，引进国外先进技术。在这方面，山东省外贸体系启动较慢，大大落后于其他先进省份。1979 年至 1984 年，全省共利用外资 2.45 亿美元，主要用于轻工、纺织、化工、机械、交通运输等方面的中、小企业的技术改造，当时还偏重于引进生产线和单机设备，引进技术与进口设备的配套比例有欠周到。随着对外贸易的发展和利用外资步伐的加快，技术引进工作开始出现新气象。

对外贸易自主权的扩大和外贸体制的改革，初步打破了过去外贸由国家独家经营、高度垄断的局面，将竞争机制引入了对外贸易的领域，从而在一定程度上调动了企业发展出口贸易的积极性，一度推动了山东省的外贸经济快速稳定的增长。但是，外贸体制改革是一项十分复杂的系统过程，它与整个国民经济体制的改革有着千丝万缕的联系，国民经济改革中存在的问题，如政企不分、“吃大锅饭”、不平等竞争等根本问题没有解决，极大地限制了外贸体制的改革。因此，外贸体制的改革在这一阶段只是取得了阶段性的成果。

1979 年，山东省出口总值仅为 13 亿美元，到了 1984 年，增加到了 22.8 亿美元。在外贸出口产品中，1984 年，农副产品占 25.8%，轻纺产品占 16.8%，工矿产品占 52.9%，手工艺品占 4.5%。可以看出，在外贸出口中，工矿产品占了很大比重。在工矿产品中，石油和煤炭出口又占了极大的比重，而机械、电子类产品所占的比例则微不足道。也就是说，当时山东外贸出口商品主要以初级产品为主，还有待于进一步深化改进。

四、教育文化事业的振兴和科技事业的发展

“文化大革命”时期接连不断的政治运动，不仅打断了经济发展的进程，也让文教科技事业陷入停滞。改革开放之初，在经济快速发展的带动下，山东省的文教卫生和科技事业也进入了一个快速发展的时期。

（一）教育事业的恢复和发展

1979年，国家对教育事业的全面整顿宣告结束，教师队伍得到扩充，入学考试制度走入正轨，教学秩序全面稳定，教育事业逐渐走向正轨。在此大背景下，山东省的教育事业也开始得到恢复和发展。

山东省历来是人口大省，也是教育大省，加上山东民间及官方一向有重视教育的优良传统，因此，改革开放伊始，山东省就开启了教育体制改革的大门，希望尽快让教育走上正轨，为国家培养更多的人才，满足新时期经济与社会发展的需要。

山东教育体制的改革，首当其冲的是基础教育。新中国成立以后，山东省的基础教育得到过前所未有的发展，但是，学校数量不足、质量不高的状况却未能发生彻底改变。1978年，全省70%的农村中小学是“危房子、黑屋子、土台子”；半数以上的教

教育事业得到了恢复和发展。图为烟台下丁家乡的学生在认真上课

师难以胜任教学工作，基础教育的发展步履维艰。究其原因，国家包揽基础教育，但国家又没有能力投入资金解决这些问题。因此，要迅速发展基础教育，就必须实行能够调动地方办学积极性的新体制，把发展基础教育的责任落实到地方。为解决这一问题，1979 年至 1985 年期间，全省投入学校改造的资金达 15.48 亿元，其中，省、地（市）、县投资 1.35 亿元，乡村集资 13.7 亿元，其他投资 0.43 亿元，新建、改建和大修校舍 94.4 万余间，添置双人课桌凳 300 余万套，极大地改善了农村中小学教育硬件设施。

当时基础教育的重心，主要是农村。1983 年，山东省率先进行了农村基础教育管理体制的改革，围绕县、乡、学办学的责任和权力问题，在平度、高密、齐河、惠民、曲阜等县相继进行了改革实验，收到了一定的成效。“地方负责，分级办学，分工管理”的基础教育管理新体制，逐渐露出雏形。

1979 年春天，山东省出台了《关于中等教育结构改革的初步意见》，济南、青岛被选中，作为城市中教改革试点城市，嘉祥等县则作为农村中学教育结构改革的试点。1980 年，济南建起了第一所独立的职业高中，到 1985 年，全省的城市职业高中发展到 59 所，在校生 3.29 万人。与此同时，在全省城乡新建了一批职业技术中学，化解了中等教育结构单一的难题。1981 年 11 月，山东省成立了省中等教育结构改革领导小组，分别召开了全省农村和城市中教结构改革座谈会，山东省委、省政府批转了《关于加速农村中等教育结构改革问题的报告》，自此以后，山东省中等教育结构的改革，进入了一个快车道。

1977 年全国恢复统一招生之后，高等院校的教学工作提上日程。1977 年 10 月 12 日，国务院批转教育部《关于 1977 年高等学校招生工作的意见》及《关于高等学校招收研究生的意见》。1977年11月上旬，山东省召开招生工作会议，贯彻国务院精神，制定了山东省大中专生招生的具体实施办法。从此之后，中断多年的高等教育得到恢复并得到快速发展。

从1979年开始，各高等院校开始了教学内容、教学方法和教学管理等多方面的改革。教学内容的改革，突出了基础理论课程，增加选修课，以在巩固学生理论基础的前提下拓宽其知识面；教学方法上更加重视实验课程教学，大量增加了课堂演示试验。各高校还进行了学分制的改革。山东海洋学院在物理海洋和海洋气象专业开始实行学分制，新教学计划在79级同学中开始实施。山东大学在1981年入学的本科生中实行学分制，并对学分的具体操作做了大量改进，允许学生跨专业修学分，使学生能接受更完善的教育，产生了很大反响。

为了推进高等教育的快速发展，1978年2月17日，经教育部批准，山东大学、山东海洋学院、华东石油学院被确定为第一批全国重点高等学校。1983年，山东省又将山东工业学院、山东农业学院、山东师范学院、曲阜师范学院、山东中医学院、青岛医学院6所本科院校确定为省属重点院校。此后，其中的山东工业学院、山东农业学院和山东师范学院还被列为发展山东高等教育“重中之重”的院校，对这3所院校进行重点投资。与此同时，建设新的高等院校的步伐也开始加快。到1985年，山东省高校增加到了49所，比1977年多了22所。

在提升高校及在校学生数量的同时，山东省的研究生培养工作也开始逐渐恢复。1982年1月29日，经国务院批准，山东大学、山东海洋学院、山东医学院的10个学科和专业获得博士学位授予权；

省内 8 个高等院校的 72 个专业和学科获得硕士学位授予权。到了 1985 年的时候，全省计划招收的研究生 1005 人，比 1980 年的 72 人增长了 14 倍，在校研究生的数量已达 1756 人，年递增率为 54%。

从 1980 年开始，山东省还加大了对高等教育学科的调整力度，调整的指导思想是学校的专业和学科要服从和服务于地方经济和社会发展的需要。根据山东省委提出的要把山东省建成农业、能源、建筑材料、化工、工业消费品和外贸六大基地的发展规划，山东省高校学科调整坚持了积极改革老专业、增设新专业、培养急需人才的指导方针。根据这个指导方针，1984 年山东高校增设了农业、财经、政法、轻工、视频、建筑、外贸、管理等 47 个短线专业。

为了让更多的人接受高等教育，为社会发展培养更多的人才，山东省委、省政府把成人教育列入重要的议事日程，对“七二一”大学和“五七”学校进行了整顿，进一步充实办学条件，改办为职工大学、职工业余大学和农民中等专业学校，企事业单位新建了一批职工大学。1981 年，电视大学、职工大学、函授大学、夜大发展到了 43 所，在校学员有 3.7 万多人。到 1985 年的时候，山东省已建成各类成人高校 53 所，其中广播电视大学 13 所，职工大学 33 所，教育学院 16 所，管理干部学院 3 所，在校生达 8.58 万人。成人高等教育的恢复和发展，基本上满足了社会经济发展对高等教育提出的新要求。

（二）文化事业的振兴

改革开放后，为了满足广大群众日益增长的文化需求，山东省的文艺工作者和社会科学工作者表现出了空前的积极性，在繁荣文艺创作和发展社会科学方面做出了许多贡献。

1979 年 4 月，省文化局发出了《关于把工作重点转移到为社会主义现代化建设上来的意见》，要求各级文艺单位迅速跟上全党工作的重点，大力繁荣创作，活跃文艺演出，做好电影的发行放映，加强文博、图书工作，积极为四个现代化服务。省文化局还制定了《1980—1981 年文化事业发展规划》，使全省文化事业得到全面推进。

在解放思想和改革开放大好形势的刺激下，全省的文学领域出现了新中国成立以来少有的可喜景象，作家、诗人、翻译家、评论家振奋精神，笔耕不辍，创造出一大批反映时代新潮的作品。全省相继成立了山东省写作学会、鲁迅研究会、当代文学研究会等学术团体，积极开展有组织的学术研究和交流活动，促使文学领域不断向高层次迈进。与此同时，《山东文艺》《青岛文艺》《戏剧丛刊》《群众艺术》等文艺刊物或创办或复刊，为全省的文化园地增光添彩。短短几年内，广大作家和艺术家们创造出大量的小说、诗歌、散文、报告文学、民间文学、美术、书法、摄影等作品，极大地丰富了人们的精神生活。

在文艺创作和演出方面，山东省打破旧有的束缚，努力贯彻“双百”方针，在电影、戏剧、音乐、舞蹈、曲艺、杂技等领域齐头并进，呈现欣欣向荣的局面。1979 年，省文化局在济南主办了“庆祝中华人民共和国成立 30 周年献礼演出”，汇集了 8 个地（市）代表队和省直 6 个剧团，共演出 12 个剧种的 14 台节目，在推动戏剧歌舞艺术发展方面起了很大的倡导作用。此后，吕剧、京剧、话剧、莱芜梆子、山东梆子、茂腔等剧种都有了不同程度的新突破。山东省独有的山东大鼓、山东快书、山东琴书、山东快板等曲种也有青春焕发的迹象。

1979 年之后，山东省的群众文化生活开始丰富多彩，许多民间艺术项目重新活跃起来，如高跷、狮子舞、龙灯舞、旱船、秧歌、腰鼓、花棍等，都在大庭广众之中再展风姿。各类节庆文艺活动和书会、庙会相继推出。至于各类展览活动，更是琳琅满目，引人入胜。

农村群众文化的改革，突破了完全依赖国家办文化的传统模式，探索出了一条由国家、集体和个人共同兴办农村文化事业的新路子。从 1979 年开始，山东总结推广了滕县（现在的滕州市）、莒南县、泰安市泰山区和临朐县兴办农村集镇文化中心、文化大院和文化户的经验，在全省基本上形成了县文化馆、集镇文化中心、村文化大院、文化户这样一个农村四级群众文化活动网络。全省县县都有文化馆，集镇文化中心有 2000 多个，文化大院（包括部分文化室）1.9 万个，文化户 1.5 万多个，较好地满足了农村群众对文化生活多样化的需求。

（三）科技事业的发展

1979 年 10 月，经党中央批准，国家科委党组为一系列重大冤假错案彻底平反，对于在冤案中遭受打击迫害的干部和科研人员，一律恢复名誉，对迫害致死相关人员给予平反昭雪。这些举措，让广大科研人员饱受摧残的心理得到一些安慰。邓小平也适时地提出“知识分子是工人阶级一部分”“科学技术是第一生产力”的说法，确立了知识分子在社会中的突出地位。1978 年，全国科学大会召开，确立了“科学技术工作要为经济建设服务，经济建设要依靠科学技术”的方针，在全国掀起了“尊重知识、尊重人才”的热潮。

为了落实中央精神，山东省在改革开放之初出台了《关于进一步落实知识分子政策的通知》（1980年），为“文化大革命”期间被下放的科技人员平反，让大部分人都回到了原来的工作岗位。与此同时，山东省还积极引进省外科技人才，壮大队伍。

在为知识分子落实政策的同时，山东省还积极编制了科学发展规划，为科技发展提供指南。1978年，山东省召开了全省科学大会，制定了《1978—1985年科学技术发展规划》，并经过同年5月召开的全省科学大会讨论修改后报省政府批准实施，动员全省人民向科技现代化进军。这个规划的基本指导思想是：当前和长远相结合，重点和一般相结合，应用和理论相结合，学习和创造相结合，出成果和出人才相结合，普及和提高相结合，全面推进山东省的科技事业。目标是：在8年之内，壮大科学技术队伍，组建并完成一批新的科研机构，着重把农业、能源、工业材料、电子计算机、激光、仪器仪表和自动化、海洋7个影响全局的综合性科学技术领域和新兴技术领域放在突出地位。

1980年，山东省又编制了“六五”科技发展规划，共安排了22个重大科技攻关项目，希望通过重点投资和扶植，实现科技创新。其中包括主要粮食作物与经济作物增产技术；主要用材林、薪炭林优良树种选育及营林技术；苹果、梨良种选育和贮存保险技术；节能新技术及新能源开发利用等等。这些科技规划为全省科学技术事业的重点发展和重点突破提供了政策上的倾斜。

为了进一步推动科技事业的发展，山东省还对科技体制进行了改革。首先强化了科技管理体系，1979年12月，省政府将省革委科学技术委员会改为山东省科学技术委员会，将其作为管理全省科技工作的基本机构，先后制定了一系列规章制度，使全省科技工作逐步趋于合理化、规范化和法制化。其次，在全省范围内恢复重建科技工作机构，完善科技管理体系，到1983年，全省14个地（市）共136个县（区）相继恢复了科委，地（市）、县科委一般都下设了科技情报、专利、科技交流等直属单位和学科专业组。

随着知识分子政策的落实和科研机构的建立健全，山东省的科技队伍迅速发展壮大。1979年，全省科技人才总数为268454人，到1984年，增长为348542人。1978年至1985年，全省大中专毕业生达30余万人，为科技队伍的扩大提供了强有力的支持。

通过全省科技人员的共同努力，山东省科技成果在经济建设中发挥了巨大作用。“鲁棉一号”棉花育种技术获得国家发明一等奖，平均亩产增长25%，改变了山东省棉花产量低且不稳定的局面。煤炭行业自行设计建造了年产百万吨的特大现代化矿井，研制成功创全国纪录的触变泥浆淹水沉进法以及千米以下煤炭资源的开采技术。机械制造行业自行设计制造的高速高精度镜面磨床、高精度半自动万能外圆磨床等，分别达到或接近国外同类产品先进水平。

第三章

现代化建设局面的开创

中国的现代化建设是史无前例的，如此伟大的事业要取得成功，既要有正确的方向、明确的目标，还要有实现奋斗目标的切实可行的方略。党的十二大为中国开创现代化建设新局面制定了这样的奋斗纲领。中共山东省第四次代表大会根据党的十二大的战略部署，结合山东的实际，明确了山东新时期的战略目标和工作任务。在中共山东省委的领导下，山东省各级党组织带领全省人民为实现中共山东省第四次代表大会提出的战略目标和工作任务展开了扎扎实实的工作。

一、中央开创现代化建设新局面纲领的制定和中共山东省第四次代表大会的胜利召开

（一）党的十二大的召开和开创现代化建设新局面纲领的制定

1978年以来，在党中央的正确领导下，经过全党、全军、全国各族人民的共同努力，完成了拨乱反正的历史任务，实现了历

史性的伟大转变，中国已具备了全面开创社会主义现代化建设新局面的条件。在这种背景下，于1982年9月1日至11日，在北京召开了党的十二大。

邓小平主持大会并致开幕词。他指出，这次大会的一个很重要的任务，就是“确定党为全面开创社会主义现代化建设新局面而奋斗的纲领”。并且指出：“我们有充分的根据相信，这次大会制定的正确的纲领，一定能够全面开创社会主义现代化建设的新局面。”邓小平指出，在80年代，中国人民的核心任务是经济建设，“它是解决国际国内问题的基础”。他强调：“我们的现代化建设，必须从中国的实际出发”；“把马克思主义的普遍真理同我国的具体实际结合起来，走自己的道路，建设有中国特色的社会主义，这就是我们总结长期历史经验得出的基本结论”。邓小平的开幕词，是党的十二大的指导思想。

胡耀邦代表党中央向大会作了题为《全面开创社会主义现代化建设的新局面》的报告。报告总结了党的十一届三中全会以来我国各条战线取得的伟大成就，分析了当前的政治经济形势，提出了党在新时期的总任务：团结全国各族人民，自力更生，艰苦奋斗，逐步实现工业、农业、国防和科学技术现代化，把我国建设成为高度文明、高度民主的社会主义国家。为实现这个总任务，报告从我国的实际出发，确定了社会主义经济发展的战略目标、战略重点、战略步骤和一系列方针政策，形成了一个比较完整的纲领。报告规定，在20世纪的最后二十年，在不断提高经济效益的基础上，力争使全国工农业年总产值翻两番。这二十年要分两步走，前十年主要是打好基础，积蓄力量，为后十年的发展创造条件；后十年能够以比较高的速度发展，进入一个新的经济振兴的时期。在这二十年，要重点抓好农业、能源和交通、教育和科技等问题。

报告还指出，要处理好物质文明和精神文明的关系，要两个文明一起抓；要建设高度的社会主义民主，要把民主建设与法制建设紧密结合起来，使社会主义民主制度化、法律化；要加强党的建设，把党建设成为领导社会主义现代化事业的坚强核心；等等。总之，党的十二大确定了全面开创社会主义现代化建设新局面的纲领。

（二）中共山东省第四次代表大会的召开和全面开创山东社会主义现代化建设新局面的确定

经过充分准备，在条件成熟的情况下，于1983年7月13日至21日召开了中共山东省第四次代表大会。这次大会的指导思想是：深入贯彻党的十二大精神，认真总结过去工作的经验教训，研究确定今后的奋斗目标和工作任务，健全和改善党的各级领导机构，以便更好地动员和带领广大党员、干部、群众，团结起来向前看，集中力量搞“四化”，全面开创山东社会主义现代化建设的新局面。

会议认真总结了三届省委的工作，根据党的十二大提出的战略部署，从山东的实际出发，提出并确定了山东新时期宏伟的战略目标。

1.坚持以经济建设为中心

经过全省人民的艰苦奋斗，到2000年，工农业总产值实现翻两番，由1980年的524亿元达到2100亿元，财政收入平均每年递增6%—7%。经过近二十年的努力，全省粮食和主要副食品可以在较高水平上自给，棉花、油料、原油、煤炭和工业消费品可以自给有余，为国家做出贡献。

积极发展对外贸易。到2000年，出口商品收购总值达到占农业总产值的10%，出口换汇由17.6亿美元增加到70亿美元。

综合经济效益和技术水平要有较大提高，达到新的高度。到2000年，工业、商业等部门的主要经济效益赶上或超过上海同行业20世纪80年代的水平，工交部门主要领域的生产技术，多数达到发展国家普遍采用的80年代初的水平，有些接近当时世界先进水平；基本实现农业机械化和农村电气化。

人民的物质文化生活水平将有大的提高，达到小康水平。到2000年，全省人口控制在8630万人以内；人均国民收入1200元；城乡居民人均消费额由1980年的217元增加到700元；城乡住房、用电、交通、通信以及生态环境等，都将有较大改善；人们的健康水平明显提高；青壮年的文化程度达到中等教育水平。

2. 加强社会主义精神文明和社会主义民主建设

根据党的十二大提出的要建设高度的社会主义精神文明和社会主义民主的要求，中共山东省第四次代表大会把加强社会主义精神文明和社会主义民主建设摆到了重要位置，提出了明确要求。这个要求就是：通过全体党员和全省人民的共同努力，使人们的思想觉悟、道德水准、精神境界有一个显著提高，新的社会风尚、革命的优良传统和奋发有为的献身精神，得到广泛发扬；人民群众的科学文化水平有一个较大的提高，在教育、科学、文化事业的发展方面缩短同先进省（区、市）的差距；人们的劳动态度、工作态度和服务态度普遍有明显的改善；社会主义的民主制度和民主生活进一步完善，社会秩序、社会治安达到新中国成立以来最好时期的水平，从而在建立人民内部的新型关系方面迈出新的一步，创造良好的社会环境，保障人民群众能够心情舒畅地进行现代化建设。

根据这一总的要求，会议明确了具体工作措施：

要切实加强和改进思想政治工作。要把做好思想政治工作提高到加强党的自身建设，增强党组织战斗力的高度来对待。要精心研究新时期思想政治工作的规律和特点。要根据人们思想、意识变化了的实际情况决定工作方针。要把思想政治工作渗透到干部群众的实际生活中去，渗透到轰轰烈烈的“四化”建设实践中去。要做到三个结合，即把思想政治工作同各项经济、业务活动紧密结合起来，把物质鼓励同精神鼓励结合起来，把思想教育同解决实际问题结合起来。要建立健全思想政治工作的机构，加强宣传队伍的建设，建立宣传员制度。对于从事思想政治工作的干部，其职称评定要逐步达到与其他技术、业务职称同等看待。

要努力抓好各项文化事业的建设。会议指出，文化建设是社会主义精神文明建设的重要方面。要抓好文化建设，最根本的是要抓好教育。要办好初等教育，力争到 1985 年基本普及小学教育，力争尽快扫除青壮年文盲，杜绝新文盲的产生。要积极推进中等教育改革，要按照党中央和国务院关于加强和改革农村学校教育若干问题的通知精神，“六五”期间要再改一批普通中学为农业技术中学，要逐步把 1/3 左右的城市普通中学改办成职业学校。加快高等教育改革，进一步办好重点大学，有计划地发展一批专科学校，扩大招生名额，增设急需的专业。要大力发展业余教育，采取有力措施，积极办好广播电视大学、函授大学、职工大学等。要办好师范教育，加强师资队伍的建设。

在办好教育，提高人们科学文化水平的同时，要积极办好其他方面的文化事业。文学艺术要继续坚持为人民服务、为社会主义服务的方向，要继续贯彻“百花齐放，百家争鸣”的方针，鼓励作家、艺术家多出好的精神产品。在继续克服“左”的错误倾向的同时，坚决反对思想文化领域的资产阶级自由化倾向。要办好图书馆、博物馆，管好用好各种历史文物。要抓好卫生工作，开展体育运动，新闻、出版、广播、电视等工作，都要以改革的精神办出特色。要尊重知识、尊重人才，按照中央的要求完成好落实知识分子政策的工作。

要进一步加强社会主义民主和社会主义法制建设。按照党的十二大的要求，要切实保障各级人民代表大会及其常务委员会行使地方权力机关的职权。要按照政社分设的原则，经过试点，逐步把乡政权建立起来，要建立健全村民委员会、居民委员会和职代会等群众自治组织。政法部门要严格履行保护人民民主和对敌对分子实行专政的职能，充分尊重和保障人民的正当自由和民主权力。教育公民在行使自己民主权力的时候，不要侵犯他人的自由和权利。要把社会主义民主建设同社会主义法制建设紧密结合起来。要进一步制定和完善各种地方性法规，特别是经济法规。要加强法制教育，使广大干部群众知法守法，党员干部更要带头遵守宪法和法律，司法机关要做到有法必依，执法必严，违法必究。在加强民主和法制的建设中，必须搞好社会治安工作。要把治安保卫责任制建立起来，要从重从快依法打击少数敌对分子和严重危害社会治安的犯罪分子，要把严厉打击经济领域严重犯罪活动进行到底。

为了实现上述宏伟的战略目标，中共山东省第四次代表大会基于对山东全局工作的综合分析，提出了经济建设上要狠抓农业、能源和交通、教育和科学三个战略重点。在农业上，要坚持走农、林、牧、副、渔全面发展和农工商综合经营的路子，加速农业从自给半自给经济向较大规模的商品化转化，从传统农业向现代化农业转化。要坚定不移地贯彻“决不放松粮食生产，积极发展多种经营”的方针，建立和保持合理的农业结构。在能源和交通上，要大力发展具有优势的工业。要根据山东矿藏资源比较丰富的特点，加快煤田、油气田的勘探，合理加大开发强度，要加大电力交通、化工、通信等方面的建设。在教育和科学方面，要抓紧应用科学的研究，制定符合山东省情的促进技术发展政策，要加强经济管理和企业经营管理的科学研究，要下最大的决心筹集较多财力物力，用于教育和科研事业。要求今后全省财政支出中用于教育、科技事业费的增长速度，要高于财政增长的速度。在这三项战略重点工作中，不但明确了前进的方向，而且提出了具体的政策和措施。

为了动员全省人民加快经济建设，实现宏伟目标，中共山东省第四次代表大会还提出了继续肃清“左”的影响以加快经济改革的思想和进一步加强党的建设的要求，指出：继续肃清“左”倾思想残余，进一步解放思想，全面贯彻国民经济调整、改革、整顿、提高的方针；要把提高经济效益作为一切经济工作的根本出发点，要坚持国营经济的主导地位，发展多种经济形式，全面推行经济责任制，坚决克服分配上的平均主义；要加强党的建设，充分发挥党组织在现代化建设中的领导核心作用；等等。

中共山东省第四次代表大会以后，全省党内外思想达到了一个新的统一。在省委的领导下，全省人民以昂扬的斗志，极大地推动了山东改革开放和各项事业的发展。实践证明，中共山东省第四次代表大会的指导思想、提出的任务和确定的方针政策都是正确的。它是标志山东在新的历史时期已经胜利实现了历史性转变的界碑。

二、农村种植业结构的调整和土地规模经营的探索

（一）农村种植业结构的调整

中共山东省第四次代表大会后，全省人民根据党的十二大精神，按照省委的部署，加快了山东的改革和发展，而改革是从农业着手的。

山东有良好的自然环境和自然资源。然而，党的十一届三中全会以前，由于受“左”的思想的影响，片面强调“以粮为纲”，全省各地单一经营的倾向比较严重，各业的发展受到影响，农村资源的优势没有得到应有的发挥。为了扬长避短，发挥优势，在山东省委、省政府的领导下，对农村种植业结构进行了调整。

这种调整从1978年就开始了，当时在决不放松粮食生产、积极开展多种经营方针的指引下，克服了“以粮为纲”的片面性，着重调整了粮食作物和经济作物的种植比例，调整的重点是在菏泽、聊城、德州、惠民四个地区扩大棉田。当时，国家从1978年开始调整对棉花的收购政策和价格，有力地促进了农民种棉的积极性。通过调整，这四个地区，从1979年到1984年粮田面积由4786.27万亩减少到3358.54万亩，棉田面积由540.47万亩增加到1860.45万亩。

与此同时，济宁、泰安、潍坊、烟台等地（市），也根据当地的实际情况，调整了粮食与花生、黄烟、瓜菜等经济作物的种植结构，如烟台地区1979年至1984年每年增加花生面积18万亩，济宁市到1984年基本上形成了粮食与经济作物为2∶1的格局。

1985年年初，中央提出了要继续贯彻决不放松粮食生产、积

极发展多种经营的方针。为了贯彻中央的指示精神，山东省根据各地情况，因地制宜地对种植业结构进行调整。如德州、聊城、惠民等棉花集中产区，调减棉花，发展其他经济作物和增加粮食生产；临沂、泰安等山丘地区，压缩粮田面积，扩大经济作物。通过这次调整，在保障粮食生产的情况下，林牧渔业有了较大的发展。如临沂地区，1985 年的林牧渔各业产值达 13.35 亿元，在农业总产值中的比重由 1980 年的 21.9%上升到 33%。其他各地（市）林、牧、副、渔各业产值所占农业总产值的比重也都有大的提高。

（二）乡镇企业的初步发展和土地规模经营的探索

山东的乡镇企业起步较早，但发展缓慢。党的十一届三中全会以后，虽有了明显的发展，但各地差异很大。1985 年 1 月，山

乡镇企业的初步发展，使农民逐步富裕起来

东省委召开农村工作会议，提出了对农村产业结构调整的意见，各地的乡镇企业加快了发展的步伐。烟台市根据中央提出的山东半岛要逐步形成“贸工农”型生产结构的精神，在保证粮食总产量稳步增长的前提下，增种了可供出口的水果、花生 134 万亩，增养了对虾、贝类、藻类等几十万亩，并建立了一批从事出口产品加工的乡镇企业。1985 年，烟台市乡镇企业产值达 30 多亿元。东营市实行了镇办、村办、联办、户办，“四个轮子”一起转发展乡镇企业，重点发展建筑建材、运输、饲料加工等行业。菏泽地区 1985 年拥有乡镇企业 45350 处，从业人员 3706 万人，其中有 9.5 万人出县搞劳务。1985 年，乡镇企业总收入超亿元的县（市、区）全省达 77 个，超过 5000 万元的乡镇达 43 个。

随着乡镇企业的发展，一些劳动力不断从土地上转移出来，而这些劳动力所承包的土地则逐渐向种田能手集中。如嘉祥县黄岗村 1986 年把 458 亩土地承包给五户种田能手，户均承包 90 亩左右，户均收入 8848 元。牟平县宁海镇是山东省乡镇企业发展最好的乡镇，90%的劳动力都从事乡镇企业。1985 年，这个镇的 25 个村有 159 个种粮专业户，最大的一户承包 240 亩土地，收入相当可观。这种实行土地规模经营的虽然是少数，但它是在新形势下的一种探索，既是农村商品生产发展的产物，又促进了农村的商品生产。

三、人民公社管理体制的改革

随着农村家庭联产承包责任制的实行和乡镇企业等多种经济形式的发展，广大农民具有了相对独立的商品生产者的地位，但是在“三级所有，队为基础”的人民公社管理体制下，广大农民以及他们的经济组织却缺乏应有的独立的经济地位，这就严重影响了他们主动性和灵活性的发挥。同时，政社不分的人民公社的管理体制也严重影响了行政事务的管理。在这种情况下，为了加强和改善农村基层政权，促进农村经济的发展，对人民公社的管理体制进行了改革。

人民公社管理体制改革的主要内容是：(1) 一般在原有公社的管辖范围内设乡镇政府，代替人民公社行使农村基层政权的职能。(2) 在基本相当于原生产大队的范围内设村，成立村民委员会，负责管理本村的公共事务和公益事业，调解民间纠纷，维护社会治安等。(3) 以原有生产队或自然村为范围成立村民小组，协助村民委员会做好工作。

山东改革人民公社管理体制，建立乡政府的工作大体上经历了三个阶段：

1. 试点阶段

早在 1979 年，山东省就组织有关部门到阳谷县的城关、寿张、阎楼、石佛等公社调查人民公社的管理体制问题。1981 年，菏泽县的王浩屯公社、安丘县的黄旗堡公社对人民公社的管理体制自己开始进行改革。王浩屯公社的改革，引起了省里的重视。1982 年 12 月召开的五届全国人大五次会议通过了新的《中华人民共和国宪法》。《中华人民共和国宪法》明确规定，农村人民公社要改变政社合一的体制，设立乡政权。根据《中华人民共和国宪法》的规定和要求，山东省人民政府于 1983 年 4 月召开了建乡座谈会。会议确定在济宁的邹县、潍坊的昌邑、菏泽的巨野、淄博的张店进行政社分开、建立乡政府的试点工作。各地（市）也选了一两个公社进行建乡试点。同年 6 月，又在邹县召开了全省建乡工作座谈会，对工作进行了进一步部署，并确定把宁阳县也列为改革试点。此时，全省已有 105 个社（镇）进行试点。

2. 全面实施阶段

1983 年 10 月 12 日，中共中央、国务院下发了《关于实行政社分开建立乡政府的通知》。根据《关于实行政社分开建立乡政府的通知》精神，山东省在同年 11 月拟订了《山东省政社分开、建立乡政府工作方案》，指出，要合理确定乡的规模，要重视镇的建设。乡的编制要力求精干。乡干部要逐步从农村优秀人才中选拔，要能上能下。为了加强对建乡工作的领导，山东省委成立了农村体制改革领导小组，各地（市）、县也成立了相应的领导机构和工作班子，各地（市）、县都制定了建乡的方案并付诸实施。同时加强对改革公社体制建立乡政府意义的宣传教育，提高广大干部群众的认识，取得大家的支持。到 1983 年年底至 1984 年年初，全省建乡镇工作全面展开。

在实施过程中合理确定了乡的规模，绝大多数的乡按原公社的范围建，个别大的公社适当划小。建完后，全省每个乡镇平均有 22000 多人，多数比较合适。

在建乡的过程中，注意了建镇。按照积极发展、严格条件、通盘规划、合理布局的原则，共新建了 615 个镇。这样，到 1984 年年底建乡建镇的工作基本结束。

3. 调整完善阶段

1985 年年初，山东省人民政府派出 8 个工作组分赴各地对政社分开建立乡镇的工作进行全面检查验收。针对出现的新情况，省政府研究决定取消农村区建制，撤区调整乡镇。到 1985 年，整个调整工作结束，完善了乡镇建制。

四、企业利改税的推行和厂长负责制的试行

（一）企业利改税的推行

为了把国营企业培育成自主经营、自负盈亏的经济实体，为了给企业提供一个公平的竞争环境，也为了保证国家的财政税收，根据国家的统一部署，自 1983 年起，山东省进行了利改税的工作。

利改税分为两步走。第一步是利税并存的阶段。1983 年 4 月，国务院颁布了《关于国营企业利改税试行办法》，决定从 6 月 1 日起在全国范围内推行利改税。改革的主要内容是：对盈利的国营企业普遍征收所得税，上缴的比例是利润的 55%。在此之外，根据企业实际情况征收不同幅度的利润调节税和以利润分层的形式再向国家缴一部分；小型企业在缴纳所得税后，利润多的再缴一部分承包费。1983 年，山东省有 5352 户国营工业、交通、商业企业实行了第一步利改税。实行利改税的工业企业产值比上年增长 7.95%，实现利润增长 11.27%，上缴税利增长 12.28%，职工所得增长 29.3%。往年，企业拖欠上缴税一般都在 1 亿元左右，实行利改税后，1983 年实现了当年无拖欠。

利税改革的第二步，是完全以税代利阶段。第一步利改税后，仍然保留了利、税并存的形式，且税制也不够完善。因此，党中央、国务院又决定从 1984 年 10 月起进行第二步利改税，将国有企业向国家交的利税全改为税。企业依法向国家纳税，税后利润由企业使用。在进行第二步利改税中，山东省掌握了四条原则：（1）确保国家财政收入稳定增长；（2）使企业能从增收中

得到一定的利益；(3) 力求解决利税并存所未解决的某些弊端；(4) 既增强企业活力、动力，也要使企业有一定压力。在第二步利改税的实施过程中，山东省强调了要实事求是、具体情况具体对待，不“一刀切”。总的做法是合理征税，给企业以活力，给企业以发展的后劲。如对划定的2441个国营小企业，只征收八级超额累进税；对大中型企业的调节税，由环比改为定比，一定七年不变；等等。利改税的工作一直延续到1986年。利改税使企业的自主性增强、责任意识增强，更新改造能力也得到了增强，使国家的财政收入也得到了稳定增长。

（二）简政放权和厂长负责制的试行

1984年10月，党的十二届三中全会召开。会议总结了党的十一届三中全会以来我国经济体制改革的成功经验，论述了加快以城市为重点的整个经济体制改革的紧迫性，从理论和原则方向上为下一步的改革奠定了基础，规划了蓝图。在党的十二届三中全会精神的指引下，我国的经济体制改革从局部进入全面展开的阶段，改革的重点从农村转向城市。山东省的经济体制改革从此进入了一个新阶段。

山东省经济体制改革的侧重点放在了搞活企业，特别是搞活大中型企业上。搞活企业主要从两个方面着手：一是从外部进一步简政放权。1986年，山东省委、省政府出台了《关于进一步搞活企业若干问题的试行规定》，进一步强调了放宽的各项政策。但是，由于习惯势力和部门利益的影响，有些政策没能很好地落到实处。针对存在的问题，山东省委、省政府高度重视。为了从根本上改变政企不分的情况，规定：(1) 省直部门原则上不再经营

国有企业开始简政放权和试行厂长负责制，进一步调动大家的积极性

管理企业，所属195个企业逐步下放到中心城市和企业所在的地（市）、县，由所在地进行管理。到1987年，全省下放到地（市）的企业有137个。（2）对实体性公司或行政性公司进行整顿。对原来赋予行政职权的省丝绸、冶金、医药等省级公司，逐步取消其行政职权，严格实行政企分开，专门从事经营管理；对于纯属行政性公司进行了撤并。到1987年，全省共撤销各种行政公司74个。（3）将各项放权规定交给企业，让企业对落实的情况进行监督。简政放权后，企业的自主权增大了，经营的活力增强了。省、地企业主管部门也转变了职能，由管理而变为服务，收到了很好的效果。

二是从内部推行厂长（经理）负责制。改革开放之前，我省国有企业主要实行的是党委领导下的厂长（经理）负责制。这种体制在加强民主管理、发挥党组织在企业中的作用等方面曾起过积极作用，但也存在着党政不分，名为集体负责，实为无人负责、无法负责的弊端。为了克服这些弊端，从 1984 年 6 月起，山东省开始试行厂长（经理）负责制。厂长（经理）负责制的基本内容是：(1) 厂长（经理）是企业的法定代表，代表法人行使职权。厂长（经理）对企业的生产指挥和经营管理统一领导全面负责。厂长（经理）实行任期制，每届任期 3—5 年，可以连任，任期内实行任期目标责任制，任期目标的实施，应作为对厂长考核的重要依据之一。(2) 企业党组织的工作重点，是保证和监督党和国家各项方针政策的贯彻实施，做好党的思想建设、组织建设和思想政治工作，并支持厂长依法行使职权。(3) 进一步健全职工代表大会制度和各项民主管理制度，发挥工会和职代会在审议企业重大决策、监督行政领导干部、维护职工合法权益方面的作用。当时，被选作试点的企业达 2299 个。到 1987 年，全省已有 2160 个企业实行了厂长负责制。厂长负责制的实行，实现了厂长责任和权利的统一，改善了党政不分的状况，也进一步健全了职工代表大会制度和其他民主管理制度。厂长任期责任制的实行，制约了厂长可能产生的短期行为。总之，厂长负责制的实行是好的。当然，厂长负责制在实行过程中也出现了一些问题，需要进一步探索和完善。

五、“五讲四美三热爱”活动的开展

（一）“五讲四美三热爱”活动的开展

社会进步，既要有物质的、又要有精神的。中华民族几千年的历史，形成了中华民族的优良传统；中国共产党领导中国人民闹革命几十年，在推翻“三座大山”、建立新中国的过程中，在社会主义改革和建设的过程中，形成了优良的革命传统。而这些优良的传统，在“文化大革命”期间都遭到了严重污染。“文化大革命”结束以后，特别是党的十一届三中全会以后，全党全国人民为清除“文化大革命”的污染、扭转社会风气做了大量的工作。然而，优良传统的恢复、社会主义精神文明的建设不是一朝一夕之功，而是需要全国人民坚韧不拔的努力。“五讲四美三热爱”活动就是在这种背景下开展的。

1981 年 2 月 25 日，全国总工会、共青团中央、全国妇联等 9 个群众团体联合发出《关于开展文明礼貌活动的倡议》，号召在全国人民特别是青少年中，开展以讲文明、讲礼貌、讲卫生、讲秩序、讲道德和心灵美、语言美、行为美、环境美为内容的“五讲四美”文明礼貌活动。2 月 28 日，中宣部等 5 个部委联合发出《关于开展文明礼貌活动的通知》，要求把开展文明礼貌活动作为当前建设社会主义精神文明的一件大事，认真抓好。为了响应全国总工会等 9 个全国群众团体的倡议和贯彻中宣部等 5 个部委的通知精神，3 月 6 日山东省委宣传部召开专门会议，讨论如何组织全省人民特别是青少年深入开展文明礼貌活动，建设社会主义精神文明问题，并同省教育厅等部门联合发出《关于贯彻中宣部、教育部、文化部、卫生部和公安部联合通知精神，开展文明礼貌活动的通知》。

“五讲四美”活动的开展，首先要抓好舆论宣传工作，使人们懂得讲文明讲礼貌不仅是我们民族的优良传统，也是社会主义精神文明建设的重要内容。山东的舆论宣传活动率先在青少年中展开。广大青少年通过宣传栏、黑板报、广播等多种形式，宣传“五讲四美”的内容和开展“五讲四美”活动的意义，并组织文艺

城乡大力开展“五讲四美三热爱”宣传活动

宣传队自编自演文艺节目到群众当中去宣传。在对“五讲四美”的内容和意义广泛宣传的基础上，广大青少年轰轰烈烈地开展了“五讲四美”活动。许多中小学修订了《礼貌公约》《礼貌细则》《礼貌用语》，开展“争做优秀少年”“争做红花少年”的活动。许多大中专院校的学生还自愿组成“学雷锋小组”“送温暖小组”，主动为年老体弱的教职工服务，为有实际困难的学生送温暖。有的还组成“便民服务队”，走上街头，给过往行人做好事。

1982 年 2 月，中共中央办公厅转发了中宣部《关于深入开展“五讲四美”活动的报告》，规定每年 3 月为“全民文明礼貌月”。并提出 1982 年的“五讲四美”活动主要抓好三件事：搞好环境卫生，解决一个“脏”字；整顿公共秩序，解决一个“乱”字；提高服务质量，解决一个“差”字。为了贯彻中央的精神，1982 年 2

月，中共山东省委向全省发出了《关于深入开展“五讲四美”、搞好“全民文明礼貌月”活动的通知》。根据省委的部署，“五讲四美”、搞好第一个“全民文明礼貌月”的活动在全省轰轰烈烈地开展起来。菏泽地区根据自己的特点，提出要“以勤治脏，以德治乱，以责治差”，“标”“本”兼治，收到了很好的成效。青岛市党政军领导带头，各行各业齐抓共管，下大力气解决“乱”的问题，使车站、饭店、影剧院、农贸市场、旅游观光场所的秩序明显好转。为了加强对活动的督促指导，省委派出9个检查组分赴济南、青岛等地进行检查指导，提出了11项巩固和发展“全民文明礼貌月”活动的措施，使“五讲四美”活动走向经常化、制度化。

在治理“脏、乱、差”的基础上，1983年的“文明礼貌月”活动中又提出了要开展“三优一学”（即搞好优质服务，建立优良秩序，创造优美环境，学雷锋、树新风）活动，同时“五讲四美”活动又增加了“三热爱”，即热爱祖国、热爱社会主义、热爱党的内容。

在这次活动中，山东省的做法：一是学习先进人物同发扬社会主义道德风尚结合起来。各地都普遍开展了学雷锋、学张海迪和学习本行业本单位先进模范人物的活动，把学习英模活动同树立正确的人生观、弘扬社会主义道德风尚结合起来。全省共有70余万个学雷锋、学张海迪小组，还建立了一些义务助耕队、为民服务队、尊老敬贤小组等，在做好本职工作的同时，在一个月的时间内为人民群众做好事达670余万件，良好的社会风气得到了发扬。二是把治“差”和搞好优质服务结合起来。交通运输、商业服务业等行业，都普遍制定或修订了文明服务公约，增加了服务项目，延长了服务时间，服务态度有了明显改善。三是把治

“脏”同创造优美环境结合起来。济南、青岛等城市都加强了管理和清扫，加强了绿化和美化，加强了对卫生死角的治理和卫生设施的建设。据不完全统计，3月这一个月，共清理垃圾41.4万吨，疏挖河道、下水道122.89万米，改造厕所30.76万个，增设垃圾箱等卫生设施1.64万个，使整个环境向着优化、美化、绿化方向发展。

（二）学习宣传张海迪活动的广泛开展

张海迪，山东莘县广播局职工。她身残志坚，怀着“活着就要做个对社会有益的人”的信念，以保尔为榜样，勇于将自己的光和热奉献给人民，做了许多感人的事。

1981年12月29日，《人民日报》报道了张海迪的动人事迹。1982年5月，聊城地区和莘县开展了学习张海迪的活动。同年11月，共青团山东省委授予张海迪“模范共青团员”的光荣称号。1983年2月，山东省人民政府授予张海迪“劳动模范”的称号。同年3月，中共山东省委做出向张海迪学习的决定。从此，学习张海迪的活动在全省广泛开展起来。

1983年3月7日，共青团中央举行表彰大会，授予张海迪“优秀共青团员”称号，并做出了向张海迪学习的决定。3月17日，中央电视台向全国播发了张海迪事迹报告会的实况录像，在全国引起了强烈的反响。5月初，党和国家领导人叶剑英、邓小平、李先念、陈云、彭真、邓颖超、徐向前、聂荣臻等分别为张海迪题词，号召人们向张海迪学习。5月9日，中共中央批复了共青团中央和中共山东省委呈报中央的《关于进一步开展学习宣传张海迪活动的报告》。中共中央在批复中指出，中央殷切期望，全国人民特别是青少年深入学习张海迪，要围绕树立共产主义人生观这一根本问题，学习她百折不挠、乐观向上的生活态度；学习她渴求知识、刻苦自励的顽强毅力；学习她对社会尽责，为人民服务的献身精神。一个学习张海迪，争做“八十年代新雷锋”；学习张海迪，做有理想、有道德、有文化、有纪律的共产主义新人的活动，在全省乃至全国广泛深入展开起来。大家讲理想，比贡献，各行各业都涌现出大批努力学习、勤奋工作、勇于进取的先进模范人物。据山东省总工会统计，从 1980 年至 1986 年，被省、地、县命名表彰的劳动模范和先进个人达 19 万人，全省妇女中被命名为“三八”红旗手的达 5.38 万人。

“五讲四美三热爱”和学习宣传张海迪活动的开展，使人们的思想观念发生了新的变化，重视知识，渴望成才，成为人们特别是青少年的强烈愿望；使社会风气开始好转，被“文化大革命”破坏的人际关系得到了调整和改善，文明礼貌逐渐成为人们特别是青少年追求的时尚；使城乡环境得到了初步改善，“脏、乱、差”得到了一定的治理，绿化、美化、优化环境已逐渐成为人们特别是城市居民的自觉活动。总之，“五讲四美三热爱”活动和学习张海迪活动的开展，使社会主义精神文明建设向前迈了一大步。

第四章
改革开放的全面展开

农村改革所带来的全国上下一派欣欣向荣的景象，坚定了党和国家领导人在城市中进一步推进改革开放的信心和决心。改革的重心逐步由农村转入城市。

一、山东经济体制改革的展开

（一）企业承包经营责任制的推行

随着改革的深入，为了进一步增强企业活力，减少政府对企业的干预，山东省从1987年开始在全省推行承包经营责任制。在国有大中型企业中，承包经营责任制的形式主要有“上缴利润递增包干”“上缴利润基数包干”“亏损企业减亏（或补贴）包干”等；在中小企业中，搞包、租、赁等改革试点；同时进行股份制改革试点。到1987年年底，全省预算国有工业企业实行承包制的有1344家，占工业企业总数的72%，并有6100多家工商企业实行了租赁制。1988年2月，国务院制定的《全年所有制企业承包经营责任制暂行条例》发布后，承包经营活动得到规范和普及。是年，全省预算内国有企业实行承包制的达 1936 家，占总数的 96.8%，其中大型企业 697 家，占上述实行承包制国有企业的 36%，承包期在三年以上的有 1883 家，占上述实行承包制国有企业的 97.3%，有 794 家企业实行了招标承包，有 844 家企业实行了全员风险抵押承包。在承包制的推动下，各级企业普遍实行了领导干部责任制，增强了领导干部的责任心；在承包制的推动下，企业将指标分解，使职工普遍感受到共同的压力，提升了工作积极性；承包制还使企业实行分级分权管理，适当划小了核算单位，管理不断趋向科学和合理，从而使得企业内部的经济责任制更加健全和完善，促进了全省国民经济的发展。至 1988 年，全省工业产值增长 33.8%，地方预算内国营工业企业实现利税增长 33.1%，财政收入增长 23.8%，全省预算内国有工业企业职工每人收入达 1509 元，比上年增长 10.4%。但是，承包经营责任制是在价格改革未到位的情况下推行的，其自身存在难以克服的弊端：一是承包基数确定不规范，容易造成“鞭打快牛”，不利于企业公平竞争；二是“死基数”与“活市场”的矛盾；三是容易导致短期行为。这表明，推行承包制是社会主义公有制实现形式的一种探索，是在建立现代企业制度过程中的一个必然发展阶段。

（二）商品市场体系的建设

根据党的十二届三中全会通过的《中共中央关于经济体制改革的决定》的精神，山东省委于 1984 年 12 月开会制定了《山东省 1985 年经济体制改革试行方案》，对全省的改革开放做出了战略部署。通过改革，突破了过去以产品分配代替市场交换的产品经济模式，使计划与市场的结合得到加强，商品市场体系初步建立。

为了建立“在公有制基础上的有计划的商品经济”体系，山东省在以下几个方面进行了改革：

1. 加强横向经济联合

1986 年 3 月，国务院召开全国城市体制改革工作会议，把横向经济联合作为会议主题，提出横向联合是对旧体制条块分割的挑战，发展横向联合和破除条块分割是互相促进的过程。横向经济联合的基本形式、发展重点是企业之间的联合，要在自愿的基础上，坚持扬长避短、形式多样、互利互惠、共同发展的原则，不受地区、部门、行业界限的限制，不受所有制的限制。1986 年起山东的横向经济联合有了突破性的进展，同年山东共签署经济技术协作项目 5717 项，引进资金 5.7 亿元，人才交流总数达 19900 人，物资协作总金额 27.4 亿元，其中协作资金 22.2 亿元，全省共组成企业联合体约 1950 个，其中紧密型 1125 个。据测算，横向经济联合所产生的经济效益，约占当年全省新增工业总产值的 20%。山东除了与上海经济区保持密切联系外，共有 18 个地（市）、县分别参加了环渤海经济区、淮海经济区、中原地区经济协调会、冀鲁毗邻地区经济协作区等区域性经济联合组织。企业之间联合仍多以零部件配套加工为主，组织形式也不稳定。为了促进横向联合向纵深发展，1987 年 12 月，山东省经济体制改革委员会、山东省体制改革委员会和山东省政府经济协作办公室联合发出《关于组建企业集团的意见》。据此，山东原有的企业群体、企业联合体、联营公司中，有些开始向企业集团过渡，经济联合又上了一个台阶。1988 年，全省企业集团已发展到 89 个，后经一段时期的发展完善，逐步形成了山东企业集团发展的三种模式，从而为 20 世纪 90 年代现代企业制度的提出和深入实践做出了贡献。

为了进一步扩大区域联合，1988 年，山东省委、省政府又提出“四门大开”，在国内实行“南联、北靠、西进”的全方位联合战略。同年，省内与其他省（区、市）共签订经济协作项目 6603 个，协作资金达 15.3 亿元。各地（市）还独立进行了一些协作和联合，省内东西部联合也有了长足发展，进一步建立了对口协作关系。

横向经济联合，推动了科研和生产的结合，促进了社会和企业的技术进步，为参与联合的企业实现组织结构优化、释放企业内部潜在活力创造了有利条件。

2. 突破单一公有制所有制格局，初步发展为以公有制为主体的多种成分、多种形式的所有制结构

1978 年到 1990 年，山东省国有工业总产值由 200 亿元增长到 912 亿元，年均增长 8.8%；而它在全省工业总产值中所占的比重却由 68.7%下降到 41.4%，同期全省集体工业产值迅猛增长 6.8 倍，年均增长 18.7%，比重由 32.3%上升到 48.3%，超过全民所有制的比重。此外，个体、私营、“三资”企业和其他非公有制经济成分则由几乎为零上升到 10.3%。在社会商品零售总额中，国有商业由 53%下降到 37.1%；集体商业由 45.8%下降为 41.9%；非公有制经济成分由 1.2%上升到 21%。全省城镇个体工商等各行业从业人员由屈指可数猛增到 252 万人。多种所有制的共同发展，有力地活跃和繁荣了山东经济，经济建设初步形成了国家、集体、个人一起发展的新局面。

通过加强横向经济联合和调整所有制结构，山东省的商品经济获得长足发展，极大地改善了广大民众的物质和精神生活。当然，在当时的历史条件下，商品经济依然被视为计划经济的一个补充，其发展仍受到种种的限制。

二、全省开始第二步农村改革和诸城“农村商品经济大合唱”的推广

1984 年 1 月 1 日，中共中央发出《关于 1984 年农村工作的通知》，提出本年度农村工作的重点是在稳定和完善生产责任制的基础上，提高生产力水平，疏通流通渠道，发展商品生产。6 月 11 日，《关于 1984 年农村工作的通知》在《人民日报》上公开发表，标志着农村改革进入了一个新时期。

（一）全省第二步农村改革

1984 年，因农业生产的全面进步，出现粮食“卖难”“存难”“运难”等低水平“过剩”现象。这表明长期以来实行的农产品统购派购制度已经不适应农村的新情况。因此，农村的第二步改革主要集中在稳定和完善家庭联产承包责任制、改革农村流通体制、调整产业结构、提倡科教兴农、大力发展乡镇企业五个方面，在此基础上进一步深化改革，探索农村经济发展的新路子。

1984 年 12 月，中共中央召开全国农村工作会议。1985 年 1 月，中共中央、国务院颁发了《关于进一步活跃农村经济的十项政策》一号文件。其中最重要的是关于农产品统购派购制度的改革，规定从 1985 年起，除个别品种外，国家不再向农民下达农产品统购派购任务，按照不同情况，分别实行合同定购和市场收购。这样，农民和农业生产单位在取得了生产经营自主权之后，又获得了产品销售的自主权。广大农民可以根据市场需求的变化，对农村产业结构进行合理的调整，使农村产业结构向着农、林、牧、副、

渔全面发展、农工商综合经营转化。以此为契机，中国农村掀起了第二波改革浪潮。

1985年3月1日，山东省委、省政府发出了贯彻执行《关于进一步活跃农村经济的十项政策》的通知，明确提出：进一步完善农业联产承包责任制，发展统分结合的双层经营，有计划有步骤地调整农业产业结构，改革农产品统购派购制度，逐步建立起与计划调节相适应的市场调节制度，大力发展农村商品经济，搞活农村商品经济，增强经济实力，提高农民群众生活水平。根据这一指示，山东农村的第二步改革主要集中在以下方面：

第一，进一步完善农业联产承包责任制，发展统分结合的双层经营和社会化服务体系。为打消人民群众的疑虑，山东省委、省政府先后颁布了一系列文件和规定，强调家庭联产承包责任制长期不变，稳定农民心理，鼓励农民向土地进一步投资，鼓励土地向投资能手集中。1984年以后，山东农村以大包干为主的责任制不仅在农业领域占据了主导地位，而且迅速地向农村非种植领域扩展，在短短的几年里，农村的林、牧、副、渔业也纷纷采用承包制，各行各业顿时焕发了生机，发展速度惊人。同时，针对实行家庭联产承包责任制后各地出现的土地分割过于零散、承包合同简单、土地使用混乱、集体统一经营薄弱的问题，山东省把完善双层经营体制的重点放在了加强统一经营这个层次上，帮助解决一家一户办不了或办不好的事情，如发展集体副业、集体资源开发、农田水利建设、生产和流通环节的社会化服务等等。为进一步推动农业的发展，还在农村发展社会化服务体系，提供技术支持，加快商品流通。

第二，加快农村流通体制变革。加快农村流通体制的变革，围绕着三个方面进行：一是改革农副产品的统购统销制度，1985 年 5 月，省粮食局发出通告，决定从 4 月 1 日起取消粮食统购，实行合同订购，并对订购品种、价格、奖售政策做出了具体规定；同时，逐步放开畜产品、水产品、水果、蔬菜的市场和价格，把改革从生产领域引入到流通领域。1986 年 7 月，山东省委、省政府制定了《关于进一步搞活农村商品经济若干问题的试行规定》，在完善粮棉油合同订购制度、积极发展新型商业企业、坚持农产品多渠道经营、适当放宽生产资料的经营、积极支持农民进城兴办商业服务业、进一步落实对乡镇企业的优惠政策、加强对农业的各项服务、试办多种形式的新型技术和信息服务组织、扶持发展农村小能源、扶持发展农村交通运输十个方面做出了一系列政策规定。二是改革供销社体制，拓宽农村流通渠道，把供销社由官办转变为农民群众的合作商业组织，由经营型向经营服务型转变。三是积极探索农村商品流通的新路子，在各地实践经验的基础上，总结推广了以诸城市为代表的“贸工农一体化”、以招远县为代表的“农工商合作、产供销一体化”和以寿光县为代表的“市场导向、五渠并流”的农村商品流通新体制，有力地促进了全省农村商品经济的发展。

第三，调整农村产业结构，促进农村经济协调发展。山东调整农村产业结构，首先，从种植业入手，要求各地在抓好粮食生产保证粮食产量的同时，大力发展棉、油、菜、麻、丝、茶、果等经济作物，改变“以粮为纲”的单一经营模式。在这个政策的指导下，山东各地因地制宜，先后建成了棉花基地、蔬菜基地、副食品基地等。经过调整，1985 年与 1984 年相比，全省棉田由 2568.6 万亩减为 1754.6 万亩，花生由 947.7 万亩增加到 1378.6 万亩，粮田由 11749.3 万亩增加到 11976.4 万亩。其次，调整种植业和林牧渔业之间的关系，鼓励对荒山、荒地、荒滩的开放利用，鼓励发展养殖业和水产事业，到 1988 年，全省农业总产值达 494.53 亿元，比 1978 年增长 4.8 倍，其中林牧渔业占农业总产值的比重由 1978 年的 17.8%上升到 37%。再次，在稳定第一产业的同时，加快发展农村第二产业和第三产业，提高第二、第三产业在农村社会总产值中的比重。

第四，实施科教兴农战略。早在 20 世纪 80 年代初，山东的科教兴农工作就已经起步。1985 年，全省县、乡镇、村办的科普学校、科普夜校和文化技术学校 12000 多所，各种季节性的生产培训班 25000 多起，共培训农民技术骨干 185.5 万多人。此后，山东加强了各级农村推广中心建设和乡镇科委建设工作，开始形成了县农技推广中心为中枢，乡镇综合技术服务站为骨干，村农机服务队、技术研究会、科技示范户等为基础的农技推广体系。鲁西北地区率先改革并在棉区推广了棉花新品种“鲁棉一号”，取得了显著的增产效果。1985 年后，“星火”“丰收”“燎原”三大国家科技计划逐步实施。特别是“星火”计划 1985 年年底在山东实施以来，到 1988 年年底先后共安排省级以上项目 224 项，1988 年以前安排的 130 项中已完成 112 项，验收 103 项，完成率达 86%，共新增产值 9.8 亿元，利税 1.45 亿元，创汇节汇 3885 万美元，投入产出比例为 1∶0.7。三年中先后因推行“星火”计划培训人员共 192 万人次。1987 年，山东省正式提出了“科教兴农”的战略方针，深化农业科技体制改革，加强农技推广体系建设，推动科技人员奔赴农村，开展技术开发和科技扶贫等活动，并且发展农村职业技术教育和农民成人教育，提高广大农民文化技术素质，增强吸收和运用科学技术的能力。

山东农村的第二步改革搞得风风火火，呈现如下特征：一是从改革生产的经营方式进而改革生产的交换方式，它涉及的已不仅仅是生产的内部，而是生产的外部环节，涉及整个流通过程，涉及生产者、经营者、消费者各方，涉及农民、集体、国家各方，涉及国民经济各部门，因而所调整的利益关系更加广泛、复杂。二是农村改革与以城市为重点的整个经济体制改革汇合到一起。取消农产品的统购派购制度涉及整个城乡人民的消费和生活，涉及整个城乡的批发和零售市场，这既是农村改革的第二步，又是整个经济体制改革的重大开端。三是从使农民有经营上的自主权，进而到有产品的支配权。这样，农民能够进一步获得商品生产者的地位，在国家政策的引导下，按照市场需求生产，建立农村有计划的商品经济机制，加速了农村经济向商品化、专业化、现代化发展的历程。

农村的第二步改革，首先，使农业生产条件得到改善。据统计，1988 年，山东农业机械总动力达 2960 万千瓦，拖拉机 58 万台，比 1987 年增加了 12.4%，机耕面积占耕地面积的 17%，机电排灌面积占总灌溉面积的 86%。化肥使用量大幅度增加，平均每亩耕地施用化肥 20 公斤，1988 年全省有 88%的农村地区通了电。其次，使农村的生活水平有了较大的提高。1988 年农业商品产值达 305.8 亿元，比 1978 年增长 4.7 倍，农副产品商品率达 4.8 倍以上（以上均包括价格提高因素）。1988 年农产品和以农产品为原料加工品的出口额为 14.3 亿美元，占山东出口贸易总额的 51.8%，比 1978 年增长 6 倍多。1986 年，全省农民人均纯收入 449.3 元，按可比口径计算，比 1978 年增长 2.9 倍，平均每年增长 18.6%。再次，使农村经济实力明显增强。1988年，全省农村固定资产达到340亿元，比1978年增长2.3倍。山东农业大省的地位日益显著。1988年，山东农业总产值由1978年全国的第三位跃居首位；粮食生产居全国第二位，占全国粮食总产量的8.2%；棉花产量由1978年的全国第四位上升到首位，占全国的27%；油料生产居全国第一位，占全国的15%；水果、水产品生产居全国第二位，分别占全国的16%和13%；肉类总产量居全国第三位，在全国占6.9%。

农村经济的全面发展，使得山东农副产品短缺的状况有了根本性的转变，同时加快了区域经济的开发，贫困地区的面貌发生了根本性的变化，山东农村呈现一派欣欣向荣的景象。

（二）诸城"农村商品经济大合唱"的推广

20世纪80年代中期，随着农业改革和商品生产的发展，特别是国家对大部分农副产品放开经营后，农村经济发展中的一些深层次矛盾暴露出来。突出的是城乡经济分割，生产、加工、流通脱节，由此带来诸多弊端：分散的小商品难以进入大市场；一次产业价值低、效益差，且市场价格波动大，对农民收入影响大；城乡分割，把家庭经营局限在小生产方式的圈子里，社会化组织程度很低。为解决这些问题，诸城县在全省率先走出了"商品经济大合唱"和"贸工农一体化"的发展路子，成为深化改革、解决农村经济发展中深层次问题的伟大创举。

在农村第一步改革大潮中，当时还没改市的诸城县由于较早地推行了家庭联产承包责任制，很快解决了吃饭问题。第二步改革开始后，农村经济迅速由自给半自给型向商品型转化，但同时也带来了一系列新情况、新问题。首先，大部分农民想发展商品生产而不

诸城科委工作人员到集市传播经济信息

会干；其次，生产的东西多了，找市场、找销路非常困难；再次，市场机制不完善，各项服务工作跟不上，不可避免地使生产带有很大的自发性和盲目性；最后，政府部门工作不适应，由于处于新旧体制交替时期，大部分产品、价格已经放开，部门利益开始与市场相联系，但以条条为主的旧体制还在起作用，在这种情况下，部门往往考虑本身和条条的利益多，考虑块块的利益少，尤其是考虑农民的利益少。有利的事大家抢着干，无利的事大家都不愿插手。部门之间常常为争原料、争市场、争利润发生矛盾纠纷。

在对上述问题进行深入细致的研究和分析后，诸城县委、县政府认为，在新形势下，必须要把各部门组织起来，形成一个协调动作的整体，分力变合力，共同为千百万农民发展商品经济服务。

本着这一指导思想，诸城县委、县政府对县直各部门加强了宣传教育，使他们认识到，农业的发展与各行业的兴衰息息相关，农业进入商品生产阶段后，与各经济部门的联系更广泛、更密切，不支持农业不行，不服务于农业不行，不搞大合唱也不行。然后，从对全县经济发展起重要作用的外贸、商业、供销、烟草、粮食、物资等部门抓起，提出了调动“六大财团”积极性，充分发挥流通主渠道作用，为农民发展商品生产提供全面服务的要求。继而，又抓了农业、科技、交通、金融、政法、工商等各个部门，逐步在全县范围内形成了商品经济大合唱的局面。

为了做好大合唱，诸城县领导提出要强化一个基础，做好三篇文章。

强化一个基础，就是强化农业这个基础。农业在诸城经济中所占的地位是很重要的。因此，诸城的大合唱首先面向农业，组织各部门、各行业，通过多条渠道、多种形式，增加对农业的物质投入。全县大搞农田建设，兴修水利设施，积极推广应用先进的科学技术，从而大大增强了农业发展的后劲，实现了农业持续稳定增长。

做好三篇文章。第一篇文章是畜牧业。诸城县发展畜牧业条件很好，单就粮食讲，1984 年全县人均占有量达 689 公斤，可供转化的粮食有 2.5 亿公斤左右。这一年，全县畜牧业总收入就已达到 9000 多万元，是农业经济中仅次于种植业的第二大产业。因此，诸城积极组织各个部门，在发展畜牧业上大做文章，使生产持续发展。畜牧业的发展又为农业、加工业的发展在资金、原料等方面创造了有利的条件。

第二篇文章是加工业。如果只靠发展种植业、养殖业，靠出卖原料和初级产品，不仅剩余劳力安排不下，而且农民很难富裕起来，一个地区内的综合经济效益也不会提高。因此，诸城努力在提高加工转化能力上做文章，逐步变初加工为深加工，变原料优势为商品优势，实行多次增值的综合经营。1987年，全县已初步形成了具有地方特色的五大加工生产体系：利用畜产品的肉、皮、毛、骨等下脚料，发展了兔皮、裘衣、羽毛粉、肝素钠、骨胶、胆红素等18种名优和出口产品，形成了畜产品加工体系；利用花生、玉米、干鲜果、芦笋等资源，生产各类食品，形成了粮油、果品加工体系；利用县内十几种矿产资源，加工钡盐、明矾、膨润土、钾长石粉等，形成了矿产品加工体系；形成纺、织、染、衣系列的棉麻加工生产体系；形成以服装、家具、抽纱、地毯等产品为主的轻工生产体系。这些加工体系的建立，加快了传统农业向现代农业、商品农业的转变。

第三篇文章是发展创汇产业。这样不仅能开阔人们的眼界，而且可以把农村经济引向更高层次，开辟更广阔的领域。1986年，诸城就有12类85种产品打入国际市场，出口产品收购总值过亿元，比1980年增长3.1倍多，平均每年递增26.8%。

由于大合唱的主调比较符合诸城实际，促进了“贸工农一体化”的发展，使农村各业之间形成良性循环。从1980年到1986年，农业总产值以每年递增9.8%的速度发展，农副产品收购总额平均每年增长21.4%；农村社会商品零售总额平均每年提高16.9%；农业总产值在工农业总产值中的比重由1980年的50.5%下降到1986年的39.9%；非农产业蓬勃兴起，产值比重由49.5%上升到60.1%。不论是农业还是乡镇企业，都具备了一定的发展后劲。

商品经济的各个环节，彼此依赖，互相联系，缺哪一个环节也不行。诸城县领导深刻认识到，要发展商品经济，既要重视生产，又要重视其他环节，必须抓全过程。诸城不断探索，摸索出了五大机制：

强化服务机制。根据生产的需要，诸城组织各部门从纵、横两个方面建立综合配套服务体系。横向服务体系，主要是指几个部门共同为某一生产环节提供服务。如外贸、供销、商业、农牧、科技等部门互相配合，共同建立了畜牧良种服务体系。纵向服务体系，是以一个部门为主，围绕某项重点产品，提供整个产销过程的服务。如外贸部门在扶持肉食鸡生产中，从国外引进良种，建起了种鸡场和饲料、冷藏加工厂，同144个农民养鸡场挂钩，实行雏鸡发放、饲料供应、技术指导、收购调运“四到”，最后一次结算，农民只管养鸡。

强化加工机制。从1984年开始，诸城把发展乡镇企业作为主攻方向。针对乡镇企业底子薄、技术差的问题，大力发展横向经济联合。对外，通过多种方式引进资金、技术、人才；对内，组织各行业、各部门配合支持。1984年到1986年，全县乡镇企业总产值以每年44.9%的速度递增。乡镇企业的迅猛发展，大大增强了农副产品的加工转化能力，提高了总体经济效益。

强化流通机制。农村商品生产发展后，遇到的最突出问题是流通渠道不畅，农民需要的生产资料买不到，生产的产品难销售。为了解决这个问题，诸城在狠抓流通体制改革的同时，主要在转变部门经营作风上做文章。县里采取了一系列措施，加强部门与农民的联系，更好地参与生产、扶持生产、服务生产。有效地解决了农民在良种、资金、技术、销售等方面的困难。

强化仓储机制。农牧业生产鲜活产品多，如果没有与生产、加工、销售相配套的必要的仓储设施，生产就会受到制约和阻碍。大合唱中，诸城狠抓了仓储设施建设，发动县直各部门和各乡镇、村，多方筹集资金扩大仓储能力。到1987年，全县已建起10处冷冻库和冷风库，冷储能力达到9000吨位。这些冷储设施，像蓄水池一样旺吞淡吐，有效地平衡了生产与市场需求的矛盾，保证了货畅其流。1986年，诸城县肉类总产量为4.01万吨，冷冻库存周转量占57.8%；水果总产量2.57万吨，冷风库存周转量占49.8%。再加上加工能力扩大，实行多渠道流通，各类农副产品基本没有出现销售难的情况。

强化交通运输机制。诸城共有十几处山区乡镇，其面积、人口占全县的1/3。这些地方林果、畜牧、矿产等资源都比较丰富，但行路难、乘车难、商品流通难的问题不解决，就只能守着资源受穷。诸城在发展交通运输上下了很大气力，通过民办公助、民工建勤的办法，大力兴修山区道路。1987年，全县基本实现了乡乡、村村通车。

在进行各种机制配套建设的同时，诸城还大力推行基地化、合同化，分散的小生产纳入有计划商品经济的轨道。

改革统购派购制度开始的时候，农民生产无计划，部门收购也无计划，收购时到市场上现抓一把，常常是急需的东西收不上来，不收或少收的东西又大量生产，不仅生产带有很大的盲目性，部门收购货源也没有保证。

面对各地普遍面临的这一难题，诸城从肉牛生产中受到启示。该县肉牛生产一开始就注意抓了20个年产500头以上的重点村，以后又通过提供贴息贷款支持农民饲养母牛的方式，在解留镇的18个村建起拥有2000多头母牛的肉牛繁育基地，使全县肉牛年出口量多年来保持在1.5万头左右。这个事实使诸城的决策者们认识到，要把大量的分散的小生产纳入有计划商品生产的轨道，运用经济手段建立生产基地是个好办法。因此，诸城把建立各类农副产品生产基地作为发展商品经济的一项重要措施来抓。几年中，在国家计划指导下，诸城面向国际国内市场，因地制宜，建起了粮食、棉花、烤烟、花生、肉鸡、家兔、水貂、生猪、大姜、芒麻、芦笋等386个生产、加工基地。

在基地建设中，县委、县政府组织了专门班子，对全县资源情况进行了全面调查和统一规划。各部门、各企业按照县里的规划，从本身业务特点出发，同资源优势所在地的乡镇、村、户直接挂钩联系，在双方自愿、互利互惠的前提下签订合同。部门和企业向农民提供信息、良种、技术、资金、加工、储运等成套服务，农民按照部门和企业的要求提供货源。

由于全县有了这样一批生产、加工基地，初步理顺了国家、企业、农民之间的经济联系，促进了农村第二步改革和商品经济的发展。从农民方面看，解决了信息不灵、资金技术缺乏、愁买愁卖的困难，承担风险的能力大大增强；从企业方面讲，稳定了商品货源和加工原料的供应，避免了生产大起大落。同时，有利于新品种、新技术的推广应用，有利于提高产品质量，增强产品的市场竞争能力，加快农业专业化、商品化、现代化的步伐。

令诸城人自豪的是，在扶持农民发展商品经济中，部门也发展壮大了自己，实现了双赢。

大合唱伊始，诸城县委、县政府就要求部门“农民发展我发展，我与农民共兴衰”，本着让利于民、“欲取先予”的精神，扶持农民发展商品生产，从中发展壮大自己。从1985年到1987年，仅外贸、供销、商业、粮食、烟草、物资等部门向农民提供的各种生产扶持基金就达3233万多元，有力地促进了农村各业的发展，增加了农民收入。而随着生产的发展和农民收入的增加，部门也不断扩大了自己的业务范围，增强了本身的经济实力。统计表明，从1978年到1987年，诸城外贸部门的固定资产由320万元发展到3000多万元，外贸出口收购额由2496万元猛增到1.05亿元；供销社固定资产由650万元增加到2695万元，31处公司、基层社全都盈利；物资部门固定资产由93万元增加到418万元，年经营额突破了亿元。粮食、商业、交通等部门的经济实力也有了不同程度的增加。

从1984年到1987年组织开展的诸城商品经济大合唱，唱活了全县经济，深化了农村改革，农、工、商、贸得以协调发展，生产流通相互促进，条条块块各部门之间形成了一种相互信任、相互依存、相互服务、相互发展的新型经济关系。这对发展县域经济具有深远而重大的意义。1987年6月，山东省委、省政府展开全省农村改革现场会，总结推广了诸城经验。诸城现场会后，全省各地涌现出多种形式的一体化经营实体。山东农村的这种改革在全国是走在前列的，之后全国各地借鉴诸城的经验，也逐步推行“农工商、贸工农一体化”的经营方式。这种经营方式解决了农民直接进入大市场的桥梁问题、农产品效益低的问题，并形成了规模效益，提高了农民的组织化程度，加快了农产品商品化和农村经济市场化的进程，促进了农业和农村经济的快速发展。

三、乡镇企业的异军突起和周村农村股份制合作的试验

在农村改革的过程中，出现了一个被邓小平誉为“未曾预料的大收获”——乡镇企业的异军突起。它不但促进了农村经济的发展，

提高了农民的收入水平，而且在整个国民经济中也占有重要地位。而乡镇企业的快速发展，又带来了新的问题，即如何处理和分配集体所有制企业所带来的财富，各种探索与实验也就此展开。

（一）乡镇企业的异军突起

随着农村改革的广泛深入，为乡镇企业创造了非常有利的条件。一是由于改革，农民生产积极性被充分调动起来，潜在的生产力得到充分释放，在温饱问题得到迅速解决的同时，也积累了大量的资金，1983 年农户储蓄存款达 300 多亿元。二是农业生产率的提高解放了大批劳动力，1980—1983 年间从农业分离出来的剩余劳动力达 3000 多万人，劳动力由潜在过剩表现为社会闲置过剩，但中国城市化进程滞后，现有城市容量有限，这两个方面的情况使中国总体改革在由农村移向城市、由经济体制改革开始延伸到政治体制改革的大背景下，为乡镇企业的快速发展创造了宽松的环境和有利条件。

在城乡经济环境日益宽松的情况下，一些地区开始出现了农民个人集资或联合集资办企业的热潮。1983 年 12 月，中共中央召开了全国农村工作会议，肯定了乡镇企业在振兴农村经济中的重要作用。社队企业的迅速发展，无论形式和内容都突破了原社队办企业的范围，各种联营企业和自营企业逐步集中。继续使用社队企业这一名称，已经不能反映新的发展状况。1984 年 3 月，中共中央、国务院将农村原有社队企业的乡镇两个层次扩大为乡镇、村、联合体、个体 4 个层次，正式定名为乡镇企业，并充分肯定了其地位和作用。此后，乡镇企业进入快速发展的时期。

山东省委、省政府于 1984 年、1986 年先后制定和颁布了有关文件，明确提出把发展乡镇企业作为振兴农村经济和整个国民经济的战略重点，采取一系列扶持政策。这些政策包括：取消对乡镇企业原有的各种限制，除不能办卷烟厂、小炼油厂、爆破器材等工厂外，其他项目均可生产经营；新办企业、经济基础薄弱地区和单位、直接为本乡镇农民生活服务的项目和产品、利用“三废”生产的产品及部分支农产品，可不同程度免征或减征工商所得税；到乡镇企业工作的大、中专毕业生，国家干部身份不变，并可上浮工资；乡镇企业科技人员与国有企业科技人员享有同等待遇；乡镇企业税后利润按扩大再生产需要的比例分配；固定资产综合折旧率可提高到10%；大修理基金提高到3%；按产品销售收入的0.5%建立企业新产品开发基金，在税前列支，等等。这一阶段，全省乡镇企业开发工作主要有以下四个方面：一是进行行业结构和产品结构调整，重点发展以农产品为原料轻工业、建材工业、机械工业和出口创汇生产；二是继续加强承包管理；三是深化企业改革，加快乡镇企业的经济联合，以名、优、特、新产品为龙头，组织企业集团或企业群体；四是推动企业科技进步，加快人才培养。

在省和地方一系列扶持政策、措施的推动下，全省乡镇企业主动调整，加大投入，凭借经济体制灵活、市场反应快等优势，保持着快速发展的良好态势。到1984年末山东乡镇企业增长达到第一个高峰后，又连续几年总产值以每年递增30%的速度高速发展。1985年到1988年间，每年分别比上年增长32.04%、30.75%、42.79%、51.78%，乡镇企业出口交货值1985年为3.05亿元，比上年增长27.97%；1986年为5.52亿元，比上年增长81.11%；1987年为10.9亿元，比上年增长97.64%；1988年为23.91亿元，比上年增长119.36%。到1988年年底，全省乡镇企业总数达142.08万个，从业人员达950.21万人，分别比1983年增长 5.46 倍和 1.36 倍。同年乡镇企业总产值达到 706.14 亿元，占农村社会总产值的 59%，比 1983 年增长 5.5 倍。其中乡镇工业总产值 489.42 亿元，比 1983 年增长 5.62 倍，占当年全省工业总产值的 33.6%。乡镇企业已由农业中的副业发展成为主要的支柱产业，为农村经济的繁荣和稳定发挥了巨大作用，成为国民经济的重要组成部分和工业增长的重要支点。

乡镇企业的异军突起，为经济振兴和社会发展做出了巨大贡献。一是促使农村经济结构发生了深刻的变化，从过去的单一经营向多种经营发展。1986 年山东乡镇企业总产值首次超过农业总产值，占社会总产值的比重达到 26.8%，此后这一比重进一步扩大。二是促进了农村劳动力的转移，增加了农民的收入，使农村经济逐步向非农化、城镇化发展。从 1984 年到 1988 年，全省共吸纳农村劳动力 547.58 万人，平均每年有 109.5 万名农民转入乡镇企业就业、随着乡镇企业的发展壮大，农村第二、第三产业的兴起，一大批以乡镇企业为主的工商业小区和以各类市场为基础的集镇发展成为当地政治、经济、文化中心，形成一批具有一定规模的农村小城镇，为实现有中国特色的工业化、城市化开辟了一条新路。三是促进了外向型经济的发展，使之成为山东对外经济贸易的重要力量。四是密切了城乡关系，改变了传统的社会经济格局，推动了经济体制逐步由计划经济向社会主义市场经济体制转变。乡镇企业立足农村、依托城市、服务城市的发展方式，打破了长期以来形成的农村搞农业、城市搞工业的二元经济结构，推动了城乡一体化进程。乡镇企业坚持以市场为导向组织生产经营活动，生产要素从市场中来，产品到市场中去，形成了一套独具特色的灵活机制，为探讨逐步建立社会主义市场经济体制进行了卓有成效的尝试，提供了极具价值的经验。

（二）周村农村股份合作制的试验

20 世纪 80 年代初，实行大包干后，山东农村的经济结构发生了深刻变化，一个重要的问题摆在面前，即对农村原有的集体公共积累如何处置、如何管理。对农村的集体财产和乡镇企业的资产，不可能像大包干一样，直接把所有的东西都分了。因为土地可以一分到户，而厂房、设备等固定资产，不可能像土地一样拆分。1984 年，淄博市周村区周村镇长行村率先创新，找到了一条新路子。

周村区位于淄博市西北部，总面积 263 平方公里，辖 11 个镇，3 个街道，215 个行政村，总人口 29.1 万人，是淄博市经济发展较快的地区。周村的经济之所以发展得快，很重要的经验，就是实行股份合作制。但股份合作制的发展，也同其他经济体制的产生一样，经历了摸索、试验、深化等阶段。

1982 年，“大包干”的烈火烧到了周村公社长行大队，起初，长行大队和其他地方一样，将土地、牲畜等生产资料都分了下去，可是，如何分配村里的 9 家企业，让当时的大队长张中兴颇为头疼。企业的机器与土地牛马不同，拆分了一钱不值。正当张中兴为此发愁的时候，他在看电影的时候受到日本丰田公司的启发，决定让村民入股，以股份制的形式对原有的集体企业进行改造，这样，既能保持企业的完整，又能让村民受益。于是，1984 年年初，经过一年的讨论后，《股份条例》以周村长行农工商联合公司的名义正式张榜公布了。其内容如下：

为了还权于民，还利于众，充实、完善合作经济，我公司决定将 1964 年至 1983 年，共计 20 年之集体积累按股份分配到劳户，股分（份）条例规定如下：

（1）坚持社会主义分配原则，多劳多得，少劳少得，谁创造谁所有。

（2）分股计龄时间：自1964年1月1日至1983年12月31日（以下简称计龄时间），共计20年。

（3）队股金的分派，以原生产队社员为基础分股到户，有外欠款和国家贷款的生产队，其财产作价抵销外欠款和国家贷款之后，将剩余部分分股到劳户。若生产队全部财产尚不能抵销外欠款和国家贷款，应由公司股份中减股。

公司股金的分配以全公司社员为基础分股到户。

（4）享受分股的原则：

①本公司之社员，在计龄时间内，年满十六周岁从事集体劳动者和在校学生，均可享受生产队和公司的股金分配。

②计龄时间内，现役军人服役期间，一年顶两年计龄分股。

③公社批准的大队干部，原生产队正队长和工厂的正厂长只要连续任职五年可另加分股年龄一年。

④计龄时间内，若触犯国家法律者，判刑在押期间不能享受分股，其间戴帽在队劳动者，可享受分股。

⑤计龄时间内，死亡或迁出本公司者，不再享受分股。

⑥计龄时间内，给集体造成千元以上损失者，应扣三年分股年龄。

⑦计龄时间内，从事个体经营的时间，不能享受分股。

（5）凡有股份者，每年可从公司分得应有的股息，不准退股。

（6）授社员股份的单位，如因企业经营亏损，其损失应由本单位负责，由在厂干部、职工从分公司分得的股金中扣除亏损部分。

（7）股金分配后死亡者，户口在本公司之子女可代代继承。

（8）企业税后的集体扣留部分，经公司核实，本单位在厂职工可增加股份。

（9）股份证明，每户一册，妥善保管，丢失不补。

短短的700多字的条例，几乎考虑到了村里所有人的利益，村民的热情空前高涨，股份合作制的成效显而易见。

根据《股份条例》，长行村将原队办企业财产250万元折股到劳，发证到户，按股分红的经营方式。这种像按人均分地一样，把集体企业的固定资产折股到每一个社员头上，从而把当时集体积累的几百万元固定资产平均分配到每一个农民身上的做法，就是后来广泛流行的股份合作制。长行村的这种做法，在当地很快引发了连锁反应，其他的一些村和企业也纷纷效法。到1986年年底，周村区股份制企业发展到331家，股金总额6800万元，年创产值1亿多元，极大地促进了周村区经济的发展。由长行村开始的股份合作制改革烧遍了整个周村区。时任周村公社体改委主任的张新生说，周村区的许多乡村纷纷仿效长行村，而且渗透到了乡镇企业，逐渐有了“周村现象”。

1987年，长行村成为淄博市第一个“亿元村”。同年山东省委、省政府把周村区确定为全省农村改革试验区。1988年，周村区又被国务院当作全国农村改革试验区。由于周村区的这种股份合作制是全国最早出现的，当时《人民日报》等多家新闻媒体纷纷做过相关报道，后来的经济学界把这誉为“周村模式”。事实证明，周村区的这种股份合作制，一方面保证了资产的完整性和经济效率；另一方面又实现了集体财产在所有权上的明确性，实现了集体所有制企业的民主管理，这是深化农村改革的又一重要形式。

四、青岛、烟台、山东半岛列入对外开放地带和外向型经济的发展

党的十一届三中全会后，党中央把对外开放确定为一项长期的基本国策，成为中国社会主义改革的一项主要内容。1980 年，深圳、珠海、汕头、厦门经济特区相继兴建，中国对外开放迈出实质性的第一步。随着城乡各项改革的逐步深入，中国对外开放在速度上不断加快，范围上不断扩大。山东作为沿海省份和资源大省，自然不愿意错过对外开放的机会。山东的对外开放，推动着山东外向型经济的快速发展。

（一）青岛、烟台、山东半岛列入对外开放带

山东对外开放战略，实行由东向西、由点到面，分三个层次递进展开的方案，使经济格局开始向外向型经济转变，进而实现全省经济共同发展。

山东作为沿海省份和资源大省，从 1984 年才开始对外开放。这年 4 月，国务院正式公布包括山东省的青岛、烟台（含威海市区）等在内的 14 个沿海城市为对外开放城市，在沿海联成一线，形成我国对外开放的前沿地带。为用好中央放宽的某些政策，扩大开放城市及其企业对外经济活动的权力，吸引外资，引进技术，使港口城市技术较为发达的优势同内地资源丰富的优势结合起来，带动和促进沿海城市和内地经济的更快发展，山东抓住这一历史机遇，进行了卓有成效的工作。

第一，建立健全组织机构，加强对两个市开放工作的领导。省

政府成立了由省、市主要负责人参加的经济技术开发区领导小组，并要求省直部门和有关地（市）制定支持两个市的具体措施，责成省计委、经委、建委、民航、邮电、电力、水利、旅游等部门开展调查研究。此后，制定出山东省经济技术开发区土地管理、企业登记、劳动管理暂行规定3个地方性法规，并于1985年12月由省人大常委会第十六次会议通过，为两个市对外开放提供了政策支持和法律保障。

第二，制定对外开放规划方案，兴建经济技术开发区。青岛和烟台分别制定两个市规划草案。一是把利用外资、引进先进技术、加快市区现有企业的技术改造，作为两个市近期开放的重点。规划改造的项目共283项（青岛202项，烟台81项），总投资16.4亿元，利用外资和外汇贷款8.5亿美元。二是兴办开发区。青岛开发区选在黄岛区薛家岛镇西部，总面积15平方公里，一期开放4平方公里；烟台开发区设在芝罘区西部福莱山一带，总面积20平方公里，一期开发3平方公里。三是大力发展旅游服务业。1984年6月，山东省人民政府将规划上报国务院。10月，国务院正式批准该规划方案。1985年3月，两个市经济技术开发区相继破土动工。

第三，进行各项基础设施建设，改善外商投资环境。青岛流亭机场按起降大型客机的标准扩建、改建为国际机场，1985年11月通航。青岛港八码头1985年12月竣工投入使用；青岛前湾港在1985年动工兴建。此外还扩建了烟台西港，增建了青岛港和烟台港集装箱码头。两地还进行了黄岛电厂和龙口电厂的扩建工程、国际通信枢纽工程以及铁路、公路、城市供水等基础配套设施的建设。1985年10月，国务院批准了《关于兴建山东省引黄济青工程的报告》。到1988年10月，两个市经济技术开发区共完成基础设施投资2.85亿元，供水、排污、热力、供电等主要管网全部竣

1986 年，烟台补偿贸易新硼初试（刘振清摄影）

工，供水、供电、通信机构正式营业，一批标准化厂房和生活设施陆续交付使用。

第四，加强对外宣传和交流，扩大开放城市的影响。为使外界了解青岛、烟台进一步开放的条件、内容和优惠待遇，山东根据全国人大和国务院的有关规定，结合当地实际，通过多渠道、多种形式进行宣传和交流，吸引外商前来投资设厂。早在两个市开放之初，山东就制定了两个市开放的十条优惠政策，此后又经补充完善，并多次派出经贸考察团出访日本、美国、加拿大和中国港澳地区，宣传山东开放城市的优势和条件，邀请外商前来考察访问，从而加快了利用外资的步伐。1984 年至 1988 年年底，青岛市利用外资直接投资 1.6 亿美元，兴建了一批较为先进的企业。

（二）外向型经济的发展

山东把发展对外经济贸易作为向外向型经济转变的重要战略

任务，进行了多方面成效明显的改革，促进了进口贸易、对外承包工程和劳务合作规模的扩大，使山东经济直接参与国际市场交换和竞争。

为发挥对外经济贸易在外向型经济中的“领唱”作用，山东采取了如下措施：

一是实行政企分开，扩大对外贸易自主权。随着20世纪80年代开始的对外专业进出口公司企业化改革进程的加快，从1988年1月起，根据“自负盈亏、放开经营、工贸结合、推行代理制”的要求，山东全面推行外贸承包经营责任制。同年上半年，驻青岛的省属外贸公司首先推行了“三级承包、包到企业、条块保证、自担风险”的改革。

二是改进外汇管理体制，为外向型经济服务。1984年年底，国家外汇管理局山东分局从中国银行青岛银行分设出来，与中国人民银行山东分行合署办公，统一管理国家外汇，逐步使外汇管理与外汇经营划分开来。

三是调整出口产品结构，扩大轻纺产品、工艺品和各种农副土特产品的出口，增加工业制成品特别是机电产品的出口比重。坚持出口优先的原则，对出口商品的生产，优先供应原料、燃料和动力，优先安排运输，并从1985年起适当提高地方和企业的外汇留成比例，以鼓励地方和企业多出口创汇。

四是实行工贸结合、农贸结合、技贸结合、进出口结合，逐步推行出口代理制，鼓励有条件的大型企业、出口名牌产品的企业和企业联合体自营出口。在农村按照“贸工农”型经营体制的要求，建立“拳头”农副产品出口基地，允许试办贸工农结合或联营的进出口公司，把更多的企业推向国际市场。自1986年起，凡经省里正式批准建立的企业集团，一般都给予产品出口权或自营进出口权。此外，加强国家市场调查和信息交流，以指导出口商品的生产，提高产品的竞争能力。

上述措施的实行，打破了过去对外经济贸易由国家独立经营、高度垄断的局面，把竞争机制引入对外经贸领域，在一定程度上调动了地方和企业发展出口贸易的积极性，促进了山东对外经济贸易的稳步发展。

1988 年 3 月，根据中共中央提出的沿海地区经济发展战略的构想，国务院正式批准山东青岛、烟台、威海、潍坊、淄博和日照、莱州（县级市） 7 个市、44 个县（市、区）为山东半岛经济开放区，实行国家赋予的优惠外商投资政策，更大规模地参与国际交流和竞争。1990 年 2 月，国务院又正式公布山东半岛经济开放区扩大到济南市市区和辖区的 3 个县。至此，列入山东半岛经济开放区的已有 7 个市，占全省 16 个市（地）的 43.8%；53 个县（市、区），占 133 个县（市、区）的 39.8%，面积和人口占全省的 40%。

山东成立半岛经济开放区协调领导小组，研究制定了将山东对外开放分三个层次递进开展的方案。

第一个层次是青岛、烟台、威海、潍坊、淄博、日照和莱州 7 个市，重点发展“两头在外”的出口加工型产业，增加创汇收入，在对外开放中先行一步。

第二层次是扩大济南、东营市和惠民地区利用外资、引进技术和进出口贸易的权限，通过改善投资环境，增强对外商的吸引力。

第三个层次是鲁西北、鲁中南、鲁西南因地制宜发展创汇产业，逐步把全省经济引向以国际市场为导向的发展轨道。

山东对外开放格局的扩大，促进了全省各项改革事业发展，也使经济格局开始向外向型经济转变，为山东经济的全面振兴奠定了基础。

1979年至1988年，山东对外开放取得了丰硕成果，开放的山东发生了巨变。10年前，山东基本上处于与世隔绝的状态。改革后十年，山东已与150多个国家和地区建立了经济贸易合作关系，拥有了两万多家客户，出口商品已发展到1100—1400个品种，其中年创汇1000万美元以上的商品有36种。山东对外贸易额连年大幅增长，1988年与1978年相比，山东对外贸易额由8.7亿美元增加到35.7亿美元，年均增长16.8%，大大超过前28年（1950—1978年）年均增长10.8%的速度。改革开放以来，山东利用外资逐年增加，10年共签订利用外资合同1296项，吸收外资28亿美元，实际利用外资额20.34亿美元。对外承包工程和劳务合作，1981年前山东是一片空白。1981年至1988年年底，山东累计签订对外承包合同工程和劳务合作合同109项，合同金额7400万美元，外汇收入2000多万美元，派出工程人员6700多人次。对外开放10年来，山东国际交流不断扩大，到1988年3月，山东与各大洲的10个国家的26个省、道、州、县、市建立了省道、省州、省县及城市之间的友好往来关系，这些友好关系又进一步促进了经济和文化的交流。山东有14个市（地）和县（市）对外开放观光旅游，旅游景点达350个，比1978年增长近3倍。到1988年，山东的旅游资源开放已初具规模，当年接待30多个国家和地区的游客13.8万人次，是1978年的15倍多，旅游创汇10448万美元，比1978年增长近105倍。

五、全省区域发展战略的首次制定和开发建设黄河三角洲

山东区域经济是在全国区域经济发展战略的背景下发展起来的。改革开放以来，中国区域经济经历了从优先发展到多方政策带动内地、从先富到共富、从非均衡到协调统筹的发展历程。山东区位优越，农业、工业比较发达，在全国区域经济布局中占有重要地位。山东在第九次党代会上提出，要积极促进区域经济协调发展，抓紧编制实施全省主体功能区规划，完善区域发展政策，统筹重点产业和重大基础设施建设，推动区域经济一体化发展，努力形成东中西各具特色、优势互补、良性互动、共同繁荣的区域发展新格局。从此，山东区域经济发展进入了一个新阶段。

（一）山东区域发展战略的出台

改革开放以来，山东首先开放发展东部地区，使全省形成以青岛为龙头，烟台、威海等城市为前沿，自东向西依次推进的对外开放格局。20 世纪 80 年代中后期，山东省委注意到了省内区域经济发展不平衡和不协调的问题，结合国家相关政策及山东自身特点，积极促进区域经济协调发展，形成了山东省独具特色的区域发展战略。

党的十一届三中全会后，全省各地经济普遍繁荣发展，到 1984 年，山东省国民经济的发展走在全国前列，提前实现“三步走”战略的第一步，温饱问题已经基本解决，但区域间差距扩大的问题也日益显现出来。1984 年 2 月，山东省委、省政府部署开展经济和社会发展战略布局研究，对区域差距扩大问题给予高度

海尔第 100 万台商用中央空调下线

关注。1984 年 11 月，启动沂蒙山区建设计划；1986 年 10 月，展开区域经济开放，在东平县召开的现场办公会上首次提出“东西结合，共同发展”的战略布局；1988 年，山东省委、省政府把区域发展战略布局进一步确定为“东部开放，西部开发，东西结合，共同发展”，强调优势互补，相对平衡发展，形成总体优势，参与国内外大市场的竞争。其具体措施包括：一是搞好点片开发。从 1984 年开始，对沿海滩涂、海岛、渤海湾岸线、东平湖、南四湖、黄淮平原和黄河三角洲等，有计划地组织开发建设。二是实行横向联合。1988 年 7 月，出台了《关于加强东西部地区横向经济联合促进全省经济协调发展的意见》，提出了“优势互补，平等互助，相互促进，共同发展”的工作思路。三是调整区域布局。1988 年，做出开发黄河三角洲的决定，提出“油洲加绿洲，生态加发展”的目标要求。1991 年，制定建设“海上山东”战略，致力于发展“蓝色产业聚集带”。四是加强省际合作，提出“四门大开”，

“南联、北靠、西进”全方位联合，积极推动沿海地区搞“对外开放大合唱”和沿黄7个省（市）经济协作带搞“黄河大合唱”。

（二）开发建设黄河三角洲

黄河三角洲位于山东省的东北部，渤海南岸，主要包括东营和滨州两个市，总面积1.8万平方公里，人口536万人，人均5亩地，是全省人均占有土地资源最大的地区，并且黄河每年携带约16亿吨泥沙向渤海推进1.5—3公里，每年新造陆地23—38平方公里。

早在1983年7月，山东省第四次党代会确定把开发黄河三角洲建设作为发展全省国民经济的一项战略重点。1983年10月，经国务院批准，东营市成立，成为地级市，黄河三角洲开发建设逐步摆上了山东省和国家战略位置，并进行探索实践。1988年，山东省委、省政府和民盟中央一起在东营市组织召开了黄河三角洲经济技术和社会发展战略研讨会。会议确立了以自然资源开发起步，建设能源、化工和农牧渔业三大基地，经济、社会、生态效益统筹兼顾、综合开发的战略目标、总体思路和对策。1992年11月，山东省委、省政府把黄河三角洲开发作为全省两大跨世纪工程之一，又先后列入国家“十五”计划和“十一五”规划。至此，黄河三角洲拉开综合开发的序幕。

黄河三角洲之所以引起国家和山东省委、省政府的重视，关键在于其比较优势和发展潜力。黄河三角洲是近百年来黄河冲积而成的新陆地。在长期的海、河、陆相互作用下，已形成了比较完整而独特的区域生态系统。区域内资源丰富，不但地下蕴藏着丰富的石油、天然气、固体矿盐，还有储量达74亿立方米的高浓度卤水资源，具有年产600万吨原盐的资源条件。土地资源充足，黄河水泥沙含量大，每年为山东新淤土地 0.13 万—0.2 万公顷，是我国东部沿海后备土地资源最丰富的地区。黄河三角洲上还有面积达 13.5 万公顷的草场，是发展畜牧业的天然牧场。此外，生物海洋资源也极为丰富，黄河口一带水域是著名的鱼、虾、贝类产卵和幼体孵化场，素有“对虾故乡”和“百鱼之乡”的美誉。

对黄河三角洲的开发，首先是进行国土规划。黄河三角洲国土规划是国家计委批准的国土规划试点项目，其范围是根据山东省计委〔1984〕鲁计土字第 415 号文件规定，以东营市的行政区域为基本规划区，与东营市密不可分的毗邻地区为相关规划区。从 1983 年 10 月开始着手，1985 年 2 月由省计委牵头，组织相关部门的 136 名同志组成了规划办公室，下设 11 个专题组，完成了黄河三角洲 12 个专题规划和综合规划，1985 年 11 月和 1986 年 1 月又两次召集省内外专家、学者、领导和工作人员进行验收和评审，而后又根据省国土规划办公室的意见，1989 年对黄河三角洲综合国土规划创新进行了全面修改，本次修改以 1987 年统计资料为规划基础数据，规划期限为 1988—2000 年，有些重大项目可延伸至 21 世纪，即形成了东营市人民政府编制的《黄河三角洲综合国土规划》（1989 年 3 月），山东省人民政府下发了《关于印发〈黄河三角洲综合国土规划〉的通知》，予以确认和通报。《黄河三角洲综合国土规划》由此成为黄河三角洲综合开发的基本依据。

二是确定黄河三角洲综合开发的总体战略。依据国家产业布局规划，山东经济发展总的战略部署和黄河三角洲大自然资源及地理位置，借鉴国内外石油富产区发展为现代化城市的成功实践，黄河三角洲国土开发的总体战略确定为：从油气勘探开发起步，多层次、全方位开发国土资源，大力发展石油化工和盐化工，加强农业、基础设施和科技教育，不断优化产业结构，建设以石油及化学工业为主导的工业生产基地和以粮棉牧渔为主的农业生产基地。

三是确定黄河三角洲综合开发的战略步骤。确定为三个阶段：（1）开发起步阶段。1983 年至 1992 年，是为整个黄河三角洲的发展繁荣打基础的阶段。其基本任务是：加强水、陆、电、信等基础设施的建设，特别是做好铁路、港口及黄河流域整治的综合论证和实施工作；正确调整黄河三角洲的生产力布局，建立石油工业、石油加工和化学工业、大农业及第三产业综合发展的基本框架；强化中心城市建设，努力改善投资环境，大力培养和引进人才，形成产业结构合理、发展后劲较强的态势。（2）三大基地建设阶段。从 1993 年至 2000 年，是黄河三角洲经济和社会事业全面振兴的阶段。这一阶段，由港口、机场、河运、铁路、公路构成的立体交通运输网络优势已经形成；石油、天然气生产持续稳定发展；种植业、水产业、畜牧业、林果业形成一定规模的综合生产能力；石油化工、盐化工初具规模；城市面貌与生活环境明显改善；人民生活达到小康水平。基本实现山东省第四次党代会确定的把黄河三角洲建设成为山东省的能源、化工基地和农牧渔业基地的中后期战略目标。（3）综合功能型工业城市形成阶段。2000 年以后，是黄河三角洲逐步进入发达繁荣阶段。这一阶段，区域经济将进一步发展，农业实现商品化、现代化、社会化；石油天然气开采将向东部海域和大陆架展开；石油化工业的资金积累与科技进步相结合，将有力地推动替代产业的形成；劳动生产率和人民文化生活水平大幅提高，初步形成综合功能型城市。

第五章

精神文明、民主法治建设和政治体制改革的推进

在改革开放大潮的影响下，山东社会经济发展驶入快车道。社会经济的快速发展，一方面极大地改善了广大人民群众的物质生活；另一方面也极大地冲击着旧有的观念和行为方式，使得社会道德秩序出现失序的现象，社会问题层出不穷。新观念的传播和新问题的产生，对政府管理提出了新的要求。因此，从 20 世纪 80 年代中期开始，山东按照中央的统一部署和指导，结合自身实际，率先开始推行依法治省，积极探索政治体制改革的有效途径。

一、山东“三抓三创一开展”活动的开展与精神文明建设的成效

鉴于改革开放后中国社会发生的新变化，为了给新时期的人民群众创造更好的生活环境，1986 年 9 月，中国共产党第十二届中央委员会第六次全体会议通过了《中共中央关于社会主义精神文明建设指导方针的决议》，把精神文明建设上升为国家战略，要用共同

的理想动员和团结全国各族人民，发扬社会主义道德风尚，加强社会主义民主、法制和纪律教育，普及和提高教育科学文化；要坚持马克思主义在精神文明建设中的指导作用，明确党组织和党员在精神文明建设中的责任等。《中共中央关于精神文明建设指导方针的决议》的出台，进一步明确了在加强物质文明建设的同时，要大力加强社会主义精神文明建设，强调了精神文明建设的重要地位。决议号召党的所有组织和全党同志，认真学习讨论这个决议，提高认识，统一思想，切实加强社会主义精神文明建设的工作，把两个文明建设和全面改革的伟大事业推向前进。

中共中央关于加强精神文明建设的决议公布后，山东省立即做出回应，把新时期精神文明建设纳入工作重点，结合山东省改革开放中城乡发展特点，积极开展精神文明创建活动。1986 年 12 月，山东省委印发《山东省“七五”期间社会主义精神文明建设规划》，明确了“七五”期间精神文明建设的指导思想和目标任务。在实践摸索的过程中，山东省于 1987 年 2 月将省原“五讲四美三热爱活动委员会”及其办公室更名为“山东省精神文明建设协调委员会”及其办公室（同年 12 月，“山东省精神文明建设协调委员会”又更名为“山东省精神文明建设委员会”），并明确了其职责任务。山东省精神文明建设协调委员会成立后，立即组织实施了“三抓三创一开展”活动，即抓职业道德建设，创优质服务；抓社会公德建设，创优良秩序；抓城乡容貌建设，创优美环境；开展群众性的文体、科普活动，做好移风易俗工作。

“三抓三创一开展”活动开展后，全省上下积极响应，各条战线上迅速涌现出一大批典型事迹和人物。就职业道德建设方面来说，最突出的例子就是日照市东港区供销合作社以开展“创新争

山东广泛推行“三抓三创一开展”活动，精神文明建设初见成效

优”和“三力建设年”活动为契机，以创新服务“三农”为载体，通过“三抓三促”不断提升服务水平，得到了各级领导的肯定和农民群众的好评。东港区的主要做法如下：

“抓农业科技服务，促农民科学种田”。东港区供销合作社组织良丰农资公司技术部的同志白天走进田间地头，指导农民如何为农作物防病治病，如何施肥、配药，晚上到加盟店或农民家里，为农民举办科技夜校。

“抓农资连锁配送，促农民方便使用农资”。东港区供销合作社以良丰农资公司配送中心为龙头，与山东大成农药、胜邦鲁南农药、美国陶氏益农、艳阳天化肥等知名企业签订了总经销、总代理协议，建立了360多家配送网点，形成了区、镇、村三级配送网络，极大方便了农民。

“抓示范基地建设，促农民增产增收”。东港区供销合作社结合行业农资经营特点，大力推进大田作物（花生）生产经营服务创新，全力推进与山东鲁花集团合作，先后在三庄、南湖建立70亩花生标准生产示范基地，通过“新技术、新肥料、新品种”的科学管理，让农民认识科学种田的优势。花生种植面积和收益均有大幅度提升。

在移风易俗方面，山东省也取得了较大进步。1987年12月，山东省精神文明建设协调委员会总结推广邹县（今邹城）、招远、临清市朱庄乡等地方的先进经验，制定了《关于当前深入开展移风易俗活动的意见》，具体规定了开展移风易俗活动的内容和要求。为配合此次活动，省妇联、团省委、山东人民广播电台组织开展了婚嫁方面移风易俗的专题讨论，各地纷纷召开移风易俗工作会议、座谈会和经验交流会。通过宣传引导，全省大多数乡村都建立了群众性自治组织，针对乡村婚丧嫁娶过程中的陈规陋习和社会丑恶现象制定了惩罚性措施，并结合普法活动，改变人们对陋俗的看法。这次移风易俗活动的深入开展，取得了明显成效，山东乡村的社会文明程度不断提高。

但在实践中，山东省精神文明建设协调委员会也发现，仅仅靠惩罚性措施只能形成威慑，要真正改变群众落后的思想，改变其行为，还需要对其进行科学的教育，使其具备现代的科学常识。为此，1987年7月，省精神文明建设协调委员会办公室、省科学技术协会印发《关于在全省城乡组织举办“发扬科学精神、破除愚昧迷信”开展移风易俗教育活动的通知》，要求各地年底前在城乡开展移风易俗教育活动，为此，专门举办了“发扬科学精神，破除愚昧迷信”的大型展览。通过展览，揭露了生活上出现的一些愚昧、落后的思想和习俗的危害，宣传新道德、新风尚。

1990年2月，省精神文明建设委员会在全省范围内开展了“学先进、讲奉献、树新风”活动，进一步推进和巩固此前精神文明建设取得的成果。通过连续不断的精神文明建设活动的开展，山东省的精神文明建设成效显著。首先，此次活动极大地改善了人际关系，促进了人们思想面貌的变化和社会道德风尚的提高；其次，优化了社会环境，促进了政治、经济稳定和社会风气的好转；再次，此次活动极大地激发了各条战线上人们的工作热情和生产积极性，促进了各项工作的完成。

二、开展“一五”普法教育活动和依法治省政策的出台

实践证明，现代社会的稳定发展，必须以民主和法制建设作为保障，它们像车之两轮鸟之双翼一样不可或缺。因此，如果说加强精神文明建设是努力提高社会道德标准的话，民主与法制建设则是社会底线不被突破的重要保证。为此，山东省在全省范围内开展了“一五”普法教育，加强人们的法制观念，与此同时，山东省还率先推行依法治省，走在全国的前列。

（一）“一五”普法教育

1985 年 11 月，为了维护社会稳定，化解社会矛盾，加强人们的法制观念，中共中央、国务院转发了中宣部、司法部《关于向全体公民基本普及法律常识的五年规划》。国务院要求，各省应对工人、农（牧、渔）民、知识分子、干部、学生、军人、其他劳动者和城镇居民中一切有接受教育能力的公民进行普法，普法的主要内容是“十法一条例”，即《宪法》《民族区域自治法》《刑法》《刑

“一五”普法教育开始

事诉讼法》《民法通则》《民事诉讼法（试行)》《婚姻法》《继承法》《经济合同法》《兵役法》及《治安管理处罚条例》。基本目标是通过普及法律常识，增强公民的法制观念，养成依法办事的习惯。

为响应中央号召，山东省普法活动率先在烟台、潍坊等地展开试点，同年 11 月 22 日至 25 日，山东省召开了省法制宣传工作经验交流会，并于 26 日向全省转发了《山东省普及法律常识五年规划》，宣布从 1986 年正式实施“一五”普法，这标志着山东省法制宣传进入了有组织、有计划和全民系统接受教育的新阶段。

“一五”普法活动，一是大力开展以宪法为核心的法制宣传教育，让全社会对国家的根本大法有所了解；二是紧紧围绕平安山东、和谐山东建设开展法制宣传；三是不断加大市场经济法制宣传教育力度，围绕规范和整顿市场经济秩序，大力宣传与市场经济有关的法律法规，优化投资环境；四是进一步强化社会热点、难点问题的法制宣传，针对全社会比较关心的土地承包、房屋拆迁、人口与计划生育等问题，开展专项法制宣传。

为全面落实“一五”普法规划，山东省以领导干部为龙头，以农村基层为重头，以执法人员、企业经营管理人员和青少年为重点，深入开展了以“学法律、讲权利、讲义务、讲责任”为主要内容的公民法制宣传教育，大力推进法制宣传教育进机关、进乡村、进社区、进学校、进企业活动，努力提高全体公民的法律素养，提升管理机关依法办事的水平。

“一五”普法活动开展后，山东各级党政机构和广大基层普法宣传工作者，艰苦奋斗，扎实工作，开拓进取，勇于创新，探索和总结了许多先进经验，有力地推动了普法工作的开展。在此过程中，山东省多地的先进事迹和先进典型都得到了中央的肯定。1992 年，中央组织部、中央研究室、司法部、民政部在山东章丘市召开“依法治村，民主管理”经验交流会，向全国推广章丘市“依法建制、以制治村、民主管理”的经验。除此之外，临沂市党政干部法律大专学历教育、东明县“12348”法律服务专线、平阴县“讲案学法”、青岛市社区依法治理、莱芜“法德结合、文明理家”、枣庄市“两个一”工程等一大批先进典型先后涌现，山东社会学法懂法用法的习惯已逐渐养成。

（二）推行依法治省

党的十五大指出，“依法治国，是党领导人民治理国家的基本方略”，这是对邓小平民主法制思想的继承和发展，是新时期党的执政方式和国家管理方式的重大变革。对此，山东省委有着明确的认知，为了将党的精神真正贯彻到基层，山东省委提出了“依法治省”的战略规划。

1995 年 6 月，山东省人大常委会颁布了山东省依法治省五年规划，明确了依法治省的指导思想和原则、依法治省的目标和任务、依法治省的保证措施等等。依法治省五年规划出台后，省政府、省法院、省检察院分别制定了实施方案，这标志着山东省依法治省工作进入了整体推进的新阶段。

为了让依法治省战略落到实处，山东省主要在以下几个方面开展工作：

1. 加快地方立法步伐，为改革开放和社会主义市场经济改革提供保障

本着“缺什么补什么”的原则，山东省及时制定了国家法律、法规的实施细则、实施办法，制定了各地急需的地方性法规和行政规章。

2. 继续深入开展普法教育，提高全社会的法律水平

山东省人民政府和地方各级政府按照全国和全省普法规划要求，统筹安排，强化措施，圆满完成了规定的普法任务。与此同时，各级政府纷纷组织各级干部、国家机关和企事业单位工作人员认真学习领会邓小平的法制思想和党中央、国务院有关指示精神，学习掌握与分管工作有关的法律、法规，提高运用法律手段管理经济、管理社会的能力。

3. 进一步强化依法行政

各级政府及部门全面加强了法制建设，运用宪法和法律、法规，全方位地规范行政工作，把管理经济和各项社会事务活动逐步纳入法制轨道。通过依法行政，进一步转变政府职能，淡化管理，强化服务。

4. 大力推进基层依法治理工作

山东省广泛开展依法建制、以制治村、民主管理活动，进一

步深化和拓展农村基层依法治理工作。城市内各街道等基层单位，也根据自身特点，健全各项管理制度，开展依法治理活动。

5. 努力搞好社会治安综合管理

为搞好社会治安综合治理工作，山东省提出了几个基本原则：第一，“谁主管，谁负责”，逐级健全和完善领导干部任期目标责任制，严格检查考核制度，完善监督制约措施，实行“一票否决制”，确保社会治安综合治理各项任务的落实；第二，坚持“打防并举，标本兼治，重在治本”的方针，预防和减少犯罪；第三，大力加强法制宣传教育，增强人民群众守法观念，鼓励公民勇于同违法犯罪行为做斗争；第四，进一步强化政法机关的人民民主专政职能，依法严厉打击敌对势力的破坏活动、严重刑事犯罪和严重经济犯罪活动；第五，强化监狱管理和劳动教养工作，提高改造质量，争取让劳教人员尽快融入社会。

从 1995 年至 1999 年的 5 年间，通过深入开展普法教育和依法治省活动，山东省各级政府和广大群众的法制观念、法律意识日渐增强，全社会依法办事的氛围已逐渐养成。地方立法和规章制度的建设工作普遍加强，各级政府和领导干部运用法律手段管理经济和各项社会事务的能力明显提高，为山东省保持政治和社会的持续发展做出了贡献。

三、山东政治体制改革的探索和城市机构改革试点

随着山东经济社会改革的不断深入，原有的政治体制已经无法适应新的形势，政治体制改革的呼声日渐高涨。为革除行政机

构办事效率低下、人浮于事的弊端，山东省从县乡机构改革入手，按照政企分开和精简、统一、效能的原则，对各级党政机关进行改革。在积累一定经验后，山东省亦着手对城市管理机构进行大刀阔斧的改革，推进现代化城市建设。

（一）以威海为试点的政治体制改革

山东省对政治体制改革的基本指导思想是明确的。政治体制改革一定要与经济体制改革相衔接，围绕改革开放、发展商品经济、发展生产力这个主旋律，同唱一台戏，把经济体制改革和经济发展的难点、热点作为政治体制改革的重点，以促进生产力发展，做好把中央政治体制改革的方针同山东实际相结合这篇文章。为了更好地实施沿海经济发展战略，扩大对外开放，山东省以威海为试点，调整行政区划，划分行政职能，努力探索政治体制改革的新道路。

1. 威海行政区划调整的背景

威海位于山东半岛最东端，是山东省六个沿海城市之一，自古以来就是国防要地。新中国成立后，经过 30 多年的建设，威海初步发展成为科技进步、经济发达、社会服务设施齐全、旅游事业兴旺的新兴港口城市。但是，僵化的政治体制已逐渐无法适应威海经济社会的发展速度。

阻碍威海发展的首要难题，在于行政区域范围过小，城乡比例不协调；其次是威海市工业发展迅速，但因为市区范围小，劳动力资源不足，经济辐射能力受到束缚，城市经济中心的作用得不到充分发挥；再次，随着威海城市和港口开放力度不断加大，县级的领导体制难以承担外事、海关、商检、边防等繁重的工作，各方面关系不便协调。

此外，威海周边的荣成、文登、乳山三个县经济也有较大发展，彼此之间相互渗透，形成了不可分割的经济网络。如果将威海、荣成、文登、乳山划入同一行政区域，可以更好地促进当地经济的发展。这样一是可以扩大威海的区域范围，解决市区生活必需品的供求矛盾，为威海地区发展提供腹地依托；二是可以将这一地区的工业实行统一规划，相互补充，促进这一地区的经济腾飞；三是可以充分利用刘公岛、成山头、槎山、石岛等名胜，开发旅游资源，加快旅游业的发展；四是可以将四地的海岸线连成一体，发挥滩涂面积广阔、水产资源丰富的优势，提高海洋资源开发能力。

因此，为了充分发挥威海周边地区的优势，加快其经济发展速度，同时也为了探索政治体制改革的新路子，山东省委决定将威海市升级为地级市，把荣成、文登、乳山划归威海市。

2. 威海新行政区划的形成

1987 年 6 月 15 日，国务院正式批复山东省关于威海行政区域调整的申请，同意将威海市升格为地级市，原县级威海市改为环翠区。1988 年 10 月 24 日，文登县划归威海市；11 月，荣成县改为县级市，由威海管辖。后来，乳山也改为县级市，成为威海市的一个组成部分。

山东省委在组建威海市委领导班子时，将机构设置与政治体制改革、经济体制改革相结合，依照“精简、统一、效能”的原则，对市级领导机构改革进行大胆尝试。地级威海市市直机关党政群工作部门设 44 个，其中市委工作部门 5 个，市政府工作部门 26 个，人民团体 7 个，按党章、宪法等有关规定设置机构 6 个。

威海市新领导机构的设置，充分体现了党政分开的原则，减少市政府的直接管理职能，向县（市、区）放权，强化综合部门和监督检查部门、研究咨询部门，减少政府管理部门，希望以此改进政府的服务质量，探索政治体制改革的新路子。此次新的改革尝试，不仅为威海的发展创造了新的机遇，也为山东省后来实施海上山东战略提供了有利条件。

（二）以潍坊为试点的城市机构改革

在中央的部署下，山东从 1982 年到 1984 年曾开展过省、市（地）、县三级地方党政机构改革，但改革并未根本改变党政机构的职能与分工，因此也未收到预期效果。1985 年至 1987 年，省委又部署在昌邑、黄县（今龙口市）、陵县开展县级机构改革综合试点工作。1986 年 5 月，潍坊市被列为全国第一批 16 个进行机构改革的综合试点市，开启了潍坊市的综合机构改革。

这次机构改革，潍坊市推行大部制，先后分两批对工业、商业、交通、城市建设和农业、科技、教育、外经 8 个系统部门，以及有关经济调节、检查监督部门进行大刀阔斧的改革，实行机构设置限额制，做到调整有参考、编制禁突破，杜绝突击提拔干部，对违纪人员进行严肃处理，取得了一些成效和有益的经验。

潍坊市的具体做法如下：

第一，合并精简专业管理部门，提倡综合管理。潍坊市撤销了原设的 21 个局（公司），重新组建了计划、商业、工业、交通、农业、城乡建设、教育、科技、体改、外经 10 个委员会。

第二，组建企业性实体公司。潍坊市将原工业系统的冶金、盐业、煤炭、电子 4 个县级行政性公司，重新组建为冶金、盐业、煤炭、计算机、录音机 5 个实体性公司。

第三，充实加强“十局一行”，即劳动局、财政局、税务局、统计局、审计局、工商局、物价局、物资局、标准计量局、环境保护局和市人民银行，将上述单位从原归口部门分离出来，成为市政府职能部门，强化其管理职能。

第四，建立和完善司法系统。为适应日新月异的经济管理职能，充实和加强了市中级人民法院经济法庭，市检察院经济检查部门等类似机构的相关专业职能，让政府机构对经济的控制能力不断加强。

第五，建立战略研究和信息咨询系统。潍坊市组建了技术和社会发展战略委员会，为政府的经济决策服务。

潍坊市的这次机构调整，配合着党政关系调整及建立和完善市场体系相关措施，取得了一些成效，但也遇到一些问题。这些问题主要表现在局部的机构改革，转变职能有太多局限。纵向看，下改上不改，新机构出现多头领导的困境；横向看，改革不同步，新旧体制间出现矛盾和摩擦。再者，传统的思想观念、工作方式，牵扯着职能的转变；工作人员的素质短时间内也很难适应新职能的要求。

四、县级管理和乡镇职能的强化

“三农”问题对中国政府来说是头等大事，农村的稳定与否，决定了中国社会稳定的程度。20 世纪 80 年代后期，农村与农业改革遇到瓶颈，在沉重的体制和财政压力之下，农民增收缓慢，负担较重。为解决这一问题，中央出台了《促进农民增收的若干意见》，提出精简乡镇机构和财政供养人员，调整乡镇建制，减轻农民负担。山东省委、省政府根据中央指示精神，在基层政权改革方面做了许多大胆的尝试。

（一）强化县级管理

1987年4月1日至9日，山东省委书记梁步庭在青州、潍坊、诸城、淄博等地调查研究时指出，山东农村的改革应重点解决三个问题：一是如何扩大县级自主权，强化县级管理；二是县委如何在中央宏观指导下，克服“条条”和“块块”分割的弊端，组织各部门搞好农村商品生产大合唱；三是如何建立和完善农村贸（商）工农型经济结构问题。梁步庭强调，县是一个很重要的层次，特别是在农村经济管理中，县级政府是宏观和微观最重要的衔接点。农村经济和农村改革能否搞活，关键在于县委能否把中央的宏观决策同微观的情况有机地结合起来，创造性地开展工作。他提出，要给予县级政府更多的经济自主权，这样有利于发展农村商品经济。6月2日，在山东县级经济管理研究会成立之际，梁步庭还亲自致函研究会，阐发县级管理的重要性。

为了推动县域经济发展，1987年7月，山东省委印发了《关于强化县级管理的意见》，主要强调正确处理“条条”与“块块”的关系，给予县一级党委、政府组织商品生产的决策权、指挥权。此外，该意见还提出要加强县级领导层的自身建设，提高素质，要求每个市、县都运用系统工程学搞一个开发建设的总体方案，一届接一届地抓落实，一抓到底，不要今天这个领导人搞一套，明天那个领导人来又另搞一套，选拔干部要注重实绩，注意“老、中、青”梯次结构配置。

（二）改进乡镇基层政权

在强化县级管理的同时，山东同时推行乡镇基层政权建设，稳固基层。为此，山东省委在各地分别组织多次现场会，寻求基层政权改革的新路子。

1988 年 6 月，山东省委在莱芜召开“强化乡镇政权、深化农村改革”现场会，总结推广莱芜市加强乡镇政权建设，下放市直部门设在农村的分支机构，普遍建立乡财政和深化农村第二步改革的经验。莱芜经验主要是：适应农村商品生产发展的客观要求，冲破条块分割的管理体制，强化对区域经济的管理、协调和服务；经济体制改革与政治体制改革紧密结合，根据经济体制改革的要求，对政治体制进行必要的调整；突出了政府部门简政放权、转变职能和改善服务的工作方针，并取得了突破性进展。加快和深化

改进乡镇基层政权的尝试——村务公开

农村第二步改革，主要是抓好完善管理体制、健全服务体系、改善经营机制，优化经济，逐步做到规模经营、专业分工、系列服务、引入竞争。

1990 年 8 月 5 日至 10 日，中央农村工作领导小组全国村级组织建设工作座谈会在山东莱西召开现场会，总结和研究村级政权建设的经验，莱西县在现场会上作了典型发言。莱西县在农村基层政权建设方面总结的经验如下：将党的基层组织建设与村委会、经济组织和群众团体的建设结合起来，确立了“抓基层、打基础、强化村级、工作到户”的指导思想，理清了“村级三个配套”的工作思想，坚持不懈地抓好村级组织、民主政治、社会服务三个配套建设，保证党的各项政策方针的落实。

1992 年 1 月，山东省委在章丘召开现场会，总结章丘县“依法建制、以制建村、民主管理”的经验，要求全省各地把党的建设与基层民主政治建设结合起来，做到基层组织和村民自治活动规范化、制度化。8 月，全国依法治村经验交流会在章丘召开，会上指出章丘经验比较集中地反映了基层依法治理工作的特点，要求学习和推广章丘经验，认真抓好试点，大胆尝试，让章丘经验在全国开花结果。

通过推动精神文明建设和加强基层政权建设，山东省社会综合治理工作一直走在全国前列。长期以来，山东省政治稳定，经济发展，文化繁荣，社会欣欣向荣，综合实力一直稳居全国前列，这一切，都离不开当年在改革开放过程中山东省委的大胆探索和尝试，只有不断加强政府自身建设和提高服务意识，才能全面推动现代化建设事业的进展。

第六章
改革开放中执政党的建设

改革开放是中国走的富民强国之路，而改革开放在中国共产党的执政史上是史无前例的。要领导好改革开放，使我国真正强大起来，就必须随着变化的形势不断加强党的建设。

一、1983 年至 1987 年的整党

按照党的十二届二中全会通过的《中共中央关于整党的决定》，从 1983 年冬到 1987 年春，山东省各级党组织自上而下地进行了一次全面的整党。

（一）整党的背景

党的十一届三中全会以来，山东省的各级党组织拨乱反正，进行了积极的工作和斗争，取得了重大成就。但是，在紧张地进行拨乱反正等一系列工作和斗争中，尚未来得及对党在思想、作风、组织、纪律各方面存在的许多问题进行全面、系统整顿。因此，在党内存在思想不纯、组织不纯等问题。在思想方面，有的

山东省第六届人民代表大会第一次会议

党员对拨乱反正的伟大意义缺乏认识，有的党员对社会主义制度的优越性认识模糊，对社会主义的发展缺乏信心。在作风方面，有些党员和党员干部个人主义严重，为谋求个人和小团体的利益，不惜采取各种手段，有的甚至贪污腐化，走上犯罪的道路；有的党员干部官僚主义严重，不关心群众的疾苦，对工作不负责任，遇到问题推诿扯皮，能解决该解决的问题不积极解决等。在组织方面，有的党员和党员干部组织观念淡薄，纪律松弛，精神不振，起不到先锋模范作用；有的党组织软弱涣散，甚至处于瘫痪半瘫痪状态。

“十年内乱”的流毒还没有肃清。在党内，还存在造反起家的人帮派思想严重的人和打砸抢分子，即“三种人”还没有完全清理。

改革开放和社会主义现代化建设的开展，给整个社会带来了巨大的生机，方方面面都在发生着深刻的变革，新情况、新问题层出不穷。在这种情况下，我们党除了存在上述思想、作风、组织上的不纯外，还在许多方面对面临的新形势、新任务不适应。

进行社会主义现代化建设是我们党面临的新的历史任务。这个任务是伟大光荣的，也是十分艰巨的，必须加强党的坚强领导。而党又存在上述问题，所以必须对党进行有效的整顿。

整党不但是必要的，而且是可能的。首先，根据中共中央的指示精神，山东省在拨乱反正等一系列的工作和斗争中，党的作风和组织已经得到了初步的整顿，党的状况有了明显的改善，健康力量在党内占了强大优势，完全能够依靠党自身的力量，纠正自己的错误。其次，通过对“十年内乱”的深刻教训和党的十一届三中全会以来取得的成功经验的比较，人们基本上能够明辨是非。尤其是党的十二大对党的十一届三中全会以来的路线、方针、政策的正确性已做了全面深刻的阐述，这为进一步明辨是非、统一思想树立了明确的标准。中共山东省第四次代表大会总结了过去十几年的经验教训，明确了原则是非，这为全省党组织和广大党员统一思想奠定了基础。

正是在这种背景下，从 1983 年冬季开始，山东省进行了分期分批的整党。

（二）整党的任务和过程

山东省的整党，从开始到结束，都是按照中共中央的指示精神进行的。

中共中央指示，这次整党的任务是：统一思想，整顿作风，加强纪律，纯洁组织。统一思想，就是进一步实现全党思想上、政治上的高度一致，纠正一切违反四项基本原则，违反党的十一届三中全会以来党的路线的“左”的和右的错误倾向。整顿作风，就是发扬全心全意为人民服务的革命精神，纠正各种利用职权谋取私利的行为，反对对党对人民不负责任的官僚主义。加强纪律，就是坚持民主集中制的组织原则，反对无组织无纪律的家长制、派性、无政府主义、自由主义，改变党组织软弱涣散的状况。纯洁组织，就是按照党章规定，把反对党、危害党的分子清理出来，开除出党。

根据中共中央的统一部署，山东省从 1983 年年初就开始搞整党试点，为全面整党做准备。试点单位是省文化厅、淄博市直机关等 18 个县级以上单位，共有 400 多个党支部、8400 多名党员。1983 年 10 月，根据党的十二届二中全会通过的《中共中央关于整党的决定》的要求，及时对试点单位的整党进行了总结，本着“缺什么补什么”的原则，认真安排了对整党试点单位的补课。到 1983 年年底，绝大多数试点单位的整党工作基本结束。通过试点，进一步摸清了党组织和党员队伍的状况，积累了一定的在新时期整党的经验，增强了搞好全面整党的信心。1983 年 11 月 2 日至 7 日，中共山东省委召开了四届二次全会。会议研究通过了《中共山东省委关于整党的方案》（以下简称《方案》）。《方案》既全面贯彻《中共中央关于整党的决定》的精神，又密切结合山东的实际，客观地分析了山东省党组织和党员队伍的状况，要求全省的党员都要无例外地积极参加整党。

关于整党的任务，《方案》在强调要积极完成中央提出的四项任务的同时，着重强调了要在思想上、政治上与党中央保持一致的问题，又提出了要抵制和清除精神污染的问题。对于整党的实施方法和步骤，《方案》也都做了具体的规定。从此，山东省的整党全面展开。

按照中央的要求，山东省的整党是按照“自上而下，分期分批”的步骤进行的。每个单位党组织的整顿，也是自上而下，先领导班子、领导干部，后党员群众。全省的整党共分两期五批进行，每期每批都既积极完成中央和省委规定的有关整党的基本任务，又根据当时的实际，有所侧重地解决问题。第一期第一批是省委和省级机关，从1983年12月7日动员开始到1985年4月结束，侧重解决彻底否定“文化大革命”的问题，清除精神污染，在思想上、政治上与党中央保持高度一致。第二期共分四批进行，市地级机关、省属企业、高等院校、中央驻山东的司局级单位为第二批，从1984年12月开始到1985年10月结束。县（市、区）级机关、县级以上企事业单位为第三批，从1985年3月陆续开始到1986年1月基本结束。第二、第三批的侧重点是狠刹不正之风，加强纪律，增强党性，促进和保证改革。乡镇和县级以下企事业单位为第四批，从1986年1月开始到1986年5月结束。农村村一级为第五批，因为面大量广，所以用了四个月的时间做准备，从1986年10月开始到1987年3月基本结束。第四、第五批侧重解决党员和党员干部严重以权谋私和严重违法乱纪的问题。

为了加强对整党工作的领导，省委和全省各级党组织都成立了精干的整党工作机构，还派出了整党联络员和巡视员，先后共派出了104175名。这些整党工作人员，了解情况，掌握政策，督促检查，指导宣传，起到了很好的作用。不论哪一批整党，都经过了学习文件、对照检查、集中整改、组织处理与党员登记几个阶段，最后经过严格的检查验收。在整个整党过程中，坚持了上下互动、互相促进的做法。上级党组织对下级党组织加强领导，加强监督，下级党组织反映出来的上级党组织的问题，又促进了上级党组织的整改。

1987年6月21日至22日，山东省委在潍坊市召开了全省整党工作总结大会。会议实事求是地总结了全省的整党工作，并对今后巩固和发展整党的成果做了部署。山东省的整党工作至此胜利结束。

（三）整党取得的成绩

在党中央的领导下，在山东省委的直接指挥下，经过全省党组织和党员的共同努力，山东省的整党取得了重要的成绩，基本完成了统一思想、整顿作风、加强纪建、纯洁组织的任务。

1.统一了思想

整党期间，在山东省委的领导下，山东省的各级党组织严格认真地把学习整党文件、统一思想认识贯彻整党的全过程。一是各级党组织都带领广大党员，认真学习党的路线、方针、政策，同时让大家认真总结新中国成立以来山东省的经验教训，特别是认识到改革开放以来所取得的伟大成就，使大家在事实面前，更加清晰地认识到党的十一届三中全会以来路线、方针、政策的正确性，从而使“左”的思想受到系统的清理，对推广责任制、发展社会主义有计划的商品经济的糊涂观念和错误认识也得到了澄清。整党后期，又对全省党员普遍进行了一次坚持四项基本原则、反对资产阶级自由化的教育，使广大党员的政治方向更加明确、思想更加统一。二是针对存在的派性问题，在全省各级党组织和党员中普遍深入地进行了彻底否定“文化大革命”、消除派性、增强党性的教育。各级党组织组织广大党员认真学习党的十一届六中全会《关于建国以来党的若干历史问题的决议》，学习中共山东省第四次代表大会的精神，揭露“文化大革命”对党和国家造成的严重损失，同时对问题严重、顽固坚持派性的党员干部进行了严肃处理，还对过去受到错误批判、处理的409名县级以上领导干部和一些受株连的同志做了实事求是的平反、纠正。通过一系列的工作，大家逐步认识到，“文化大革命”根本不是任何意义的革命，而是给党和各民族人民带来严重灾难的内乱。在提高认识的基础上，过去闹派性有错误的人，每人都做了自我批评，有隔阂的逐步消除隔阂，党内外更加团结，思想更加统一。

针对个别党员党性不强、理想信念产生问题的现象，整党期间，山东省各级党组织始终把提高党员的党性觉悟作为中心环节来抓。1985年7月，山东省委专门下发了《关于在全省党员中深入进行党性教育的通知》，用了3个月的时间，集中对全省党员进行了一次党性和理想教育。通过学文件，上党课，请老党员、老干部讲革命传统等方式，使广大党员党性觉悟进一步提高，理想信念进一步坚定，进而在各行各业中都发挥了先锋模范作用。

总之，通过整党，使全省各级党组织、广大党员的政治觉悟进一步提高，思想认识更加统一。

2. 整顿了作风

党的作风是关系党生死存亡的重大问题。针对党风中存在的问题，在整党期间，山东省共查处严重以权谋私、严重违法乱纪、严重官僚主义方面的大案要案2241起，在农村党员干部中共清理出贪污、挪用、拖欠集体公款（含实物折款）6.35亿元，清查出多占宅基地5266亩。同时结合整顿不正之风，对全省党员进行了党的宗旨教育，开展了学习新党章、争取做合格党员的活动，并请英模人物作报告，用榜样的事迹激励大家提高全心全意为人民服务的觉悟。在农村党员中，开展了“改错事，办好事，做实事”的活动，广大农村党员为群众解决了一大批生产生活等方面的实事，受到了群众的好评。在转变作风方面，各级领导机关、领导干部率先垂范，走在基层广大党员的前头。山东省委常委在对照检查之前，采取座谈会、个别走访等多种形式，广泛征求各地（市）、省直属各部门、离退休老干部和民主党派的意见，对收集到的605条意见认真进行了研究，并制定措施，紧密结合工作实际进行了整顿。省政府组织力量深入山区、湖区、黄河滩区等地进行了实地考察，解决了许多急需解决的问题。通过一系列的工作，单位的作风有了明显的好转，领导机关“门难进，事难办，脸难看”状况有了很大的改善，理论联系实际、密切联系群众、批评和自我批评的作风得到了恢复和发扬。

3. 加强了纪律

整党前，有些地方和单位还存有“文化大革命”遗风。有的党员干部对上级的指示，乐意就执行，不乐意就不执行，“上有政策，下有对策”，无政府主义严重；有的党员和党员干部组织纪律性差，搬弄是非，传播小道消息，自由主义严重；有的党员干部民主作风差，个人说了算，对集体的决定不遵守、不执行，分散主义严重等等。

针对存在的上述问题，山东省委一是组织全省各级党组织和全省党员认真学习《中共中央关于整党的决定》，学习《党章》《宪法》《准则》等重要文件，结合实际，提高对加强纪律性的重要性的认识。二是对软弱涣散、形不成核心的领导班子进行了整顿，对有问题、不称职的领导成员进行了调整，使一大批德才兼备、作风正派的中青年走上了领导岗位。三是严肃纪律，对违法乱纪和犯有严重错误的党员进行了严肃的处理。整党期间，全省给予党纪处分和作缓期登记、不予登记处理的党员共有24955人，占全省党员总数的0.7%。其中，给予党纪处分的14050人，处分面为0.4%；开除党籍和不予登记的5861人，出党面为0.17%。四是建立健全了党委集体领导和个人分工相结合的制度。党员领导干部参加党小组组织生活的制度、民主生活会制度等，使党的纪律的加强有了制度的保证。

通过一系列的整党活动，全省广大党员、党员干部对新时期加强党的纪律性的必要性有了新的认识，纪律观念大大增强，党组织的战斗力明显提高。

4. 纯洁了组织

纯洁组织，把反对党、危害党的分子从领导班子和党的组织中清理出去，是这次整党的一个重要目的，而把造反起家的人、帮派思想严重的人和打砸抢分子，即“三种人”清理出去，是纯洁组织的关键。

在整党中，山东省各级党组织都把清理“三种人”作为纯洁组织的关键来抓。全省县以上单位成立“三种人”核查小组，具体抓核查工作。在核查过程中，山东省各级党组织认真贯彻中共中央提出的“既要坚决，又要慎重，既不要漏掉，又不要扩大化”的方针，坚持实事求是的原则，重证据，重调查研究，严格掌握政策界限，所以处理的案件基本上达到了事实清楚，证据确凿，定性准确，处理恰当，手续完备。全省共排查出核查对象2226人，结案处理2190人，占98.4%。其中，定为“三种人”的107人，定为犯有严重错误的746人，定为一般性错误和过去已做过处理确定不再处理的1337人。在已定为“三种人”和定为犯有严重错误的人中，有厅局级、地市级干部4人，县处级干部52人，科级干部206人，被列为县以上干部第三梯队的26人。这些人的清理，对于纯洁组织，搞好干部队伍建设意义重大。

二、加强干部队伍和干部管理制度建设

（一）加强干部队伍建设

毛泽东同志曾指出，政治路线确定之后，干部就是决定的因素。只有把各级干部队伍建设好了，才能很好地带领广大人民坚持党的基本路线，坚持改革开放。

“文化大革命”结束后，随着“揭、批、查”运动的结束和干部政策的落实，干部队伍的素质得到了改善。但是，面对新的任务，各级领导班子和干部队伍还存在一些新的问题。一是有些领导干部年龄偏大，知识水平偏低，健康状况不佳，有些甚至不能正常上班，难以胜任繁重的领导工作。二是缺乏“新陈代谢”的干部机制，一些年轻的干部得不到提拔，没有施展才能的机会。三是部分领导干部思想不解放，处于僵化半僵化状态。四是少数干部不同程度地存在派性，搞不团结，遇事相互推诿，办事拖拖拉拉。

针对上述情况，根据中央要求，山东省委按照“三位一体”（即选拔中青年干部、妥善安置老干部、调整不称职的领导干部）的方式，对干部建设采取了一系列的措施。

首先是选拔优秀的中青年干部，这是干部队伍建设中最关键的环节。1979年夏季，邓小平同志来山东视察时再三强调，解决组织路线最根本途径是选好接班人，要选拔大批真正坚持马克思

列宁主义、毛泽东思想，作风正派，党性强的优秀年轻干部来接班。省委对此非常重视，认真学习，狠抓落实。1980 年 6 月，山东省委召开地（市）委书记会议，专门研究选拔优秀中青年干部的工作，并要求各地（市）抓紧做好选拔中青年干部工作的三年规划。根据省委要求，山东各级党委相继制定选拔中青年干部的三年规划，并在普遍摸底的基础上，对一批优秀人才建立起考查档案，为大量选拔启用优秀中青年人才打下了很好的基础。

培训是青年干部成长非常重要的途径。山东省委要求抓紧对青年干部的培训工作。仅 1980 年，山东省就通过自愿报名、组织推荐和文化考试相结合的办法，择优录取了 611 名中青年干部到省委党校、山东大学等单位开办的干部专修科进行学习。此后，各高校办的干部专修科又连续几年招收了这样的学员。

在选拔中青年干部时，山东省充分注意了发扬民主、走群众路线，运用了群众推荐和组织考察相结合的办法。1980 年，按照中央和省委的要求，全省各地（市）、县都召开了党代会，普遍进行了换届。在换届过程中，按照革命化、年轻化、知识化和专业化的“四化”标准，选拔了一大批德才兼备、年富力强，又有较高文化程度的中青年干部进入领导班子，推动了各级领导班子和领导干部的年轻化。其后，按照中央关于干部“四化”的方针，不断选拔优秀中青年干部走上领导岗位。1983 年 6 月，省委又下发了《改善各级领导班子结构的情况和意见》，对各级领导班子进行了充实和调整。据统计，自 1982 年到 1986 年年底，全省共提拔市地、厅局级干部 565 人，其中 55 岁以下 459 人，占总数的 81.2%；大专以上文化程度的 386 人，占总数的 68.3%。提拔县处级干部 6561 人，其中 50 岁以下的 5494 人，占总数的 83.9%；大专以上文化程度的3793人，占总数的57.8%。

其次是妥善安置老干部。老干部是党和国家的宝贵财富，他们为我国、我省的革命和建设做出过贡献，因此对他们作妥善安排，是干部工作的一项重要内容。1983年12月，山东省委、省政府做出了《关于做好离退休老干部工作若干问题的规定》，根据省委的统一要求，全省各地对老干部工作进行了统筹规划，妥善安排。考虑到每个人的不同情况，有的安排为顾问，有的安排名誉职务，有的则办理了离退休手续。同时，全省各地都建立了老干部工作机构，落实好老干部的政治生活待遇，使他们能安度晚年。

再次是对领导班子中表现不好的或不能胜任的干部进行了调整。按照省委的统一部署，全省对县级以上领导班子进行了全面调查摸底，凡造反起家、犯有严重错误的，一律撤职或免职；对犯有错误但检查错误态度较好的，调离要害岗位；对说错话办错事的，只要真诚承认错误、检查错误，就鼓励他们大胆工作；对水平低、能力差的，也做了相应调整。据统计，省委常委和省革委副主任一级共免职4人，县以上领导班子中共撤职、免职225人。

（二）加强干部管理制度建设

遵照中央的统一部署，山东省在干部管理制度方面进行了积极认真的改革，使干部管理制度进一步得到了完善。

1.下放干部管理权，解决干部管理权限过于集中的问题

1984年8月，山东省委出台了《关于改革干部调配制度若干问题的规定》，明确了下管一级的干部管理原则，使省、市地级干部管理部门的职能向宏观控制和管理上转变，从而进一步促使在干部管理上能管少、管好、管活。据1986年年底统计，省委管理

的干部由1984年的7163人减至1137人，市（地）委管理的干部由3000人减至700—800人。

2. 改革干部任用制度，试行干部选聘制、聘任制和考聘制

1984年5月，山东省下发了《关于乡镇党政机关干部试行选聘制的意见》，根据这个意见，全省1370处乡镇共聘用合同制干部1万多名，其中依照法律程序担任乡镇长的接近50名。这项改革为乡镇干部队伍注入了活力，使乡镇干部队伍的结构得到了改善。据统计，全省乡镇机关干部中具有中专以上文化程度的占58.3%，比1983年提高23.3%，乡镇干部的平均年龄下降了15—20岁。1984年以后，山东省陆续在若干城市和部门进行干部聘任制度的试点。青岛市有132个市属部门及企事业单位对中下层干部实行了聘任制。1986年4月开始，济南市槐荫区在区属行政、事业单位及街道办事处实行了干部聘任制。在试点取得经验的基础上，干部聘任制在全省逐步推开。1987年，烟台市工商局以考聘的形式录取了36名干部。青岛、淄博等市都在一些层次较高的部门公开考聘了一些领导干部。选聘制、聘任制、考聘制的试行，把竞争机制引入干部的管理之中，激发了干部的进取竞争精神，从而大大提高了干部的工作责任感和办事效率。

3. 改革干部的考核和推荐办法，加强了对干部的民主管理和民主监督

从1984年开始，山东省就探索对干部考核和推荐的新路子，到1988年基本形成制度，即不管是对干部的年终考核还是提拔使用，都要在一定的范围内进行民主评议和民主推荐。对干部的考核初步做到了四个结合（民意测验与领导机关考评相结合；个人总结与单位民主评议相结合；全面综合考察与阶段性、单方面的考核

相结合；定性分析与定量分析相结合）。

4. 为了培养、锻炼干部，实行了干部下派制度

从 1984 年 10 月起，山东省陆续抽调了一批干部到基层挂职锻炼。到 1987 年 6 月，选调下派时间一年以上的各级干部有 16315 名，其中省直机关 726 名，市（地）直机关 3237 名，县（市）12352 名。这些下派人员，有的挂职工作，有的参加扶贫，有的参加重点工程建设等等。实践证明，这种挂职锻炼的形式，不仅培养锻炼了干部，也为基层工作注入了活力，促进了基层各项事业的发展。

5. 为了充分调动广大干部工作的积极性，推行了干部岗位责任制

从 1981 年开始，山东省先在曲阜、乳山、安丘三个县（市）搞试点推行干部岗位责任制，然后在全省逐步推开。在实践过程中，各地创造了许多有效的责任制形式，如任务包干责任制、目标管理责任制等。岗位责任制的推行，激发了广大干部的责任感和事业心，促进了工作作风的改变，提高了工作效率，也有利于克服官僚主义。但是，由于岗位责任制是一种新的管理办法，有些制度还不健全，因此岗位责任制还需要继续摸索、完善。

三、加强廉政建设，保持党政机关的廉洁

廉是为政之本，不廉就会人亡政息。从历史上看，历朝历代的灭亡虽然有其具体的原因，但从根本上来讲，都是由于政府的腐败。政府的腐败，恶化了官民关系，激化了官民矛盾，人民在生活不下去的情况下，就要揭竿而起，聚众造反，推翻政府的统治。所以开明的君主都会严惩贪官，尽量保持政府的廉洁。

加强廉政建设，保持党政机关的廉洁

我们党是执政党，执政为民、全心全意为人民服务是我们党的宗旨。山东省广大党政机关工作人员绝大多数能够牢记党的宗旨，廉洁奉公，勤政为民，保证了全省各项改革和经济建设的顺利进行，这是主流，是必须予以肯定的。但是，在私有观念存在的情况下，凡有权力的地方就会有人以权谋私，尤其在商品经济的大潮中更是如此。在我们的队伍当中，确有少数国家机关工作人员和党的干部贪赃枉法、以权谋私、奢侈浪费，损害了国家和群众的利益，造成了极坏的影响。如不认真解决，就会玷污党和国家机关的形象，败坏改革的声誉，引起群众的不满，增加改革的难度。

针对上述情况，1988 年 7 月，山东省委专门下发了《中共山东省委关于保持党政机关廉洁的通知》，明确提出要按照中央的要求，改革开放，繁荣经济，要坚定不移；保持廉洁，防止腐败，也要坚定不移。

全省各地党政机关都认真贯彻文件精神，结合本地区、本单位的实际，查找存在的主要问题，做出改进的具体部署。全省各地都注重解决好群众意见最大、反映最强烈的问题；注重领导机关和领导干部的率先垂范，上级机关、上级领导到下级单位检查指导工作、调查研究，不准举行欢迎、送行等形式的宴会，不准收受下级单位赠送的礼物，不准用公款带头旅游等，同时要教育好家属、子女和身边的同志不搞特殊化，自觉抵制和纠正不正之风；注重制度建设，凡能用制度规定下来的事情都用制度规定，并做到有章必依、照章办事，通过制度建设，逐步清除产生不廉洁的土壤；注重加强各级纪检、监察机构的建设，强化他们的监督职能等等。1988 年 12 月，中共山东省第五次代表大会召开，会上提出了省委领导班子要“以勤补拙、以俭养廉”。1989 年 1 月 9 日至 10 日，山东省委在昌乐县召开“坚持党的宗旨、廉洁从政”现场会，会上，郯城县委、昌乐县委介绍了廉洁从政的经验。省委领导强调，“要学习推广郯城、昌乐的经验，走出一条依靠透明度和制度化促进廉洁从政的新路子。要积极探索廉洁从政的新思路、新途径，突出建立政务公开制度、财务公开制度、检查监督制度、人民参政议政制度、举报制度和考核查处制度”。经过全省上下的共同努力，廉政建设取得了一定成效。

四、大量优秀知识分子入党和党员如何发挥先锋模范作用的大讨论

（一）大量优秀知识分子入党

知识分子是我国革命和建设中的重要力量，是我国社会主义四个现代化建设中十分必需的智力因素，是我国工人阶级的一部

大量优秀知识分子入党

分。把优秀的、符合党员要求的知识分子吸收到我们党内，对于改善党员队伍的知识文化结构，对于干部队伍的“四化”建设，对于加强和改善我们党的领导都有十分重要的意义。然而，由于受“左”的思想影响，知识分子受歧视、受打击、入党难。“文化大革命”结束后，邓小平同志多次强调要尊重知识、尊重人才，要正确认识到为社会主义服务的脑力劳动者是劳动人民的一部分。邓小平同志的论述为解决知识分子入党问题奠定了理论基础。

1978 年以后，党中央有关落实知识分子政策的文件中，多次强调要把符合党员条件的优秀知识分子，按照党章的规定吸收入党。到 1984 年，中共中央组织部在几年间连续下发了《发展党员工作座谈会纪要》《关于加强在中年知识分子中发展党员工作的报告》《关于在大学生中发展党员工作的意见》等文件，针对在知识分子中发展党员的工作提出了明确具体的要求。

根据中央的指示精神，在省委的领导下，在知识分子中发展党员的工作引起了山东各地党组织重视。到 1984 年，全省专业技术人员中有党员 17.3 万人，占同类人员的 22.3%，比 1978 年增长 86%。但是，由于有些地方和单位的党组织对在知识分子中发展党员的工作重视不够、措施不力，知识分子入党难的问题尚未完全解决。有些知识分子多年申请入党，又基本具备了党员的条件，但仍被拒之于党的大门之外，普通大中专学生中党员的比例仅占 5‰。

针对上述情况，山东省委十分重视。山东省委组织部于 1984 年 4 月专门下发了《关于加强在知识分子和大中专学生中发展党员工作的通知》。根据文件精神，各地各部门各单位的党组织，一方面认真学习中央关于加强在知识分子中发展党员工作的指示，进一步端正对知识分子的认识，进一步提高吸收符合党员条件的优秀知识分子入党重要性的认识，一方面加强对优秀知识分子的培养，对要求入党的积极分子进行党的路线、方针、政策和党的基本知识的教育，帮助他们端正入党动机；对于发展新党员，严格坚持党员标准，严格履行党章规定的入党手续，保证党员质量。同时，加强了在知识分子和大中专学生中发展党员工作的领导，各级党组织都把在知识分子中发展党员的工作列入了议事日程。知识分子比较集中的部门和单位，党委一般有一名负责同志分管这项工作。1985 年 1 月 13 日，省委组织部专门召开在知识分子中发展党员工作座谈会。省委领导在会上强调，要进一步清除“左”的偏见和各种陈腐观念的影响，大量吸收优秀知识分子入党。

从 1978 年年底党的十一届三中全会到 1986 年年底，全省共有 16 万名优秀知识分子加入中国共产党，为我们党增加了新的血液和活力。

（二）党员如何发挥先锋模范作用的大讨论

随着改革开放的深入，有些党员的认识跟不上形势的发展，在发展商品经济中不能很好地发挥先锋模范作用。针对这种情况，1987 年 2 月 10 日，省委组织部、省委宣传部、省委企业工委政治工作部、省纪委联合发出通知，决定在全省党员中广泛开展“新时期的共产党员如何发挥先锋模范作用大讨论”。为了开展好这场大讨论，全省抽调 3 万多名干部深入基层进行指导，培训了近 10 万名辅导员，抓了 9912 个试点单位，在城乡和工矿企事业单位召开了 1129 场典型经验交流会。

这次讨论分组织发动、深化讨论和交流总结三个阶段，从 1987 年 4 月开始到 1987 年 12 月结束。围绕着如何坚持党的基本原则和宗旨，坚持改革、开放、搞活，继承党的优良传统和作风等方面进行。全省有 360 多万名党员参加。

通过这次大讨论，一是使广大党员加深了对“一个中心，两个基本点”的认识，解决了一些对改革开放的模糊认识，主动站到了改革的前列，在发展商品经济中发挥率先垂范作用。二是使广大党员增强了发挥先锋模范作用的自觉性，进一步端正了党风，解决了个别党员存在的“一切向钱看”“当党员吃亏”的错误思想。三是探索了在改革开放的新形势下如何发挥共产党员先锋模范作用的新形式、新途径，对党员的教育、管理等方面都创造了一些比较成功的经验。如青岛市建立了“党员责任区”“党员考评”“党员目标管理制度”等。

第七章
历史波折中深化改革扩大开放

任何事物的发展，都不可能是一帆风顺的。山东的改革开放，在经历十几年的探索后，既取得了令人可喜的成绩，也出现了种种问题。在党中央的正确领导下，山东省委、省政府领导全省人民，努力克服种种艰难险阻，进一步深化改革、扩大开放，成功地渡过了险滩，开创了山东改革开放的新局面。

一、山东改革开放过程中出现的问题

经过十年的改革开放，山东省在社会经济、文化教育等各方面都取得长足进步。与此同时，伴随着社会转型，社会利益重新调整，各阶层间原来同质化的情况被打破，社会分化日益明显，社会矛盾逐渐显现。

（一）山东发展过程中出现的危机及应对

1988 年物价闯关受挫后，中国的改革和经济建设所面临的形势十分严峻。更为严重的是，经济方面的问题如果任其发展下去，必然导致政治上的不稳定。同全国的情况一样，山东也出现了经济过热、供需失衡、结构失调、通货膨胀等问题。

1. 山东经济大发展过程中的危机

1984 年至 1988 年，是山东全面改革开放的五年，也是山东全面振兴、经济飞跃发展的五年，国民经济和社会发展提高到一个新水平，综合经济实力、人民生活跃上了一个大台阶。

但是，当时的山东和全国各省份一样，在经济大发展的过程中，由于历史及现实的原因，也出现了诸多的问题：经济过热导致通货膨胀、浪费严重的重复建设、供需矛盾加大、工农业比例及工业内部的比例失衡等。具体说来，当时的危机具体体现在以下几个方面：

其一，社会供给与社会需求失衡，社会总需求远远超过了社会总供给。1984 年至 1988 年，山东国民经济增长 141.3%（按当年物价计算，下同），而全社会固定资产投资增长 283.4%，山东城乡居民货币收入增长 249.8%，社会中供需差额由 1983 年的 30.93 亿元，扩大到 1988 年的 111.55 亿元，供需差率由 14.8%扩大到 22.7%。

其二，信贷、货币发行失控。当时，国家货币超量发行，1988 年 9 月底，当年货币净投放量已达 395.4 亿元，比 1987 年全年增发的货币量还多 159.4 亿元，市场流通货币量达 1900 亿元。山东的形势也不容乐观，五年间，山东贷款额大大超过存款额，存贷差由 1983 年的 67.19 亿元，扩大到 1988 年的 214.82 亿元。与此同时，货币发行量激增，仅 1988 年就投发货币 61.53 亿元，创新中国成立以来最高纪录。1988 年，山东市场货币流通量达 152.8 亿元，比 1983 年增加 2.5 倍，形成明显的通货膨胀。

其三，通货膨胀明显加剧。1988 年，全国零售物价指数比 1987 年平均上升 18.5%，山东社会零售额物价指数上涨了 18.3%。这样大的涨幅是十几年来所没有过的。

其四，山东财政赤字从 1979 年至 1988 年连续不断。1984 年至 1988 年，山东财政赤字总额达 6.99 亿元。

其五，由于粮食生产连续几年徘徊，加上人口增长过快，山东人均粮食由 1984 年的 398 公斤上升为 1988 年的 400 公斤，仅增加 2 公斤；而工业生产过快，1988 年增长率高达 33.8%，工农业增长速度之比由 6 年前的 0.96 ∶ 1 陡升为 9.94 ∶ 1，因而出现了工农业生产比例关系失调。同时工业内部比例失调更加突出，能源、交通、原材料的供应能力支撑不了过大的加工业，大量工业生产能力被长期闲置。

其六，投资结构不合理。集中表现在重复建设、盲目引进和低技术水平上的“复制古董”。

出现上述问题的原因是复杂的，既有客观的也有主观的。从客观上说，我国正处在由计划经济体制向市场经济体制转轨的过程中，需求扩大的冲力很大，一部分来自微观经济主体，重复建设、盲目引进、追求速度、盲目发展的现象极为普遍，是市场功能不健全、计划功能被削弱的必然结果，也是改革过程中不可避免要付出的代价。从主观上说，党中央和国务院以及山东省委、省政府在执行正确的战略、方针、政策的过程中，由于经验不足，在经济建设和宏观调控的具体指导下有偏差。特别是在控制通货膨胀方面有失误，一度设想用通货膨胀的办法刺激经济增长，当通货膨胀过度时，又投鼠忌器，怕反通货膨胀影响改革开放和经济发展，不但未能及时下决心治理通货膨胀，反而在通货膨胀加剧、经济生活出现不稳定的条件下提出“闯关”，迅速地全面进行价格、工资改革，最终酿成1988年席卷全国的抢购风潮和挤兑风潮，居民生活费用价格上涨幅度创纪录地突破两位数。

其实，1988年的经济过热是伴随经济大发展、全面推进改革开放产生的，既不像虚假的“大跃进”“洋跃进”带来的经济困难那样严重，也不像当时过分渲染得那样可怕，更不能将经济困难归咎于改革开放。实事求是地说，在高速发展的时候出现一点经济困难是不可避免的，正如人快速奔跑时必然呼吸紧促一样。甘蔗没有两头甜，熊掌与鱼二者不可兼得。另外，改革开放还是一个新鲜事物，是在实践中一步一步认识和深化的，在这个过程中，付出点代价也是正常的。

2. 治理整顿、深化改革

经济发展中存在的诸多乱象，引起了党和国家领导人的重视，他们开始积极寻求对策。1988年9月26日至30日，党的十三届三中全会在北京举行。全会果断地提出治理经济环境、整顿经济秩序、全面深化改革的指导方针和政策、措施。全会确定，把明后两年改革和建设的重点突出放到治理经济环境和整顿经济秩序上来。

1989年12月，山东省委召开五届三次全体（扩大）会议，通过了《关于贯彻执行〈中共中央关于进一步治理整顿和深化改革的决定〉的意见》，确立了治理整顿的四项基本原则：治理整顿与改革开放相统一的原则，持续、稳定、协调发展经济的原则，以经济效益为重心的原则，稳定经济同稳定政治、稳定社会相统一的原则。根据这些原则，山东省立即采取相应措施，拉开了治理整顿的序幕。

（1）认真治理经济环境，整顿经济秩序，为深化改革提供保证

1989年6月和11月，中共中央先后召开了党的十三届四中全会和五中全会，认真研究应对之策，强调治理整顿的重要性和必要性，要求全党全国人民一起努力，实现经济社会的稳定和发展。五中全会上，还做出了进一步治理整顿和深化改革的决定。决定从1989年算起，用三年或更长一点时间，基本完成治理整顿的任务。为此，全会要求继续压缩社会总需求和坚持财政信贷双紧方针，加强农业等基础产业，积极调整产业结构，认真整顿经济秩序特别是流通领域的秩序，千方百计提高经济效益，继续深化改革和扩大对外开放，并切实加强党对治理整顿和深化改革的领导。在总结经验教训的基础上，全会还提出经济建设必须长期坚持持续、稳定、协调发展的方针。

1989年，山东省认真贯彻中央全会精神，结合中共山东省第五次代表大会的决议，从全省的实际出发，确定了基本的工作思路。从此，山东的治理整顿和深化改革的工作在前期工作的基础上继续向纵深拓展。

治理经济环境，主要是压缩社会总需求，遏制通货膨胀；整顿经济秩序，主要是整顿流通领域的秩序，控制物价过快上涨。从山东的实际情况出发，主要从七个方面入手：清理在建项目，压缩基本建设投资规模；压缩信贷规模，调整信贷结构；正确引导消费，抑制社会需求，压缩社会集团购买力；清理整顿公司，做到官商分开；整顿流通秩序，加强市场管理，取缔违法经营；认真开展物价、财务、税收的检查监督；开展“双增双节”运动，提高经济效益。通过这些措施，巩固和扩大改革开放的成果。

经过三年的治理整顿，取得八项明显的成果：

其一，社会总需求大于社会总供给的矛盾缓解，供需基本平衡；其二，通货膨胀得到控制，1989 年全省商品零售物价涨幅回落为 17.1%，1990 年仅比上年上涨 1.8%，1991 年比上年上涨 4.7%；其三，产业结构调整有所成效，农、轻、重比例趋于协调，产业结构得到改善；其四，流通领域的混乱现象得到初步整顿，撤并不合规定的公司 3404 家，严厉打击和查处制造假冒伪劣商品的违法活动，市场秩序进一步好转；其五，坚决制止“三乱”，到 1991 年年底，共废除收费、罚款、集资项目 117 项，全省 16 个地（市）也相应废除了“三乱”项目 456 个，减轻企业和农民负担 6 亿多元，优化了经济环境；其六，进一步强化了农业的基础地位，仅 1990 年上半年，全省各级政府向农业投入资金 10.6 亿元，占年计划的 70%；其七，国民经济保持了一定的增长速度，国内生产总值 1989 年增长 3.97%，1990 年增长 5.25%，1991 年增长 14.62%，三年平均增长 8%；其八，对外贸易和对外经济技术合作继续发展，出口贸易总额 1989 年增长 2.8%，1990 年增长 14.2%，1991 年增长 9.5%，实际利用外资金额 1991 年比 1988 年增长 2.5 倍，达到 4.68 亿元。

由于当时各项改革还处在摸索阶段，因此，在国民经济向好的方面发展的同时，仍存在着一些不容忽视的问题，如经济效益不高、财政困难、经济结构不合理等，这是制约经济根本好转的主要因素，还需要进一步深化改革来解决。

（2）全面深化改革

山东省委、省政府遵照党中央、国务院的部署，在平息政治风波、搞好治理整顿的同时，努力推进各项改革不断深化，取得了新的进展。

在城市，继续巩固和完善承包经营责任制，把竞争机制广泛引入承包；普遍推行全员风险抵押承包；逐步推行以公有制为主体的股份制。把深化企业改革同加强企业管理紧密结合起来，进一步建立企业自主经营、自负盈亏、自我发展、自我约束的机制，增强企业活力，提高社会承受能力，为其他改革创造良好的条件，

在农村，进一步稳定和完善以家庭经营为主的联产承包责任制，充分发挥其积极作用；继续调整农业内部的各种关系；调整和理顺农业与工商业、农村经济与城市经济的关系，逐步建立这个农村经济发展的新机制。

在流通领域，着眼于减少中间环节，大力发展各种商品和生产要素市场，把培育市场同建立市场法规与制度结合起来。采用经济、行政、法律等手段，规范市场行为，逐步建立起公平竞争的社会主义市场新机制。

在深化企业改革、提高群众心理承受能力的基础上逐步开展价格改革，理顺价格体系，使新的价格体系尽可能反映价值规律和社会供求关系。根据按劳分配的原则，探索实行多种分配方式，对工资进行必要的调整和改革，保证绝大多数职工生活水平不下降，并随着生产的发展有所提高。

进一步下放权力，在服从中央统一指挥和宏观决策的前提下，逐步划清省、地（市）、县的职责范围，实行分层领导，分层决策。继续强化县、乡两个层次的管理权限。理顺各级政府与企业的关系，逐步建立“国家调节市场，市场引导企业”的机制。

大力加强民主与法制的建设。坚持和尊重人民代表大会制度，理顺省、市、县、乡各级党委与人大的关系，充分发挥地方国家权力机关的作用。进一步完善在中国共产党领导下的多党合作制

度和政治协商制度。增加领导机关工作的开放度和透明度，建立新闻发布制度。增强人民参政议政能力和纪律、法制观念。

（二）山东“五不变，一不收”政策的提出

党的十三届四中全会后，党中央把因国内政治风波而延误的治理整顿工作重新提上日程，同时，针对治理整顿中暴露的经济结构不合理和经济体制不适应等问题，逐渐加大改革力度，实行了一系列深化改革和扩大开放的新举措，把治理整顿和深化改革紧密结合，使经济建设重新回到健康发展的轨道上。

1989 年 9 月 29 日，江泽民在庆祝中华人民共和国成立 40 周年大会上发表讲话时明确提出：“当前必须坚定不移地继续贯彻治理整顿、深化改革的方针，力争用三年或者更多一些时间，从根本上缓解社会总需求超过总供给的矛盾，逐步消除通货膨胀，使国民经济走出困境。”同年 11 月 6 日至 9 日，党的十三届五中全会在北京召开，审议并通过了《中共中央关于进一步治理整顿和深化改革的决定》。该决定提出：治理整顿不能急于求成，时间短了不行。

根据中共中央继续治理整顿、深化改革的精神，山东省根据自身情况，也相应地制定了一系列措施，稳定改革开放大局。

早在 1989 年 7 月，山东省委、省政府就明确宣布“两不变，一不收”，以后又发展成为“五不变，一不收”，即农业家庭联产承包责任制不变，企业承包经营责任制不变，厂长（经理）负责制不变，“三多一少”的流通体制不变，以公有制为主体发展多种经济成分的政策不变，已经下放的各种权力，中央没有明令回收的，省里坚决不收。1990 年年初，山东省委、省政府又明确指出，要

继续解放思想，积极稳妥地推进改革，把搞好改革开放作为稳定大局的重要措施，从积极进取中求得稳定。在上述思想的指导下，全省各级党委、政府，各行各业正确处理治理整顿和深化改革的关系，不断把各项事业的改革推向前进。

全省各级党委和政府牢固树立“基本制度”观念，自觉把家庭联产承包责任制作为一项基本制度稳定下来，建立健全规章制度，完善承包关系。1989 年 12 月，省人大通过了《山东省农村集体经济承包合同管理条例》；1990 年 10 月，省政府又颁布了《山东省农村集体经济承包合同纠纷仲裁办法》。山东省制定的这一系列法规性文件，使集体经济发展逐步走向规范化、制度化、法制化，引导农民发展壮大集体经济，增强集体统一经营功能。对集体经济有一定基础的村，着力巩固发展；对集体经济薄弱的村，则由集体统一开发经营新的项目，搞好劳动积累和统分结合，或从有偿服务入手，形成集体经济的增长点。

在城市改革方面，山东省于 1990 年下半年开始新一轮承包，同年 9 月省政府下发《关于搞好新一轮企业承包工作的通知》，在总结第一轮承包经验的基础上，对新一轮承包的指导思想、基本原则和承包期限、形式、基数和相关政策做了详细规定。1990 年年底，新一轮承包工作顺利完成。1991 年年底，全省 96%的企业实行了厂长（经理）负责制，为了保证厂长（经理）在企业的中心地位，山东省委、省政府还规定了厂长的人事权及企业党政关系，本着党政分开的原则，明确企业党政的职能，在全省企业逐步确立了厂长全面负责、党政职能分开的体制。

以上的改革，很多都是“五不变，一不收”指导思想的具体实践，这些措施对于稳定和推进山东改革开放做出了积极贡献。

二、“一高一低一上”发展思路的提出和“科教兴鲁”“海上山东”两大战略的实施

山东是资源、农业大省，同时也是人口大省，人均资源非常有限。如果没有符合自身特色的发展思路和发展战略，山东经济很难取得较大进展。为此，山东省委解放思想、大胆创新，提出了“一高一低一上”的发展思路和“科教兴鲁”“海上山东”两大发展战略，向科技和大海要生产力。在这种思路和战略的指导下，山东经济进入了快速增长期。

（一）“一高一低一上”发展思路的提出

1993 年 12 月 9 日下午，时任山东省委书记姜春云在济南火车站迎候邓小平同志时，向他汇报了山东省委提出的“一高（经济增长率高于全国）一低（人口增长率低于全国）一上（经济社会发展水平上新的台阶）”的发展思路，得到了邓小平同志的肯定。邓小平同志的表态，让山东省委相关领导深受鼓舞。很快，这一发展思路被付诸实践，山东经济与人口、资源、环境协调快速发展。1994 年山东省地区生产总值增长 16.3%，高于全国平均水平 4.5 个百分点；人口自然增长率为 3.02‰，比国家下达指标低 6.98 个千分点，比全国平均水平低 8.19 个千分点。同时，大搞造林绿化，抓城市改造，环境改善等。1991 年省委做出了“学习广东，奋战十年，绿化山东”的决定，提出打一场植树造林的人民战争，“八五”栽上树，“九五”完善提高，10 年绿化全省。省与各地（市）签订了造林绿化责任状。1994 年又提出“打一场年内消灭荒山荒滩攻

坚战，实现江北灭荒第一省”。当年造林637.5万亩。全省林木覆盖率由1991年的14.8%，到1994年提高到18.6%。为此，国务院专门授予山东省“完成荒山造林绿化规划省”称号。1992年，省委做出了加强环境保护工作的决定，集中治理“四害”（烟尘、污水、垃圾、噪声），发展生态农业和环保产业。

根据党中央确定的我国经济建设分三步走的战略部署，山东省从1989年5月着手研究制订下一个十年规划和“八五”计划。党的十三届七中全会后，根据全会精神做了修改，经山东省委五届六次全委（扩大）会议讨论并原则通过。1991年年初，又根据国家提出的十年规划和“八五”计划纲要做了修改，1991年4月，省七届人大四次会议审议批准执行，这就是《山东省国民经济和社会发展十年规划及第八个五年计划纲要》（以下简称《纲要》）。《纲要》明确提出了“一高一低一上”的经济社会发展思路，即力争经济发展速度和效益的增长高于全国平均水平，人口自然增长率低于全国平均水平，国民经济和社会发展的整体素质提高到一个新水平，为实现第三步战略目标奠定坚实的基础。

为保证“一高一低一上”发展目标的实现，《纲要》中提出了具体的发展目标：

国民生产总值，按1990年当年价格计算，1995年应达到1920亿元，2000年达到2820亿元，平均每年增长7%—8%。

农业总产值，1995年达到788亿元，2000年达到958亿元，平均每年增长3%—4%。

工业总产值，1995年达到3540亿元，2000年达到5700亿元，平均每年增长8%—10%。

第三产业增加值，1995年达到500亿元，2000年达到850亿元，平均每年增长 11%。

社会商品零售总额平均每年增长 12%，出口交货值平均每年增长 15%，出口额平均每年增长 9%—11%，外汇偿债率控制在 20%左右。

工业全员劳动生产率平均每年提高 4%，万元国民生产总值综合能耗平均每年降低 3%，1995 年降到 7 吨标准煤，2000 年降到 6 吨标准煤以下；资金利税率力争每年提高一个百分点。到 1995 年，现有企业 50%以上的生产设备得到改造，60%的主要工业产品经济指标达到 20 世纪 80 年代的国际水平。

普及九年制义务教育，普通高等学校在校生 1995 年达到 12 万人，2000 年达到 15 万人。

人口自然增长率控制在 1%以内，到 2000 年年末全省人口力争不突破 9400 万人。

《纲要》还指出，“八五”计划和十年发展规划的基本要求，就是想通过在“一高一低一上”发展思路的指导下，让山东人民的生活达到小康水平；让山东省的经济布局更加合理，实现资源的优化配置；产业结构进一步优化；全省对外开放有一个新的突破；科技教育事业有较大发展；环境污染得到有效治理，耕地得到切实保护，水资源紧缺的状况基本得到缓解；初步建立适应以公有制为基础的社会主义有计划商品经济发展的、计划经济与市场调节相结合的经济体制和运行机制；社会事业进一步发展，民主和法制更加健全，社会主义精神文明达到新的水平。

“一高一低一上”的发展思路，是山东省根据改革开放的新形势和本省特点制定的发展策略，为山东省的改革开放明确了方向和任务。

（二）“科教兴鲁”“海上山东”两大战略的实施

1987年，山东省正式提出实施“科教兴鲁”的发展战略。所谓“科教兴鲁”战略，就是通过改革科技体制，实行“双引”“双放”（引进人才、引进技术、放活科研机构、放活科技人员），推动科研单位进入生产第一线，组成科研生产联合体；组织重大技术项目科研攻关；组织实施“星火计划”“火炬计划”“燎原计划”“丰收计划”；扩大高校自主办学权，调整优化教育结构和种类比例；把全省500万名职工、800万名乡镇工作人员、100万名国家干部普遍培训一遍等。

“科教兴鲁”，首先要推动科学技术自身的发展，而要推动科技的发展，就必须改革原有的科研体制和机构，激发科研人员的积极性，为此，山东省委、省政府主要采取以下措施：

（1）普遍强化党内外的科教意识、人才智力意识、尊师重教意识。

（2）充分发挥现有科技人才作用，对有重大贡献者重奖。1991年11月，山东省委、省政府隆重召开表彰奖励大会，重奖有突出贡献的科技人员，受奖的9名科技人员，分别获得10万—20万元人民币、奥迪或桑塔纳轿车一辆、三室一厅住房一套，并决定以后每年奖励一次。这次大会反响强烈。

（3）广泛招募人才。1988年3月23日，山东省委、省政府在北京人民大会堂举行引进人才新闻发布会，出台了一系列优惠政策，吸引、招聘首都和全国各地的人才。7月15日，又在香港举行新闻发布会，招聘海外人才。这两次新闻发布会，在全国引起轰动。两年内，全国各地约3万名有技术职称的中高级科技人员到

山东费县的农民依据全息区域选种法，用马铃薯的下半部分做种，取得了增产12.48%的效果

山东安家落户创业。

（4）大力兴办教育事业，包括全日制普通高校、成人教育、职业教育等。1991 年 9 月全省农村中小学校舍改造投资 25.5 亿元，其中群众集资 23.6 亿元；城镇中小学校舍改造投资 30 亿元。国家教委先后两次在山东召开现场会，总结推广这方面的经验。扩大高校办学自主权，鼓励各地办大学，烟台大学、青岛大学、济南大学相继建立，规模迅速扩大。到 1991 年，全省普通高校发展到 52 所，成人高校 50 多所。各类夜大、业大、函大、电大等“五大”在校生达到几百万人。

（5）推行“政科教”“产学研”三结合，鼓励科研机构、人员创办领办企业。1988 年当年就有 4 万多名科技人员进入经济建设第一线。全省有 10 万人次科技人员到基层推广科技成果。县乡普遍配备科技副职。要求高等院校面向经济建设，调整专业设置。科研院所实行院（所）长负责制，合理分类，分流重组，形成国家办科研、行业办科研、企业办科研的三个层次格局。支持大企业设立技术研发机构。

（6）大力发展高新技术产业。“八五”期间重点抓好5个高新技术开发区建设，实施500个“火炬”计划项目，开发500个高新技术产品，创办300个高新技术企业，建立10个高新技术产业集团。

（7）加快工业技术进步。1989年10月，山东省委、省政府规划了全省企业技术进步的主攻方向、十年奋斗目标和三大重点。确定主攻方向：提高产品档次，节能降耗，扩大出口和替代进口。十年奋斗目标：工业主要领域的技术装备水平接近或达到发达国家20世纪80年代水平，70%的主要工业产品质量达到国际标准，主要单项指标半数以上接近国际先进水平。三大重点：发展十大系列产品，推广10项新技术，组织10项技术攻关。

（8）为使山东省委、省政府的重大决策科学化，自20世纪80年代初，山东省经济社会发展战略研究委员会成立，邀请一批有远见卓识、领导经验、科学知识的领导同志、专家学者参加，出主意、当参谋、提建议，发挥了很好的作用。

通过政策引导，山东的科研机构逐步形成了多层次、多功能、多类型的格局。1990年，全省县以上独立科研与技术开发机构就有408家，科技人员2.1万余人；厂办科研机构达860多家；校办科研机构120多家，产业人员1600多人；民办科研机构从无到有，达900多家。科研机构努力采取多种形式进入生产领域，与企业联姻，不仅加快了科研成果的商品化、产业化步伐，而且涌现出一大批技术经济实体。

山东省人民政府在加快科技体制改革的同时，也把技术进步作为推动经济发展的战略措施来抓。为此，省政府专门召开了两次全省企业技术进步工作会议、两次企业技术改造工作会议，并下发了相关文件，指导全省企业技术进步和技术改造。1989 年 12 月，山东省委、省政府出台了《关于企业技术进步工作的决定》，1991 年 6 月又制订了“八五”技术进步“腾飞计划”：发展 50 个高新技术企业；形成 200 个重点创汇企业；开发、改造 80 个名优拳头产品；组成引进技术消化吸收或国产化的 10 条“龙”，抓好 50 个微电子技术改造传统产业项目。

为了适应高新技术及其产业的发展，实现“科教兴鲁”的目的，山东省委 1990 年 10 月做出了《关于加速高新技术发展促进山东经济振兴的决定》，提出发展高新技术及其产业的指导思想：通过发展高新技术及其产业，实现“三带动、一促进”，即带动全省产业结构的调整，带动传统产业的技术改造，带动支柱产业产品的更新换代，促进山东省经济实现由粗放经营为主向集约经营为主的战略转移。

建设“海上山东”，是山东省人民政府在多年调研和实践的基础上提出的。主要考虑山东陆地面积有限，人口又多，而海岸线长，海域面积大，有巨大潜力可以发掘。在总结荣成、长岛等海水养殖、捕捞的经验后，确立了这一战略。

早在 1987 年 8 月，山东省委、省政府召开全省海岛滩涂开发工作会议，指出：山东有 3000 多公里陆地海岸线、290 多个岛屿，近海海域 17 万平方公里，超过陆地总面积的 11%，深水立体养殖技术已突破负 30 米以下，每亩可收入 1 万元甚至几万元，“一

风能发电风车沿海而建，在充分利用绿色能源的同时，也成为一道靓丽的海岸风景（张平摄影）

亩海面等于几十亩农田”。如果把可以养殖的海域、滩涂全部利用起来，按当时的技术水平，渔业产值可相当于全省1亿亩耕地种植业的产值，再加上海上捕捞和海产品加工增值，效益更为可观。于是山东省提出动员千军万马向海洋要财富，大做“海”字文章，再造一个“海上山东”，并提出“统一规划、因地制宜、突出重点、综合利用、提高效益”的建设“海上山东”总体思路。这次会议进一步统一了全省上下对加快海域和滩涂开发重大意义、巨大潜力和美好前景的认识。在会议精神的推动下，沿海农渔业快速发展，特别是海水养殖业大大超过了全省农业的增长速度。

1991年初，省委进一步明确提出，经过10年的努力，争取建成“海上山东”，并将建设“海上山东”和“黄河三角洲开发”

确定为两大跨世纪工程。1991年4月，为了进一步加快全省经济发展，山东省委、省政府在认真调查研究的基础上，在省七届人大四次会议上正式提出建设“海上山东”的重大战略构想。次年，又将这一构想确定为振兴山东经济的跨世纪工程，并要求沿海地（市）加快实施。1992年4月，省委研究确定建设“海上山东”的总体规划是：以渔业开发为先导，采用高新技术，大力发展新兴海洋产业，包括海洋捕捞、海洋交通、海洋化工、海洋能源、海洋矿产、海洋旅游等产业，先期抓好浅海滩涂的开发和海水养殖业。当时设想，经过10年努力，到20世纪末，整个海洋产业产值赶上陆地种植业产值；到2010年，使渔业产值赶上陆地种植业产值，整个海洋产业产值占全省国民生产总值的1/6，成为山东经济的支柱产业。为此，省里拨出2.7亿元资金支持海洋科技33个项目的科研开发。

山东省之所以提出“海上山东”的发展战略，是因为山东具有开发海洋、大规模发展蓝色产业、成为海洋大省的条件。山东拥有17万平方公里的近海海域，3000多公里陆地海岸线，296个岛屿和较为丰富的鱼、虾、贝、藻类等生物资源及卤水、石油、天然气、石墨等矿产资源，还拥有年货吞吐量超过13585万吨的诸多港口和规模、产量均居全国首位的海洋化工企业。改革开放以来，山东人民“耕海牧渔”，海洋产业发生了巨大的变化；传统的海洋捕捞、盐业、运输业跃上一个新台阶；海洋养殖、海洋化工、海洋旅游等新兴海洋产业迅速崛起。到1990年，山东海洋总产值已达159亿元，约占全国的50%。海洋渔业、盐业、化工、油气开发、港口交通、旅游等各业蓬勃发展，海洋科技成果斐然。青岛海洋大学是当时全国唯一的一所海洋大学，海洋科技人员达

4000 多人，成为全国独树一帜的海洋科技力量。

山东省实施“海上山东”战略的主要做法如下：(1) 加强领导，强化海洋国土意识，动员全社会的力量向海洋进军，沿海各市相继提出了建设“海上烟台”“海上威海”“海上青岛”等战略和具体实施措施。全省 154 个沿海乡镇，已有 123 个配备了专管海洋开发工作的副乡（镇）长。省和沿海各地都制定了海洋产业发展规划。省委以鲁发〔1991〕16 号文件对加快浅海滩涂开放提出了一系列制度措施。(2) 以水产业为突破口，实行海洋资源综合开发。1992 年全省水产业产值达 118 亿元，居全国首位，占海洋产业总产值的 66%。威海市和长岛、荣成等 13 个县（市、区）渔业产值超过了种植业产值。全省年产值超亿元的集体渔业公司 18 家，成为海洋开放的骨干力量。海运业向大型化、专业化、多功能方向发展。山东沿海港口已发展到 125 处、195 个泊位。其中万吨级以上深水泊位 46 个，吞吐量达 6799 万吨，营运船舶达 69.4 万吨位。山东沿海地区已初步形成了以水产业为龙头，海运、化工、旅游等多业并举，全方位、多层次综合开放的海洋产业带。(3) 实施“科技兴海”方针，把海洋产业列为全省重点支持发展的六大高新技术产业之一，依靠科技开发推动海洋开发。20 世纪 90 年代以来，山东以名、优、特品种养殖为突破口，组织科技力量协同攻关，解决了扇贝等贝类的增养殖技术，探索出鲍鱼、海参等海珍品工厂化育苗方法，引进了南美对虾、美国红鱼等新品种，带来巨大的经济效益。(4) 实行全方位对外开放，促进海洋开发。

“海上山东”战略的实施，取得了显著成效。经过几年的建设，海洋经济取得了巨大成绩。

其一，以渔业为主的海洋第一产业的总体规模和经济实力在全国独占鳌头。1997年，全省海洋产业增加值已突破365.9亿元，比1990年翻了一番多，占当年全省国民生产总值的5.5%，居全国第一位。1995年，全省水产品产量380万吨，其中海水养殖产量达到166万吨，是1990年的3.4倍；水产业产值312.8亿元（1990年不变价），其中渔业产值270.84亿元，分别是1990年的2.8倍和2.7倍；海产品产量和海洋渔业产值，已连续7年居全国首位。威海、烟台两个沿海地级市和荣成、长岛等16个沿海县（市、区）渔业产值产业均居第一位；全省年收入超过千万元、利税过千万元的渔业公司已达30多家，成为海洋开发的骨干力量。其二，海洋工业产业发展极为迅速。1995年，原盐生产达930万吨，居全国之首，溴素产量占全国总产量的80%，烧碱和纯碱产量均居全国第一位。其三，“科技兴海”效果显著。从1993年起，省财政每年支出1000万元周转资金建立科技兴海基金，金融部门拿出3亿元低息贷款向海洋科技倾斜。5年中，全省共安排海洋科技攻关项目253项，其中有20多项成果达到国际先进水平，50多项成果居国内领先地位。海洋科技进步在海洋经济发展中的贡献达到45%，明显高于工业和农业，科技兴海势头良好。

“海上山东”战略的实施及取得的巨大成就，让山东省尝到了甜头。1998年9月中旬，山东省委、省政府召开全省“海上山东”建设工作会议，研究制定“海上山东”开发建设规划，重点实施五大战略（海洋资源综合开发战略、海洋产业升级战略、科技兴海战略、外向带动战略和海洋可持续发展战略）和四大工程（海洋农牧化建设工程、涉海工业建设工程、海上大通道建设工程和滨海旅游业建设工程），确定到2000年实现海洋产值达到地区生产总值6%的目标，然后再经过10年的努力，使海洋产值达到国民生产总值10%的目标。“海上山东”的发展战略，让海洋经济在山东省国民经济中的地位越来越重要。海洋经济成为山东省经济总量一直稳居全国前列的重要支撑。

三、诸城“贸工农一体化”的推广和全省农村经济“三个良性循环”的推行

在山东省改革开放的过程中，无论是农业、工业还是第三产业的改革发展，诸城市始终走在时代的前列，成为山东改革开放的排头兵。从20世纪80年代起，他们率先倡导“农村商品经济大合唱”，唱活了全市的经济，成为改革开放的典型。90年代，他们又开始推广“贸工农一体化”的经验，成为全省学习的典范，对于推动全省农村经济的发展起到了至关重要的作用。

（一）诸城“贸工农一体化”的推广

诸城市组织“农村商品经济大合唱”，对于端正各部门的指导思想，转变经营作风，解决条块分割的弊端，强化对农业的服务，发挥了重要作用。但是，随着农村商品生产的发展，城乡经济关系中一些深层次矛盾又进一步暴露出来，突出的是城乡分割，生产、加工、流通脱节，农民盲目生产，企业被动流通，农产品市场不稳。对此，诸城市党政领导和广大人民群众在“大合唱”的基础上继续探索，把生产、加工、流通联结起来，推行了“贸工农一体化”。

诸城市的“贸工农一体化”，主要是以国际国内两个市场为导

向，以农副产品加工经营企业为龙头，以家庭经营为基础，通过利益吸引和系列化服务，把农工商贸结成风险共担、利益均沾的经济利益共同体。龙头企业，把腿伸到农村，根据国家计划和市场需求，与农户签订合同，建立农副产品生产基地，提供全程服务，扶持生产，培植货源；农户，按照合同进行定向生产，按时交售产品；政府部门做好宏观管理和协调指导，从而逐步形成生产、加工、流通和宏观调控“四位一体”的城乡经济运行机制。一体化经营，做到四个结合，即城市和农村相结合，国营、集体、联合体和农户相结合，农工商贸各部门相结合，与市、省和国外企业相结合。同时，坚持搞一体化，不搞一律化，市、乡、村多层次推进，紧密型、半紧密型、松散型多形式发展。

诸城市推行“贸工农一体化”的主要措施：一是集中资金、能源和技术力量，加强龙头企业建设，通过龙头企业开拓市场、组织引导生产、深化加工，为农业提供配套服务。二是实行龙头企业与原料产地挂钩，通过定向投入、定向服务、定向收购的方式，加强农副产品基地建设，引导农户进行集约经营，提高家庭经营水平。三是搞好各方面利益关系调节。从保护农民生产积极性出发，本着欲取先予、让利于民的原则，处理好龙头企业与农民的关系；坚持谁建基地谁服务谁收购产品的原则，通过适当划分“势力范围”，理顺龙头企业之间的关系；本着分工协作、有偿服务的原则，处理好龙头企业与参与一体化配套服务单位的关系。

“贸工农一体”化经营，将农业、工业和服务业有机地结合在一起，显示出较强的生命力。它的优势表现在以下几点：

其一，“贸工农一体化”，推动了科技与生产直接结合，为先进科学技术的引进和推广创造了有利条件。共同的利益，启动了企业和农民学习、采用新技术和新成果的内在积极性。3年来，各龙头企业投资1026万美元，从发达国家引进系列化加工生产线22条，各种设备350台（套），并投资2亿多元，对重点企业进行了技术改造，大大提高了技术装备水平。同时，各龙头企业还与国内外400多个科研、信息机构和大专院校、商贸部门建立了业务联系，建起一支近千人的技术服务队伍，每年培训农民20多万人次。一体化经营使新技术推广步伐进一步加快。许多新产品，如肉鸡、主料烟、红富士苹果、芦笋、黄桃等，都是一推一个系列，有的新技术在短期内一次性推广到整个体系。几年来，全市试验推广了近百项新技术、新成果，从国内外引进60多个畜禽和农作物新品种，80%以上的畜禽和95%以上的农作物实现了良种化，粮田复种指数达到181%。

其二，“贸工农一体化”，开辟了对农业投入的新渠道，增强了农业发展后劲。一体化经营，把部门、企业和农民的利益捆在了一起，农业的发展成为部门、企业自身发展的基础条件，使“农业发展我发展，我与农民共兴衰”的“大合唱”精神，进一步成为自觉行动。对农业的投入渠道主要是三个方面：（1）有偿扶持，滚动使用。龙头企业采取预付定金、赊销种苗和饲料、发放生产扶持金等办法，近几年，每年都为基地生产提供启动资金9000万元左右，由龙头企业承担利息，农民周转使用。（2）无偿投资。主要用于基地水利建设、新技术开发和特殊灾害补助等。近3年，市直龙头企业和经济部门共投入2100万元，占市级投资总额的58%。（3）对农业生产配套服务设施建设的投入。在国家和地方财政对农业投入难以有较大增加的情况下，经济部门和龙头企业的投资已成为诸城市对农业投入的一条重要渠道，并由此吸引和带动了乡镇村户的投入。

其三，“贸工农一体化”，有利于发展适度规模经营，加快农业商品化、专业化步伐。龙头企业按市场需求和出口批量组织生产，客观上要求农业有一个较大的产出量，以获得稳定均衡的货源；农户借助龙头企业的配套服务，解决了资金、技术、销售等方面的困难，也自觉扩大生产规模，获取更高的效益。对此，诸城市因势利导，坚持因地制宜、稳步前进的方针，首先从商品率较高的畜牧业起步，采取龙头企业扶持、集体积累和农户自筹相结合的投资办法，发展专业饲养场、户和饲养重点村。实行规模饲养的畜禽已占饲养总量的50%以上，规模经营获得了规模效益。如肉鸡生产，过去一个劳力年饲养1000只左右，一只鸡纯收入五六毛钱，现在可饲养1万只左右，一只鸡纯收入保持在1元左右；肉鸡体系建立5年来，生产和出口平均每年以47.3%的速度稳定增长。种植业上，充分发挥两个经营层次的积极性，大面上实行了“统一服务、分户经营”的方式，基本做到了种植区域化、经营集约化，提高了农业劳动生产率和土地产出率。

其四，“贸工农一体化”，有利于生产力要素优化配置，实现城乡优势互补，协调城乡利益关系，巩固和发展工农联盟。一体化经营在城乡之间架起了桥梁，使城市的资金、技术、人才、信息等生产要素流向农村，与农村的生产要素合理配置，初步建立起以城带乡、以农促工的新型城乡关系。加工和流通带动了农业开发。1989年，经济作物总收入3.14亿元，比1986年增长61.5%；畜牧业收入3.1亿元，增长1倍多，畜产品商品率达到90%以上。农畜产品的增加，又为城市加工业提供了充足的货源。特别是一体化经营所形成的风险共担、利益均沾的经济关系，使企业抗御市场风浪的能力明显增强。这种优势在治理整顿期间表现得更加明显。一体化经营，还初步改善了城乡利益关系，在一定程度上缩小了工农产品的“剪刀差”，缓解了农业比较收益低的矛盾。龙头企业实行让利经营，把加工和流通环节的部分好处返还给农民，并吸收农民参与管理和监督，打破了农产品价格受城市左右的格局，明显增大了工农产品等价交换的成分。另外，城市加工业还把初加工向原料产地转移、扩散，不仅使农民得到了第一道加工增值的利益，而且解决了城市的资金、场地、劳力和生活设施不足等问题。如市酿造厂把酱菜腌制初加工放到原料产地，帮助丁家庄子村建起了酱菜厂，两年来，这个村辣菜种植和初加工收入 40 多万元，酿造厂也增加酱菜产量 140 多万斤，多创利税 20 多万元。

其五，“贸工农一体化”，促进了计划经济与市场调节的有效结合，有利于建立新的宏观调控机制。龙头企业对上接受国家的计划管理和指导，对下组织农民按合同生产，对外积极开拓市场，搞活经营，这种特殊地位决定了它肩负着“管好”与“搞活”双重任务。因此，诸城市把一体化管理的重点放在抓龙头企业上，通过龙头企业，组织引导农民开展生产经营活动。这既使农民减少了生产的盲目性，又防止了经营企业之间的各种“大战”。从而初步形成一种有计划商品经济的新格局。此外，“贸工农一体化”，还有利于政府转变职能，密切党群、干群关系。

“贸工农一体化”探索出了计划经济与市场经济结合的途径，建立起较高层次的大农业系列化服务体系。在一个市（县）范围内基本实现了城市与乡村、工业与农业、条条与块块、计划与市场的有机结合，促进了经济的协调发展。把农村改革进一步引向深入，促进了城乡经济的发展，为全国城乡改革树立了一面旗帜。

1989年9月，潍坊市委决定在诸城召开现场会议，推广诸城实行的“贸工农一体化”经验。中共诸城市委书记在现场会上作了《推行贸工农一体化，不断深化农村改革》的典型发言。此后，诸城市各部门和乡镇分别组织撰写了总结性文章，介绍诸城市开展“贸工农一体化”的经验，这些文章包括诸城市外贸公司的《建立和完善肉鸡专业化生产体系》、凉台乡郭家屯村的《外贸公司帮俺村养鸡致富》、诸城市商业局的《搞好生猪生产一条龙建设》、城关镇白玉山子村的《依托肉联厂办好集体养猪场》、石桥子镇的《一体化促进农村经济协调发展》和昌城镇西老庄的《实行农工商综合经营》等。

1990年，诸城市的“贸工农一体化”经验受到了省委领导的重视，从6月26日起，省内主要媒体分三次刊登有关诸城市“贸工农一体化”的调查报告:《深化农村改革的好路子》《从龙头到基地》《让科技进入农村》。7月6日，山东省委、省政府在诸城召开了省、地（市）、县（区）三级书记和省直部门参加的“全省农村工作座谈会”，推广了诸城“贸工农一体化”的经验。时任省委书记姜春云作了重要讲话，对诸城“贸工农一体化”给予了充分肯定。7月10日，《大众日报》一版头条报道《全省农村工作座谈会在诸城召开》的消息，并配发社论《深化农村改革完善服务体系》，同时刊登姜春云在全省农村工作座谈会上的讲话摘要。7月11日一版发表诸城市委、诸城市人民政府在全省农村工作座谈会上的典型发言《推行贸工农一体化建立大农业系列化服务体系》，系统地介绍了诸城市进一步发扬“大合唱”精神，积极探索“贸工农一体化”路子的新经验。此后，国内重要的新闻媒体《人民日报》《光明日报》、中央人民广播电台、中央电视台等都对此做了报道，诸城“贸工农一体化”经验逐步被推广到全国。

（二）“三个良性循环”的推行

家庭联产承包责任制的推行，解放了农村生产力，促进了农业的大发展。但是，经历了几年的快速发展后，农业和农村经济结构单一的局限日益凸显，农村经济发展遇到了瓶颈。为此，山东省委通过大量的调查研究，决定开展农业和农村经济结构调整工作，突破以粮为纲、单纯发展种植业的格局，形成“三个良性循环”。所谓“三个良性循环”，内容包括：一是调整种植业内部结构，大力发展棉花、油料、果菜等经济作物，实现种植业内部的良性循环，同时提出积极发展“高产、优质、高效”农业；二是调整农业内部结构，大力发展林、牧、渔业，实现整个农业的良性循环；三是调整农村一二三产业结构，大力发展乡镇企业和农村二三产业，实现农村经济的良性循环。

为实现“三个良性循环”的目标，山东省人民政府采取了以下措施：

其一，调整种植业结构。种植业结构调整，是发展高产优质高效农业的客观要求。省政府提出，在确保粮食产量稳定增长的前提下，适当压缩粮田面积，按照效益目标的要求，大力发展棉花、油料、烤烟等经济作物，变单一抓粮食生产为以粮食生产保经济作物，以经济作物促粮食生产。

其二，调整农业经济结构。农业经济结构的调整，主要是在保证种植业稳定发展的前提下，加快林、牧、渔业生产，初步实现以农促多种经营、以多种经营养农的良性循环。

调整农村经济结构，是鲁西南人民致富的金钥匙。图为丰收的大豆，源源不断地运进菏泽县李村公社粮管所

其三，调整农村产业结构。农村产业结构的调整，主要是在确保粮、棉、油稳定增长的前提下，把发展多种经营和乡镇企业摆在重要位置。

“三个良性循环”的实施，有效地促进了农业和农村经济发展。通过第一个循环，1990 年与 1980 年相比，粮食种植面积减少了 3.8%，棉花种植面积增加 91.2%，花生种植面积增加 14%，粮、棉、油总产量分别增长了 49.74%、81.56%和 50%。鲁西北地区适宜种棉花，过去单纯强调“以粮为纲”，粮食生产没上去，棉花生产也受到制约。实行“粮棉一齐抓、重点抓棉花”“以粮保棉、以棉促粮”后，粮、棉连年增产。1962—1978 年，鲁西北净吃国家统销粮92.8亿斤；党的十一届三中全会后的10年，向国家贡献商品粮72.1亿斤，还贡献了大量棉花，农民收入也大幅增加，“发了棉花财”。通过第二个循环，促进了农、林、牧、副、渔业全面发展。1990年与10年前相比，全省森林覆盖率由8.8%提高到17%，畜牧业在农业中的比重由13.1%增加到22.9%。通过第三个循环，促进了农村经济的全面发展。工、商、建、运、服五业并举，1994年，全省乡镇企业发展到199.6万家，固定资产1354.2亿元，从业人员1481.6万人，占农村劳动力总数的41.6%，实现总产值由1980年的84.2亿元增加到3300亿元，占农村社会总产值的85%以上。乡镇工业总产值占全省工业总产值的51%，年均上缴税金140.4亿元。

“三个良性循环”的提出，一定程度上改善了农村经济结构单一的局面，增加了农民收入，促进了经济增长。但是，农村及农业改革，依然任重道远。

四、转换企业经营机制和“三改一管”思路的提出

农业生产责任制的推广，极大地激发了农民的生产积极性，解放了农村生产力，为改革开放奠定了基础。在这一改革思路的影响下，国有企业也开始推行承包制，试图突破发展瓶颈。承包制试行之初，一度激活了许多国有企业，推动了国民经济的发展。但是，随着改革开放的深入，企业承包制的问题开始逐渐显现。于是，加快国有企业改革，建立现代企业制度成为国有企业改革的新方向。

（一）转换企业经济机制和承包制的结束

国有企业是社会主义公有制的基础，因此，在改革开放的过程中，既要顾及国有企业在国民经济中的比例及主导地位，还要千方百计寻求适合国有企业发展的方法，促进其发展。这对于中国的改革者来说，的确是一大难题。

为了进一步搞活国有企业，中共中央在总结相关经验的基础上，解放思想，实事求是，提出了转换企业经营机制的设想，试图以此来增强国有企业的活力和实力，保证其在国民经济中的重要地位。

为此，山东省委、省政府先后制定了《关于在治理整顿中深化企业改革》《关于进一步深化改革搞活企业若干问题的规定》，召开了一系列的经济工作会议和企业工作会议，就强化企业改革的政策和原则、思路做出了明确的规定。为保证这一目标的实现，山东省采取了一系列措施：

其一，抓好“一法三制”的实施，即贯彻执行企业法、完善经营承包责任制、厂长（经理）负责制和内部经济责任制。

贯彻执行企业法，主要是为国有企业创造良好的发展环境。为此，山东省委、省政府要求，各级政府和主管部门，一定要变换思路，转变职能，转变管理方式和工作作风，千方百计地为企业服务。对企业的管理，一定要注意分寸，主要管好承包合同的落实兑现，管好领导班子的选拔配备，管好企业工资总额等大问题。其他的小问题，可让企业自主决策、自主经营，对企业职权范围内的事情，不能乱加干预，更不能给企业增加额外的负担。

完善承包责任制，激发企业活力。山东省企业的第一轮承包始于 1987 年，至 1989 年告一段落。为了进一步完善这一制度，山东省在总结第一阶段相关经验的基础上，于 1990 年开始了新一轮承包。1990 年 9 月，省政府下发《关于搞好新一轮企业承包工作的通知》，就新一轮承包的形式、期限、合理确定基数、完善考核指标、健全约束机制等 10 多个问题做了明确的规定。到 1991 年 2 月，全省应实行新一轮承包的 13369 家企业，全部签订了承包合同，新一轮承包制顺利完成，为以后山东经济的发展奠定了良好的基础。为加速企业经营机制的转换，后来又采取了许多新措施：1992 年 7 月，国务院发布了《全民所有制工业企业转换经营机制条例》；1993 年 11 月，党的十四届三中全会通过了《中共中央关于建立社会主义市场经济体制若干问题的决定》，提出了建立现代企业制度的任务；同年 12 月，第八届全国人大常委会第五次会议通过了《中华人民共和国公司法》；从 1994 年 1 月 1 日起，全国推行税制改革，实行了统一税制，取代税利一起承包经营责任制。至此，国有企业普遍实行的承包经营责任制宣告结束，取而代之的以建立现代企业制度为方向的改革正在逐步推进。

早在 1988 年，山东省 95%以上的企业都实行了厂长（经理）负责制，这一制度的实施，极大地激发了企业管理者的热情。为了完善这一制度，山东省委、省政府要求相关企业党组织紧紧围绕党的中心工作和企业发展目标，在抓好党的建设，做好思想政治工作的同时，全心全意支持厂长（经理）依法行使其职权。当然，厂长也要充分尊重党委和职工，生产经营中的重大问题，要按照法定程序，在集中正确意见的基础上作决策，不能搞一言堂。

完善企业内部经济责任制是搞活国有企业的基本保证。为此，山东省委、省政府要求全省企业，要实行责权利紧密结合，职工劳动所得与个人劳动成果和企业经济效益挂钩，适当拉开分配档次，真正体现按劳分配的原则；同时要推行优化劳动组合，实行定岗、定责、定薪，干部、工人通过竞争自选岗位，干部能上能下，工人能进能出。经济责任制的推行，有力地配合了承包经营责任制和厂长（经理）负责制，极大地激发了企业和职工的积极性，推动了国有企业经营机制的转换。

其二，探索现代企业制度。

为加快国有企业改革，山东推出51家国有大中型企业进行转制试点，并提出几点具体要求：（1）理顺产权关系，确立企业的法人财产权，实现企业民事权利能力和行为能力的统一，使企业成为能够自主经营、自负盈亏、照章纳税、对出资者承担资产保值增值责任的法人实体。（2）转换企业经营机制，实现企业全面进入市场，按照市场规则开展经营活动，有效地运营资产，提高经济效益，成为市场竞争的主题。（3）进行公司制改造，实现企业组织制度和管理制度的科学化，适应现代化大生产的要求。（4）政企分开，政府对企业经济活动由直接管理为主转变为间接调控为主，使企业彻底摆脱政府行政机构的附属机构地位。

转制试点工作的开展，为建立现代企业制度的全面建立奠定了基础。

（二）“三改一管”思路的提出

所谓“三改一管”，即推进企业改革、改造、改组、管理，使其适应新形势，寻求新的发展思路。1992年7月，《全民所有制工业企业转换经营机制条例》颁布，中心是企业自主权问题。山东率先制定了《实施办法》。1993年2月，时任省委书记姜春云讲了五点重要意见:(1)要大幅度调整产品、产业结构。经济要上新台阶，结构调整必须首先登上新台阶，这是企业生产发展、兴旺发达之道。要通过调整结构，实现产品的更新换代，培植主导产业和拳头产品，形成规模效益，在市场竞争中取得主动。(2)大面积地实行技术改造和嫁接。要大做技改文章，吃技改饭，打好技改这场硬仗，确保用三年时间，将现有企业改造一遍，领头的、关键的是大中企业的改造，围绕发展“四高”产品这个目标，集中力量抓好高新技术研究。(3)要下大力气改善企业管理。管理和技改两者并举，缺一不可，要向管理要速度、要质量、要效益、要后劲，管理要实现制度化、规范化和科学化。(4)要加大改革开放力度，增强企业活力。借鉴国外先进经营方式和管理方法，改变目前管理不善、活力不足的问题，积极推进股份制和股份合作制，搞好企业内部经营机制转换，同时进一步转变政府职能，把企业推向两个市场，使之成为“四自”独立法人，在市场竞争中求生存求发展。(5)要切实加强领导班子建设，为企业上水平提供强有力的组织保证。以这五点为基础，山东在全国最早提出了推行企业“三改一管”的思想。在年底召开的全国经贸工作会议上，国务院领导同志指出，要把“三改一管”作为企业工作的方针。为实施省委五届九次全委会提出的“内外开拓，纵横突破，纵抓集团，横抓强县”的发展战略，发展壮大企业集团成为山东省委、省政府领导企业改革工作的一个侧重点和突破口。实践证明，组建联合舰队，发展壮大企业集团，对推进结构调整，加快技术进步，改善企业管理，增强企业活力和市场竞争力，都具有特别重要的意义。到 1993 年 7 月，全省已组建企业集团 320 家。省石油集团股份有限公司各项经济指标均居全国同行前列，成为全省省级公司中的一个上缴利税大户。

五、外贸体制的深化改革和外向型经济新局面的开创

1989年至1991年，山东省根据中央有关指示精神，深化外贸体制改革、加大对外宣传力度、增加出口创汇、吸收利用外资、扩大开放范围、对外承包工程、展开劳务合作等等，继续推进对外开放，山东的外向型经济出现了前所未有的繁荣景象。

（一）外贸体制的深化改革

1989年政治风波后，西方国家联合起来对中国实施经济封锁。为了打破西方国家的封锁，进一步调整国内的经济结构，中央决定开展新一轮外贸体制改革。这一时期，外贸体制改革主要是在全行业实行承包经营责任制。其内容是：核定各地方和有关外贸总公司出口创汇、上缴外汇和经济效益指标，3年不变；完成承包指标内的外汇按留成比例分成；超亏自负，减亏增盈留成。同时，在全国建立若干外汇调剂市场，自由调剂；各专业外贸进出口总公司与大部分省（市）外贸专业分公司脱钩，地方的分公司下放到地方管理；外贸的宏观调控体系开始形成，国家逐步运用价格、汇率、利率、退税、出口信贷等经济手段调控对外贸易。

根据国家外贸体制改革的统一安排和部署，山东省率先采取了一系列措施，完善各项政策。针对部分外商对与我合作产生动摇、影响对外经贸业务开展的状况，省政府负责人对记者发表谈话，之后山东省委、省政府又举行对外开放新闻发布会，多次重申山东实行国家的对外开放政策不变，并严格履行我们的承诺和协议。同时，

省委、省政府进一步完善了涉外经济法规。1990年1月，重新修订了《山东省发展外向型经济的若干规定》《山东省鼓励外商投资的优惠措施》《山东省开展对外来料加工装配和补偿贸易的试行办法》《山东省进料加工出口试行办法》和《山东省金融开放的若干政策规定》5个规范性文件，就扩大对外开放、发展外向型经济的有关政策做了重大调整和完善。同年，省政府还颁布了《山东省外商投资企业管理暂行办法》和《山东省鼓励台湾同胞投资的暂行规定》。

在稳定政策、完善法规的基础上，山东将省属各外贸企业进出口公司与国家各进出口总公司实行财务脱钩，与省财政挂钩，在外贸企业中全面推行了承包经营责任制。核定出口创汇、上缴中央外汇和出口亏损补贴三项指标，一定3年不变。完成承包指标，外汇按原来的留成比例分成，超过部分80%留承包单位，20%上缴中央；超亏不补，减亏增盈部分全部留承包单位。这一办法改变了过去地方只顾出口、不顾盈亏的做法，在一定程度上调动了企业和地方增加出口、提高经济效益的积极性。对于改善企业内部经营机制，提高经济效益，促进对外贸易特别是出口贸易的发展，起到了重要作用。但由于受整个经济体制改革阶段性的制约，这一轮承包结束后，全省外贸企业出现了严重的超亏挂账，企业背上了沉重的包袱。据审计部门审核认定，到1990年末，全省累计超亏挂账10多亿元，加上潜在亏损，合计挂亏达14亿元之多，因此，外贸承包经营责任制只能是一种过渡和探索的形式。

为了扭转外贸连续3年徘徊、换汇成本提高、亏损连年增加的被动局面，山东省决定于1991年深化外贸体制改革，果断推出两个改革步骤：(1) 将省经委与外贸局合并，改变外经贸长期分离的状况，形成经贸合一、优势互补、共同发展的新体制；(2) 在国家政策指导下，在外贸企业内部建立起自主经营、自负盈亏的运行机制。这一时期改革的主要任务是取消对外贸易出口的财政补贴，从建立自负盈亏机制入手，使对外贸易逐步走上统一政策、平等竞争、自主经营、自负盈亏、工贸结合、推行代理制的轨道。主要内容是：取消出口补贴，按照国际通行做法由外贸企业自负盈亏；实行以大类商品区分的全国统一的外汇留成比例办法，为企业平等竞争创造条件；外贸体制改革与调整汇率和关税配套进行，外贸的宏观调控体系进一步完善；重视发挥市场调节的作用，行政管理部门不得用行政手段干预外汇资金的横向流通；增加企业使用外汇的额度，为外国商品进入中国市场提供更多的机会；鼓励出口政策和外汇管理措施保持相对稳定性和连续性。

山东按照国务院的相关精神，采取了一系列改革措施，进一步取消出口补贴，全面实行自负盈亏。这次改革使对外贸易体制开始适应国际贸易的规范，有利于广泛地参与国际经济合作和交流，但是按照建立社会主义市场经济体制和适应国际贸易规范的要求，外贸体制依然存在着诸多不相适应的地方。外贸体制改革仍然任重道远。

（二）外向型经济新局面的开创

俗话说，“好酒也怕巷子深”。随着开放步伐的加快，山东省委、省政府逐渐意识到，要让山东的对外开放向更高层次发展，就必须加大对外宣传力度，更好地向世界宣传山东、介绍山东，努力增加出口创汇，积极稳妥地利用外资等，才能为外向型经济的发展开创新局面。

为了扩大山东省的知名度，1990年12月，山东省委做出了《关于进一步加强对外宣传工作的意见》，把对外宣传工作纳入各级党委的工作议程之中。此后，山东省通过加强同国外新闻媒体的联系与合作、举办经贸洽谈会、兴办地方特色浓郁的节会、到海外及中国香港地区举办综合性经贸展览会及在国内异地举办新闻发布会和投资说明会等等，进一步让国内外投资者了解山东，激发他们到山东投资产业的热情。

山东省在认真贯彻和落实国家各项优惠政策的同时，根据本省实际，1989 年、1990 年先后制定公布《关于扩大外贸出口的有关问题》《关于扩大外贸出口的措施》《山东省发展外向型经济的若干规定》，凡非配额、非许可证、非专营的 3 类商品，适当开放经营，鼓励新产品开发，努力为出口商品生产创造更加宽松的环境。这些措施取得了显著的经济效益：1989 年出口创汇达 30.5 亿美元，比上年增长 2.4%；1990 年达 34.8 亿美元，比上年增长 13.5%；1991 年达 38.3 亿美元，比上年增长 10.2%。

为推动外向型经济的发展，1989 年，山东省提出了“积极稳妥，量力而行，讲求实效”的利用外资方针，尽可能地吸收利用外资。为此，山东省重点从三个方面入手：(1) 把握正确的投资导向，使引进外资的投向符合国家产业政策，产业布局结构合理。(2) 引、建、管并重，把提高效益作为办好“三资”企业的中心环节来抓。(3) 坚持把改善投资环境作为吸收利用外资的头等大事来抓。经过几年的努力，山东省利用外资的发展势头良好，形成了从沿海到内陆、自东向西梯次推进的多层次利用外资格局，利用外资额连年增长。1990 年，全年签订外资利用合同 674 项，合同外资额 5.52 亿美元，实际利用外资 3.11 亿美元；1991 年，全年新签订利用外资合同 1187 项，合同外资额达 10.23 亿美元，比上年增长了37%。除了外资额的迅速增长，引进渠道也逐渐多元化，外商独资企业在山东发展迅速，至1991年年底，山东省引进资金的国别和地区已扩展到五大洲30多个国家和地区，全省引入的外商独资企业达136家。

山东省在半岛经济开放区建立和扩大的基础上，进一步扩大开放范围，加快推进外向型经济的发展。1991年1月，国务院批准山东内陆地区的44个县（市）对外国人开放。至此，山东第五次党代会提出的“东部开放，西部开发，东西结合，共同发展”的战略方针得以实现。到1991年年底，山东省已同世界上150多个国家和地区建立了经济贸易关系，同国外结为友好省州、省道、省县和友好城市达30多对，在经济贸易、技术交流、劳务合作及旅游业务方面取得了丰硕的成果。

山东是人力资源大省，为解决劳动力过剩的问题，山东还积极对外承包工程和开展劳务合作，1991年，新签订对外承包劳动合作合同123项，合同金额5951.59万美元，完成营业额307.36万美元，均创历史最好水平。

对外贸易体制的改革及外向型经济新局面的开创，加快了山东外向型经济的发展，增强了山东省整体的经济实力，为推动山东省整体快速发展做出了积极贡献。

六、加强党的建设与社会主义民主法制建设

经济体制改革需要政治体制改革与法制建设相配合，经济文化的发展更需要民主政治建设和法制建设作保证。1989年以后，

山东省委、省政府一直坚持经济、政治、文化、法制建设的有机统一，正确处理“两个基本点”之间的辩证关系，保证了社会经济的稳步发展。

（一）加强党的建设

打铁还需自身硬，中国共产党作为执政党，无时无刻都不能忽视自身建设。山东省各级党组织始终不渝地把搞好执政党建设、加强和改善党对改革开放和社会主义现代化建设事业的领导作为一项根本任务来抓。为了在新时期更好地搞好党建工作，1989 年以后，省委认真学习贯彻《中共中央关于加强党的建设的通知》，采取多种措施，全面加强党的建设。

首先，山东省委督促党员在思想上加强理论学习和教育。通过开展系统性的马克思主义基本理论、党的基本路线和基本知识教育以及党性、党章和党纪教育，让广大党员干部加深了对党的性质和基本路线的理解，坚定了大家走有中国特色社会主义道路的信念。为提高领导干部的理论水平，仅 1990 年，山东省就举办了 4 期厅级以上干部党建理论研讨班，提高他们的马克思主义理论水平。对于基层党员，则加强党员教育阵地建设，以党校为主体，以党员活动室为基础，建成党员教育网络，加强基层党员的理论学习和教育。

其次，为适应改革开放新形势的需要，不断巩固党的基层组织。农村作为改革的先锋，经过近十年的变革，虽然在经济建设方面取得较大成就，但很多地方因为经济活动日益分散，农村基层党组织的影响力被大大削弱，为改变这种局面，省委把抓好农村基层党组织建设作为推动农村改革和两个文明建设的关键，开展了创建农村党建工作先进县活动、党支部工作“达标升级”活动，突出抓好后进班子的整顿，使农村基层党组织焕发生机和活力，同时加强了对农民的领导。对于企业，重点是理顺党政关系，更好地为经济建设服务。省委还十分重视高校党建工作，把加强高校党的建设工作作为培养社会主义事业接班人的重要措施。

再次，为更好地推进改革开放，坚决而持久地搞好党的作风建设。山东省各级党组织为搞好作风建设，主要采取了三项措施：（1）抓影响党群关系的热点。先后采取几次大的措施，纠正和解决党政机关、党员干部当中存在的挪用公款、请客送礼、挥霍浪费、违法违纪建房、违反规定搞户口“农转非”、用公费送子女上学以及农村财务管理混乱等问题。（2）重点打击违法违纪案件。把违反党的政治纪律、打着改革旗号破坏改革、严重官僚主义、失职渎职、严重以权谋私、严重经济违纪、道德败坏、特别是领导干部严重违纪案件、违纪金额高的经济案件等作为打击重点，集中力量，坚决查处。（3）进一步明确党风建设的着眼点。山东省委明确指出，抓党风建设要坚持不懈，促发展要坚定不移，形成了围绕改革开放抓党风建设，加强党风建设促进改革开放，把党风建设寓于改革开放之中、落实到为经济建设服务之中，党风建设的着眼点更加明确。

（二）社会主义民主法制建设的新成果

在加强党风建设、提高党的执政能力的同时，山东省委始终坚持经济、政治、法制和文化建设，努力做到“两手都要抓，两手都要硬”，使全省的政治和社会秩序一直处于比较稳定的状态。社会主义民主法制的完善，为治理整顿、深化改革、扩大开放提供了强有力的保证。

为进一步扩大和发展社会主义民主，为经济改革创造更好条件。从 1989 年起，围绕经济体制改革，抓住转变政府职能、精简机构的关键环节，积极培育昌邑、阳信等县级综合改革、莱芜市简政放权强化乡镇管理功能、胶州市李哥庄镇事业机构转经济实体减少机关工作人员等先进典型，并在总结经验的基础上，逐步扩大县乡两级机构改革试点。至 1991 年年底，全省每个地（市）有一个到两个县，每个县有一个到两个乡镇，开始县乡两级机构改革试点，“小政府、大服务”的构想在部分县（市）初步变为现实，为经济发展创造了良好的条件。

经济的快速发展，必然要求法律法规的完善，而且，法制建设也是社会主义政治建设的重要内容。因此，为搞好政治建设，保证经济的快速发展，从 1989 年到 1991 年，山东省的法制建设步伐加快，成绩明显。这主要表现在以下几个方面：一是在做好地方

全国依法治村民主管理经验交流会在章丘县召开。图为代表们在农民家庭与农民进行座谈

性立法工作的同时，较好地完成了“一五”普法工作。人民群众的法制观念明显增强，依法办事，依法保护自己的权益，已成为各级领导机关和人民群众的行为准则。在总结“一五”普法经验的基础上，1991 年 9 月，全省“二五”普法工作顺利启动。二是各项事业依法治理健康发展，使全省工作走上法制化轨道。把学法和用法相结合，把普法教育和依法治理相结合，是山东省法制建设的特点之一。三是积极开展社会治安综合治理。山东省的社会治安综合治理工作在全国开展比较早，也比较有成效。1989 年以后，这项工作趋于完善，实现了网络化、规范化、制度化，并逐步纳入全党工作的总体布局，形成了全党全社会共同参与、齐抓共管的新格局，山东省成为全国治安状况比较好的省份之一。

第八章
建立社会主义市场经济的新步伐

东欧剧变和苏联解体，使得世界格局发生巨大变化，也让人们对社会主义的前途命运充满忧虑。关键时刻，中国改革开放的总设计师邓小平以非凡的勇气和敏锐的洞察力，提出深化改革、扩大开放、加快发展、建立社会主义市场经济体制的新设想。在此思想指引之下，山东确立了发展外向型经济的战略，着手建立社会主义市场经济，改革开放进入新阶段。

一、外向型经济战略的确立和山东为建立市场经济体制闯五关

1992 年初，已经退休的邓小平乘专列离开北京，前往深圳、珠海、上海等地“休息”。说是“休息”，实际上，他是要再次推动改革开放。邓小平在南方各省发表的一系列谈话，明确回答了长期束缚人们思想的许多重大认识问题，如同一股飓风，把当时笼罩在中国上空的“左”的空气一下吹散了。中共中央把他的讲话集中起来，作为中央二号文件印发。中国共产党第十四次全国

代表大会把建立社会主义市场经济体制作为中国经济体制改革的目标，正式确立了中国未来的发展道路，也为山东的改革开放指明了新的努力方向。

（一）山东发展外向型经济战略的确立

邓小平南方谈话发表后，山东省委紧密联系本省实际，深刻领会南方谈话的基本精神，及时提出了《关于在全省开展思想大讨论的意见》，明确指出要在继续加强农业、深化企业改革的同时，开始着重思考以扩大开放为突破口，调整全省经济发展的战略问题，并且确定今后要把利用外资，发展“三资”企业和“三来一补”，作为加快对外开放步伐的一个战略重点。

1992 年 3 月，山东召开全省深化企业改革扩大对外开放经验交流会。省委提出，要进一步解放思想，必须首先解决好思想认识问题，在计划与市场、稳定与改革发展、发展内向型经济与外向型经济、局部利益与整体利益的关系等问题上，认识要有新飞跃，观念要有新转变。山东要进一步扩大对外开放，加快从内向型经济为主向外向型经济为主的转变，大力开拓国际国内两个市场，要把利用外资和搞好国有大中型企业紧密结合起来，对现有企业进行高起点的嫁接改造。所有大中企业和有条件的小企业，都应有漂洋过海、到国际市场上大显身手的胆略和气魄。

为将这一目标上升为具体的战略，3 月上旬，山东省召开了七届人大五次会议，提出了全年经济发展的主要指标：国民生产总值增长 7%，国民收入增长 6.5%，农业总产值增长 3.5%，工业销售收入增长 13%，社会商品零售总额增长 13%，出口创汇增长 10%，财政收入增长 7%。

4月14日—18日，省委召开了全省对外开放工作会议。省、市、县和省直有关部门的负责人1000余人参加了会议，规模和声势多年来罕见。会议主要传达学习了邓小平同志南方谈话、中央政治局会议精神、全国人大和全国政协两个会议的决议，介绍了南方三省和大连市对外开放工作的情况和经验。会议的主要目的，就是查找山东的差距及其原因，进一步解放思想，更新观念，统一认识，以加快经济特别是外向型经济的发展。通过热烈的讨论，大家普遍感到，过去满足于小打小闹，做小生意，求小发展，小富即安，小成即满，陶醉于已有的成绩，满足于守摊子，与南方省份相比，现在"坐不住了"。济南市提出要四破四立：破"左"的影响，立符合"三个有利于"大胆试大胆闯的观念；破满足现状不求进取的思想，立敢为人先、争创一流的观念；破因循守旧、按常规走路的观念，立打破常规、实现跳跃式发展的观念；破小生产思想，立敢冒风险、敢于举债经营的观念。荣成的代表提出，广东"四小龙"（顺德、中山、南海、东莞）的今天就是荣成的明天。省计委找出过去束缚自身的三道"紧箍咒"：在姓社姓资问题上顾虑重重，在计划和市场的属性上左顾右盼，在敢闯敢试敢"冒"问题上既怕担经济风险，又怕担政治风险。

省委提出，山东要在解放思想、更新观念、转变经济发展战略，筹集和搞活资金，房地产开发，老企业嫁接改造和乡镇企业利用外资及"三来一补"，基础设施建设，培养使用引进人才，放权搞活，转变党政部门职能等八个方面有新突破。根据形势发展的需要和本省实际，省委对经济发展战略进行了必要调整：山东经济要实现从内向型为主向外向型为主的战略转变，1988年年底确定的"东部开放，西部开发，东西结合，共同发展"的战略方针，调整为“全面开放，重点突出，梯次推进，东西结合，加快发展”。省委特别强调，这是全省经济发展的一个重大战略调整，也是能否把全省经济尽快推上更高层次，每隔几年上一个新台阶的决定性步骤，要多一点勇气，学习和发扬广东“四小龙”那股虎虎生气，推动外向型经济的全面发展。

对外开放新战略的确立，明确了 20 世纪 90 年代山东经济发展战略的重点和方向，对山东经济社会的快速发展产生了积极而深远的影响。

（二）山东为建立市场经济体制闯五关

解放思想的大讨论和对外开放工作会议的召开，为山东新时期的改革开放定下了基调，也为社会主义市场经济体制的建立奠定了基础。1992 年 10 月，党的十四大提出建设有中国特色的社会主义市场经济体制之后，山东省委按照中央文件精神，加快由计划经济体制向市场经济体制转变，强化市场对经济调节的基础性作用。省委还明确提出，围绕建立社会主义市场经济体制，从计划、财政、金融、物价到劳动、人事等几个方面，配套联动，努力闯过“五关”：

（1）物价改革关。调整和放开生产资料价格，减少指令性价格，扩大指导性和市场调节价格，扩大企业自主定价。全省共放开 1024 种商品价格，实行市场调节。

（2）转换企业经营机制关。省里制定了深化企业改革 12 条意见，注重落实企业经营自主权，将人事劳动权、工资奖金分配权、产品定价权、投资决策权、进出口经营权逐项下放给企业。围绕赋予企业自主权，省里先后下放了 134 项权限。坚持改革、调整、管理、科技进步“四位一体”，整体推进，实行企业转换机制与政府转变职能“两转并举”。国有企业积极推行股份制，集体企业、乡镇企业全面推行股份合作制。推进企业兼并联合，组建跨地区、跨行业、跨所有制的大型企业集团。

（3）市场发育调节关。以“四放开”为突破口，加快流通体制改革和市场体系建设，重点发展专业批发市场，形成联结城乡、沟通全国的市场网络。对国有小型商业、服务企业根据不同情况分别实行承包、租赁、转让、拍卖。

（4）金融改革关。加快金融市场建设，增强融资活力。建立地方银行、投资公司、财务公司、保险公司、证券公司、信用社等地方金融机构，吸引外资银行来山东开展业务。

（5）政府转变职能关。简政放权，政企分开。争取用 3 年左右的时间，把省、地（市）、县、乡机关行政人员精减 1/3 到 1/2。

有了前期充分的思想准备和后期扎实的工作，山东省建立社会主义市场经济体制的过程进展顺利。由于经济发展战略调整及时、正确，保证了山东经济快速稳定的增长，特别是山东外向型经济的快速发展，使得山东省经济总量一直居于全国前列。

二、强县强乡带动和欠发达地区改革开放试点县两大战略的实施

由于地理及自然条件等种种因素，山东东西部地区经济发展极不平衡。东部许多县（市）的发展，在全国居于前列，而西部落后的县（市），有的则还处在非常贫困的状态。因此，为了平衡省

内经济发展水平，省委的指导思想是一头抓强县强乡，一头抓欠发达地区和贫困地区，东西部都要开发，都要发展。在此思想的指导下，山东省委开始实施强县强乡带动战略和欠发达地区改革开放试点县战略，力图缩小东西部差距，促进全省经济均衡发展。

（一）强县强乡带动

1992年11月，山东省委召开全省加快强县强乡发展工作会议，会议提出“内外开拓，纵横突破，纵抓集团，横抓强县”的发展战略。省委的指导思想很明确，就是一头抓强县强乡，一头抓欠发达地区和贫困地区，东西部都要开放，在开放中寻求发展机遇。省委强调，有条件的县乡要进一步解放思想，开拓思路，寻求超常规发展，做好区域经济发展的领头羊，以便更好地带动其他县乡加快发展。在具体工作中，强县强乡要抓住增强综合经济实力这个关键点，在快、好、外、高四个方面实现新突破。因此，强县强乡要做好以下四个方面的工作：第一，发展速度要快。强县的国民生产总值增长速度，要力争比全省高6个百分点以上，强乡的增速要高于强县。力争到1995年，26个强县和100个强乡的国民生产总值，在1991年的基础上再翻一番。对全省经济增长的贡献率要达50%以上。第二，经济效益要好。不能贪图规模，关键是看效益。第三，外向度要高。重点发展外向型企业，争取到1995年，外向率要达20%以上，强县强乡的外贸收购总值的增长要明显高于国民生产总值的增速。第四，人均国民生产总值和人民生活水平要高。到1995年，人均国民生产总值比1991年翻一番，比全省平均水平高50%，人民生活达到小康。

强县强乡建设战略的确立，为那些基础好、经济实力较强的县乡提供了明确的发展思路和指导方针。在此原则指导下，各县乡以经济建设为中心，以发展为主线，以改革开放为保障，因地制宜，发挥自身的优势，走适合各自特点的发展路子，带领群众脚踏实地，真抓实干，经济发展速度明显加快，取得了显著成效。1993年，强县国内生产总值达1133亿元，比1991年增长92.5%，年均增长38.5%，全省国内生产总值增加1107亿元，其中强县就增加619亿元，占56%。荣成、莱州、龙口、临沂、淄川、寿光6个县（市）均提前完成任务，达到了省委提出的标准，跨入全国先进县（市）的行列。

没有强乡镇的发展，就没有强县，山东省经济发达的乡镇是强县的基础。1992年，全省农村社会总产值过亿元的乡镇已达912个，占全省乡镇总数的37.4%。这其中，牟平宁海镇最为突出，社会总产值超过22.5亿元，在全省高居榜首。临沂罗庄镇、即墨市即墨镇、青岛崂山镇、济南北园镇、高密县高密镇、胶州市李哥庄镇、荣成石岛镇、淄博市周村镇、蓬莱北沟镇，占据着第二至第十名的位置。这些社会总产值超亿元的乡镇，在乡镇企业的主导下，撑起了中国经济的一片天空。

1992年，全国有190个税收超过亿元的县（市），山东占据27席，仅次于乡镇企业最为发达的浙江。全省农民人均纯收入达到了803元，较上年增长了5.1%，这其中，有21%的高收入户，人均户收入达到或超过了1100元。对强县强乡战略做出巨大贡献的，是各地崛起的经济发达的村庄。这其中，值得关注的是济南北园镇的清河村、临沂罗庄镇的沈泉庄等著名村庄。其中，临沂罗庄镇的沈泉庄，1990年全村工业产值4300万元，创利450万元；1991年，产值翻了一番，达到9100万元；1992年再上新台阶，产值达到了 1.6 亿元。3 年间，农民人均收入从 300 多元迅速增长到 4500 元，全部耕地实现机械化、水利化、良种化，全村农户都搬进了楼房，生产生活条件得到很大改善。

强县强乡战略的实施，不仅进一步促进了较发达地区乡镇的发展，也为落后地区的县乡树立了良好的榜样。

（二）欠发达地区设立改革开放试点县

改革开放以来，山东的经济取得了长足发展，国民生产总值在国内一直居于前列。但是，由于经济发展不平衡，山东还存在着大面积的欠发达地区。20 世纪 90 年代前后，山东的欠发达地区，是指东营、滨州、德州、聊城、菏泽 5 个地（市），其面积和人口分别占全省的 43%和 39%，1992 年的时候，这些地区的人均地区生产总值、财政收入、农民纯收入三个主要经济指标，分别比全省人均少 119 元、117 元、199 元，乡镇企业总产值仅占全省的 14.4%。如果这些地区的经济发展跟不上，将会严重影响山东的经济发展水平。因此，为了推动欠发达地区的发展，山东省委、省政府采取东西结合、以强带弱，省直有关部门结对帮扶策略。1993 年起，每年集中 2.5 亿元建立欠发达地区经济发展基金，积极引导，广开致富门路。

这些欠发达地区的领导并不是不想改变贫困的面貌，早在 1992 年 4 月对外开放工作会议之前，鲁西北五地（市）就提出了由低层次原料生产向多层次综合经营发展，由以增量为主的数量型经济向增量增效并重的效益型经济发展，由传统封闭型经济向现代化开放型经济发展，由乡村型经济向城镇型经济发展，进而实现从温饱到小康跨越的发展新思路。1992 年 10 月，省委召开鲁西北地区加快经济发展经验交流会，提出以市场为导向，多种经营当头、发挥优势、全面发展，逐步走向一体化、产业化、专业化、现代化的发展道路。在具体的措施方面，省委提出如下要求：

第一，在产业结构调整上实现“三个倒过来”的基本任务，即在农村产业结构上由第一产业占 70%，二三产业占 30%，逐步转变为二三产业占 70%，第一产业占 30%；在农村劳动力投放上，由 70%的劳动力投放在土地上，30%投放在二三产业上，逐步转变为 70%投放在二三产业上，30%投放在土地上；在人均收入比例构成上，由第一产业占 70%，二三产业占 30%，转变为二三产业占 70%，第一产业占 30%。

第二，各不发达地区因地制宜，大搞多种经营，调整产业结构，以求发展和突破，取得比较好的效果。菏泽地区以“稳住粮，抓住棉，大力增加经济田，农、林、牧、副、渔齐发展”为方针，实施吨粮田、高值田、优质果品、畜牧等一系列开发，立足基地求发展。聊城地区积极调整产业结构，重点实施“十大农副产品开发工程”，力图通过多种经营、通过对农产品的深加工推动经济发展。德州地区在强调粮棉生产的基础上，在多种经营和乡镇企业方面做文章。滨州地区提出“因地制宜，特色种植，以基地开发作为振兴农业突破口”的口号，促进农业开发。

第三，确定贫困县，实行重点扶持。1994 年，对贫困县做了一些调整。全省共确定 22 个贫困县，其中国家重点扶持的有 10 个县：沂水、沂南、平邑、蒙阴、费县、泗水、沾化、庆云、莘县、冠县；省重点扶持的有 9 个县：单县、鄄城、东平、夏津、阳信、惠民、沂源、苍山、枣庄山亭区；另外还有临沭、梁山、商河 3 个脱贫巩固县。这些贫困县，在国家、省里的扶持和自身的艰苦努力下，取得了显著成效。临沭、长清两个县成为全省脱贫致富的先进典型，沂蒙山区各县在全国成片贫困区中第一个实现连片脱贫。

山东省在欠发达地区设立改革开放试点县的战略，有效地促进了欠发达地区经济社会的发展，为山东经济的整体崛起做出了重大贡献。

三、发展“高产优质农业”的探索和农业产业化经营模式的创举

山东作为农业大省，农业总产值一直在国内居于前列。但不可讳言，山东省农业现代化水平不高，存在着诸多问题，比如说，仍以分散经营为主，主要靠人力投入，农产品缺乏深加工等。为了改变山东农业的发展面貌，提升农产品的竞争力，省委提出了发展“高产优质农业”和产业化经营的新思路。

（一）大力发展“高产优质农业”的探索

改革开放以来，山东的农业生产有了长足发展，农产品的出口量与日俱增。但是，由于农产品的品质不高，再加上缺乏深加工，山东的农业总产值的增长一直以来是以数量取胜。为了改变山东农业发展的这一困境，山东省委提出发展“高产优质高效农业”的战略。山东发展“高产优质高效农业”的具体做法是，坚持确保粮食生产为前提，调整农村产业和产品结构，努力开拓国内国际两个市场，加强生产和商品流通两个基础设施建设，以科技兴鲁为支撑，促进生物转化和加工转化。上述战略，可以简称

山东各地大力发展“高产优质农业”

坚持一个前提、两个结构、两个市场、两个基础、一个撑杆，并实施示范区带动的战略。

一是一个前提，即确保粮食生产为前提。山东是农业大省，同时也是人口大省，人均耕地面积仅有 1.2 亩，确保粮食生产关系到全省经济发展和社会稳定的大局。自 1992 年开始，在种植业结构调整中，许多地方因为粮食的产值相对较低，纷纷放弃粮食种植，改种其他经济作物，导致粮食产量开始下降。有的地方出现了无麦村、无粮村，有的地方甚至提出要彻底甩掉粮棉包袱，什么赚钱干什么。针对农村出现的这一新情况，山东省委、省政府认为，决不能放松和忽视粮食生产，提出“稳一块，活一块”的方针，采取有力措施，扭转粮食生产滑坡的局面。为此，省委采取了以下几个措施，保证粮食生产。第一，坚决下达粮棉油生产面积和产量的指导性计划。所谓指导性计划，即在确保口粮、国家用粮、社会用粮、必要粮食储备和满足社会需求的前提下，在结构调整中使粮食作物与经济作物、种植业与林、牧、副、渔业、农村一二三产业互相促进，协调发展。第二，坚决保护耕地。针对耕地锐减农民种粮积极性不高的现象，1993 年，省委召开全省土地管理工作会议，明确提出，争取到“八五”末，全省耕地面积要稳定在 1.02 亿亩，三年内耕地净减量控制在 30 万亩左右，减幅不得高于 3%，并代表省政府与各地（市）签订了土地管理责任书。第三，对粮棉生产实行保护。1993 年，国家放开粮食收购价格，实行随行就市收购，对国家收购的订购粮和转储粮实行价外加价，对化肥、农药、柴油实行计划外最高限价。1994 年，国务院提出，连续五年安排 15 亿元专项贷款，扶持全国 150 个棉花大县。针对这一政策，山东省利用自身优势，争取到 28 个县。第四，切实减轻农民负担。为减轻农民负担，山东省委、省政府于 1993 年 3 月起在全省开展“四清理、三整顿”活动。四清理，即清理涉及农民负担的各种文件、项目、非生产性建设、承包合同外收费提留；三整顿，即整顿村提留和乡镇统筹费的使用和管理，整顿收费、罚款的使用与管理，整顿义务工和劳动积累工的使用与管理。经过清理整顿，农民负担重的势头得到遏制。1993 年，全省乡统筹和村提留总额 26.3 亿元，比上年减少 8 亿元。农民人均负担 37.44 元，占上年农民纯收入的 4.63%。

二是两个结构，即调整农村产业和产品结构，优化农业资源配置。产业结构和产品结构的不合理，一直是困扰山东农业发展的瓶颈。为了突破这一瓶颈，山东省委、省政府一直以来非常注意两个结构的调整，优化农业资源的配置。经过几年的努力，1992

年，山东农业发展实现了重大转折，两个结构调整呈现三大趋势：（1）在种植业内部，提高复种指数，适当扩大经济作物的比重，逐步向精细立体化发展。全省农作物复种指数达161%，粮食作物与经济作物的比例由1991年的74∶26调整到73∶27。全省亩产1000公斤粮、100公斤皮棉、500公斤花生，产值1000元以上的高产值田达1653万亩，比上年增加483万亩，其中亩产过千斤、收入过千元的“双千田”达378万亩，一些地（市）还出现了一批万元田。（2）在大农业中，坚持农、林、牧、副、渔协调并进，逐步向资源配置合理和生态环境优化方向发展，全省农、林、牧、副、渔产值比重，由上年的38.6%提高到48.1%。（3）在整个农村经济中，稳定发展第一产业，大力发展第二、第三产业，逐步向经济大循环方向迈进。1992年，山东的第二、第三产业产值所占比重由上年的63.4%上升到70%以上。1994年与1978年相比，山东粮食作物与经济作物之比，由9∶1调整到7∶3，有的地（市）达到6∶4，个别县（区）达到5∶5。种植业占农业总产值的比重由82%下降到52%，林、牧、副、渔业产值已接近50%。

三是两个市场，即努力开拓国内国际两个市场，推进农业市场化进程。1992年，全省新增投资15亿元，新建各类批发市场300多处，其中专业批发市场70处，新建农贸市场7300多处，年成交额270亿元，比上年增加26亿元，市场总数和成交额均居全国前列。1993年，全省集贸市场总数发展到8072处，比上年增加440处，其中专业批发市场1290处；总成交额达553亿元，比上年增长82.3%。在开拓国际市场方面，也取得重要进展。当时，省政府主要采取发展拳头产品，组建龙头企业，建立农产品出口生产基地，发展劳动密集型出口产品加工，与外商合办主要生产出口产品的企业，在国外兴办企业等形式，推动农业生产的发展。1992年，全省已建成各类农副产品出口基地410多个，农产品出口收购值50多亿元，出口创汇15亿美元，分别比上年增长15%、10%以上。

四是两个基础，即加大资金和劳动力投入，加强生产和商品流通两个基础设施建设，改善生产和经营环境，增强农业的抗灾能力、市场应变能力和可持续发展的后劲。1992年，山东省农田水利基础设施建设投资，在原有基础上增加了5000万元，总额达4亿元以上。在重点抓好培育农村市场体系的同时，能源、通信、交通等基础设施建设也明显加强。1994年9月，继吉林、辽宁之后，山东在全国第三个实现村村通电，1995年年底又率先实现家家通电。基础设施的完善，有力地推动了农业生产的快速发展。

五是一个撑杆，即科技兴鲁，以高科技含量劳动带动农产品的高产优质高效，提高农业的整体质量。山东农产品总量一直稳居全国前列，但其品种、质量和效益却不能让人满意。为扭转农产品供求错位的情况，全省以畜牧业为突破口，通过引进、杂交繁育新品种，以适应人们食物结构的变化和市场的需要。惠民地区以名优特农产品为龙头，带动种植业、林果业、养殖业及加工业的发展，通过农产品优质开发，年增产值8000万元，农产品商品率从15%提高到74%，比全省高10个百分点，有20多种农产品走出国门。寿光发展无公害蔬菜，栖霞坚持“引洋、养野、串季、返古”八字方针，发展特色农业，都取得了较大的成功。1992年，全省农副产品加工企业达24万家，比上年增加8.5万家，加工值达57亿元，比上年增加10亿元。1995年4月，潍坊还成立了国家首个生物技术开发区。

通过建立不同类型的示范区推动优质高效农业的发展，是山东省委在新形势下为推动农业和农村经济再上台阶的重大举措，并取得了党中央和国务院的认可。从1992年开始，山东省建立了27个高产优质高效农业示范区、10个农业高新技术开发区和7个外向型农业开发示范区。经过3年左右的建设，全省累计投入资金7.5亿多元用于示范项目，共确定示范项目60个，推广了鲁麦14、早春长茄等良种和二粮多菜、菜菜间作等22种高效种植模式及组织培养、大棚无土栽培等高新技术。1993年，全省推广应用科技成果17项，面积5160万亩，增加直接经济效益9.7亿元，吨粮田面积发展到1025.7万亩，收入过千元的高值田发展到1800万亩。种植业中重点推广了良种推广、地膜覆盖、指标化模式化栽培、间作套种、配方施肥、病虫草鼠害综合防治、保鲜加工增值、棉铃虫综合防治、麦套花生等10项使用新技术，取得直接经济效益24.5亿元。各示范区合理调整结构，将粮食作物和经济作物的种植比例调整为6.6∶3.4，林、牧、渔业产值已占农业总产值的51%，二三产业产值已占农村社会总产值的83%。

经过几年的努力，山东高产优质高效农业的发展取得了辉煌成就。1992年，山东省的羊肉产量超过传统牧区，跃居全国第一位，间作套种5427万亩，居全国之首。1993年，山东省的肉蛋奶产量跃居全国首位。1994年，山东又成为我国江北地区第一大淡水鱼市场基地。山东大力发展蔬菜生产基地，形成北有德州、中有寿光、南有苍山群龙并起的生产大格局。1994年，山东省蔬菜种植面积达1165万亩，总产量达3360万吨，分别占全国的10%和13%，两项指标均居全国首位，且其外销面之广、外销量之大、影响力之强，在全国各省（区、市）中首屈一指，成为国内著名的蔬菜基地。在1992年10月举办的全国首届农业博览会上，山东获奖牌70枚，居36个参展单位之首。在1995年第二届全国农业博览会上，山东获金牌113枚、银牌126枚、铜牌80枚，金牌和奖牌总数在各省（区、市）中遥遥领先。在优质高效农业的带动下，山东许多县乡镇村的经济获得了长足发展，1992年，长岛率先成为全省第一个小康县；荣成成为我国北方第一个工农业总产值过百亿的县；博兴县郝寨村成为鲁北地区第一个亿元村；文登粮油出口创汇连续15年居全国县级城市之首。

（二）农业产业化经营

党的十四大和十四届三中全会以后，山东省委、省政府把发展农业和农村经济产业化，作为发展社会主义市场经济的有效形式，与发展市场农业紧密结合，使产业化在较大范围得到推广，路子越走越宽。到1994年年底，产业化已初具规模。全省有农产品加工龙头企业10220个，实现产值579亿元，利税43亿元，带动生产基地5000多万亩，联结农户600多万户。从表面上看，全省有30%左右的县（市）产业化经营搞得比较好，其主导产业和产品大多实行了产业化经营。从地域上看，东部和中部一些地区起步较早，农业和农村经济产业化经营已占主导地位。西部地区起步较晚，但也在逐步兴起，许多县形成了产业化、系列化生产雏形。从产业和产品看，畜牧、水产、果品、蔬菜、蚕茧、烟草、花生、建材等传统产业和产品的产业化经营规模较大，发展也较快。产业化的发展已开始冲破行政区划，向横向延伸，一些地方还出现了县与县和地区之间联合的发展势头。

在探索农业产业化经营的过程中，山东省大致形成了四种发展模式：

（1）以农产品加工、冷藏、运输企业为龙头，围绕一项产业或产品，实行生产、加工、销售一体化经营。龙头企业外联国内外市场，下联农产品生产基地，生产基地又联结农户，形成松散型或紧密型的利益共同体。在全省最早实行肉鸡产加销一体化经营的诸城，山东尽美食品有限公司在几年前只是拥有 100 多名职工的小型外贸企业，几年来，通过发放生产扶持金，实行收购保护价和雏鸡发放、饲料供应、疫病防治、收购调运“四到门”服务，带动 4000 多个饲养专业户，年养肉鸡 2600 万只。

（2）通过发展农产品市场特别是专业批发市场，带动区域专业化生产和产加销一体化经营。寿光蔬菜批发市场，年销 10 亿公斤，经营额 8 亿元，销往 24 个省（区、市）的 190 多个大中城市，并在全国 180 个大中城市设立销售网络。除山东外，有 18 个省（区、市）的蔬菜在这里转销。这个市场已成为全国最大的蔬菜交易中心、信息交流中心和价格形成中心。市场发育带动了蔬菜生产基地建设，全市蔬菜总面积由 1983 年的 15 万亩扩大到 1994 年的 46 万亩。山东农村各种农产品批发市场已达 1089 处，其中年销售额过 1 亿元的就有 43 处。

（3）从利用当地资源，发展拳头产品入手，逐步形成区域性主导产业。这种类型在中部和西部地区尤为多见。潍坊市寒亭区发挥传统资源优势，以乡镇为区域，培植拳头产品，扩大规模经营，形成产业群体，建立起粮食、棉花、瓜菜、海水淡水养殖、猪鬃加工、工艺品、电热毯、年画、风筝、皮革加工、草柳编织等 15 个主导产业，产值达 15 亿元，占全区农业和乡镇工业总产值的 55%，财政收入占全区 73%，农民纯收入的 61%来自这些主导产业。

（4）农产品加工企业跨区域联合经营，促成生产、加工、销售相联结的一体化企业集团，实现生产要素大跨度优化组合。1994年，莱阳、莱西、昌乐、寿光、临沭、泰安市郊区、金乡7个县（市、区）自发订立“县际农产品生产加工销售联席会议章程”，组成全省第一个县际跨区域农业经济协会性质的组织，增强整体经济实力，共同开拓国内外市场。经过发展，成员扩大到14个县（市、区），联合农副产品加工企业120多家，农产品收购范围已扩大到5个省、70余个县。

山东农业产业化经营的发展，是传统农业向现代农业发展的必由之路，标志着我国农村生产力发生了质的变化，有力地推动了农村社会主义市场经济的建设。它的优势体现在以下几个方面：

（1）促进了小生产与大市场的有效对接。产业化为解决千家万户分散市场与大市场的矛盾开辟了有效途径。在不改变家庭联产承包责任制的基础上，实现了农业和农村经济主导产品的规模化、专业化和一体化。畅通的信息渠道，有利于分散的生产者按市场需求组织生产，成功地把农村经济纳入社会化大生产的渠道。

（2）促进了农村产业结构的调整和优化。产业化通过龙头企业把一家一户小规模经营联结起来，形成规模较大的产业群、产业链，从而解决了稳定家庭经营与扩大经营规模的矛盾，同时也以市场为导向，推动了经济结构的调整和优化。

（3）促进了农业技术进步，有利于解决农业社会效益与自身效益低的矛盾。采用高新技术和实用技术，通过农产品加工、贮藏、运销实现多次转化增值，使农业的比较利益明显提高。据有关调查资料，粮食初加工一般增值30%—50%，其他农产品的加工增值率都在1倍以上，有的品种搞深加工能增值10倍以上。

（4）促进了农村劳动力转移和城乡一体化发展。产业化既可以吸纳大量农村剩余劳动力，有利于农村劳动力的分流，又可为农村小城镇基础设施建设积累资金。至1994年，全省已有建制镇979个，集镇1395个，共吸纳剩余劳力1000多万人，城市化水平达30%左右。

（5）带有鲜明时代特色的产业化的发展，促进了农村广大干部和群众的思想解放和观念更新，有利于精神文明建设和农村社会稳定。

山东是最早提出农业产业化的省份，并将其付诸实践。在农业产业化的过程中，潍坊市不仅是农业产业化的发祥地，而且取得了骄人的成就。党中央对此高度重视，《人民日报》辟专栏介绍推广了潍坊的经验。山东率先推行的农业产业化经营，为新时期农村农业的发展提供了新的思路。

四、国有大中型企业建立现代企业制度的探索和诸城国有中小企业股份制合作改制的推广

社会主义市场经济体制的建立，必然要求企业要按照市场规律生产经营。国有企业作为社会主义公有制经济的主体，在相当长的一段时间内，因为制度问题而陷入困境。为了保持国有企业在国民经济体系中的地位，在国有大中型企业中建立现代企业制度，进一步搞活国有中小型企业，使其能够适应市场竞争成为必须要解决的难题。

（一）建立现代企业制度的探索

1992年初，山东省委提出要以转换企业经营机制为重点进一步深化改革。之后，山东学习徐州市破“铁交椅、铁工资、铁饭碗”的经验，提出要以破“三铁”、转换内部机制为突破口进行企业改革。与此同时，破“三铁”也成了当时解放思想的一个重要内容。但转换企业经营机制是系统的、综合的、配套的改革，简单地归结为破“三铁”不甚科学。因此，随着1992年全省对外开放会议的召开和经济发展战略的调整，破“三铁”的提法销声匿迹。7月，以解决企业自主权问题为中心的《全民所有制工业企业转换经营机制条例》颁布后，山东在全国率先制定了实施办法。山东在全国最早提出的推进企业“三改一管”（改革、改造、改组、管理）的思路，在全国得到推广。许多企业实行了人事、用工、分配制度的改革，有的国有大中型企业试行了股份制改革，适应市场变化的能力明显增强。发展企业集团、技术改造和结构调整也取得了很大成绩。到1993年7月，全省已组建企业集团320多家。

1994年3月，山东省召开全省转制试点工作会议，对建立现代企业制度的工作进行了部署。为给全面推行现代企业制度探路，山东省决定推出51家大中型企业进行转制试点，并且提出了试点的具体要求。其内容包括：（1）理顺产权关系，确立企业的法人财产权，实现企业民事权力能力和行为能力的统一，使企业成为能够自主经营、自负盈亏、照章纳税、对出资者承担资产保值增值责任的法人实体。（2）转换企业经营机制，实现企业全面进入市场，按照市场规则开展经营活动，有效地运营资产，提高经济效益，成为市场竞争的主体。（3）进行公司制改造，实现企业组织制度和管理制度的科学化，适应现代化大生产的要求。（4）政企分开，政府对企业经济活动由直接管理为主转变为间接调控为主，使企业彻底摆脱政府行政机构的附属机构地位。通过大胆探索，山东省积累了一些典型经验。如诸城市进行了以股份制为突破口，先出售后改制，内部职工持股为主要形式的产权改革，得到中央领导人的肯定。被列为国家 18 个优化资本结构试点城市之一的青岛市，实施了“双优工程”（优化资本结构、优先劳动力配置）、“再就业工程”和“双困救助”（救助困难企业、困难职工）的“三大工程配套联动”。济南市“抓大放小、名优膨胀、三改联动、管转并重”，形成了大企业迅速膨胀、发挥集团优势，小企业放开搞活、探索多种路子求生存发展的格局。从 1995 年开始，山东在全省广泛开展了以提高经济运行质量、经济效益和工作效率为中心的管理效益年活动，收到明显成效。职工基本养老保险和医疗保险制度的改革试点，按照社会统筹和个人账户相结合、企业和职工个人共同负担的原则逐步推行，取得了较大进展。

山东省还积极推进制度创新和转化企业内部机制，帮助企业逐步建立和完善经营管理机制、市场营销机制、技术创新机制、资本运营机制、激励约束机制等。海尔、浪潮、轻骑、双星、海信、小鸭等一批先进企业初步形成了以创新为目标的开发系统，以开拓市场为主体的销售系统，以提高效益为中心的财务系统，以优质低耗为重点的生产系统，以反应灵敏快速为特点的决策系统。海尔是改革开放以来崛起的大企业，它的迅速发展，得益于科学设计并逐步构建了具有高品位企业文化内涵的市场经营管理机制，正是这种机制的内在作用，使得海尔在激烈的市场竞争中不断发展壮大。

1995年11月，山东省人民政府根据江泽民关于抓好农村和国有大中型企业“两个大头”的重要指示，在对国有企业改革问题进行专题调研、总结经验的基础上，召开专题研讨会，提出了下一步搞好国有大中型企业的基本思路，即按照产权清晰、权责明确、政企分开、管理科学的要求，抓好改制、转机、管理、减负、配套。改制就是围绕建立现代企业制度，着眼于搞活整个国有经济，加快制度创新。转机就是以落实企业法人财产权和完善企业法人治理结构为重点，使企业尽快形成自主经营、自负盈亏、自我改造、自我发展的新机制。管理就是围绕提高效益，建立起以现代管理手段为基础，适应市场经济要求的管理规范和运行机制。减负就是多种形式分流企业办社会的职能，减轻债务负担。配套就是加快政府职能转变和社会保障制度的建立和完善。这一思路为加快建立现代企业制度奠定了基础。

（二）诸城国有中小企业股份制合作改制的推广

在国有企业转制的过程中，诸城市敢闯敢干，在国有中小型企业推行股份合作制，不仅保护了国有资产，还为企业带来了前所未有的活力，创造了国有中小企业改制的“诸城经验”。

1992年初，诸城财政与审计部门对市属工商企业的经营效益情况进行了摸底调查，结果出乎意料。全市150家独立核算企业有103家不是明亏就是暗亏，亏损额高达1.47亿元。国有资产流失严重，表面上看来非常“红火”的企业，实际上已资不抵债，成为“空壳”。企业资产负债率高达78.6%，仅市属国有改制企业的负债就达到8.77亿元，许多企业陷入了困境。最为困难的企业每月只能发给职工100多元的工资，使其勉强维持生活。

面对这种局面，企业改革应该走向何方？这个问题引起了诸城市上上下下领导和群众的思考。经过反复认真比较分析，诸城市取得比较统一的认识，企业走到这一步，单靠放权让利、政策扶持已经不能适应新形势了，必须变政策调整为制度创新，彻底转换企业经营机制，才能挽救那些濒临破产的企业。

诸城市的工商企业，从规模和效益上来说，多属小型企业。根据党的十四大报告提出的“国有小型企业，有些可以出租或出售给集体或个人经营”的精神，诸城市于1992年10月开始改革试点。由分管市长牵头，组成了有市体改委、市财政局、市国有资产管理局、市银行、市税务局、市审计局、市工商局等部门参加的专门工作组，经过充分分析论证，选择了国营小型企业诸城市电机厂进行试点。由全体职工以企业内部持股的形式，将企业的270万元生产经营性净资产全部买下，成立了诸城市开元电机股份有限公司，把国有企业变成了由277名股东共同拥有的股份制企业。新机制从1993年1月开始运作，很快就显示出了勃勃生机和活力，各项经济指标成倍增长，企业面貌发生了深刻变化。随后，诸城市又选择了市属集体企业、商业流通企业和乡镇企业各1家，进一步扩大了试点范围，都取得了成功。在此基础上，诸城市以明晰产权为突破口，以股份制和股份合作制为主，在全市全面推开了深化企业改革工作。

诸城市的企业改制，主要采取7种形式：

（1）股份制。对规模大、经营较好、产品市场占有率高的企业，组建有限责任公司，如市针织制衣有限责任公司，由4个法人股东组成，总股本2200万元。

（2）股份合作制。即把原来的国有（集体）企业改造成为内部

诸城推行国有中小企业股份制合作改革

职工持股的股份合作制企业。这是诸城企业改制的一种主要形式，共有210家企业实行股份合作制改造，其中国有企业32家。

（3）外资嫁接。通过引进外资、兴办合资企业，引进国外先进技术和管理经验，转换企业经营机制。如市外贸公司，先后利用外资3997万美元，办成11家合资企业，加快了企业发展。公司总资产已达11.4亿元，比1992年增长3.6倍。1996年完成产值18.9亿元，实现利税1.09亿元，创汇8000万美元，跨入全国500家最大工业企业行列。全市实行这种改制的企业有7家。

（4）无偿转让产权。对市场前景好，但投入大、技术要求高、靠自身力量难以加快发展的企业，实行产权整体转让。如北汽摩公司诸城分公司，前身就是市农用汽车厂，1994年成建制地将576万元资产无偿并入北汽摩公司后，两年引来资金7200万元，公司年生产能力由2000辆发展到50000辆，1996年实现产值3.1亿元，利税1200万元。

（5）破产。在坚持多兼并、多联合、少破产的前提下，对个别长期亏损、资不抵债、挽救无望的困难企业，依法实施破产。如市印刷厂生产无资金，产品无销路，一直不景气，资不抵债达840.7万元，濒临倒闭。经企业申请，法院依法裁决破产，440名职工由政府一次性安置到其他企业。

（6）租赁。对微利或亏损小企业、小门店，通过租赁让渡生产经营管理权，实行公有民营。

（7）兼并。就是由优势企业兼并劣势企业，促进生产要素合理流动，使优势企业更优，劣势企业获得新生。

对关系国计民生、基础性、非营利性以及具有部分宏观调控职能的粮食、自来水、电力、汽车站等公用事业性企业，以及纺织厂、食品公司等包袱重的特困企业，烟草、石油、邮电等企业，仍暂维持原体制不变。

诸城市领导坚持认为，企业改革的目的在于搞活国有经济。不论采取哪种形式改制，都不能因改制而造成国有资产流失。因此，诸城市在改革中涉及资产问题，凡国家和上级有明文规定的，严格按规定办；没有明文规定的，尽量往相近的政策上靠；实在靠不上的，及时请示上级部门帮助解决；有些拿不准的暂时挂起来，等有了明确规定再做处理。在工作中，财政和国有资产管理部门主要是严把“三关”：

一把资产评估关。企业清产核资由企业和主管部门负责，国有资产管理部门进行监督指导。资产评估由国资局委托具有评估资格的会计师事务所、审计师事务所和地价评估事务所进行。评估结果由国资局、财政局、审计局等部门一起审核检验，最后由国资局确认。

二把产权界定关。按照谁投资谁拥有产权的原则，国有企业的资产全部界定为国有资产；集体企业资产作为待界定资产，上缴国资部门，设专户管理。

三把出售资产收缴使用关。由国资局具体行使国有（集体）资产监督权、投资经营管理权和收益权。对出售股份回收的生产经营性资产价款，市属企业由国资局负责收缴，乡镇企业由乡财政所负责收缴。收回的资产价款全部转投到主导产业和骨干企业，优化经济结构，培植新的财源。

企业使用国有资产历来都是无偿的。诸城市在企业改制后，变无偿使用为有偿使用，由内部职工拿钱买下，国有资产由原来的实物形态变为货币形态由国家收回。收回的资金再投放企业实行有偿使用，比照同期银行贷款利率收取使用费，从而使国家增加了收入。市属 44 户试点企业除 829 万元国家股外，共收回产权转让收入 4239.4 万元，按现行银行利率计算，每年国家可得到产权收入 511 万元。

通过企业改制，国有资产并没有像人们担心的那样大量流失，企业的扭亏增盈反而堵住了国有资产流失的黑洞，实现了国有资产的保值增值，从而促进了公有经济的发展，巩固了公有制的主体地位。全市 272 家改制企业，改制后总资产增长 85.7%，资产负债率下降到 73%。其中，37 户改制国有企业资产总量增长 189.5%。全市 17 亿元国有资产，出售 3121 万元，仅占总量的 1.9%，绝大部分资产仍控制在国家手里。企业改制给企业带来巨大变化。企业开始转换经营机制，实现了政企分开，实现了自主经营、自负盈亏、自我发展、自我约束，经济运行质量提高，效益显著增加，形成了一批骨干支柱企业，壮大了全市经济的综合实力。改制前大型企业只有 1 家，中型企业有 7 家。改制后，大型企业已发展到 9 家，中型企业 29 家，并组建了企业集团 29 家。利税过千万元的企业也由改制前的 1 家发展到 24 家。全市工业企业总产值年均递增 31.7%，实现利税递增 48.8%，经济效益综合指数达到 125.6%，企业亏损面也下降到不足 1%。

通过企业改制，财政收入递增幅度明显加快。改制四年来，累计完成的收入总数差不多是改制前20年的总和，财政收入平均每年递增31.2%。以前，财政严格说来就是吃饭财政。收入总量少，地方可支配的财力更少，85%的财政支出用于人头经费。企业改制后，收入总量大了，地方财力也大大加强。近几年在人头经费不断增加的前提下，工资性支出仅占财政支出的69%，其余的均用于事业的发展。每年平均安排3500万元的资金用于农业、科技教育、城市建设及公用设施建设。不仅改善了投资环境，而且还解决了历年来行政事业单位的部分欠款。这实质上等于解决了历年来的财政挂账，增加了国有资产，有力地支持了全市经济和各项社会事业的持续、快速发展。

1992年，诸城市在全国率先搞的股份合作制，一石激起千层浪。很多人都在问，诸城搞的是不是私有化，诸城国有资产会不会因此大量流失。但实践证明，人们的这些担心都是多余的。截止到1996年，与1990年相比，诸城市国内生产总值由17.3亿元增加到72亿元，增长3.2倍；财政收入由0.85亿元增加到3.2亿元，增长2.8倍；农民年人均纯收入提高到2908元，城镇居民人均生活消费收入提高到4500元；全市国有资产总量达到17亿元，企业国有资产总量达到8.7亿元，比改制前增加4.39亿元，增值率达到102%。

通过企业改制，诸城市为中小企业发展，甚至整个企业的改革与发展闯出了一条新路，促进了人们思想观念的大转变。诸城市国有中小型企业改制的成功，得到党和国家领导人的充分肯定，江泽民、李鹏、乔石、李瑞环、朱镕基、李岚清等先后到诸城市视察，对诸城采取多种形式搞好中小企业的大胆探索给予了鼓励和肯定。全国各地也有很多人到诸城考察、学习。诸城经验开始在全省乃至全国推广。

五、市场条件下山东农村经济发展的新思路和乡镇企业的快速发展

作为农业大省，农村经济发展的好坏对山东经济影响很大。因此，当国家经济体制发生重大变化时，农村经济发展战略必然要进行调整，以适应新形势。农村经济发展新思路的确立，为乡镇企业的发展提供了机遇，山东民营经济进入了快速成长期。

（一）农村经济发展的新思路

邓小平南方谈话和党的十四大的召开，标志着中国的改革开放进入了一个新阶段。改革开放之初，是全民受益的阶段，特别是广大农民，因为家庭联产承包责任制的推行，经济状况有了较大改善。但是，随着改革开放的深入，农村一家一户的分散经营和现代化大生产之间还是存在着无法调和的一些矛盾，特别是市场经济体制建立后，这些矛盾会愈发突出。因此，党的十四大以后，中国农村经济的发展，开始进入了以调整结构、提高效益为主要特征的新阶段。

山东是东部地区的农业大省，山东省委、省政府一直以来都把农业放在国民经济的基础地位，高度重视农业、农村和农民问题，并且通过扎实有效的工作，使山东的农村经济一直居于全国前列。但是，由于山东也是人口大省，山东农民人均纯收入在全

国仅居第九位。在全国农村经济综合实力百强县中，山东虽占23席，但大部分都在第五十位以后，最靠前的荣成也仅列第十二位。在经济总量上，工农业总产值过50亿元的只有5个县（市、区），过60亿元的只有荣成和临沂，与之形成鲜明对比的是，广东“四小龙”均超过100亿元。在财政收入方面，山东有24个县（市、区）超过1亿元，其中淄博市张店区甚至超过2亿元，但仍无缘全国十强县。由此可见，山东农业经济发展的潜力还很大，但问题的关键是要从实际出发，找准发展的新路子。

山东省委、省政府通过调研认为，90年代山东农业进入了新阶段，已经从重点解决温饱问题向建设小康生活迈进，从重点解决总量短缺问题向重点解决结构短缺过渡，为此，必须大力发展高产优质高效农业。在20世纪的最后几年，经济基础较好的胶东要提前实现小康，力争实现农村工业化，局部地区要实现城乡一体化、工农一体化和农业现代化；中部要按“贸工农一体化”的路子，实现农村产业结构调整的重大突破，使二三产业占到整个农村经济的70%以上；西部地区要实现从第一产业向二三产业的全面过渡，起码要达到5∶5的新格局；基础薄弱的地方，主要抓一个“多”字，大搞多种经营，多条路子奔小康，通过多形式、多层次、多渠道繁荣农村经济，发展高产高效农业，带动农工商、种养加一体化。要把“贸工农一体化”作为推进农业现代化的桥梁和纽带。由过去从种养业抓起转变为从市场抓起，把市场作为牵动整个农村经济发展的火车头。市场既包括国内市场，也包括国际市场。能否适应市场需要，是20世纪90年代农村经济发展的生命力所在。

1992年8月初，省政府发出了发展高产优质高效农业的实施意见，总的指导思想就是进一步深化农村改革，增加科技和物质投入，着眼于农业大循环，调整优化农业结构，搞好各种资源的综合开发和利用，发展外向型农业，提高农产品投入产出比率、加工转化率和商品率，逐步使农业成为投入少、产出多、质量优、效益高、充满生机活力、具有较强自我发展能力的产业。

党的十四大之后，山东省委、省政府一方面响应中央提出的建立社会主义市场经济的号召，调整经济发展策略，一方面也没有忽视对农村经济的引导。1993 年 1 月，省政府提出“一个转变，四个突破”的口号。所谓“一个转变”，即思想观念要有新转变。所谓“四个突破”，即突破封闭性小农业旧观念，树立开放型大农业新观念；突破片面的产量指标旧观念，树立量质并重的高产优质高效观念；突破单纯依靠计划指标、行政干预抓生产的旧观念，树立依靠市场机制组织和指导农业生产的新观念；突破单纯技术服务的旧观念，树立以经济实体为载体的综合服务的新观念。四个突破的实质，就是要发展高产优质高效农业，深化农村改革、科教兴农、转变职能强化服务，促进农村经济的转型，适应市场经济的要求。2 月，省委召开了地（市）委书记会议，集中研究农业问题，提出抓好农村工作的六个关键环节：一是解放思想，实事求是；二是深化农村改革；三是调整优化产业结构；四是抓科技进步；五是加强农业基础设施建设；六是加强基层党组织和精神文明建设。省委还提出，要在全省开展一次“保护农民利益，支援农业发展，强化农业基础”的大讨论。

1993 年 12 月，山东省召开全省农村经济工作会议，省委再次强调，农业仍是国民经济的基础，要按照“调整结构，提高效益，加快发展，增加收入”的方针，努力实现农村经济发展的新飞跃。具体设想如下：按照发展市场经济的要求，大力推进农业的产业化、商品化和现代化，到20世纪末把山东农业建设成布局合理、结构协调、技术先进、管理科学、资源利用率高、产品市场占有率高、外向度高、综合效益高，具有沿海发达地区特色的商品农业、市场农业，把农业和农村经济的整体素质提高到一个新水平，实现由农业大省向农业强省的跨越。在此基础上，再经十年努力，基本实现农业现代化，形成农业产业化、商品化、现代化的新格局。

1994年4月，山东省相关领导对发展农村经济的基本思路做了如下归纳：

把高产优质高效作为农业发展的根本指导思想；把按产业化组织发展农村经济作为发展市场经济的主要经营体制和运行机制；把推广股份合作制作为培育市场主体、深化农村改革的突破口；把外向型农业摆到重要位置；把农业实用技术和高新技术的推广应用作为振兴农村经济的先导；把小城镇建设作为实现农村经济市场化的主要载体；把农业基础设施建设和流通设施建设作为发展市场化经济的基础条件；把建立科学合理的宏观管理体制和基层合作经济组织作为组织市场经济发展的根本保证；把实现农业现代化、农村城市化、城乡一体化，提高农村经济效益，增加农民收入，实现小康，作为农村改革与发展的基本目标。

（二）乡镇企业的快速发展

1992年山东的乡镇企业，经历了改革开放初期的迅猛发展之后，成绩斐然。1992年全省乡镇企业产值已达2344亿元，是1978年的39倍，占全省农村社会总产值的比重由46%上升到70.8%；乡镇工业产值达1793亿元，是1978年的35倍，占全省工业总产值的比重由14%上升到50.6%，成为全省工业的双轮之一，在国民经济中的地位和作用日益重要。根据1992年年底的统计，全社会商品流通量的1/3是由乡镇企业提供的。

党的十四大提出，“在所有制结构上，以公有制包括全民所有制和集体所有制经济为主体，个体经济、私营经济、外资经济为补充，多种经济成分长期共同发展”。在这一时期，山东民营经济逐步驶上了发展的快车道。1992年年底全省个体工商户发展到141万户，私营企业发展到1万户。以1993年山东省人民政府召开首次全省个体私营经济工作会议为标志，山东省个体私营经济进入“数质并举、快速发展”阶段，鼓励和支持民营经济发展已经成为各级政府的自觉行为。尤其是党的十五大以来，山东省各级党委、政府高度重视，全力扶持，把全省个体私营经济发展引入“快车道”。党和政府对民营经济的认识不断提高，使得乡镇企业迎来了更大的发展机遇和更广阔的发展前景。

1992年年初，省委提出必须把发展乡镇企业作为实现第二步战略目标、由温饱到小康的主要途径，必须坚持既要发展又要提高的方针，发展水平较高的东部乡镇企业在提高中发展，基础相对较差的西部乡镇企业在发展中提高。1993年2月，省委提出，到“八五”末，全省乡镇企业总产值争取翻两番的目标，要上规模、上水平，坚持发展与提高并举，实现乡镇企业第二次飞跃。

山东省对经济发展战略做出调整后，乡镇企业积极响应，把发展外向型经济作为首要任务，取得重大突破。1992年上半年，共与外商办合资、合作项目351个，合同利用外资达1.79亿美元，分别占前十年的57%、52%。牟平新牟国际联合公司在法国、美国开办服务性企业和办事处，福山东厅塑料厂在加拿大开办工厂，昌邑桐木制品有限公司在日本和美国开办分厂，济南鲁滨实业公司在毛里塔尼亚建立造船厂。上半年乡镇企业完成出口产品交货值 36 亿元，同比增长 54.7%。烟台选择基础较好的 44 个乡镇作为对外开放的龙头，青岛、潍坊、淄博、菏泽、临沂等地（市）建成对外开发区 130 个，开发区内加强了通信、交通、水电建设，改善了投资环境。临沂罗庄镇自己建起每小时 3.5 万立方米的供水系统，1.8 万千瓦的发电厂，94 公里的公路，并且开通了国际直拨电话和传真，建成了高级滨河公园、动物园等娱乐设施，以优良的环境吸引海内外的投资。

在各项利好政策的扶持下，1993 年成为山东乡镇企业发展最快、效益最好的一年。乡镇企业产值已占农村社会总产值的 80%还多，工业产值占全省工业产值的 83%。在优化农村产业结构方面，乡镇企业作用巨大，不仅安置了大量的农村闲置劳动力，还大幅提高了农民的生活水平，减轻了农民的负担。1994 年，山东实力最强的乡镇企业中，包含烟台 37 家，威海 13 家，青岛 10 家，潍坊 7 家，临沂 7 家，济宁 8 家，淄博 5 家，济南 4 家。尽管百强企业仅占全省乡镇企业总数的 0.005%，但其销售收入却占 4.36%，固定资产净值占全省 11%。1993 年，牟平宁海镇全年利用外资 2000 多万美元，出口创汇 6000 多万美元，成为全省创汇第一镇。该镇向国外输出资本 5 亿多元，人均占有 1 万元，全镇企业发展到 27 家，涌现出 12 个“亿元村级企业集团”。淄川区乡镇企业产值达 100.8 亿元，居全省县级之首。1995 年，菱花、清河、新牟、宏祥四个集团有限公司，经国家经贸委批准，晋升为国家级企业集团。

乡镇企业的快速发展，使得私营企业获得了更好的发展。1994 年，全省私营企业达到 3.4 万家，从业人员 50 多万人，实现产值 64.7 亿元，比上年增加 33 亿元，实现营业额 41.2 亿元，比上年增加了 18.9 亿元。私营企业的快速发展，成为改革开放新时期经济发展的助推器。

六、科技事业的发展和教育优先发展战略的实施

经济的发展和社会的进步，归根结底，要依靠科技和教育。科技教育事业是我国现代化建设的主要组成部分和战略重点。山东省委、省政府一直以来坚持科学技术是第一生产力的指导思想，大力支持科技和教育事业的发展。

（一）科技事业的发展

早在 1987 年，山东省就提出了“科教兴鲁”的战略，该战略实施以来，山东的科技事业取得了辉煌的成就。到 1992 年年底，全省有 16 个地（市）和 83 个县（区）都相应地提出了科教兴市、科教兴县的战略规划。当时，大多地（市）以科技促经济的重点任务是实施“四兴一高加两带”，即科技兴工、兴农、兴海、兴社（解决社会发展中突出的社会问题）；发展高新技术及产业；建设全国科技兴市试点带和齐鲁高新技术产业密集带。这其中，尤以科技兴市试点带的建立，极大地促进了发达地区科技事业的发展。

1992 年 2 月 18 日国家科委决定，将山东省的济南、淄博、潍坊、烟台、威海 5 个市作为全国科技兴市山东试点带，并批准了科技兴市山东试点带实施方案，确定了试点工作总体目标。在全国确定的 12 个科技兴市试点城市中，济南是最大的一个省会中心城市。根据国家要求，结合济南“八五”计划总体规划，五年中将

重点围绕科技兴工、科技兴农发展高新技术产业。工业突出抓好机械、电子信息、轻纺、化工、食品五大支柱产业。农业重点实施100万亩麦套棉丰产技术开发及建立起一套以科技为先导的社会化服务体系。此后，市委、市政府迅速研究制定了《科技兴市山东试点带济南实施方案》，并决定全面推进科技兴市试点工作。

由于山东省委、省政府对科学技术的重视，山东科技事业的发展取得了辉煌的业绩。以国家推广的“火炬计划”为例，自1988年8月国务院批准实施以来，到1993年8月的5年间，山东省共承担火炬计划项目591个，其中国家级的91项，省级的500项，累计投资4.1亿元。这些项目共实现产值29.2亿元，创利税7.2亿元，创汇节汇1.7亿美元。以“星火计划”为例，自1986年实施以来，到1994年年底，山东所有的县（市、区）及60%以上的乡镇，累计组织县级以上项目5221项，其中，国家级项目555项、省级2196项，总投资达100.95亿元，形成产值428.4亿元，新增利税101.5亿元，创汇节汇21.85亿美元，有406项成果被授予国家和省级星火奖。项目总数、获奖数、投入资金、经济效益均居全国前列。这其中，尤为突出的是蓬莱和龙口两地。蓬莱把科技效益向规模效益转化，建立“高科技、群体化、外向型”的科技企业集团，科技型企业占全市工业企业的78%以上，建成了省内首家星火密集区。龙口则通过多年的发展，科技实力跨入了全国十强的行列。

作为农业大省，山东省的农业科研成绩尤为突出。省农科院培育出的济核02，核生2号，鲁麦19号、20号小麦品种大面积推广应用；鲁棉1号、6号的育成推广，两次改写了山东省棉花种植的历史。1994年，省农科院又培育出短季棉鲁棉9号、10号和无毒棉鲁棉 12 号新品种。该院育成的鲁花 4 号、9 号等花生新品种和鲁豆 4 号、10 号等大豆新品种，在省内外大面积推广，给农民带来了巨大的经济利益。

1994 年 4 月 15 日，全省科学技术奖励大会召开。过去一年全省共有 604 项科技成果获国家和省级奖励，其特点是：第一，技术水平高，达到或接近国家水平的占 25.4%，国内首创或领先的占 42.5%，达到国内先进水平的占 30%；第二，经济效益和社会效益明显，获奖成果已累计新增产值 48.6 亿元，创利税 10.88 亿元，增产粮食 28.6 亿公斤，节汇创汇达 1.86 亿美元。

在科技的带动下，全省生态农业和环保工作也取得了巨大进展。菏泽“以生态保经济，以经济促生态”，全区 1048 万亩农田实现林网化，森林覆盖率达 19%，成为全国平原绿化达标地区，被林业部列为全国第二个地级生态农业实验区。淄博市郊西单村，形成了较为完整的生态与经济良性循环体系。

（二）教育优先发展战略

1992 年 10 月 12 日至 18 日，中国共产党第十四次全国代表大会在北京召开。江泽民在大会上向全党、全国人民发出号召：“我们必须把教育摆在优先发展的战略地位，努力提高全民族的思想道德和科学文化水平，这是实现我国现代化建设的根本大计。”在中国共产党的执政史上第一次明确提出要把教育摆在优先发展的战略地位。

为了响应中央教育优先发展的号召，山东省委、省政府提出，要深化教育体制改革，实施义务教育，大力发展中等职业技术教育和成人教育，实行三教统筹、经科教结合、多渠道筹措教育经费等一系列决策，在全省形成了多种社会力量办学、多种形式培

实行教育优先发展战略

养人才的局面。1992 年，高等学校在办学、招生、专业设立、职称评定、经费、基建、科技开发等方面有了较大的自主权，中等以下各类教育的发展规模和速度由各地（市）自主决定，提高教师素质和待遇方面也取得了突破性的进展。

教育优先发展战略的确立，极大地促进了山东教育事业的发展，根据 1994 年公布的资料，情况大致如下：

第一，普及中小学义务教育，扫除青壮年文盲，基础教育成就巨大。

1994 年，全省小学 5.4 万处，在校学生 853.6 万人，学龄儿童入学率达 98.7%，初中 5351 所，在校学生 345.7 万人，是 1949 年的 104 倍，有 1476 个乡镇实施了九年义务教育，占全部乡镇的 61%。普通高中 612 所，在校学生 51 万人，是 1949 年的 88 倍。幼教形成以集体办为主，国家、私人、集体一起办的新格局，在园幼儿达262万人，居全国之首。实行“分级办学、分工管理”的新体制，调动了全社会投资办学的积极性。95%以上的农村学校实现了“六配套”，86%的城镇中小学实现“五达标”，全省中小学校的办学条件明显改善。

第二，重视发展职业技术教育，优化了教育结构。

1994年，全省共有各类普通中等职业技术学校1142所，在校学生67万人，占高中阶段在校生的比例由1978年的7.3%提高到56.4%。全省共有职业学校599所，在校学生34.7万人，是1978年的13.1倍。全省职业教育已走向高等与中等相协调，岗前培养与职后培训相衔接，学历教育与岗位培训及短期进修相结合，职业教育与其他各类教育相沟通相融合的良性发展轨道。

第三，普通高等教育的规模、质量、效益同步扩大与提高。

全省共有普通高校49所，连同电大普通班，共有普通本专科在校生17万多人，在校研究生近3000人。高校在扩大办学规模的同时，特别重视专业结构的调整和教育质量及办学水平的提高，增设了一大批适应经济及社会发展急需的专业，现共有287个专业。1071个专业点，硕士学位授予权学科点240个，博士点50个，形成了较齐全的现代学科体系。全省普通高校已为各行各业培养高级专门人才33.46万人。“七五”以来共取得重大科技成果3254项，其中获国家级奖励84项，省部级奖励881项，技术成果推广转让取得经济效益50多亿元，拥有国家级重点实验室3个，国家级重点学科5个，中科院院士7名。

第四，成人教育形成多渠道、多形式、多规格、多层次发展的新局面。

全省已有独立设置的成人高校53所，普通高校举办的函授、夜大 30 余所，在校学员 17 万多人。民办高教开始起步，已有民办非学历成人高校 23 所。成人中专 380 所，学员近 30 万人。90%以上的乡镇建立起农村中心成人学校，农村青壮年非文盲率达 97%。电化教育发展迅猛，全省广播电视大学有大专以上学员 22842 人。

1994 年 9 月中旬，全省教育工作会议提出，提前 3 年基本普及九年义务教育、基本扫除青壮年文盲，使全民受教育水平有明显提高。11 月下旬，山东省实施中国教育改革和发展纲要方案出台，进一步明确了教育优先发展的战略，提出了一系列政策规定和改革措施：从 1995 年起用 3 年时间在普通高校实现公费生与自费生并轨，中专、技校、职高、普高也要实行缴费上学的制度；全省财政性教育经费支出占国民生产总值的比例，1997 年应达到 3.3%，世纪末达到 4%，全省财政预算内教育经费支出占财政总收入的比例要尽快达到 22%以上；从 1994 年起到世纪末，省财政义务教育补助专款由现在的每年 900 万元增加到 1500 万元，职教补助经费由每年 100 万元增加到 300 万元；从 1995 年起，省属普通高校基建投资每年确保 8000 万元，力争 1 亿元；从 1995 年起，实行教育经费预算单列；从 1994 年开始，在全省开征 4 种教育费。实施方案的出台，为山东的教育发展又提供了一次新的机遇。

七、“三五”普法教育的实施和“148”法律服务专线的设立

加强民主法制建设，是建立社会主义市场经济体制并保障其正常运转的客观需要。为了更好地普及法律知识，山东省及时开

展了“三五”普法活动。同时，为了推进依法治国的进程，山东开始推广菏泽东明县的经验，设立“148”法律服务专线，对人民群众普及法律知识，帮助他们利用法律解决自己遇到的司法难题。

（一）“三五”普法教育的实施

1995年，在第二个五年普法计划行将结束之时，由于在此之前国家确定了建立社会主义市场经济体制的目标，并在社会经济发展“九五”计划及2010年远景规划中提出了建设社会主义法治国家的目标，大量的、与市场经济相适应的新法律陆续出台，新一轮法律宣传工作又势在必行，第三个五年普法计划也顺理成章地出台并实施。

1996年8月，山东省委、省政府批转了由省委宣传部、省司法厅拟定的《山东省在公民中开展法制宣传教育的第三个五年规划》，第八届省人大常委会第二十三次会议通过了有关决议。“三五”普法规划对1996—2000年全省普法工作的指导思想、主要任务、教育对象、基本要求、方法步骤、保证措施、组织领导工作等做了全面、具体的规定，提出了明确要求。山东省委、省政府为此发出通知，强调在全体公民中深入开展法制宣传教育，是一项宏大的社会教育工程，是加强社会主义民主和法制建设，维护社会稳定，促进改革开放和经济发展的一项重要措施。搞好法制宣传教育，要坚持以邓小平建设有中国特色社会主义理论和党的基本路线为指导，服从服务于全党、全国工作大局，突出抓好邓小平同志关于社会主义民主与法制建设的理论和社会主义市场经济法律知识的学习，努力提高全民法律素质。各级领导干部特别是县处级以上领导干部要以身作则，带头学习法律知识，不断增强依法办事的自觉性和依法管理、依法行政、依法决策的能力，为实现全省由经济大省向经济强省的跨越创造良好的法制环境。

按照中央和省委、省人大、省政府的部署，山东省分别从1995年和1996年开始实施依法治省五年规划和“三五”普法规划。全省6000多万名普法对象不同程度地学习了20多个法律法规，公民的法律意识和法制观念明显增强，各级领导干部、执法人员依法决策、依法办事、依法管理的能力和水平明显提高，企业经营管理人员和青少年法制教育取得新的进展，基层、行业、区域依法治理逐步深入，依法治省五年规划和“三五”普法规划确定的各项任务基本完成。

“三五”普法以来，在省委、省人大、省政府的领导和监督下，在各级、各部门的共同努力下，山东省的普法工作始终沿着健康的轨道不断向前发展。各地坚持高标准，严要求，加强了组织领导，调整充实了领导和办事机构，落实了责任制，加大了经费投入。一些地方把普法依法治理工作列为“一把手”工程，形成了一把手亲自抓、分管领导靠上抓、主管部门具体抓，全党动手、全民参与的新格局。工作中，各地普遍注重了广大干部群众法制观念、法律意识的培养与提高，实现了由全民普遍性学习一般法律到突出重点对象、重点内容的转变。各地始终把领导干部学法用法作为重点来抓，采取了中心组学法、法制讲座、法律培训、普法考核证、任职前法律知识考试、党政干部法律专业学历教育等一系列措施，使干部学法用法逐步走向制度化、规范化。省委连续举办了7次领导干部法制讲座，省、市、县三级成立干部学法讲师团157个。从1997年开始，山东省在县处级以上干部中实行普法考核证制度，连续4年组织了全省科级以上干部普法统一考试。全省有50%以上的县（市、区）人大常委会对拟任命的干部进行了法律知识考试。17个市全部推广“临沂经验”，开设了党政干部法律专业学历教育班。司法、执法人员的学法用法也摆在了重要位置，除了认真组织学习全民普法内容外，有针对性地抓好相关法律法规的学习。全省有73%的中学聘请了法制副校长，有70%的小学聘请了法制辅导员，大多数中小学校都坚持以课堂教学为主渠道，加强了青少年特别是在校学生的法制教育。各地还根据企业的发展和实际，分期分批地对厂长、经理等人员进行法律知识培训。各地通过“法律进万家”、普法一条街、法律咨询、法制演讲、法律知识竞赛、送法下乡、法制新闻、法制文艺等形式开展普法教育，扩大了宣传效果。全省多数行政村和乡镇建成了普法一条街，形成了浓厚的法制宣传氛围。平阴“讲案学法”经验、东明“148”法律服务专线经验、寒亭“依法减负”经验等在全省、全国推广，产生了良好的社会效益。

山东省的依法治理工作是随着普法教育的不断深入而开展起来的。早在1988年省人大审议通过的《政府工作报告》首次提出了依法治省的战略目标。1995年6月，根据省委的建议，第八届省人大常委会第十五次会议审议通过了《山东省依法治省五年规划》。从此，山东省的依法治省工作进入一个新阶段。全省各地认真贯彻省人大常委会决议，按照依法治省五年规划的要求，积极开展了基层、行业、区域依法治理活动。在农村，各地大力推广“章丘经验”，有90%的行政村开展了依法治村民主管理活动，促进了农村的民主政治建设。龙口市东江镇推行了《村“两委”班子履行职责承诺书》和《村民权利与义务约定书》制度，莱芜市羊里镇开展了依法理家活动，探索出了一条新形势下农民群众自我管理的新路子。在城市，通过开展依法治厂、治店、治校，推进街道社区依法治理，把各项事业逐步纳入规范化管理轨道。全省依法治厂、依法治校的铺开面达到70%以上。全省有80%的县以上政府机关实行了部门普法执法责任制，建立了执法人员法律培训、政务公开、执法考评、执法公示、持证上岗及错案责任追究等制度，强化了依法行政和公正司法，改善了执法环境，使行业依法治理工作不断向前发展。各地还以依法治县为重点，不断强化区域依法治理，全方位整体推进依法治省。139个县（市、区）、17个市和省属大企业全部制定并实施了第二、第三个依法治理五年规划，形成了组织领导、目标、工程、监督制约“四个”体系，推动了依法治省的进程。

虽然山东省的“三五”普法依法治理工作取得了很大的成绩，但工作中仍存在许多不可忽视的问题和不足。有些部门和领导对普法教育的重要性、长期性认识不足，“两手抓”的思想没有真正树立起来；以言代法、以权压法的现象仍然存在；有的地方缺乏大局观念，地方保护主义严重；虽然各地在工作中建立了不少制度，但落实不够，缺乏有效的监督；农村普法缺乏有效的组织形式，企业普法发展不平衡；办事机构人员少、经费紧张的问题在一些地方仍未解决好。这些问题影响了普法依法治理工作的深入开展，必须采取得力措施予以解决。

（二）“148”法律服务专线的设立

1998年3月16日，山东省菏泽地区东明县率先创造性地开通“148”法律服务专用电话。“148”是法律服务专用电话的简称，取其谐音“要司法”。开通“148”法律服务专用电话是司法行政部门顺应时代发展要求创造出来的一个新生事物，是贯彻党的十五大精神，实践依法治国基本方略的重要措施。开通“148”专线，把司法行政部门的律师、公证、基层法律服务、人民调解、安置帮教和普法依法治理等工作紧紧连为一体，形成配套、联动的服务机制。“148”专线与“110”报警电话配套互补，并融合其他行政部门的服务功能，共同构建有中国特色的社会化法律救援、服务、保障体系和机制，以维护社会稳定、促进经济发展。同年11月16日，司法部、信息产业部联合印发《关于在各地开设法律服务专用电话的通知》，要求全国各地（市）、县普遍开通“148”法律服务专线。12月16日，中央综治办、司法部和信息产业部联合召开了全国法律服务专用电话推广工作电视电话会议，总结推广东明县开通“148”法律服务专用电话经验。

“148”法律服务专用电话的工作职责，主要是解答法律咨询，普及法律常识；实施内部联动，搞好上门服务；沟通外部信息，做好受案分流；加强区域合作，搞好联防联调；做到快速反应，防止纠纷激化；遵循有关规定，提供法律援助；掌握社情民意，当好党政参谋；接受社会监督，强化队伍建设等多个方面。

“148”法律服务专线的设立，符合三个方面的客观需要。一是经济发展和社会稳定的迫切需要。随着社会转型，人民内部矛盾和民间纠纷尤其是各类信访案件增多，已成为制约经济发展、影响社会稳定的重要因素，成为困扰各级党政领导的一大难题。这就迫切需要司法行政机关提供优质高效的法律服务。深化改革、发展市场经济对法治的依赖和需要是“148”产生和发展的最根本的内在因素。二是人民群众对法律服务的强烈渴求，近些年来，在建立市场经济体制的进程中，公民、法人在生产、生活中遇到的法律事项和涉法问题大量出现，热切希望得到法律服务和法律帮助。人民群众对法律服务的渴求，既是“148”产生的直接原因，也是“148”发展的动力。三是实施依法治国的基本要求。一方面厉行法治、依法治国要求各级政府必须依法行政。政府管理职能和方式的转变、依法行政的推进为“148”开辟了广阔的服务领域和发展空间。同时，实施依法治国方略，也对司法行政工作提出了新的更高的要求。作为普法依法治理的主管机关，如何通过更加有效的形式和载体，满足社会发展和人民群众日益增长的法律服务需求，全面推进依法治国进程，是司法行政机关亟待解决的重大课题。“148”正是“法律进万家”和“法律服务进万家”的生动体现，是深化普法依法治理的新途径。依法治国方略的实施，为“148”的产生和发展提供了十分有利的大环境。

“148”法律服务专线能够设立，得益于3个必要条件。一是我国的社会法治化程度的明显提高。经过3个五年全民普法教育的延续，各项工作正在步入依法管理的轨道，基层民主化、法制化建设迈出可喜步伐，社会的整体法制氛围日益浓重，崇尚法制文明、严格依法办事的良好风尚开始形成。从而为“148”的产生和发展奠定了坚实的思想基础和群众基础。二是现代通信工具的发展与进步。随着我国电信事业的快速发展，基层城乡电话普及率大大提高，广大农村实现了村村通电话，使公民通过简便、快捷的形式寻求法律帮助，司法行政机关利用有效载体强化法律服务职能由可能变为现实。这是“148”产生和发展必不可少的前提条件。三是司法行政机关具有建设和管理“148”的能力和优势。司法行政面向基层农村，贴近群众生活。普法对象中农民占80%，基层依法治理农村是重点、是基础；大量的民间纠纷和社会矛盾发生在基层农村；法律援助对象和刑释解教人员的大头在农村；党的十五届三中全会做出加强农业和农村工作的战略部署，公证、律师工作也要进一步开拓农村法律服务领域。

“148”法律服务专线在加强基层社会主义民主法制建设和普法活动中应运而生，成了党和政府联系群众的纽带，成为预防和减少违法犯罪、化解社会矛盾的又一道屏障。“148”给司法行政工作注入了新的活力，在全省各地迅速推动。

八、新时期的基层治理和精神文明建设

新时期，建立社会主义市场经济目标的确立，对社会主义民主法制建设和精神文明建设提出了更高的要求。没有民主法制建设作保障，没有精神文明建设的辅助，社会主义市场经济体制就无法正常运转。因此，山东省在建立社会主义市场经济的同时，积极加强民主法制建设和精神文明建设。

（一）章丘依法治村的新经验

改革开放以来，济南市章丘县（1992 年撤县改市，2016 年撤市改区）紧紧围绕“四个民主”制度建设，不断加强以村（居）民自我管理、自我教育、自我服务为主要内容的村（居）民自治工作，涌现了一大批村（居）民自治工作的好经验、好典型。1991 年，全国第一部《村民自治章程》在章丘县埠西村诞生。1992 年，全国依法治村民主管理经验现场会在章丘召开，章丘市“依法建制、以制治村、民主管理”的经验向全国推广。

1992 年 1 月，省委总结推广章丘市“依法建制、以制治村、

民主管理”的经验，要求全省各地把党的建设与基层民主政治建设结合起来，做到基层组织和村民活动规范化、制度化。

章丘市依法治村的经验，可以概括为以下三点：

第一，依法建制。就是依据国家和农民切实利益直接有关的法律、法规，制定大家共同遵守的规章制度。内容包括三个方面：一是农村经济管理，就是依据《宪法》《经济合同法》《会计法》等制定了5项规定，共49条，其中有农业承包费收取使用、农村土地管理、农民义务工和基建工管理、农村财务管理、村级农业服务等制度；二是农村社会秩序管理，依据《刑法》《民法通则》《婚姻法》《继承法》《治安管理处罚条例》等制定了4项规定，共17条，其中有社会治安、村风民俗、乡邻关系、婚姻家庭、赡养老人等制度；三是村级组织管理，依据《党章》《党内政治生活若干准则》《村委会组织法》等制定了3项规定，共19条，其中有党支部、村委会、团支部、妇代会、民兵连和党员教育管理、民主政治建设等制度。这样就把农村经济管理、社会秩序管理、村级建设和管理融为一体，形成比较完备的综合配套制度体系，使村级管理有了章程。各村制定规章的内容大体围绕着以上三个方面，条数多少不同，但都具体明确，各具特色，群众一看就懂。其中埠村镇埠西村和翟家庄村在实行一般规范化管理规定的基础上，分别将规范化管理规定修改为本村的村民自治章程，进一步体现了群众自我管理、自我教育、自我服务原则，使制度更带有民主性、群众性和权威性，更为群众所乐于接受。

第二，以制治村。就是广大群众称为“小宪法”的规章制度制定出来之后，干部、群众一视同仁，大家共同遵守，在制度面前一律平等，切实发挥制度作用，做好村内的各项工作，达到治村的目的。例如土地管理，规定都必须向集体缴纳承包费。承包费的收取，按承包近三年平均亩产的10%左右提取实物，或按当年市价折款上缴。土地荒芜费征收的标准是：对于不精心经营，造成土地荒芜、农作物减产50%以上的土地承包户，以一个作物收获期为计算单位，每亩征收30—50元；弃耕撂荒的，每个收获期每亩征收100—200元；连续弃耕两年以上的，加倍征收，并收回其土地使用权；对经过正常审批手续，准予取土、取沙、采矿的耕地，使用单位或个人必须先同乡镇政府签订复垦合同，并每亩预缴复垦费200—1000元。对虽已办理征地手续，但征而不用，造成土地撂荒的，在一个收获期内每亩征收200—400元。超过一年的，加倍征收。又如：对农民义务工、基建工管理，规定每个劳动力都要负担20—40个义务工和基建工。特殊年份需要增加用工量时，多出工日由村按年工值支付报酬。因特殊情况不能出工时，经村委会批准，按每个工作日3元交款以资代劳；擅自不出工者，每个工日罚款9—12元，限期缴纳，等等。农民有了“法”，治村有办法。由于制度是大家定的，大家自觉遵守，因此，村里的事情就好办了，达到了治村的目的。

第三，民主管理。就是发动和依靠群众，实行公开民主原则，共同监督落实所制定的规章，从而避免了规章制度“定在本上，贴在墙上”，不能发挥作用的现象。其主要内容是：制度公开，建立民主监督制度、考核奖惩制度、村民档案制度等等。由于实行了民主管理，因而形成了自我监督、自我激励、自我约束的运行机制，使村级规范化管理的贯彻落实有了可靠的保证。

依法治村给农村管理带来了可喜的变化。首先，它使得村级组织的整体功能加强了，凝聚力、战斗力提高了；其次，它使得农民的社会主义、集体主义观念增强了，促进了集体经济的发展；再次，它增强了村民的自治意识，民主政治建设出现良好势头；最后，它推动了农村精神文明建设，促进人心安定和社会稳定。

1992 年 8 月 26 日至 29 日，中央组织部、中央政策研究室、民政部、司法部在章丘市联合召开全国依法治村民主管理经验交流会。来自全国 30 个省（区、市）的 280 名代表出席了会议。会议着重总结和介绍了章丘市加强和改善党对农村工作的领导，实行依法建制、以制治村、民主管理的经验，研究探讨了新形势下如何进一步加强以党支部为核心的村级组织建设，增强农村基层工作生机、活力的途径和方法。会议期间，出席会议的领导考察了章丘市的旭升村和白云村。

章丘市依法治村经验的推广，为新形势下农村管理开拓了新思路，也为我国农村的民主法治建设提供了有益的借鉴。

由于山东省委、省政府的高度重视并加大了工作力度，开展全民普法教育，依法治省五年规划顺利实施，全省干部群众有法可依、有法必依、执法必严、违法必究和学法、用法、守法的法制意识空前增强，为经济建设创造了良好的社会环境。

（二）“三学”活动与精神文明建设新局面的开创

在加强物质文明建设，推动经济建设上新台阶的过程中，山东省委和省政府也积极开展社会主义精神文明建设。特别是进入 20 世纪 90 年代后，党中央多次强调要把抓好精神文明建设提高到关系社会主义兴衰成败，关系到将一个什么样的中国带入 21 世纪的高度上来认识。1995 年 9 月，党的十四届五中全会在北京召开，江泽民在会上提出，要“把社会主义精神文明建设提到更加突出的地位”。党的十四届六中全会通过的《中共中央关于加强社会主义精神文明建设若干重要问题的决议》和江泽民总书记的重要讲话，明确提出了新的条件下社会主义精神文明建设的指导思想、目标任务、工作方针和重大措施。

在党中央的号召下，从20世纪90年代中期，全省在大力推进改革开放和经济建设的同时，精神文明建设也迈出了新的步伐。这期间，山东省委、省政府推进精神文明建设的一个重要举措是从1995年1月起，在全省广泛开展了领导干部学习孔繁森、基层干部学习王廷江、人民群众学习韩素云的“三学”活动。1996年10月，中共山东省委六届六次会议在济南召开，会议讨论了省委关于学习贯彻《中共中央关于加强社会主义精神文明建设若干重要问题的决议》的实施意见，审议并通过了《山东省“九五”期间社会主义精神文明建设规划》。此后，省委又相继推出“当代保尔”朱彦夫、“人民的好警察”程广泉、“亿元村的穷书记”刘运库、“优秀乡镇党委书记”陈济敏等先进典型。各级新闻、出版、文艺、理论等部门密切配合，使先进人物报上有名、屏幕有形、广播有声。在宣传这些典型时，宣传部门注意把握其时代特点，从普通中发现他们的不普通，让典型可亲、可敬、可学，收到了良好的效果。

在山东省委、省政府相继推出向这些典型人物学习的活动中，特别是开展向孔繁森的学习活动，是省委抓的重要工作之一，是加强党的建设和社会主义精神文明建设的一项重要措施。孔繁森作为山东省的一名援藏干部，出生在山东，工作在山东和西藏，先后在西藏工作了10年，1994年11月29日因公殉职，献身于青藏高原，他的先进事迹和崇高品德，是一笔宝贵的精神财富。因此，在他以身殉职后不久，山东省委就研究、部署并在 1995 年 1 月 9 日作出了《关于向孔繁森学习的决定》，要求各级党组织和广大党员、干部认真地向他学习。省里组织了孔繁森事迹巡回报告团，采用图书、电视剧、戏剧、展览等多种形式进行了广泛宣传，各级领导同志带头宣传，带头学习，在全省上下形成了浓厚的学习氛围。特别是同年 5 月 8 日，以江泽民为核心的党中央向全党全国人民发出向孔繁森学习的号召，江泽民亲自为孔繁森纪念馆书写馆名，在全省进一步掀起了向孔繁森学习的热潮。广大党员、干部特别是领导干部认真学习题词，积极响应号召，以实际行动向孔繁森学习，做孔繁森式的好党员、好干部。整个活动的宣传声势之大、跨度之长、影响之深、效果之好，是多年来少有的。在孔繁森精神的感召下，济南市公安交警支队、济南市工商银行开展文明用语、文明服务活动，在全社会引起强烈反响，形成交警效应、工行效应。1995 年以来，全省改革开放和经济建设深入发展，党的建设、廉政建设、社会主义精神文明建设得到加强，尤其是广大干部群众的精神面貌发生了显著变化。这与全省上下开展学习、宣传孔繁森活动是分不开的。

在“三学”活动的激励下，山东省委宣传部和省教委在青少年中开展了读一百本好书、唱一百首好歌、讲一百个好故事、参观一百个先进企业、走访一百个先进村庄的“五个一百”爱国主义教育活动，极大地提高了广大青少年的思想道德水平，进一步激发了他们的爱国热情。

各地（市）积极响应省委号召，纷纷推出相应措施，加强精神文明建设。烟台市在自来水、煤气、热力公司等 10 个单位试点的基础上，于1995年1月起全面实施社会服务承诺制。荣成农村开展起评守法光荣户、五好家庭户、双文明户“评三户”活动。寿光市结合自身特点，开展学科技用科技、学市场闯市场、比致富赛奉献奔小康、学典型做“四有”新人、各种层次的文明单位创建等五项活动。济南交警以强化勤务管理、推行规范化指挥为突破口，内强素质，外塑形象，一段时间内使警风警貌发生巨大变化。1995年10月15日，江泽民总书记亲自为济南交警写下“严格执法，热情服务”的题词，使其迅速成为济南的一张城市名片。

山东的实践经验表明，只有物质文明建设和精神文明建设同时抓，使其互相促进、共同发展，才能真正推动社会的全面良性发展。

第九章
邓小平理论指引下的世纪跨越

1992 年到 2002 年是中国改革开放跨世纪的十年。在此期间，山东面对亚洲金融危机的冲击，高举邓小平理论的伟大旗帜，纵深推进政治经济体制改革和民主政治建设，各项社会事业获得了繁荣发展，人民生活水平初步达到小康水平。

一、邓小平理论旗帜的高举和山东改革开放的更大步伐

世纪之交，以江泽民同志为核心的党的第三代中央领导集体，高举邓小平建设有中国特色社会主义理论的伟大旗帜，全面推进社会主义改革开放和现代化建设。

（一）高举邓小平理论旗帜

1997 年 9 月 12 日至 18 日，党的十五大在北京隆重召开。大会的主题是“高举邓小平理论伟大旗帜，把建设有中国特色社会主义事业全面推向二十一世纪”。

邓小平理论是在和平与发展成为时代主题的历史条件下，在我国改革开放和现代化建设的实践中，逐步形成和发展起来的。它第一次比较系统地回答了中国社会主义的发展道路、发展阶段、根本任务、发展动力、外部条件、政治保证、战略步骤、党的领导和依靠力量以及祖国统一等一系列基本问题，指导我们党制定了在社会主义初级阶段的基本路线，即领导和团结全国各族人民，以经济建设为中心，坚持四项基本原则，坚持改革开放，自力更生，艰苦创业，为把我国建设成为富强、民主、文明的社会主义现代化国家而奋斗。实践证明，邓小平理论是对毛泽东思想的继承和发展，是指导中国人民在改革开放中胜利实现社会主义现代化的正确理论。

江泽民在十五大报告中指出："旗帜问题至关重要。旗帜就是方向，旗帜就是形象。"高举邓小平理论的伟大旗帜，是党的十五大在总结历史经验的基础上作出的历史性决策。这次大会把邓小平理论确立为党的指导思想，明确写进党章，规定中国共产党以马克思列宁主义、毛泽东思想、邓小平理论作为自己的行动指南。这充分表明了以江泽民同志为核心的党的第三代中央领导集体领导全党把邓小平开创的建设有中国特色社会主义事业全面推向新世纪的决心和信念，也反映了全国人民的共识和心愿。这对进一步统一全党和全国人民的认识，促进我国的经济发展和社会进步具有重要的作用。

（二）山东改革开放的更大步伐

党的十五大后，山东省着手研究实施跨世纪发展战略。1998年10月，山东省连续召开省委常委扩大会议，提出了促进全省改革与经济快速健康发展的六项措施：建立统一的社会保险管理机构；深化国有资产管理体制改革；加快城镇住房制度改革的实施；推进国有工业企业改革与发展；进一步加快发展直接融资；扩大对外开放。这些措施对于促进山东省改革开放与加快经济社会发展具有重要意义。

1998年11月10日至15日召开的中共山东省第七次代表大会，提出了山东省跨世纪的奋斗目标，到20世纪末，实现人均国民生产总值比1980年翻三番，初步建立社会主义市场经济体制，人民生活达到小康；到2010年，国内生产总值比2000年再翻一番，经济结构进一步优化，整体素质明显提高，社会主义市场经济体制更加完善，人民的小康生活更加宽裕，社会更加文明，奠定实现社会主义现代化的坚实基础，再经过一个时期的奋斗，力争提前基本实现现代化。为实现山东省跨越式发展，山东省委研究制定新世纪的发展战略。初步决定，在经济上，进一步加快实施两大跨世纪工程和四大经济社会发展战略，全面进行农业改革、国有企业改革，大力发展民营经济，不断扩大对外贸易，打造知名企业品牌；在社会发展上，进行住房制度改革，建立新型社会保障制度；在政治上，加强依法行政、政府法治工作和经济立法工作，为经济发展提供政治支持；在文化上，强化精神文明建设，打造文化大省。

总之，在新世纪即将来临之际，山东省深入贯彻落实党的十五大会议精神，高举邓小平理论的伟大旗帜，在改革开放的道路上迈开了更大的步伐。

二、两大跨世纪工程建设的新发展和四大经济社会发展战略的实施

为调整区域经济格局和经济社会发展，山东提出两大跨世纪工程建设，实施四大经济社会发展战略。

（一）两大跨世纪工程建设的新发展

1992年中共山东省委五届九次全体会议，将建设“海上山东”和黄河三角洲开发列为全省两个最重要的跨世纪工程。这两大跨世纪工程的提出，在山东具有更新海洋观念、开辟第二发展空间的意义。1993年，《山东省政府工作报告》指出，要加快实施“海上山东”建设和黄河三角洲开发。

1.“海上山东”战略的实施

“海上山东”战略的指导思想是，把山东近海17万平方公里面积上的海洋资源及空间资源开发利用起来，把海洋开发与海岸带、沿海城市建设结合起来，与贸易、旅游、出口加工结合起来，把山东省的资源优势、潜在优势充分发挥出来，振兴山东经济。其战略目标是：到2000年，与实施建设“海上山东”战略有关的产业产值达到全省国民生产总值的30%，其中海洋产业产值占10%；到2010年，与实施建设“海上山东”战略有关的产业产值达到全省国民生产总值的50%，其中海洋产业产值占20%，达到承载3000万人口的需要，从而实现“陆上一个山东，海上一个山东”的战略构想。

为此，山东省采取了以下措施：

山东绵长的陆地海岸线

首先，合理规划，增加资金投入。根据海洋发展规律，山东决定实施海洋农牧化、海上大通道、涉海工业、滨海旅游四大建设工程，为这一时期“海上山东”发展指明了工作方向。山东省每年用于海洋产业的投资约 20 亿元，到 2002 年，海洋科技进步在海洋经济发展中的贡献率已达 45%以上。

其次，加快实施依法治海、兴海，强化海洋综合管理。1996 年组建了山东省海洋监察总队，与省渔政处合署办公，1998 年颁布了《山东海域使用管理规定》，制定了《山东海洋功能区规划》，1991 年制定了《山东省科技兴海方案》。各地（市）也普遍重视行业执法队伍建设，沿海地区着手组建了海洋监察队伍，开展了多种形式的普法培训活动，开展了处理渔业水域污染事故，保护和管理水产资源，维护渔业生产秩序和海洋权益等工作，开展海上和内陆渔区防灾救助服务。

再次，加大海洋对外开放。20世纪末，全省有11个港口对外开放，到2002年发展到24处，国际航线遍及五大洲300多个港口，一批较强的水产企业已从“家门口”近岸作业走向过洋跨国经营。作业渔场范围扩大，进入世界三大洋的11个国家和地区，开通了山东省水产品直接出口的黄金通道。山东省人民政府鼓励外商投资开发浅海滩涂，发展水产养殖，中外水产合资企业大大增加，沿海涉外旅游宾馆勃然兴起，突破30余家，年接待涉外旅客达28万人次，创汇4亿元外汇人民币。

经过几年的努力，“海上山东”取得长足发展。山东海洋产业产值、增加值位居全国前列，海洋经济成为山东经济发展的新的增长点。水产品产量、渔业产业产值连续多年居全国首位。全省渔民人均纯收入高出全国渔民人均纯收入1000元左右，超出全省农民人均纯收入3000元左右。水产品产值占全省大农业的比重达到16%左右，有2个地（市）、16个县（市、区）渔业产值超过种植业产值。水产品出口创汇占全省农业出口创汇总额的30%，占全国水产品出口创汇总额的25%。渔业已成为振兴山东农村经济、增加农民收入的支柱产业和“海上山东”建设的主力军。海洋和渔业经济持续快速发展。到2000年末，全省海洋产业产值达1060亿元左右，与“八五”末相比，翻了一番；海洋产业增加值可达510亿元左右，与“八五”末相比，年均增长16%，比全省国内生产总值增长速度高出5个百分点，海洋产业增加值占国内生产总值的比例由“八五”末的4.5%增长到6.0%。海洋产业极大地带动了机械、电子、建筑、化工、医药、运输等相关产业的发展，形成了新的海洋产业群，推动了山东半岛沿岸长达3100公里滨海经济带的形成。海洋开发也推动了农村产业化和城镇化建设。

2. 黄河三角洲开发

1997 年，山东省八届人大五次会议审议通过了《黄河三角洲开发跨世纪工程实施意见》。2001 年 3 月，在九届全国人大四次会议上，发展黄河三角洲高效生态经济被正式列入国家“十五”规划纲要。随着黄河三角洲列入国家规划，山东省委、省政府提出，要将黄河三角洲建设成全国重要的高效生态经济示范区、全国重要的特色产业基地、全国重要的后备土地资源开发区和环渤海地区重要的增长区域。

黄河三角洲开发的总体战略是：从石油勘探开发起步，向资源的全方位多层次开发发展，充分发挥资源和区位优势，实现综合资源的全面开发和多层次增值，大力发展石油化工，逐步建立起合理的产业结构及面向国内外市场的新型产业体系。把黄河三角洲建成能源、化工和农牧渔业基地，把中心城市东营建成具有综合功能的工业港口城市，使黄河三角洲成为现代化的外向型的新经济区。黄河三角洲开发可划为三个阶段。从 1983 年至 1992 年，为综合开发的起步阶段，主要任务是制定总体规划，搞好基础建设，为全面开发准备条件。从 1993 年到 20 世纪末，为石油化工、盐及盐化工和农牧渔业三大基地建设阶段，使黄河三角洲成为山东的能源、化工和农牧渔业基地。2000 年以后，黄河三角洲将建成现代化的外向型的新经济区，东营将成为综合功能型的工业港口城市和商贸中心。

自战略实施以来，黄河三角洲地区在经济总量、经济结构、基础设施和环境条件等方面，取得了新的发展。2000 年，黄河三角洲地区实现国内生产总值 765 亿元，按可比价格计算，比 1995 年增长 65%，年均增长 10.5%。综合经济实力明显增强。其中地方国内生产总值443亿元，年均增长13.46%，高于全省2.8个百分点。实现地方财政收入25.57亿元，年均增长19.8%，与全省基本持平。全社会固定资产投资完成246亿元，年均增长18%，高于全省3.8个百分点。产业结构趋向合理，农业综合开发成效显著，地方工业发展较快，资源优势突出，到2000年，黄河三角洲地区成为山东省人均占有土地资源最多的地区。这为今后更快更好的发展奠定了基础。

（二）四大经济社会发展战略的实施

1998年中共山东省第七次代表大会确定了科教兴鲁、经济国际化和可持续发展三个基本战略。2001年2月10日，山东省九届人大四次会议决定，在“十五”期间，山东将加快实施科教兴鲁、经济国际化、城市化和可持续发展四大战略，促进经济持续增长和社会全面进步。

1. 科教兴鲁战略的实施

科教兴鲁战略即坚持素质教育为本、科技创新为先、高新技术产业化为重点，努力实现科技教育的新跨越，切实把经济建设转移到依靠科技进步和提高劳动者素质的轨道上来。

主要的措施是：第一，加强政策法规建设，依法实施科教兴鲁战略。山东省先后出台了《关于加快科技进步推动经济发展的决定》《关于加速高新技术产业化的若干意见》《山东省科学技术进步条例》《山东省专利保护条例》《关于鼓励企业加快技术进步的若干政策》《山东省高新技术产业发展纲要》《山东省实施〈中华人民共和国义务教育法〉办法》《山东省实施〈中华人民共和国教师法〉办法》《山东省职业教育条例》等一系列规范性文件，确立了科技教育优先发展的战略地位。

第二，深化科教体制改革，促进经科教的紧密结合。理顺了科技教育管理体制，把科技三项经费、重点实验室建设经费和自然科学基金等集中到科技部门管理；调整了部分高等院校的管理权限，把部分省属中专学校下放到市管理；加大了高等教育结构和布局调整力度，先后完成了省内九所院校的合并重组，并将20多所中专学校并入高校；对科研机构和高等院校内部管理体制和运行机制进行大力改革；加快高校后勤服务社会化改革和人事分配制度改革；加强了高校基础设施建设，30多所高校建设了学生食堂和公寓60多万平方米；积极鼓励科研人员和高校教师进入经济建设主战场，连续举办了十届高校产学研洽谈会，达成合作协议6890项，转化科研成果1400多项，解决企业关键技术难题700多项，有力地促进了经科教的一体化发展。

第三，组织实施重大工程和专项计划，直接为经济发展服务。在农业方面实施了农业科技示范园区建设计划和可持续发展十大示范工程，在工业方面实施“腾飞计划”和“双百工程”，在高新技术产业方面实施“高技术产业发展计划”“高新技术产业化计划”“十大高技术产品研究开发工程”和“火炬计划”，在教育方面实施“普九”、素质教育、高校重点建设和“211工程”等，增强了科技教育直接为经济建设服务的能力，取得了显著的经济社会成效。

第四，多渠道增加投入，保障科技教育事业的持续发展。“九五”期间，全省用于义务教育的财政投入286.7亿元；用于高等教育的投入高于财政经常性收入的增长；用于解决高校教师住房问题的资金达到2.83亿元；先后设立了良种产业化、高科技产业发展、中青年科学家奖励、可持续发展等基金或专项资金。各地也积极引导企业、外资和社会其他资金投入科教事业。

自 1987 年实施科教兴鲁战略以来，经过十多年坚持不懈的努力，取得了显著成效。山东省科技、教育、经济、社会各项事业获得了较快发展。1997 年科技进步贡献率达到了 40.5%，比 1992 年增长了 5.5 个百分点。其中农业达到 42%，工业达到 39%。

2. 经济国际化战略的实施

经济国际化战略即在新一轮的全球资源、市场、人才、技术的重新组合和配置中争取主动，推动全省开放型经济向更高层次迈进。

为改变长期以来山东省出口初级产品多、附加值低的局面，山东采取以下措施：

增加高技术产品、机电产品和成套设备出口贷款，鼓励企业"走出去"，出口配额向高附加值的产品倾斜；加快开发区建设，培植外向型的农产品加工龙头企业。在这一系列措施的推动下，山东省的出口商品结构显著提升。

利用外资的质量、水平和方式不断提升，拉动全省经济的作用明显增强。利用外资的形式有所突破，20 世纪 90 年代初以前，利用外资主要以外债为主，1992 年以后，外商直接投资成为利用外资的主要方式。利用外资规模不断扩大，合同外资金额从几亿元增加到百亿元。投资领域不断拓宽，投资项目不断增多。外商投资来源地日益多元化，20 世纪 90 年代初，主要是吸收日本、韩国等国家和中国香港、台湾地区的投资；90 年代中期之后，注重吸收欧、美等发达国家的投资。利用外资的方式进一步拓展，由初期以中外合资经营和中外合作经营两种方式为主，逐步过渡到外商独资为主，与跨国公司对接，并积极参与跨国并购。

对外贸易实现历史性飞跃，“走出去”取得显著成效。境外投资规模增势强劲。投资涉及工业、农牧业、渔业和信息产业等多个领域。投资区域遍及亚、欧、非、北美、南美、大洋洲。投资方式不断扩展，有收购、兼并、重组、股权置换及境外上市等多种方式。企业跨国经营实力不断增强，形成了国有、集体、民营、股份制等多种所有制形式共同发展的格局，其中，民营企业成为境外投资的主力军。对外承包工程和劳务合作规模不断扩大，合作区域不断增加，经营主体队伍不断壮大，经营水平不断提高，成为山东经济国际战略的重要组成部分。

3. 城市化战略的实施

改革开放以来，山东省农村人口城市化的速度虽然明显提升，但由于计划经济体制的惯性作用，城市化滞后的状况仍然没有得到根本性改变。加快农村人口向非农产业和城镇转移，提高城市化水平，是山东现代化所必须解决的重大课题。

城市化战略即努力扩大城市规模，壮大城市实力，进一步拓展市场需求和经济增长空间。山东城市化的战略布局应体现中心集聚、点轴拓展的原则，逐步形成以中心城市和沿海港口为依托，以交通运输干线为主轴的集约开发态势。形成“两大中心、四个层次、五条城镇发展轴线”的总体格局，即济南、青岛两大中心城市；省域中心城市、区域性中心城市、中小城市和小城镇四个层次的城镇体系；形成济青聊、日菏、京沪、京九、沿海五条城镇发展轴线，实现以点带线，以线促面，推动全省城镇体系网络发展。城市化战略的指导思想是，实施积极的城市化战略，合理发展大城市，重点发展中小城市，积极发展小城镇，形成大中小城市和

山东城市化的战略布局逐步形成以中心城市和沿海港口为依托，以交通运输干线为主轴的集约开发态势。图为济南燕山立交桥夜景

小城镇协调发展的城镇网络。这实际上是一个坚持多元化发展的方针，即大中小城市和小城镇都要发展。

城市建设方面，加大城市交通基础设施建设力度，完善城市供水、供电、供气和供热系统，改善城市环境，加强城市公共卫生、文化、体育设施建设；加快城市信息网络体系建设；强化城市防灾减灾系统的建设。开发区建设方面，积极建立高新技术产业开发区、经济技术开发区等各级各类开发区。开发区促进了原有城市规模的扩大和城市化水平的提升。新中国成立 60 年以来，山东设市城市数量由 4 个增加到 48 个，增长 11 倍；城镇人口由 299 万人增加到 4483 万人，增长 14 倍；设市城市和县城建成区面积由 84 平方公里增加到 4386 平方公里，扩大 51 倍；城镇化水平由 6.6% 提高到 47.6%，年均递增 0.68 个百分点。山东拥有了 6 个特大城市、10 个大城市、29 个中等城市、63 个小城市和 1314 个小城镇，基本形成了梯次明显、布局合理、功能完善、结构完整的省域城镇体系，形成了大中小城市与小城镇协调发展的格局。沿海和胶济铁路沿线城市发展迅速，逐步发育形成了山东半岛城市群，由济南、青岛、淄博、东营、烟台、潍坊、威海、日照 8 个设区城市和章丘、胶州、龙口、荣成、寿光、诸城等 22 个县级市及 14 个县组成，城镇化水平现已接近 60%，2008 年 GDP、地方财政收入、进出口总值分别达 20302 亿元、1142 亿元和 1360 亿美元，已成为继长三角、珠三角、京津冀之后的全国第四大城市群。

4. 可持续发展战略的实施

可持续发展战略即更加注重经济长远发展和人民生活质量的提高，树立人类与自然、经济与社会相互协调的发展观，建立持续发展的理念，促进人口、资源、环境与经济协调发展。

在实施可持续发展战略中要处理好两个关系：一是要正确处理好经济发展与环境保护的关系。充分认识保护环境就是保护生产，就是保护发展。坚决克服把环境保护与经济建设对立、割裂的思想；坚决克服那种只顾暂时的经济发展不顾环境的错误思想；坚决纠正以牺牲环境、浪费资源为代价换取甚微经济利益的不良行为，转变经济增长方式，实施可持续发展战略，使环境保护与经济发展互相渗透、相互促进，实现经济发展与资源生态环境之间的长期平衡发展，增强发展的后劲。二是要正确处理好近期与长远、局部与全局的关系。绝不能用近期的、局部的发展损害长远的、全局的发展，为了人民的根本利益和保证经济的持续发展，宁可暂时放慢经济发展速度，也不允许破坏环境和资源。

山东省可持续发展战略的主要思路及做法是：

第一，确保经济的持续快速发展，并逐步改善增长的质量。经济既要满足全省人民迅速增加收入和提高生活水平的需要，又要同全省人口、资源、生态环境相协调；既满足当代人的需要，又不对后代人的利益造成严重危害。同时与产业结构的调整优化、提高经济效益和防止地区发展差距加大等紧密结合。提倡资源的节约与有效开发利用，坚持开发、节约与保护并重，实现资源的可持续利用，建立资源节约型社会经济体系。

第二，确保社会系统的协调、健康发展。主要是控制人口增长，提高人口素质。大力普及优生、优育、优教知识，强化妇女、儿童保健制度和服务设施建设，扩大劳动就业和完善社会保障等，最大限度地提高人口质量。

第三，加强生态建设和环境保护。以国土绿化为重点，加强自然保护区和生态示范区建设，保护陆地和海洋生物多样性；加强污染防治，重点治理地面污染和主要城市大气污染；强化环保立法、执法和综合治理。

第四，加强可持续发展能力建设。建立可持续发展的管理机构及有效的管理体系，综合运用规划、法制、行政及经济等手段，形成协调管理机制。

可持续发展战略全面实施以来，取得了显著成效。生态环境恶化的趋势得到有效遏制，环境质量持续改善。加强流域区域污染防治，国土绿化保持了持续快速健康发展的良好态势，绿色山东建设步伐加快。大力加强生态系统保护与恢复，生态安全得到有效保障。开源节流和治污并重，有效解决了水资源水环境问题，水资源制约得到缓解。

山东积极实施科教兴鲁、经济国际化、城市化和可持续发展四大战略，使国民经济保持了持续、快速、健康发展。从 1998 年到 2001 年，山东省国内生产总值年均增长 10.2%。依靠经济增长的拉动，保证了全省每年新增 80 万个就业岗位。

三、农业结构的调整优化和农村税费的改革

20 世纪 90 年代后期以来，随着农产品供求关系的变化，农业的发展由于更多地受到市场的影响，出现了农产品销售难、价格下跌、农民收入增长缓慢等新问题。这严重影响到国民经济的健康发展。因此，对农业和农村经济结构进行战略性调整，减轻农民负担，增加农民收入，是我国农业和农村经济发展的必然要求。

（一）农业结构的调整

中央指出，与以往相比，这次结构调整，不是单纯农产品数量的增减，而是稳定总量，保障供给，全面优化农产品品种质量；不是局部地区的封闭式调整，而是发挥比较优势，优化全国农业的区域布局；不是原有生产能力的简单扩张，而是以先进技术改造传统农业，努力提高农业的劳动生产率和土地产出率；不是单纯调整农业的生产结构，而是在发展农业生产的基础上，大力发展农产品加工业，发展二三产业，促进城乡经济社会协调发展。

农业产业结构调整是对农业发展的各种资源进行权衡、改造和利用的过程，山东采取了一系列积极对策，取得了明显成效。

（1）调整农业内部结构，农林牧渔业协调发展。山东根据农业结构调整现状，调整种植业内部结构，加快畜牧业产业化经营，推动各主导产业协调发展。在促进农业产业结构优化升级的基础上，实现山东省农业经济更好更快的发展。

（2）积极发展农村非农产业，加快城镇化进程。科学规划和合理布局，确保小城镇建设的有序发展；充分发挥市场机制的导向作用，拓宽城镇建设的投融资渠道；地方政府制定各种优惠政策，规范土地流转行为，完善土地使用权的市场交易制度，实现土地合理有效利用；积极实施配套改革，特别是户籍制度改革，消除户口的身份、待遇、等级差别等特殊功能，发挥户口登记、管理等方面的作用，实现城乡居民在就业、工资、福利、医疗、住房等待遇上的平等。“九五”以来，山东省深化乡镇企业产权制度改革，促进了乡镇企业制度创新、机制创新、技术创新和管理创新，乡镇企业的整体素质、竞争能力运行质量明显提高。2000 年，全省

近年来，皇城镇调整农业产业结构，极大地调动了农民种菜的积极性，大棚越建越多，一个遍地是大棚的绿色蔬菜镇正在崛起

国内生产总值的1/3、工业增加值的1/2是由乡镇企业创造的，农民人均纯收入的1/3也来自乡镇企业。乡镇企业向城镇集中，推动了农村城镇化。1999年，全省小城镇人口达到1159.5万人，城市化水平达到36.7%，比1995年提高4.7个百分点。

（3）积极调整农业区域结构，发挥区域经济的比较优势。鼓励各地开创各具特色的农业结构模式，确立各自的主导产业和产品。加强各类农业商品基地建设。开发利用地方传统特色产业和产品，形成品牌优势，为地方经济发展服务。

（4）强化农业基础设施建设，改善农业生产条件。1996—1999年，全省水利建设总投资180亿元，基本形成了全省范围的防洪、防涝、防潮和农业灌溉工程体系。到 1999 年，累计治理水土流失面积 3.35 万平方公里，占流失总面积的 52.7%。全省林木覆盖率达到 17.26%。全省农机总动力达到 6097 万千瓦，比 1995 年增加 2081 万千瓦，农村用电量达 168.2 亿千瓦时，比 1995 年增长 14.3%，基本实现了村村通电。

（5）实施科教兴农战略，促进农业产业结构优化升级。加强农业科技攻关，增加农业科技储备。加快科技成果的推广应用，使之尽快转化为现实生产力。把发展持续农业提到重要位置。加强农业职业教育和技术培训，提高农民科技文化素质。

山东省农业经历了 1997 年和 2001 年的战略性结构调整，农林牧渔业结构由 1980 年的 78.4 ：2.1 ：14.6 ：2.6 调整为 2010 年的 55.2 ：1.3 ：26.7 ：12.7。农业区域结构、品种结构渐趋合理，农产品优质化率和生产效益明显提高。畜牧业和水产业成为农村经济新的增长点，规模化生产水平提高。结构调整对农民增收起到了实实在在的作用。2000 年上半年，山东省的农业结构调整进一步优化，农业整体收益和农民收入均实现增长。据统计，2000 年山东省上半年农林牧渔总产值达到 961.33 亿元，比上年同期增长 11.9%，全省农民人均现金收入 1206 元，比去年同期增长 3%。各地认真应对入世新挑战，积极实施农业国际化战略，扩大农业对外开放，初步形成了全方位、多层次、宽领域的农业开放新格局。农副产品出口快速增长，1999 年全省农副产品出口创汇达到 27 亿美元，比 1995 年增长 50%。蔬菜、水产、禽肉、花生制品进入山东十大骨干出口商品行列，出口额均列全国第一位，全省有 500 多种农副产品及加工品进入 160 多个国家和地区。农业利用外资稳步发展，“九五”期间，全省农业利用外资项目 306 项，累计合同利用外资 4.5 亿美元，实际利用外资 1.73 亿美元。

农业和农村经济结构的战略性调整，是山东省农业发展过程中的一次深刻变革，是农业结构、农业科学技术与农村经济管理水平的全面升级。

（二）农村税费的改革

农村税费改革是中央进行农村改革，加强农业基础地位的一项重要措施，旨在切实减轻农民负担，进一步调动农民的生产积极性。从 1998 年到 2003 年经历了研究制定、定点试行和全面推行的阶段。

2000 年，山东省在莱州、肥城、茌平和聊城四个市（县）开展农村税费改革试点。核定了土地计税面积，逐户核定了农业税常年产量，制发了《农业税、农业特产税计税核定证书》等。试点完成后，2001 年 3 月 26 日，山东省人民政府面向全省发出关于农村税费改革的通告，通告阐明了农村税费改革的目标、原则、措施步骤等，开始在全省全面实施农村税费改革。

山东省农村税费改革的主要措施有：(1）一律取消乡统筹费、教育集资等行政事业性收费和政府性基金、集资项目。(2）取消屠宰税。(3）逐步取消统一规定的劳动积累工和义务工（简称“两工”）。取消“两工”后，县、乡、村各级救灾抢险、发展集体生产公益事业所必需的用工，采取“一事一议”和“一事一批”的办法解决。(4）调整农业税政策。重新核定计税土地面积和计税常年产量，合理确定农业税计税价格并调整农业税税率。(5）调整农业特产税政策。(6）改革村提留征收使用办法。在整体农业税费不超过 8.4%的前提下，从农业税正税税率中拿出 1 个百分点，转化为附加，作为村级经费。同时决定开征农业特产税附加，比例暂定为10%—20%。这两项附加属村集体资金，由乡财政专户存储，村委会安排使用，乡镇经营部门监督管理。

从2003年开始，山东省委、省政府继续深化农村税费改革，对有关政策进行了调整完善。一是调整了农业特产税政策，做出在大部分地区取消农业特产税的决定，要求到2004年全省各地全部取消农业特产税。二是暂停收取乡村公益事业金。

党的各项惠民政策，从粮食直补、良种补贴，到农机具购置补贴、农资综合直补，再扩大到奶牛良种补贴和能繁母猪补贴，已初步形成了功能互补、综合补贴与专项补贴相结合的农业补贴制度。1983—2001年，农民税费支出占农民收入的比重在5%到10%之间波动，2001年后税费支出所占比重迅速下降。2008年，山东农民税费支出占农民收入的比重为0.4%，人均税费支出仅为24.9元，比人均税费支出最高的1996年减少143.9元。税费改革以来，农民人均减负310余元，发放各项补贴人均增收104元。根据各种典型调查和文献的估计，与税费改革前相比较，山东农民减负比例在30%左右。

四、国有企业改革的攻坚和民营经济的新突破

改革开放以来，国有企业转换经营机制，民营经济显示出巨大的生机和活力。但国有企业活力不足，民营经济发展道路狭窄，发展平台单薄的弊端仍然存在。为进一步完善社会主义市场经济制度，就必须深化国企改革，搞活民营经济。

（一）国有企业改革攻坚

山东是国企大省，国企改革关乎山东社会经济的发展和千万人的生计。党的十五大以来，山东省切实贯彻党中央关于国企改革的文件精神，围绕实现中央提出的三年改革目标，采取了一系列的措施。

山东省委、省政府提出了山东省大多数国有大中型骨干企业三年初步建立现代企业制度的规划。《关于111户重点国有企业加快建立现代企业制度的意见》，进一步明确了到2000年年末山东现代企业制度建设的重点对象、任务目标和要求。随后，又研究制定了《关于贯彻〈中共中央关于国有企业改革和发展若干重大问题的决定〉的实施意见》。对山东国有企业改革的目标、任务、措施做了进一步的分解、细化和明确。通过一系列的工作和措施，山东国有大中型企业改革出现了新局面，建立现代企业制度的步伐明显加快。

重汽集团具有自主品牌、达到世界先进水平的重型卡车生产车间

山东省委、省政府推动国企改革，采取分层次推进的方法，加快建立现代企业制度。对国有大

中型骨干企业公司，采取全面改制的措施。山东省重点抓了八大骨干企业集团、136户重点企业集团和111户重点国有企业，帮助它们制定发展规划，解决改革发展中遇到的突出问题。1993年山东省选择51户企业进行了建立现代企业制度试点，在明确国有资产投资主体、增资减债、分离企业办社会职能、分流富余人员等方面进行探索试验。1999年泰安泰山复合材料厂、山东华玉石膏集团有限公司与中国信达公司签订债转股协议，从而拉开了山东省工业企业债权转股份工作的序幕。1999年前8个月全省国有及国有控股企业完成增加值、利税、利润分别比上年同期增长10.96%、18.41%和70%，在全国各省中名列前茅。到2000年左右，全省重点国有企业中，有超过80%的核心企业完成了整体规范改制。

转变政府职能，为国有企业改革创造良好的外部环境。强化为企业服务的意识，努力减少审批项目和环节，提高办事效率，减轻企业负担，坚决制止乱收费为国有企业改革创造良好的外部环境。一是宏观调控，放权经营。“产改”以后政府不再直接参与企业的生产经营活动，而是突出行业管理职能，通过统筹规划、政策引导、组织协调、提供服务等方式对企业进行宏观管理。二是强化监督，依法行政。三是强化服务，转变作风。转变政府职能，重点是搞好信息服务、技术服务、人才服务，做好再就业工作，推进社会保障制度改革，加强行政体系建设。

制定和完善改革配套政策，建立与市场经济相适应的激励约束机制。一是制定和完善改革配套政策，确保企业改革工作得以规范运作，健康发展。二是建立与市场经济相适应的激励约束机制。加大分配制度改革力度，积极探索和鼓励资本、技术和管理等生产要素参与收益分配，使个人收入与其贡献和承担的风险紧密挂钩。

（二）民营经济的新突破

1992 年邓小平发表南方谈话以来，随着社会主义市场经济体制改革的不断进行和改革开放的不断深入，民营经济迎来了更大的发展机遇和更广阔的发展前景。1997 年党的十五大进一步将以公有制为主体，多种经济共同发展定为社会主义初级阶段的一项基本经济制度。山东省委、省政府高度重视，全力扶持，把个体私营经济发展引入“快车道”。

整个“八五”期间成为山东乡镇企业发展最快、最好的时期。山东省委、省政府于 1991 年 6 月 10 日做出《关于推动乡镇企业持续、稳定、协调发展的决定》。城乡个体工商业得到迅速发展，全省城乡个体工商户（含个人合伙）达 132.4 万户，拥有资金 35.1 亿元。1993 年是山东乡镇企业发展史上发展速度最快、形势最好的一年。1993 年 4 月，山东召开第一次全省个体私营经济工作会议，表彰了 100 户模范个体工商户，20 户文明私营企业。随后，全省各地相继召开会议，出台加快发展个体私营经济的政策和措施。全省个体工商户户数、私营企业户数及从业人员数在全国的位次明显提高，其中个体工商户户数及其从业人数居全国第一位，登记核准的私营企业户数及其从业人数居全国第三位。到 1995 年，乡镇企业产值超过 10 亿元的县比 1990 年增加 95 个，过亿元的村增加了 693 个。

20 世纪 90 年代中后期亚洲发生金融危机，山东民营经济受到一定影响。1997 年，山东省人民政府发布《关于加快发展个体私营经济的通知》，在发展政策和扶植措施上有了较大突破，进一步促进了个体、私营经济的发展。党的十五大后，山东将发展民营经济作为新的经济增长点，列入推动全省经济发展的四项战略措施之一，1999 年下发《关于加快全省个体经济、私营经济发展的决定》等相关文件，提出了一系列措施，为民营经济发展营造更加宽松的外部环境。在资金、场地、开办登记等方面制定一些必要的优惠政策；取消民营企业在市场准入、生产要素配置等方面不合理的限制；加快社会保障体系建设，民营企业员工与国有企业员工一样享受养老、失业、医疗等社会保险待遇；改革和完善民营企业员工档案管理体制和办法等等。同时，加快有关民营经济的立法工作，以更好地维护民营企业的利益。山东省放开更多的产业领域让民营企业进入，引导民营企业进行产业扩展和延伸，进行产业结构调整；鼓励民营企业收购、兼并国有中小企业，或通过控股、参股、租赁等形式参与国有企业的改制、改组等等，促进民营经济的所有制、组织结构等方面的调整；同时，有关方面也将采取措施，加快民营企业的体制创新；加快民营企业的技术进步；积极开拓国际市场，大力发展外向型经济。

2001 年，全省私营企业和个体工商户发展到 151 万家，非公有制经济实现的增加值占全省国内生产总值的 32%，成为推动全省经济发展的重要力量。民营经济的发展，繁荣了城乡经济。全省城乡 80%以上的商业网点是民营经济，70%以上的社会消费品交易是由民营经济实现的。农民从民营经济中得到的收入占总收入的 27%。民营经济的发展，增加了财政收入。2001 年，全省民营企业缴纳税金 80 亿元，约占地方财政收入的 14%。全省有 1/3 的县（市、区）个体私营经济纳税额超过地方财政收入的

30%，成为地方财政的重要来源。民营经济的发展，拓宽了就业渠道。到2001年年底，在私营企业和个体工商户中就业的人员达到450万人。民营经济的发展，在促进经济结构调整和公有制企业改革等方面，也发挥了重要作用。全省民营企业收购、兼并、租赁、参股国有和集体企业5000多户，不仅实现了自己规模的扩张，而且使一批陷入困境的国有和集体企业通过改制焕发出新的生机。民营经济取得显著成绩，但也要清醒地看到其存在的问题，主要表现在规模总量偏小，产业档次不高，管理水平较低，品牌优势不大，发展速度不够快等。

五、应对亚洲金融危机的冲击和促进对外经贸的发展

20世纪末，国内外政治经济环境发生很大变化，国民经济增长速度相对减缓，产业结构调整进入关键阶段，特别是亚洲金融危机冲击山东省的外经贸工作。山东省积极应对亚洲金融危机，围绕国民经济发展的大局，贯彻实施“外向带动战略”和“经济国际化战略”，取得了新的成就。

（一）应对亚洲金融危机的冲击

受1997年下半年亚洲金融危机的影响，山东的对外贸易、利用外资及旅游业等受挫，劳务输出的各项指标出现不同程度的下降，对外融资成本上升幅度较大。但山东省委、省政府带领全省人民积极应对，采取有效措施，较好地化解了金融危机的冲击，

实现了经济的稳定发展。

改革外贸经营管理体制，提高外贸企业经营素质，是应对亚洲金融危机的措施之一。外贸企业必须实现三个根本性的转变：外贸经营体制由传统计划体制向社会主义市场经济体制转变；外贸经营由粗放型向集约型转变；努力提高外贸企业对国际市场变化的敏感度和快速反应能力。

全省外经贸系统紧紧围绕结构调整这一中心，积极采取应对措施，取得了较好的成绩。山东省、市外经贸部门及时提出了“六调六补”的对策，即调整出口市场结构，努力做到出口亚洲市场减少由其他市场增加弥补；调整出口商品结构，努力做到传统商品出口减少由扩大出口机电产品弥补；调整贸易结构，努力做到一般贸易减少由发展加工贸易弥补；调整贸易方式，努力做到出口贸易减少由增加进口和开展内贸弥补；调整贸易增长方式，努力做到出口数量减少由提高质量弥补；调整外经贸企业组织结构，努力做到现有外经贸企业出口减少由扩大外贸出口主体队伍弥补。针对严峻的国际市场形势，省里及时提出了坚守巩固日韩等亚洲传统市场，深度拓展欧美高价位市场，机动综合开拓拉美、非洲、中近东等五大新兴市场的总体市场开拓战略。如威海市外贸企业、生产企业和三资企业与一些实力强、信誉高的外贸企业与生产厂家结成利益共同体，分散或集中开拓市场。到 1997 年年底，威海市的对外贸易伙伴已发展至 90 多个国家和地区，比 1996 年增加了 15 个，远洋市场所占份额由 12.3%提高到 17.8%。

加快基础产业和基础设施建设，集中力量加快铁路、公路、通信、环保、城市、农林水利等基础设施建设。加大投资力度和投资领域，增加直属储备粮库、城乡电网、城市经济适用住房及生态环境建设的投资。加大对农业投入，促进农业产业化进程。加快农产品加工业的发展，提高农产品加工产品的质量。中央、省及各地（市）先后出台了一系列优惠扶持政策，省里建立了外经贸发展基金，对大宗商品出口实行补贴，有力地支持了全省外经贸的发展。加强金融监管，提高防范金融风险的能力，创造经济发展的良好的外部环境。

优化经济结构，培育新的经济增长点。确立了经济增长方式由传统的出口和投资拉动转到依赖消费拉动的轨道上来的方向。推进产业结构的调整，推动科技进步与技术创新，加快转变发展方式。尤其是优化出口商品结构，通过扶持重点产业，提高产业的科技含量，增加高收益型商品的出口，增强商品的创汇能力。加强品牌建设，建立自主品牌，实施名牌战略，使品牌走出国门，在世界市场上占有一席之地，提高出口产品的核心竞争力。鼓励企业在行业内进行并购和整合，适度提高行业集中度，增强抗风险的能力。

（二）促进对外经贸的发展

为促进对外经贸发展，山东省加快实施经济国际化战略，努力转变外经贸增长方式，坚持“引进来”和“走出去”相结合、进出口相结合、政策驱动和启动内力相结合、商品经营与资本经营相结合、管理和服务相结合基本方针，全面提高对外开放的档次和水平，进一步增强外经贸发展的综合竞争力、环境吸引力和发展推动力。

1. 实施招商促进工程，加强与跨国公司的合作

加快推动高新技术利用外资，鼓励跨国公司在山东省设立研

究开发中心、地区总部和采购公司，加强与跨国公司在高新技术产业、资源综合利用、新产品开发和国际市场开拓等方面的战略性合作。把产业结构调整与跨国公司全球战略有机结合起来，加快承接跨国公司高新技术产业的扩张，利用外资嫁接高新技术，提升传统产业。加速培植多元化的利用外资主体，积极推行跨国并购等新的利用外资方式。把握跨国公司投资的新趋势，积极推动跨国公司在山东省兼并收购企业，引导并购向优化产业结构、产品结构和产业组织结构的方向发展，达到大规模聚集和优化组合资源要素的目的，提高山东省利用外资的集约化程度。

2. 实施改革示范工程，实现政府职能转变和外贸企业的战略重组

强化宏观指导、发展规划和协调服务职能，弱化微观管理。减少对外经贸企业的直接干预，逐步减少并规范行政性审批。增强为企业服务意识，建立和完善有关服务机构和渠道，提高服务水平。按照“退而有序”的原则，放开搞活中小外贸企业。推进中小外贸企业的民营化进程。鼓励经营者持股，鼓励企业内部职工持股，鼓励其他经济成分参股，分散股权，逐步实现民进国退。

3. 实施结构调整工程，创建新的对外贸易竞争优势

大力发展机电产品和高新技术产品出口。加大政策扶持力度，建立高新技术产品出口基地，完善高新技术出口市场服务体系。帮助企业搞好市场定位和产品国际认证，积极扩大对适销市场的出口。大力提高农副产品和纺织服装的科技含量和附加值。引进国外优良品种和先进技术，大力发展国际认证的环保产品和有机产品。大力发展加工贸易，发展先进技术和关键设备进口。实施海外山东工程，全面启动“走出去”战略。

经过长期努力，山东省对外经贸发生了显著变化。一是外经

贸总量上了一个大台阶。2000年全省进出口规模达到249.9亿美元，年均增长12.4%。累计吸收外商投资合同额214亿美元，批准外商投资企业26000家，批准境外企业254家，外经贸各项指标继续保持在全国前列。二是外经贸结构上了一个新档次。工业制成品和机电产品占出口总值比重大大增加，贸易方式和市场更趋多元化，利用外资的质量有所提高，对外承包工程实现了从分包向施工总承包的转变。三是外经贸企业竞争力有了显著提高。自营进出口生产企业和外商投资企业已成为全省出口增长的主力军，省属外贸企业基本完成局部改制，保持了较大的出口规模，而且资产结构优化，经济效益明显好转，步入良性发展轨道。四是开放格局向纵深化发展。各类经济开发区、保税区建设进入收获期；开放领域不断拓宽，商业、金融、航空、电信等服务业利用外资取得新突破；开放层次进一步提高，引进来和走出去相结合，对外承包劳务和境外加工贸易取得积极成果，对外投资涉及86个国家和地区，拓展了全省经济的发展空间。

总之，山东省对外经济贸易发展迅速，创造了全省对外开放的新优势，对外经济贸易已经成为推动国民经济和社会发展的重要力量。

六、海尔中国第一品牌的创立和重汽集团重组后的发展

（一）海尔中国第一品牌的创立

海尔集团是集科研、生产、贸易及金融等于一体的国家特大

型企业。海尔的前身是1984年成立的青岛电冰箱总厂，重组之前这个集体企业亏空147万元，资不抵债，管理极为混乱。海尔集团在总裁张瑞敏提出的“名牌战略”思想指导下，通过技术开发、精细化管理、资本运营、兼并控股及国际化，使一个集体小厂迅速成长为中国家电第一品牌。海尔的发展令人瞩目。

海尔名牌培育遵循了循序渐进、逐步提高的原则。1984—1990年，是海尔集团内向型发展阶段，在国内市场建立起海尔的品牌形象。

1992—1998年为迅速扩张阶段。1992年我国经济进入新的发展时期，在此期间，海尔抓住时机先后兼并18家亏损企业，使海尔企业规模得到了空前的扩张。而且海尔开展了多元化经营，使海尔从一个冰箱企业变成了生产各类家电产品的企业。由于实力的扩展，海尔品牌的名声进一步提高，自2002年以来，海尔品牌价值连续八年蝉联中国最有价值品牌榜首。

海尔实行国际品牌战略。1990年，海尔冰箱开始出口德国和美国市场，为了说服挑剔的德国人以打进德国市场，海尔将撕去商标的海尔冰箱和德国名牌冰箱放在一起，让德国经销商自行去挑选。经过严格检查及试用后，结果经销商选中海尔冰箱，因此海尔获得2万台冰箱的订单，开启海尔进入海外市场的序幕。经过几年努力，海尔的营销国际化取得了丰硕成果：冰箱、冰柜、空调、洗衣机等出口到美国、日本、澳大利亚以及欧洲、东南亚、中东、拉美等市场，共87个国家和地区，海尔的冰箱、空调、洗衣机的生产技术也出口到印度尼西亚、马来西亚、菲律宾、南斯拉夫和西班牙等国家。在海外销售过程中，主要依赖外国专营经销商设立营销网点，并建立国际物流中心，保证对海外经销商的产品供应，海尔初步成为国际知名品牌。

1999 年以来为海尔国际化提升阶段。海尔不仅把自己的产品打到世界市场上去，而且要在世界各地建立自己的经销和生产机构，海尔提出的目标是“3 个 1/3”：1/3 国内生产国内销售；1/3 国内生产国外销售；1/3 国外生产国外销售。通过产品的设计、制造、营销“三位一体”的本土化战略，牢固扎根海外市场。2000 年 3 月，第一台美国制造的海尔冰箱下线。海尔在海外建厂，产品供不应求。在逐步取得国内市场领先地位的基础上，海尔开始推进国际化。海尔以自创品牌的方式进军国际市场，已建立起一个具有国际竞争力的全球设计网络、采购网络、制造网络、营销与服务网络。截至 2009 年，海尔集团在全球建立了 29 个制造基地，8 个综合研发中心，19 个海外贸易公司，全球员工超过 6 万人。2009 年，海尔集团全球营业额实现 1243 亿元（182 亿美元），品牌价值 812 亿元。2009 年 12 月 1 日，世界著名的消费市场研究机构欧洲透视发布最新数据，中国海尔在世界白色家电品牌中排名第一，全球市场占有率达 5.1%。这是中国白色家电品牌首次成为全球第一品牌。

（二）中国重汽集团自主创新之路

总部位于山东济南的中国重汽集团是一家令人关注的国有企业。由于种种原因，到 1999 年，公司资产负债率高达 138.49%，累计亏损 83 亿元，10 多万名员工长达 13 个月领不到工资。2000 年国务院决定对这家大型国有企业进行重组：川汽、陕汽重回地方，55 家企业下放山东，重组为新的中国重型汽车集团有限公司。到 2007 年 9 月，重组后的中国重汽已有 20

多万辆重型卡车下线，产销量位居国内第一，跻身世界重卡行业前5强。中国重汽集团实现了“一年扭亏，两年盈利，三年大发展”的目标，被誉为“全球同行业增长最快、最具竞争力和成长性”的企业之一。从濒临破产到重铸辉煌，中国重汽集团走过了一条什么样的发展之路？

中国重汽走的是自主创新之路。根据当时的实际，时任中国重汽董事长马纯济提出：中国重汽要加紧新产品、新技术的引进，在广泛吸纳消化世界重卡先进技术的基础上，走自主研发之路，打造自己的品牌。2003年6月9日，中国重汽与世界第二大重卡制造商瑞典沃尔沃卡车公司签署合资协议。合资协议签订一年后，中国重汽经过消化吸收，自主创新，推出了拥有自主知识产权的HOWO系列重型卡车。HOWO凭借一流的品质、稳定的质量和卓越的性价比，迅速占领了市场。正是通过自主创新，中国重汽找回了当年的自信，积蓄了发展的动力。中国重汽先后培育了飞龙、黄河王子、斯太尔王、HOWO等九大系列产品，车型已从原来的78个发展到2700多个，成为国内驱动形式和吨位覆盖最全的重型汽车生产企业。

在技术的提升及新产品开发的基础上，中国重汽推出了以“技术、机制、管理和企业文化”为核心的企业“四轮驱动”创新工程，推动中国重汽走出困境。为时刻保持领先市场、领导市场潮流，中国重汽集团提出了满足不同用户群体、领先竞争对手一步的“市场差异化”与“区域差异化”理念，使产品形成了“生产一代、储备一代、设计一代”的格局。为提高品牌信誉度，中国重汽集团把售后服务作为创新工程的重要组成部分，开展了“亲人服务”，以亲情、主动、及时、有效、终身为服务内涵，以

“车在用户手中，更在亲人心中”为服务理念，将浓浓的亲情融入售前、售中和售后服务全过程。

在山东省委、省政府的正确领导下，中国重汽坚持以科学发展观为指导，在调整产品结构、强化自主创新、深化内部改革上猛下功夫，生产经营实现了一年一个新台阶，从一个濒临破产、亏损近百亿元的企业变成一个生机勃勃、实现持续健康发展的企业，被誉为“全球重卡行业增长最快、最具竞争力和成长性的企业”；重型汽车年产销量从2000年的3800辆增长到2010年将突破19万辆，各项主要指标增长40倍以上，成为中国重卡行业的领跑者、走向世界的先行者。回顾中国重汽的发展历程，改革创新是企业发展的核心动力。中国重汽始终坚定不移地实施技术领先战略、高质量低成本战略、国际化战略和区域化战略，不断提高企业核心竞争力，引领重卡行业技术发展；坚持实施“走出去”战略，打造民族重卡品牌；坚持深化企业机制和体制改革，保障企业可持续发展；坚持以人为本，积极承担社会责任，探索出一条适合中国汽车企业健康快速发展的道路，成为山东省国有企业改革发展的典型代表。

七、依法行政、政府法治的加强和经济立法的强化

20世纪90年代，是我国改革开放深入推进、社会主义市场经济体制逐步建立和完善的关键时期。为完善社会主义市场经济体制，我国提出依法治国、依法行政，加强经济立法。

（一）依法行政、政府法治的加强

党的十五大提出，依法治国，建设社会主义法治国家，是党领导人民治理国家的基本方略。1999 年宪法修正案又将这一治国方略纳入国家的根本大法。

山东省人民政府认真贯彻落实国家关于全面推进依法行政的相关决议，加强政府法制建设，全面推进依法行政，为全省经济社会事业持续、健康、快速发展提供了良好的法治环境。1995 年 6 月，山东省颁布《山东省依法治省五年规划》，省政府、省法院、省检察院分别制定了实施方案。这是山东省制定的第一个依法治省五年规划。此后，山东省的依法治省工作进入了整体推进时期。

山东省全面推进依法行政，采取的措施主要有：

（1）加强组织领导，做好依法行政的统筹规划。从 1995 年开始，山东省做到每五年有依法行政规划，每年有专项安排，并及时进行检查总结；通过建立法制咨询委员会的办法逐步建立科学民主与规范化的行政决策机制；举办各种依法行政培训班、研讨班等，组织领导干部系统学习各种法律法规，改进领导方式与领导方法。

我国首部南水北调沿线水污染防治地方法规即将出台，106 人报名参加立法听证会

（2）加强制度建设，提高立法质

量。健全规范性文件备案审查制度。1998年，省政府先后两次对规范性文件备案审查的相关规定进行了修订，出台了《山东省规章及规范性文件备案审查暂行规定》和《山东省规章和规范性文件备案办法》，对规范文件制定、备案及保证规章及规范性文件的质量起到积极作用。

(3) 完善内部监督机制，规范行政行为。加强对行政执法的监督。重点加强对农业、教育等方面法律法规实施情况的监督检查。认真受理来信来访，督促有关部门纠正违法案件，维护法律的尊严，保护人民群众的合法权益。完善行政复议层级监督。各级政府及其部门全面加强法制建设，依照并运用宪法和法律、法规，全方位地规范行政工作，把管理经济和各项社会事务活动逐步纳入法制轨道。

(4) 推动体制创新，转变政府职能。按照社会主义市场经济要求，转变政府职能，实现政企分开。调整行政组织结构，加强宏观调控部门，减少专业经济部门，适当调整社会服务部门，加强执法监督部门，培养和发展社会中介组织。按照权责一致的原则，调整行政部门的职责权限，明确部门间的职责分工。

总之，自依法行政第一个五年规划以来，山东省各级政府和部门重视并大力推进依法行政，加强政府法治建设，强化经济立法，各级行政机关的依法决策、依法办事能力和水平不断提高，为山东改革发展稳定，实现世纪末全省社会经济发展保驾护航。

（二）经济立法的强化

伴随着山东省经济建设发展，经济与法律形成密切关系。制定经济法规始终是立法的重点，规范市场主体和市场行为，维护市场秩序，改善和加强经济宏观调控，是市场经济建设中的热点和难点，也是地方的立法重点。

紧紧围绕党和国家的中心任务，把加快建立良好的市场体系，实现市场经济法制化、规范化作为依法治省的重中之重。在山东省 1993—1997 年的立法规划中，列入立法规划的项目 130 件，属于经济立法的项目 100 件，占 76%。为加强对开发区和外商投资企业的登记管理，1993 年《山东省经济技术开发区管理条例》《山东省开发区土地管理规定》《山东省外商投资企业劳动管理条例》等配套法规，使开发区及外商投资企业的管理纳入法制轨道。1994 年颁布的《山东省经济技术开发区企业登记管理条例》，在工商管理、投资方式和维护投资者权益方面做了调整修改。为加强对经济合同的监管，1994 年省人大通过《山东省经济合同管理条例》，使经济合同的管理、监督、仲裁以及违法行为的处罚均有章可循。经济立法突出山东特色，提高地方立法实效。注重调研论证，结合山东特色，通过立法解决山东实际问题。例如，“海上山东”及相关法律，建立了海域使用规划制度、预审制度，推进了山东海域使用管理的法制化进程。这使经济各方面有法可依，为规范市场主体、促进公平竞争提供了坚实保障。

坚持政府立法决策与党的政策紧密结合，从全省经济和社会发展的大局出发，加强经济立法。农村依法治理，要着重抓好《农业法》、国务院和山东省关于农民负担两个《条例》的贯彻落实，依法巩固农业基础地位，减轻农民负担，维护农民合法权益，振兴农村经济。为加强土地管理，1994 年的《山东省土地监察条例》紧紧围绕土地管理中的突出问题，规定了土地监察部门的职权、管辖和违反本法规案件的受理处理等问题，使山东省的土地管理、监察工作走上法治轨道。在环境保护方面，1995 年 6 月 14 日通过《山东省小清河流域水污染防治条例》。随着社会主义市场经济的发展，山东省房地产市场主体及其行为发生变化，出现土地出让证和房地产开发项目脱节、造成土地浪费的现象，完善1994年通过的《山东省城市建设综合开发暂行办法》显得十分迫切。山东省第八届人大常委会第十八次会议通过的《山东省城市房地产开发经营条例》，切实解决了房地产开发中存在的各种深层次问题，制定了一套精简高效的运行机制，涉及开发项目的提出、确立、招标、收费、建设、经营、管理等，纠正了房地产开发中的管理混乱、土地资源严重浪费的现象。立法成为加快经济建设的助推器。

八、精神文明建设品牌的打造和文化大省的建设

山东省既开展经济建设，也不忽视和放松精神文明建设。始终坚持党中央提出的“两手抓，两手都要硬”的战略部署，找特色，创品牌，着力打造文化大省，走出了一条适合山东省实际的精神文明建设的新路子。

（一）精神文明建设品牌的打造

1996年党的十四届六中全会通过《中共中央关于加强社会主义精神文明建设若干重要问题的决议》，提出全国各地广泛开展群众性精神文明创建活动。随后，山东省加强群众性精神文明创建工作，21世纪初，山东省精神文明建设在经历了实践探索和正规化阶段后，进入了形成特色、打造品牌的阶段。为了更好地贯彻落实党中央关于精神文明建设的精神，山东省广泛开展群众性精

积极推进“生态山东”建设，命名推出一批“文明生态市（县）”“文明生态镇（乡）”“文明生态村”（张健摄影）

神文明创建活动。在总结经验和凝练特色的基础上，山东逐步形成了一批有影响力的、效果好的文化品牌。

实施精神文明建设品牌战略。（1）广泛开展创建全国和省级文明城市活动，培育城市精神，树立城市形象，打造一批文明城市品牌。（2）突出绿色、安全、温馨和文化品位，打造一批文明社区品牌。（3）突出规范管理、诚实守信、热情服务和群众满意，打造一批文明单位、文明行业品牌。（4）突出农村风貌、农民富裕、农业发展和精神文化需求，打造一批文明村镇品牌。（5）突出以城带乡、城乡联动，建设“文明一条街”、实施“文明信用工程”，打造文明联片创建品牌。（6）深化以行政执法、窗口单位为重点的群众性行风评议活动，规范“110”“120”等社会救助服务热线，完善服务承诺制、服务代理制、执法公示制、“一站式”服务制和为民服务联动，打造一批为民服务品牌。(7) 开展社区道德展示、农村道德评议会、“美在家庭”“三讲一树”活动，打造公民道德建设品牌。(8) 积极推进“生态山东”建设，命名推出一批“文明生态市（县)”“文明生态镇（乡)”“文明生态村”。

“文明山东”建设的目标任务是，到2010年，全省有8—10个城市建成全国文明城市（城区）和创建工作先进城市（城区），50%的城市被评为省级文明城市（城区）和创建工作先进城市（城区），60%的城市社区被评为县（市、区）以上级文明社区，60%的村、乡镇被评为县（市、区）以上级文明村、乡镇，把山东建设成为民主法治、公平正义、诚信友爱、充满活力、安定有序、人与自然和谐相处的地区。新时期山东精神文明建设形成了从农村到社区，从企业到机关，全面创建文化品牌的格局，为山东的经济发展创造了良好的环境。

（二）建设文化大省

与山东经济大省的地位相比，山东的文化发展还需要有一个质的飞跃。“十五”期间，山东将“建设文化大省”确立为发展战略。山东建设文化大省的总体构想是：坚持以加快发展为主题，以深化改革为动力，以发展文化产业为突破口，进一步解放和发展文化生产力，全面繁荣社会主义文化事业。山东省实施了以下措施：

1. 加快文化管理体制改革

积极推进经营性文化事业单位的企业化管理；确立国办艺术表演团体自主经营、独立运作的文化实体地位；文化管理部门不再直接管理影剧院等经营性演出场馆和文化部门下属的演出公司等文化企业；以政府名义举办的社会文化活动及评奖活动，也应逐步改为委托文联、作协等群团组织或社会中介组织承办；将电影发行放映公司及所属资产整体划归省广电集团，实现文化资源的合理组合，向大文化的发展格局过渡。

2. 深化文化单位内部改革

主要是深化人事制度改革，建立起单位自主用人，职工自由择业，人员能进能出、能上能下，全面开放的用人机制；分配制度改革，坚持效率优先、兼顾公平的原则，在个人收入分配上引入竞争机制，拉开分配档次，实行以岗位工资为主的收入分配办法；行政后勤制度改革，逐步将行政后勤服务从文化单位剥离出去，实现行政后勤管理的社会化；财政拨款制度改革，财政文化事业拨款，要压缩人头费比例，扩大作品项目、演出等事业经费比例，逐步实行按项目拨款和以奖代拨。

3. 深化投融资体制改革

建立多元化投资体制。在保证政府对文化的投入逐年有所增长的同时，广开渠道，积极探索以市场化运作方式吸引社会资金发展文化的新途径。改革政府投入方式，实现政府财政由养人到养事业的转变。调整投入结构，逐步从对文化事业单位及从业人员的一般投入转为文化项目投入，政府财政主要用于公益性文化基础设施建设和文化事业发展。促进文化资源的合理流动，盘活国有文化资产的存量。充分发挥市场在文化资源配置中的基础性作用，实现文化资源的优化组合。

4. 大力发展文化产业

扶持省直三大文化集团加快发展，进一步壮大实力，增强内部活力，提高市场竞争力；大力培育新兴文化产业；坚持一手抓繁荣，一手抓管理，培育健康繁荣、竞争活跃、统一有序的文化大市场；把文化产业纳入国民经济和社会发展的总体规划，加强指导和协调。

5. 高度重视文化人才队伍建设

重点抓好三支队伍建设：文化专业队伍、文化经营队伍和文化管理队伍。在全省有重点地实施“文化名人工程”，通过在高等院校开设文化经营专业等办法，加快培养文化经营人才。

6. 落实和完善文化经济政策

保证各级政府文化事业经费的增长不低于当年财政预算的增长幅度，同时每年安排一定数额的文化贷款贴息资金，用于扶持文化产业发展。调整文化企业税收返还的分配比例，适当加大省里统筹比例，专门用于宏观调控和省里重大文化项目的建设。支持欠发达地区文化事业的发展，从扶贫资金中拿出一定比例，用于文化扶贫。鼓励文化事业单位转制和新办文化企业。支持文化企业加快技术改造步伐。

经过改革，山东初步建立起与社会主义市场经济体制相适应的、科学合理和灵活有效的文化管理体制和运行机制，形成宏观调控有力、微观竞争有序、充满生机和活力的文化发展机制。思想道德建设进一步加强。文化事业全面繁荣，文化创作充满活力，形成高质量、多门类、具有山东特色的精神文化产品创作体系，涌现出一大批具有艺术震撼力和影响力的精品力作。群众文化活动丰富多彩，文化消费大幅度增加，社区文化、企业文化、校园文化、广场文化和家庭文化全面发展，形成多层次、网络化的群众文化体系。社科理论研究成果丰硕，建设了一批在国内有较大影响的学科和研究基地。文化产业结构优化，产业增加值在全省GDP中的比重有较大增长，文化竞争实力显著增强。文化市场繁荣有序，建立起人才流动、资金筹集、技术交易、中介服务等各种功能完备的文化市场体系，市场对文化资源的优化配置作用得到充分发挥。文化传播手段和基础设施先进，形成布局合理、技术先进、功能完备的文化设施网络。山东省文化整体水平有所提升，成为走在全国前列的文化大省。

九、住房制度的改革和新型社会保障制度的建立

随着社会主义市场经济体制的确立与不断完善，亟须建立与其相适应的新的城镇住房制度，实现城镇住房商品化、社会化，加快住房建设，改善居住条件，满足城镇居民不断增长的住房需求。与此同时，建立适应经济社会发展要求的新型社会保障制度势在必行。

（一）住房制度的改革

山东省自1990年下半年开始着手拟订《城镇住房制度改革试行方案》。1991年8月，国务院颁布《关于深化城镇住房制度改革的决定》，为20世纪末建立起新的城镇住房制度，使城镇居民住房达到小康水平，提出了明确的房改任务和目标。山东加快房改的进程，1992年制定《山东省城镇住房制度改革试行方案》；1995年，山东省印发了《山东省贯彻国务院关于深化城镇住房制度改革的决定的实施意见》的通知，标志着山东省住房制度改革进入了正式启动阶段。为贯彻党的十五大关于加快住房制度改革的精神，1998年国务院印发《关于进一步深化城镇住房制度改革加快

住房建设的通知》，决定从1998年下半年开始，停止住房实物分配，逐步实行住房分配货币化，城镇住房制度改革从此在全国范围内展开。通知还要求，停止住房实物分配后，新建经济适用房原则上只售不租，同时要全面推行和不断完善住房公积金制度。这标志着中国实行了近50年的福利分房制度从政策上退出了历史舞台。

山东省房改的基本内容概括为“三改四建”。三改是：把住房建设投资由国家、单位统包的体制改变为国家、单位、个人三者合理负担的体制；把各单位建设、分配、维修、管理住房的体制改变为社会化、专业化运行的体制；把住房实物福利分配的方式改变为以按劳分配为主的货币工资分配方式。四建是：建立以中低收入家庭为对象、具有社会保障性质的经济适用住房供应体系和以高收入家庭为对象的商品房供应体系；建立住房公积金制度；发展住房金融和住房保险，建立政策性和商业性并存的住房信贷体系；建立规范化的房地产交易市场和发展社会化的房屋维修、管理市场，逐步实现住房资金投入产出的良性循环，促进房地产业和相关产业的发展。

住房制度改革把单位住房权利共同体分解为住房的供给者与需求者，使住房供求关系完全突破了单位的限制，突破了部门的限制，最后突破了地区的限制，进而使房地产业获得充分发展的广阔市场空间。另外，为解决中低收入群体的住房困难，山东省人民政府高度重视保障性住房的建设工作，陆续出台了一系列鼓励和支持保障性住房建设的政策和措施，取得了一定的成效。

20世纪90年代初特别是1998年推进住房制度改革以来，山东房地产业开始迅猛发展，2008 年商品房施工面积达到 1.8 亿平方米，完成投资 1975 亿元，已成为拉动经济增长、改善人民生活的重要支柱产业。与深化住房制度改革、实行住房货币化分配同步，1998 年开始启动住房保障体系建设，建立廉租住房制度，增加经济适用住房供应，到 2009 年累计为 40 多万户中低收入家庭解决了住房困难，所有市（县）已全部将廉租住房保障范围扩大到低收入住房困难家庭。截至 2008 年年底，全省城市和县城居民人均住房建筑面积达到 31.4 平方米，为新中国成立前的 7.9 倍。市民的住房不仅由小变大、由无产权到有产权，而且质量、功能、环境都有了质的飞跃。

住房制度改革是山东省经济体制改革的重要组成部分，通过改革，城乡居民住房条件明显改善，特别是住房质量、居住功能和人居环境明显改善与提高。

（二）新型社会保障制度的建立

随着社会主义经济体制改革的不断深化，社会保障制度建设越来越得到重视。

1993—1998 年是我国社保制度思路形成与目标模式选择阶段。这一阶段是以社会保险为重点的社会保障改革探索阶段。其突出特点是围绕国有企业改革、经济体制改革，按照社会主义市场经济体制的要求，探索建立国家、企业、个人共同负担的社会保障制度。企业职工基本养老保险明确基本养老保险实行社会统筹和个人账户相结合的制度模式；此后经过不断改革、调整和完善，基本养老保险制度的激励约束机制初步建立。

1986 年，国家首次建立了国有企业职工待业保险制度；1997 年国务院颁布的《关于建立统一的企业职工基本养老保险制度的决定》，规定城镇各类企业职工和个体劳动者，都应当参加城镇企业职工基本养老保险；1999年发布《失业保险条例》，把失业保险制度扩大到各类企事业单位。针对传统的公费医疗浪费严重和企业拖欠职工医药费严重的问题，1998年，中央明确了我国城镇职工基本医疗保险的制度、政策和措施，全面启动改革。与此同时，工伤保险、生育保险、城镇居民最低生活保障等制度也得到发展完善。这一时期的社会保障建设主要是以城市为中心，以职业人群为重点，但没有对农村和社会贫困群体的社会保障做出通盘设计和考虑。

山东省根据工作的实际情况，在充分调动地方和有关部门工作积极性的基础上，以适应建立社会主义市场经济新体制的要求为根本指导思想，遵照“四个统一”、全程服务、国泰民安等基本原则来进行社会保障制度的改革。

“四个统一”是：(1) 统一对社会保障体系建设的领导。省、市（地）、县（市、区）分别对本辖区的社会保障工作实行统一领导和协调，将此前的劳动、民政、人事部门分别运作，变为劳动、民政、人事和有关方面、有关部门统一协调的“三马一车”运行机制。(2) 统一政策。根据全省经济发展水平和各方承受能力，针对城镇企业职工、农民和机关事业工作人员的不同特点，不同情况，对企业劳动保险、农村社会养老保险、机关事业单位社会保险分别制定相对统一的缴费比例、发放标准等政策。(3) 统一运筹。按照分工负责、各司其职的原则，劳动、民政、人事部门对各自的保险金实行自收自支，形成“三池蓄水”，大数留在县、市（地），小数交省统筹；劳动、民政、人事部门筹集的保险金分别不同情况统一纳入县、市（地）、省财政预算外专户储存，在确保支配权不变，及时支付和保值增值的前提下，由财政部门充分利用时间差、行业差、地域差统一运营，支持地方经济发展。(4) 统一监督。劳动、民政、人事部门所有保险金都要接受协调委员会及财政、审计部门的监督，严禁挪用、浪费和流失。

山东省各级各部门认真贯彻中央和山东省委、省政府的有关批示精神，密切配合，大胆探索。

山东农村社会保障制度的建设是从 1986 年开始的，初步形成以乡镇保障服务网络和养老保险制度为主要内容的农村社会保障服务体系。在乡镇普遍建立救灾扶贫、优抚安置、老年人保障、残疾人保障、婚丧改革服务五个救助、服务型的保障网络。重点是保障农村传统的民政对象（近 2000 万人）和对全体农民的婚丧服务。截至 1994 年，全省已有 96%的乡镇建起五个保障网络，在农村共兴办社会福利企业 3995 处，安置残疾人员 6.2 万人；建立乡镇敬老院 4606 处，收养五保对象 8.2 万人；建立乡村救灾扶贫储金会 2.1 万个，积累基金 1.84 亿元，累计扶持贫困户 240 多万户；优抚安置，除国家拨款外，年筹集群众优待金 2.7 亿元；建立农村红白事理事会 9 万个，全省火化率达 96%以上。第二个层次是建立农村社会养老保险制度。这项工作的保障对象是包括乡镇企业职工的全体农民，约 3500 万人，占全省农村人口的 1/2。农村养老保险由各级民政部门负责管理。山东省从 1991 年开始，经过三年多的努力，已成功地探索出了一条“储备积累”式的农村养老保险的工作路子。具体做法是，以县为单位建立和统筹管理养老保险基金；农民从实际出发，自愿选择投保档次（2—20 元 / 月）；养老保险基金由政府担保，采取多种形式，确保保值增值，及时兑付。截至 1993 年年底，全省已有 122 个县（市、区）

启动，1629万名农民投保，占全省适龄投保对象的40%以上，共积累保险金6.2亿元，有67个县（市、区）已基本建立起养老保险制度。

农村社会保障体系建设，使烈军属、五保对象、残疾人、灾民和困难户等特殊对象的基本生活和服务得到切实保障。农村养老保险逐步实现实体化、规范化、法制化。

机关事业单位保险包括养老保险、失业保险、公（工）伤残保险、生育保险等。保险对象为机关事业单位的全体固定、聘用和临时工作人员。截至1995年，全省已有30595个企业的471.9万名职工参加了养老保险，29145个企业的579万名职工参加了失业保险，18个县（市、区）进行了大病统筹，参加职工人数19.7万人。根据国务院《城市居民最低生活保障条例》和国家有关规定，2001年9月28日山东省实施《城市居民最低生活保障条例》办法。另外，还有90个县（市、区）建成了农村最低生活保障制度，有25万名贫困群众享受了保障。

经过统筹规划，合理安排和密切配合，山东省新型社会保障制度取得了实质性的进展，为保障人民基本生活，促进经济发展、维护社会稳定、构建社会主义和谐社会发挥了积极作用。

十、县以上领导干部“三讲”教育活动和农村“三个代表”重要思想学习教育活动的开展

世纪之交国内外形势的发展、党肩负的历史任务，对党的建设提出了新的更高要求，迫切需要加强干部队伍建设。党中央审

时度势先后作出在领导干部中深入开展以“讲学习、讲政治、讲正气”（三讲）为主要内容的党性党风教育和在农村开展“三个代表”重要思想学习教育活动的重大决策。这些都是在新的条件下加强党的建设的新探索。

（一）领导干部“三讲”教育活动

1998年11月21日，中共中央决定在县级以上党政领导班子、领导干部中深入开展以“讲学习、讲政治、讲正气”为主要内容的党性党风教育。1998年12月22日，省级领导班子、领导干部“三讲”教育活动动员大会在济南召开，标志着山东省领导干部“三讲”教育的正式开始。

山东省的“三讲”教育分思想发动、学习提高，自我剖析、听取意见，交流思想、开展批评，认真整顿、巩固成果几个阶段进行。

1.省级干部“三讲”教育活动

主要开展了副省长以上领导干部集体参加“三讲”教育学习辅导讨论活动，省五大领导班子集体参加“讲政治”专题讲座活动，省委、省人大常委会、省政府、省纪委领导班子成员集体学习讨论活动等。在全省广大党员干部群众的关心和支持下，省级领导班子和领导干部通过“三讲”教育活动，进一步统一了思想认识，提高了“三讲”的自觉性；认识和分析了存在的突出问题，明确了加强党性党风建设的方向和重点。从实际出发，研究制定了整改措施。

2.市地、厅局和县级党政领导班子“三讲”教育活动

按照先行试点、摸索经验、分期分批、逐步推开的思路，首先抓了28个县（市、区）的试点，其他111个县（市、区）的

“三讲”教育分两批进行。工作中，注意从县（市、区）的实际出发，坚持高标准、严要求，扎扎实实地抓好每个阶段，每个环节的工作：

第一，充分征求群众意见。将征求意见范围扩大到县（市、区）直属部门领导班子副职和乡镇党政领导班子成员，县以上党代会代表、人代会代表、政协委员中的基层群众代表和委员，重点企业、重点中学负责人，农村党支部书记、个体私营户代表。为了兼顾学习与工作，采取了三条措施：统一实行集中辅导、集中自学、集中交流的“三集中”方法；省和市（地）及其直属部门尽量减少会议、检查等活动；要求各县（市、区）充分发挥各直属部门和乡镇的作用，尽职尽责地做好工作，为县级干部创造良好的学习条件。

第二，深入搞好思想剖析。省委要求县级领导干部用高标准衡量自己，实事求是地认识自己，正确看待成绩与问题，正确处理个人与班子、现岗位与原岗位、上级与下级、主观与客观环境等关系。要从履行领导职责的实践中，查找贯彻党的理论、路线、方针和中央决策上存在的差距，从群众提出的批评意见中查找自己思想、工作和作风上的缺点和不足，从本地发生的重大事件或典型案件中查找自己应负的责任。

第三，认真开好民主生活会。要求开展相互批评，特别是对“一把手”的批评要有深度；触及工作中的失误、执行党的方针政策出现的偏差等重大问题；讲团结，讲正气，讲良好的精神状态。

第四，切实解决突出问题。各县（市、区）按照省委的要求，结合各自的实际，抓住存在的突出问题，切实加以整改，取得了明显成效。

“三讲”教育历时两年多，共5万余人参加教育活动。通过“三讲”教育，全省县以上领导班子和领导干部提高了领导水平和执政水平，增强了拒腐防变和抵御风险能力。“三讲”教育是有效推进党的建设，特别是领导班子、领导干部思想政治建设的一次创造性探索和成功实践，是党的“三大作风”在历史新时期的丰富和发扬。

（二）农村“三个代表”重要思想学习教育活动

为了深入贯彻落实江泽民“三个代表”重要思想，加强和改进党对农村工作的领导，切实解决农村存在的突出问题，确保党的十五大和十五届三中、五中全会及中央经济工作会议提出的农业和农村各项工作任务的落实，党中央决定，从2000年冬开始，用两年左右的时间，在全国县（市）部门、乡镇、村领导班子和基层干部中，有计划、有步骤地开展“三个代表”重要思想学习教育活动。根据中央的指示和部署，从2000年冬到2001年春开始，山东在县（市）部门、乡镇、村领导班子和基层干部中，有计划、有步骤地开展了“三个代表”重要思想学习教育活动。

2000年12月，省委召开全省农村“三个代表”重要思想学习教育工作会议，对学习教育活动做了部署，提出了开展学习教育的指导思想和原则。此后，学习教育活动迅速在全省有计划、有步骤地展开。

1. 高度重视，齐抓共管

市、县党委及时传达贯彻会议精神，建立专门领导机构和工作机构。为了切实加强学习教育活动的领导，各市成立了学习教育活动联席会议及其办公室，及时召开联席会议成员会议，研究搞好学习教育的措施。各地建立领导责任制，形成一级抓一级，层层抓落实的责任体系，强化县（市、区）委书记第一责任人的责任意识，落实乡镇党委书记和县（市、区）部门主要负责人、直接责任人的职责，协调有关部门加强对本系统下属部门学习教育活动的督促指导，并将落实责任制的情况作为干部考核的一项重要内容。

2. 紧扣大局，落实措施

为切实把中央和省委要求与本地实际结合起来，各地、各单位组织力量深入调查研究，紧紧围绕农村工作大局，结合实际制定实施方案，突出了调整农业和农村经济结构、减轻农民负担、改进基层干部思想和工作作风、加强精神文明建设和民主法制建设等方面的内容，把提高基层干部的综合素质作为着力点和主攻方向。

3. 培训骨干，广造舆论

各地注重搞好领导干部和理论宣讲骨干的培训工作，发挥他们的骨干带头作用。省委党校和省委讲师团为各地培训了 90 多名学习教育活动工作骨干和理论宣讲骨干。潍坊市组织有较高理论水平的专家辅导团和优秀基层干部巡回到各县（市、区）作报告，对 2400 多名县（市、区）部门主要负责人和乡镇正职进行了培训。枣庄市薛城区采取学习理论、专题讨论和外出参观相结合的形式，对乡镇党政一把手和区直有关部门的主要负责人进行了培训。菏泽市重视广泛宣传发动，召开了不同层次的座谈会 800 余次，设立宣传栏 7000 多个，印发宣传资料 28000 余份，遴选了 9 名乡镇党委书记和 9 名村党支部书记先进事迹制作成专题片，组织广大干部学习观摩。青岛市成立了由联席会议成员单位负责人任组长的 6 个督导组，确保学习教育活动质量。

4. 抓点带面，示范引导

为促进学习教育活动扎实开展，发挥示范引导作用，省、市、县都建立了党员领导干部联系点制度。领导同志通过深入联系点调查研究，直接做学习教育动员，进行具体指导，联系点办成了学习教育活动的示范点。

山东省的学习教育活动取得了明显成效。通过学习，广大基层干部澄清了模糊认识，积极投身学习教育活动，全省农村呈现出学理论、强素质、兴农业、促发展、保稳定的良好局面。

十一、山东小康水平的初步达到和21世纪经济社会发展的战略研究

2000年，山东省圆满完成了第九个五年计划确定的主要任务，实现了现代化建设的第二步战略目标，初步建立了社会主义市场经济体制，人民生活总体上达到小康水平。在此基础上，山东对21世纪经济社会发展的战略进行了研究。

（一）山东小康水平的初步达到

纵观世界各发达国家的发展史，小康是文明社会发展的一个必经阶段。小康生活，对老百姓来说，标志着贫困已摆脱，温饱已解决，正向富裕文明的生活迈进。奔小康，不仅是百姓的奋斗目标，也是各级政府在农村工作中的总任务、总目标。我们可用恩格尔系数来衡量小康水平。所谓恩格尔系数是指食品消费支出占全部生活消费支出的比重，用于反映人们的总体消费水平和

消费结构。联合国规定，恩格尔系数在59%以上的为绝对贫困，50%—59%为温饱，40%—50%为小康，40%以下为富裕。

山东农村初步达到小康水平。从1949年到2008年，农民人均纯收入由44.7元增至5641.4元，增长125.2倍，年均递增8.5%；人均生活消费支出由38.3元增至4077.1元，增长105.5倍，年均递增8.2%；农民人均住房面积达33平方米，较1978年的9.8平方米，扩大了2.4倍，农村居民恩格尔系数由60.1%降至38.1%。改革开放以来，随着农民收入水平和消费水平的不断提高，消费结构加快转型升级，逐步由温饱型向享乐型和发展型转变，消费结构和消费环境发生了巨大变化。山东农民生活实现了三次重大跨越。1981—1998年，农民的恩格尔系数在50%—59%之间，农民由基本解决吃饭穿衣问题到温饱，农村居民生活消费水平处在温饱阶段。1999年，农民的恩格尔系数降到50%以下，实现了农村居民生活质量的第二次跨越——由温饱到小康；1999—2004年，农民的恩格尔系数在40%—50%之间，农村居民生活消费水平整体处在小康阶段。

（二）21世纪经济社会发展的战略研究

2001年开始，山东省进入了全面建设小康社会、加快推进社会主义现代化建设的新的发展阶段。为促进山东省经济、社会在进入21世纪后更好更快地发展，山东省委、省政府着手进行第十个五年计划的编制工作，相继形成了《山东省国民经济和社会发展第十个五年计划纲要（草案)》，审议并批准了《关于山东省国民经济和社会发展第十个五年计划纲要的报告》，对山东省21世纪的经济社会发展的战略进行研究。

展望21世纪，我们面临的将是一个更加复杂多变的环境，其中有诸多有利条件和机遇，也面临着许多重大的挑战和压力。从国际形势看，世界两极格局终结后，某些西方国家凭借其经济和军事实力，谋求霸权主义和单极世界格局，为国际形势的发展增添了新的不确定因素。但世界多极化是大势所趋，和平与发展的历史潮流是难以改变的。世界经济虽然不断出现波折，但经过一个时期的调整后，又有可能步入新的增长期。经济全球化和以信息技术为主要内容的新技术革命，在国际间引发了新一轮的产业结构调整与升级，知识经济在全球范围内的蓬勃兴起，为世界经济的持续增长提供了条件和可能。各国都在以提高综合竞争力为核心，加大科技创新力度，加快产业升级步伐，力求在新的国际分工格局中获得最大的比较利益。这既为山东经济展现了新的发展领域，拓展了新的增长空间，又使山东这种产业结构层次较低的后发地区承受着较大的竞争和增长压力。从我们国家的情况看，中国宏观经济运行环境正在发生转折性变化，市场经济体制的确立和综合生产力水平的提高，使得买方市场成为经济生活中的常态，市场配置资源的效率大大提高，在短期内动员生产要素进而形成有效供给的能力日益增强。国内需求成为经济增长的主动因，国家宏观经济政策重心已由单纯的供给管理向更加重视需求管理转变。伴随着资源、环境、人口压力的加大和市场化程度的提高，过去那种高消耗、高成本、低效益的增长方式将难以为继，一个区域的发展将更多地取决于科技创新能力的强弱，取决于经济增长方式的转变，科技创新在经济发展中的主导作用日益明显。

这一战略研究，为山东新世纪的社会经济发展指明了方向。

第十章
全面建设小康社会的新阶段

改革开放以后，经过了 20 多年的发展，中国社会经济面貌发生了深刻的历史性变化，人民生活总体上达到小康水平。但这种小康是低水平的、不全面的、不平衡的，还不是真正的小康。2002 年以来，山东认真贯彻党的十六大、十七大和省第八次、第九次党代会精神，以科学发展观统领经济社会发展全局，进入了全面建设小康社会的新阶段。

一、中央全面建设小康社会纲领的制定和实行科学发展观、构建和谐社会的提出

在新世纪新阶段，中国共产党结合马克思主义理论与基本国情，不断进行理论创新，相继提出了全面建设小康社会、树立科学发展观和构建和谐社会的执政理念。

（一）全面建设小康社会纲领的提出

2002 年 11 月，党的十六大明确提出了全面建设小康社会的

奋斗目标，要在本世纪头二十年，集中力量，全面建设惠及十几亿人口的更高水平的小康社会，使经济更加发展、民主更加健全、科教更加进步、文化更加繁荣、社会更加和谐、人民生活更加殷实。这六个“更加”明确了全面建设小康社会的要求。关于全面建设小康社会的含义，可以从以下几个方面加以理解和把握：

1. 全面建设小康社会的首要任务是发展经济

全面建设小康社会，最根本的是坚持以经济建设为中心，不断解放和发展社会生产力。对于经济增长速度的要求，是在优化结构和提高效益的基础上，国内生产总值2020年力争比2000年翻两番，使中国的综合国力和国际竞争力明显增强。

2. 全面建设小康社会要继续高扬改革开放的旗帜

党的十六大指明了深化经济体制改革和扩大对外开放的方向，提出要坚持和完善基本经济制度，深化国有资产管理体制改革；健全现代市场体系，加强和完善宏观调控；深化分配制度改革，健全社会保障体系；坚持“引进来”和“走出去”相结合，全面提高对外开放水平。

3. 全面建设小康社会要实现社会全面进步

党的十六大提出了发展社会主义市场经济、社会主义民主政治和社会主义先进文化，不断促进社会主义物质文明、政治文明和精神文明的协调发展的总体要求。这里关于“三个文明”的概括，是对中国特色社会主义和中国现代化认识的进一步深化。

4. 全面建设小康社会的出发点和最终落脚点，是提高全国人民的生活水平和质量

全面建设小康社会的目标，包括社会保障体系、国民教育体系、全民健身和医疗卫生体系建设，人民政治、经济和文化权益

得到尊重和保障，以及保证人民安居乐业的良好社会秩序等。这是使全国人民的生活得到全面改善的目标，也是促进人的全面发展的目标。

5. 全面建设小康社会的进程是不平衡的

发展不平衡是中国的基本国情。各地各部门都要从实际出发，采取切实有效的措施，努力实现全面建设小康社会的目标。有条件的地方可以发展得更快一些，在全面建设小康社会的基础上，率先实现现代化。

改革开放之初，邓小平同志创造性地提出建设小康社会和现代化建设的战略构想。党的十六大关于全面建设小康社会的理论和纲领，则进一步丰富和发展了邓小平同志的小康社会理论和实现现代化的经济发展战略，为从小康逐步走向现代化提供了宏伟蓝图和行动纲领。

（二）科学发展观的提出

改革开放以来，中国经济发展取得了举世瞩目的成就，但也存在一系列突出的矛盾和问题：发展不够全面，不够协调，持续发展能力较弱。一些地方和领域出现重经济指标、轻社会进步，重物质成果、轻人的价值，重眼前利益、轻长远福祉的偏颇。

胡锦涛同志在 2003 年 7 月 28 日的讲话中提出，要坚持以人为本，树立全面、协调、可持续的发展观，促进经济社会和人的全面发展，首次全面提出科学发展观。2003 年 10 月党的十六届三中全会明确提出了科学发展观。

科学发展观的第一要务是发展。中国社会主义初级阶段的基本国情决定了，要实现全面建设小康社会的宏伟目标，最根本、最重要的是始终坚持发展是硬道理的战略思想。科学发展观的核心是以人为本，将实现好、维护好、发展好最广大人民的根本利益作为工作的出发点和落脚点，这明确了中国经济社会发展的根本宗旨和基本动力。要树立全面、协调、可持续的发展观。全面发展，就是要以经济建设为中心，全面推进经济、政治、文化建设，实现经济发展和社会全面进步；协调发展，就是要统筹城乡发展、统筹区域发展、统筹经济社会发展、统筹人与自然和谐发展、统筹国内发展和对外开放，推进生产力和生产关系、经济基础和上层建筑相协调，推进经济、政治、文化建设的各个环节、各个方面相协调；可持续发展，就是要促进人与自然的和谐，实现经济发展和人口、资源、环境相协调，坚持走生产发展、生活富裕、生态良好的文明发展道路。

科学发展观是针对中国发展新阶段提出的经济社会发展的新要求和新思路，是改革开放和现代化建设必须长期坚持的重要指导思想。

（三）构建和谐社会的提出

社会发展与经济发展密不可分。改革开放以来，中国社会发生了翻天覆地的变化，取得了举世公认的成就。但是，还应看到，社会发展与经济发展之间出现了明显的不和谐的现象，社会发展滞后于经济发展引发了一系列令人担忧的社会问题，如贫富差距拉大、失业、社会保障缺位、社会公共事业有所滑坡等。这些问题如果处理不好，就会严重影响社会和谐稳定和全面建设小康社会的大局。

2004 年 9 月，党的十六届四中全会提出构建和谐社会的战略目标，把和谐社会建设放到同经济建设、政治建设、文化建设并列的突出位置。《2005年社会蓝皮书》提出了构建和谐社会的总体目标：扩大社会中间层，减少低收入和贫困群体，理顺收入分配秩序，严厉打击腐败和非法致富，加大政府转移支付的力度，把扩大就业作为发展的重要目标，努力改善社会关系和劳动关系，正确处理新形势下的各种社会矛盾，为建立一个更加幸福、公正、和谐、节约和充满活力的全面小康社会而奋斗！

2006年10月，党的十六届六中全会通过《中共中央关于构建社会主义和谐社会若干重大问题的决定》，提出到2020年构建社会主义和谐社会的指导思想、目标任务、工作原则和重大部署。该决定着重从五个方面对构建社会主义和谐社会做出了工作部署：一是坚持协调发展，加强社会事业建设；二是加强制度建设，保障社会公平正义；三是建设和谐文化，巩固社会和谐的思想道德基础；四是完善社会管理，保持社会安定有序；五是激发社会活力，增进社会团结和睦。

构建和谐社会战略任务的提出，使中国特色社会主义事业总体布局，由社会主义经济建设、政治建设、文化建设“三位一体”发展为社会主义经济建设、政治建设、文化建设、社会建设“四位一体”，从而使中国特色社会主义的发展模式更加清晰。

实施科学发展观、构建和谐社会同全面建设小康社会，都属于建设中国特色社会主义这个大范畴，它们是相互包含、相辅相成的。作为社会建设过程，实施科学发展、构建社会主义和谐社会既是全面建设小康社会的重要内容，也是全面建设小康社会的重要条件。

二、21 世纪前 20 年山东经济社会发展的基本思路和全省区域发展战略的新演进

为贯彻落实党的十六大精神，山东省从实际出发，确定了 21 世纪前 20 年经济社会发展的基本思路和全省区域发展的新战略。

（一）21 世纪前 20 年山东经济社会发展的基本思路

2003 年 6 月 3 日，中共山东省第八届委员会第五次全体会议审议通过了《中共山东省委关于进一步解放思想干事创业加快现代化建设步伐的决定》，指出山东省经济社会发展的总体要求和基本思路是：高举邓小平理论伟大旗帜，坚持以“三个代表”重要思想为指导，深入贯彻党的十六大精神，围绕“一个总目标”，争取“两个提前”，完成“三个阶段”任务，实施“四大战略”，落实“五项工作方针”，实现“六个方面变化”。

“一个总目标”，即建设“大而强、富而美”的社会主义新山东。“大”就是经济总量大，发展速度快，对国家的贡献大。“强”就是综合竞争力强，产业结构优化，经济质量和效益高。“富”就是社会财富多，人均水平高，人民生活更加富足。“美”就是生态环境好，城乡面貌美，社会文明进步。“两个提前”，即提前全面建成小康社会，提前基本实现现代化。“三个阶段”：第一阶段，到 2005 年“十五”计划完成时，全省国内生产总值达到 14000 亿元，年均增长 10%以上；第二阶段，到 2010 年，全省国内生产总值超过 21000 亿元，年均增长 9%；第三阶段，到 2020 年，全省国内生产总值超过 42000 亿元，人均超过 5000 美元，全省总体上基本

实现现代化。“四大战略”，即科教兴鲁、经济国际化、城市化和可持续发展战略。“五项工作方针”，一是坚持用发展的办法解决前进中的问题、用市场经济的手段抓经济工作、用创新的精神培植发展新优势，即“三个坚持”；二是抓住观念更新、机制转换、结构调整“三个关键”；三是突出外经外贸、高新技术、民营经济“三个亮点”；四是促进农民收入、就业岗位、财政收入“三个增加”；五是全面加强社会主义物质文明、政治文明、精神文明“三个建设”。“六个方面变化”，是指实现经济运行质量有新的提高、发展后劲有新的增强、城乡建设有新的进展、投资环境有新的改善、群众收入有新的增长、机关作风有新的改进。

这一思路符合山东实际和时代要求，是新形势下贯彻落实党和国家的重要发展方针的创新思路。

（二）山东区域发展战略的新演进

在区域共同发展方面，2003 年到 2007 年，山东省提出并实施从“龙头带动，重点突破，促强扶弱，协调发展”到“五大板块”竞相发展的战略。2003 年 6 月山东省委召开工作会议，提出了“一个龙头，三个突破，东西联动，城乡统筹，促强扶弱，协调发展”的工作思路，并认真组织实施。

2004 年山东省启动了“三个突破”战略。其一是东部突破烟台，推动烟台充分发挥沿海开放城市优势，加快发展步伐。其二是中部突破济南，济南要实施“东拓、西进、南控、北跨、中疏”的城市空间发展战略，全面加强经济、社会、城市、生态建设，培育工业主导产业，打造电子信息、石化化纤、汽车、机械装备四大产业链条。其三是西部突破菏泽，一改传统的行政扶贫和项目扶贫方式，以项目引进为重点，引导东企西进，济南、青岛、淄博、东营、烟台、潍坊、济宁、威海8个市帮扶菏泽的8个县，促进工业项目在菏泽地区落地生根，并逐步形成产业集聚效应。2007年，菏泽市实现地区生产总值659.9亿元，实现国内生产总值、实际利用外商直接投资、规模以上工业增加值、利税、地方财政收入增速居全省前三位，其中国内生产总值和地方财政收入分别增长17.1%、40.2%，均高于全省平均水平。“三个突破”促进了东中西协调发展。

为了形成青岛带半岛、以半岛带全省，梯次推进、协调发展的新格局，2005年，山东省出台了突出发挥青岛龙头带动作用的意见，要求青岛抓住国际资本和产业转移、承办奥帆赛等历史机遇，突出结构调整、对外开放和城市建设，大力发展临港工业、高新技术和现代服务业。在政策的推动下，青岛的龙头带动作用迅速显现。2006年，青岛市实现地区生产总值3206.6亿元，地方财政收入225.8亿元，均居全省各市首位；进出口总值390.8亿美元，占全省的比重为41%；利用外商投资36.6亿美元。半岛城市群建设加快，辐射带动力较强，2006年1月至11月，实现工业增加值7004亿元，同比增长23.7%，占全省比重为68%；完成固定资产投资6912亿元，增长19.9%，占全省65%；实现进出口总额750亿美元，增长23.8%，占全省的87%。2007年上半年，半岛8个市实现生产总值7959.5亿元，占全省的65.9%；地方财政收入完成490.6亿元，占全省的56.9%；进出口总值达到471.2亿美元，占全省的86.1%，辐射带动力明显增强。

2007年6月召开的山东省第九次党代会，提出了打造山东半岛城市群、济南省会城市群经济圈、鲁南经济带、黄河三角洲高效生态经济区及海洋经济“五大板块”，对推进区域经济一体化发展提出了更高要求。省会城市群经济圈要继续扩大城镇及产业发展规模，提升区域自主创新能力，保障区域生态环境可持续发展。黄河三角洲要建成农牧渔业基地和石油化工、盐化基地，兼顾发展与环境保护，使其成为经济发达、生活富裕、生态优美的区域。鲁南经济带建设的基本思路是：培植优质特色产业，加快城市化进程，实施外向带动战略，使之成为能源和煤化工基地、优质农产品加工基地、建材基地和商贸物流集散地。海洋经济是从海陆一体化的建设全局出发，通过对山东海洋资源的利用、保护，以经济发展为中心的全面建设。

三、农业税的废止和社会主义新农村的建设

在中国国民经济发展中，农业一直起着有力的支撑作用。新世纪以来，中央高密度兑现“重农”承诺，山东省启动以城带乡、反哺农业的步伐，不断加快社会主义新农村建设的步伐。

（一）农业税的废止

2000年以来，农民收入问题受到高度重视。党的十六大第一次提出要统筹城乡经济社会发展；2003年中央农村工作会议要求对农业实行“多予、少取、放活”的方针；2004年党的十六届四中全会，胡锦涛同志提出“两个趋向”的重要论断：纵观一些工业化国家发展历程，在工业化初始阶段，农业支持工业、为工业提供积累是带有普遍性的趋向；但在工业化达到相当程度以后，工业反

哺农业、城市支持农村，实现工业与农业、城市与农村协调发展，也是带有普遍性的趋向。改革开放的20多年后，中国经济整体进入以工哺农、以城带乡的历史新阶段。2005年12月29日，第十届全国人大常委会第十九次会议决定，农业税条例自2006年1月1日起废止。

山东农村税费改革一直走在全国前列。根据《中共中央、国务院关于进行农村税费改革试点工作的通知》精神，2001年山东省委、省政府决定在全省实施农村税费改革。改革的主要内容包括取消乡统筹费、农村教育集资等专门面向农民征收的行政事业性收费和政府性基金、集资，取消屠宰税，逐步取消统一规定的劳动积累工和义务工（简称“两工”），调整农业税、农业特产税政策，改革村提留使用办法。2001年山东省在聊城市和莱州、肥城进行了农村税费制度改革试点，2002年在全省推行。《山东省关于做好2003年农村税费改革试点工作的意见》，明确提出2003年大部分地区要取消农业特产税，2004年要全部取消。从2004年开始，山东省开始降低农业税率。从2004年开始，国家实行对农民直接补贴政策，山东连续三年共落实直补资金40.8亿元，农民人均增收65元。2005年，全省有66个县（市、区）取消了农业税。一系列支农惠农政策，让全省农民有了沉甸甸的收获。2006年山东全部取消了农业税、农业特产税和农村“两工”，全省农民人均税费负担下降到21.3元，比2005年减少了35.5%，一年为农民减轻负担64亿元。农村税费改革四年来，累计减轻农民负担300多亿元，人均减负500多元。

农业税的取消减轻了农民负担，增加了农民收入，使广大农民更多地分享了改革开放和现代化建设的成果。

（二）社会主义新农村建设

社会主义新农村建设始于20世纪50年代，那时候，新农村建设的要求是“有房住、有饭吃、有衣穿”。随着经济的发展和社会的进步，2005年10月党的十六届五中全会提出，要建设“生产发展、生活宽裕、乡风文明、村容整洁、管理民主”的“社会主义新农村”。

“生产发展”，主要是指农村生产力得到新的发展、农业综合生产能力得到新的提高、农村经济得到新的飞跃。“生活宽裕”，就是在生产发展的基础上，农民收入相应得到提高，生活条件不断改善，城乡差距逐步缩小，农民能充分享受科技进步、生产发展带来的成果。“乡风文明”，是在农村物质文明建设的基础上，对农村精神文明建设提出的要求。“村容整洁”，是对农村居住环境和生产环境的总体要求，主要针对农村的村落布局规划、房屋建设、道路和桥梁等基础设施建设，以及卫生状况等方面。“管理民主”，是指农村的基层民主政治建设所要达到的要求。

在新农村建设过程中，山东省坚持以发展农村经济为中心，加快推进现代农业建设。在确保粮食安全的同时，大力推进农业结构调整。全省畜牧水产业占农业总产值的比重达到44%。全省规模以上龙头企业5868家。各类农民专业合作经济组织发展到2.1万个，带动农户485万户，占全省农户总数的22%。2006年省级财政安排“三农”方面的投入64.4亿元，增长24.3%。农村基础设施建设和各项社会事业，都得到长足发展。同时，基层民主建设也不断推进。2007年，全省农业增加值达到2509.1亿元，粮食总产4105.7万吨，农民人均纯收入连续四年实现两位数增长，达到 4985.3 元。2008 年，省财政在资金分配上进一步向农业、农村倾斜，共安排 18.61 亿元，比上年增加 7.1 亿元。社会主义新农村建设极大地促进了农村的发展。

四、国有企业现代产权制度的建立和胶东半岛制造业基地的打造

全面建设小康社会的过程，就是在新时期通过改革不断推进社会主义制度自我完善和发展的过程。在经济改革中，要继续完善社会主义市场经济体制，推动制造业发展。

（一）国有企业现代产权制度的建立

完善社会主义市场经济体制，需要建立适应市场经济发展的新的体制。1993 年党的十四届三中全会提出，建立适应市场经济要求的产权清晰、权责明确、政企分开、管理科学的现代企业制度。10 年后的 2003 年，党的十六届三中全会通过《中共中央关于完善社会主义市场经济体制若干问题的决定》，首次正式提出建立归属清晰、权责明确、保护严格、流转顺畅的现代产权制度。同年，山东省人民政府出台《关于深化省属国有企业改革的意见》，明确提出用 3 年左右的时间，基本完成省属国有企业公司制改革和产权制度改革。截至 2006 年，全省国有企业改制面近 90%，95%的国有中小企业实行了多种形式的改革重组，其中县域国有中小企业改革已基本完成。主辅分离、辅业改制工作步伐加快，13 户有主辅分离任务的省管企业已批复

胶东半岛打造制造业基地

总体方案的达 12 户，批复率达到 92.3%；148 个经营性辅业单位制定了工作实施方案，占经营性辅业单位的 73.3%。关闭破产工作扎实推进，国家下达给山东省的 125 个政策性关闭破产项目中，有 98 个项目已破产终结。股权分置改革总体进展顺利，全省需进行股权分置改革的 46 户国有控股、参股上市公司中，已有 31 户基本完成了股改工作。

建立现代产权制度对于完善社会主义市场经济体制具有重要意义。高效运行的国有资产管理体制，有效降低了国有产权运营成本。党的十六大明确了国有资产管理体制的构建原则，要求建立起以政府的权利、义务和责任相统一，管资产和管人、管事相结合的新体制，实现国有资产向国有资本的转化。在国企改革中，全省国有资产实现了保值增值，国有企业发展质量和后劲显著提高，在全省经济中较好地发挥了骨干带动作用。2005 年全省地方国有及国有控股企业在减少975户的情况下，实现营业收入4793亿元，利润总额237亿元，国有资产总额达到1848亿元。据山东省2007年度企业国有资产运营情况分析报告反映，山东省国有企业4662户，较上年增加41户；资产总额11074亿元、负债总额7384亿元、所有者权益3687亿元，较上年分别增长14.63%、12.97%、54.72%；国有资产总额2527亿元，较上年增加359亿元，增长16.55%。其中，由山东省、市国资监管机构履行出资人职责的企业311户，所属子企业1903户，资产总额7211亿元，负债总额4916亿元，所有者权益2259亿元，国有资产1387亿元，分别占全省的65.12%、66.55%、62.25%、54.89%。

（二）胶东半岛制造业基地的打造

以青岛、烟台、威海为核心的胶东半岛是山东半岛制造业基地的领头雁，同时也是承接日韩产业转移的主要载体。2003年7月，山东省正式规划建设胶东半岛制造业基地，揭开了吸引外资、招商引资的新篇章。

胶东半岛制造业基地建设总的要求是，以胶东半岛为主体，以各类经济园区为骨干，以招商引资为重点，整合现有资源，打破行政界限，实现基础设施共建共享，尽快培植壮大一批优势制造业产业群，促进山东省制造业升级换代，把胶东半岛建设成为面向日韩及欧美等发达国家的加工制造业基地。其具体目标是，从2003年到2010年，胶东半岛三个市国内生产总值年均递增15%以上，一二三产业比例调整为6∶50∶44，制造业增加值占规模以上工业的比重达到94%，利用外资年均递增40%，制造业产品出口创汇年均递增30%，培育一批年销售收入过百亿元的大企业，使胶东半岛成为世界级的制造业中心。

加快建设胶东半岛制造业基地，是山东省委、省政府根据国内外经济发展形势和山东省实际作出的重大战略决策。青岛、烟台、威海三个市化工橡胶、家电、纺织服装、食品已形成明显的比较优势，创出了一批国内或国际知名企业和品牌，拥有较强的技术开发能力，具备了加速发展的基础；汽车、船舶、石化、新材料、电子信息、医药也形成了较大规模，代表了全省同行业发展的最高水平，极具发展潜力。2006年，青岛、烟台、威海三个市实现制造业增加值占全省制造业的36.9%，同比增长了4个百分点，实际利用外商直接投资占70%以上，吸收日韩投资占90%以上，进出口总额占60%以上，胶东半岛制造业基地正逐步发展成为全省加快承接国际转移的有效平台和开放型经济发展的主阵地。

五、外经外贸、高新技术、民营经济的突出发展和交通事业发展的鲜明特色

2002年初，山东省委、省政府面对全省产业结构亟待调整，增长方式亟待转变的现状，果断提出了“突出抓好外经外贸、高新技术和民营经济”三个亮点的重大发展思路。因为交通与产业经济之间存在着极大的协同性，在此期间，山东大力改善交通状况，便利的交通进一步带动了经济社会的快速发展。

（一）外经外贸迈出新的步伐

外经外贸是迅速发展经济最有效的快捷途径，包括利用外资、

对外贸易和对外经济技术合作。

1. 利用外资质量显著提高

一大批技术先进、竞争力强的项目落户山东，外资大项目对全省的产业集聚和带动作用逐步增强。2008 年年底，累计批准外商直接投资项目 58998 个，合同外资金额 1554 亿美元。外资项目规模不断扩大，2008 年新批项目平均投资规模 665 万美元，是 10 年前项目平均规模的 4 倍以上。利用外商直接投资保持较快增长，2002—2008 年合同项目 25884 个，占改革开放以来的 41.7%；合同外资金额 1589 亿美元，占改革开放以来的 62.5%。

2. 对外贸易水平快速提升

外经贸发展明显加快，四年进出口年均增幅达 29.4%，规模为 1984—2002 年 19 年总和的 1.2 倍。2006 年实现进出口 952.9 亿美元，比 2002 年增加 1.8 倍。2007 年全省实现进出口总额 1226.2

外经外贸迈出新的步伐

亿美元。2008 年实现进出口总额 1581.4 亿美元，比 2007 年增长 29%。外贸依存度以每年 1.37 个百分点的速度递增，由 27.3%上升到 35.5%。多元化市场格局初步形成，全省贸易关系涉及的国家和地区由 1978 年的 50 余个，增加到 220 余个。出口产品结构得到优化，2004 年机电产品跃升为全省第一大出口产品，机电、纺织服装和农（副）产品出口比重由 21.0 ：28.5 ：24.7 调整为 31.6 ：20.9 ：13.8。2008 年农产品、纺织服装出口比重分别回落了 1.6 个百分点、1.7 个百分点，机电产品和高新技术产品出口比重分别提高了 4.3 个百分点、3.4 个百分点。

3.“走出去”步伐不断加快

对外承包工程和劳务合作进展顺利，累计实现营业额 132 亿美元，是 2002 年以前累计额的 3.2 倍，年均增长 27.6%。2008 年年底，全省累计设立境外投资企业 1727 家，累计协议投资 34.7 亿美元，其中中方协议投资企业 25.6 亿美元，主要投资行业涉及贸易、纺织、服装、机械、食品加工、家电、轻工、化工、制造、运输、工程等，累计对外承包工程和劳务合作合同 279 亿美元，完成营业额 173 亿美元，外派劳务 41.7 万人次，业务涉及 110 多个国家和地区。

（二）高新技术产业发展实现新突破

高新技术是以信息技术、生物技术和新材料等为代表的现代技术，具有科技含量大、附加值高、发展速度快等特点，是经济发展的制高点。

1. 高新技术产业快速健康发展

2001—2006 年，高新技术产业产值从 1375.8 亿元增长到

10279.91 亿元；占规模以上工业产值的比重从 14.67％提高到 26.19%，年均增加 2.3 个百分点。2007 年，山东规模以上高新技术产业实现产值 14775.05 亿元，同比增长 37.94%，占规模以上工业产值比重为 29.21%。高新技术产业开发区成为重要产业基地。“十五”期间，高新技术产业开发区“二次创业”步伐加快，主要经济指标都保持了年增 40%以上的平均增长速度，2006 年全省高新技术产业开发区实现技工贸总收入 4974.69 亿元，财政收入 148.47 亿元，比 2001 年的 912 亿元、23.4 亿元均翻了两番多，出口额 90.88 亿美元，实际利用外资 14.72 亿美元，增长幅度都在 5 倍以上。

2. 科技自主创新能力明显提高

2008 年，山东省获国家科技奖励 26 项，获省科技奖 495 项，共取得科技成果 2330 项。“十五”以来，全省共取得重大科技成果 1.4 万余项，获国家科技成果奖励 95 项，占全国总量的 10% 左右，获得国家科技进步一等奖 3 项，获国家科技奖励项目数量连续 12 年名列全国前茅。技术创新体系建设取得新进展。2006 年山东有 15 个企业技术中心被科技部等五个部委批准为首批“国家认定企业技术中心”，数量位居全国第一。在国家公布的首批 103 家开展创新型企业试点工作名单中，浪潮集团有限公司等 5 家企业名列其中。东营高新区创业服务中心、济南历下软件创业服务中心和淄博生产力促进中心进入“国家队”，使山东国家级创业服务中心和生产力促进中心数量分别达到 16 家和 10 家。山东高新技术企业、民营科技企业和科技型中小企业分别达到 2874 家、9000 多家和 300 多家，成为科技产业化的中坚力量。

3. 科技管理体制改革不断深化

按照建设阳光政府、责任政府、法治政府和服务政府的要求，从2004年开始，山东启动了科技计划管理的重大改革。遵循创新科技管理理念、转变科技管理职能、再造科技管理流程、提高科技管理水平的思路，运用现代管理理念和信息网络技术改革传统的科技管理旧模式，山东初步建立起适应市场经济发展的公开、公平、公正和廉洁高效的新型科技计划管理体制和运行机制。2006年以来，在计划改革成功的基础上，山东省又全面启动推进科技成果奖励网上评审制度改革，初步搭建起以科技计划和科技奖励为主要内容的适应新时期市场经济发展需要的新的科技管理体制的框架。

（三）民营经济异军突起

民营经济是市场经济最具活力的成分。2002年以来，山东提出促进民营经济发展的战略，出台了一系列政策措施。

1. 加大财政、金融支持力度

山东省、市、县财政安排扶持中小企业发展专项资金，设立民营经济发展基金。省财政从2003年起每年安排5000万元专项资金，扶持包括民营企业在内的各类中小企业担保服务体系建设，以及技术创新、园区建设、市场开拓、人才培训和奖励先进等。各级政府拿出一定资金并吸收社会资金，建立股份制和市场化运作的信用担保公司，为民营企业提供担保服务。政府还鼓励民营企业开展各种形式的互助性融资担保。

2. 放开投资领域和经营范围

进一步放开放宽民营经济的经营范围，除国家明确限制的投资领域外，所有竞争性领域和对外资开放的领域，都对民营经济开放。消除各种不合理规定，对民营企业申请资质、各类认证和特许经营要一视同仁。放宽民营企业登记条件，主要包括：新设立企业注册登记条件，已设立企业登记条件，改制企业变更登记条件，出口型、科技型私营企业登记条件。

3. 积极鼓励民营企业参与国有、集体企业改革

民营企业以多种形式参与公有制企业改制、改组，在偿还贷款、职工安置、费用收取、企业税收等方面，享受国有和集体企业改革的优惠政策。鼓励民营企业收购和兼并公有制企业，整体购买公有资产或取得控股权。鼓励国有、集体企业内部经营管理者或职工以各种方式出资购买企业产权，建立新型的产权和劳动关系。

在政府的扶持下，民营经济已逐步成为山东省经济发展的重要支柱。2008 年，全省个体私营企业已发展到 229 万户（其中私营企业 42.2 万户），实现增加值占 GDP 的比重由 2000 年的 25.6% 上升到 41.0%，年均提高 1.93 个百分点。非公有制经济在工业投资、市场销售、外贸领域的份额迅速增大，占全省规模以上工业增加值比重提高到 65.3%，占全社会投资比重提高到 66.9%，占社会消费品零售额的比重提高到 83.6%，占外贸进出口比重提高到 74.1%。

（四）交通特色鲜明

山东是交通比较发达的省份。2008 年年底，山东公路通车里程达到 22.1 万公里，其中高速公路通车里程 4285 公里，120 个县（市、区）通达高速公路，通达率达 86%，一级公路 6353 公里，二级公路 23836 公里，二级以上公路里程居全国第一位。全省多数城市之间可在半日互达，全省 80%的县（市、区）由高速公路全程连接。

2008 年全年共完成公路客运量 20.6 亿人次，货运量 21.7 亿吨。

铁路方面，截至 2007 年年底，全省营业里程 3405 公里，形成了“三纵”（京沪、京九、蓝烟和胶新）“二横”（菏兖日、胶济和邯济铁路）的铁路网基本骨架。东西走向的主要有胶济、蓝烟等铁路。胶济铁路连接济南与青岛，是青岛、烟台两个港口的重要疏港通道；2004 年至 2005 年胶济铁路进行了电气化改造，成为山东省的第一条电气化铁路。

民航业得到长足发展。截至 2007 年年底，全省民用机场 7 个，初步形成了以济南、青岛机场为枢纽，烟台、威海、东营、潍坊、临沂、济宁等机场共同发展的格局。2007 年全省机场实现旅客吞吐量 1480 万人次、货邮发送量 20.7 万吨，旅客吞吐量、货邮发送量均较“十五”末实现了翻番。

海运方面，山东港航综合实力强大，拥有对外开放一二类港口（港区） 25 个，生产性泊位 440 个，其中万吨级以上深水泊位 171 个。新世纪以来，沿海港口吞吐量以平均每年超过 5000 万吨的速度增长，2002 年以来先后突破 2 亿吨、3 亿吨、4 亿吨，2007 年沿海港口吞吐量达到 5.75 亿吨。2008 年山东沿海港口吞吐量达到 6.58 亿吨，一个月完成的吞吐量就相当于 1978 年全年的 1.7 倍。山东内河通航里程达 1012 公里，其中高等级航道 400 公里，京杭运河山东段成为黄金水道。

交通和产业经济存在着极大的协同性。山东交通的便利带动了经济社会的快速发展，刺激了特色农业的迅速发展。在交通改善的过程中，新兴工业产业也得到较快发展。山东 90%以上的经济技术开发区和工业园区都分布在高速公路沿线，仅济青高速公路沿线就建有 5 个国家级高新技术开发区、3 个国家级经济技术开发区。良好的交通条件使山东旅游资源的开发初步形成规模效益，呈现强劲的发展势头。

六、山东半岛城市群的崛起和城乡之间的统筹发展

进入新世纪，随着经济全球化和世界范围内产业结构调整的加速推进，中国城市竞争和经济竞争进入了区域性集团化的新阶段。

（一）山东半岛城市群的崛起

山东省委、省政府把半岛城市群建设提到了重要位置。半岛城市群是指由济南、青岛、烟台、威海、日照、东营、潍坊和淄博8座城市组成的城市带。半岛城市群共有30个设市城市、651个建制镇，分别占全省的62.5%、51.9%，城市化水平高。2002年，这一地区以占全省46.6%的陆地面积和42.9%的人口，创造了占全省2/3左右的GDP，人均GDP一直高于全省平均水平50%左右。

2002年7月，在全省城市规划建设管理工作会议上，山东提出要加快山东半岛城市群的规划编制。2003年12月12日，《山东半岛城市群发展战略研究》通过山东省人民政府和建设部的省部联合论证。2007年7月，《山东半岛城市群总体规划（2006—2020年)》提出，山东半岛城市群将致力于成为黄河流域的经济中心和龙头带动区域，与京津冀、辽中南地区共同构筑中国经济发展增长极。这一战略定位说明，山东半岛城市群在全国范围的战略地

位首先是东西向的，即向东面向中日韩联合的环黄海经济圈，向西辐射和带动整个黄河经济协作区。其次是南北向的，即向南接受长三角城市群的辐射和带动，向北与京津冀、辽中南地区共同构筑环渤海地区的中国经济发展增长极。“迎接国际产业转移，加强区域经济合作，打造制造业强省”，是山东今后寻求经济强势的关键所在，也是山东半岛城市群发展的关键所在。

山东半岛城市群地处由黄海和渤海湾相交接的山东半岛地区。20 世纪 90 年代，中国实施地区协调发展战略，把山东半岛、京津唐和辽东半岛三大相对独立的由城市群落联结而成的经济带同归于环渤海经济区内，这是一个根植于计划经济时代和内海思维的概念。面对国际产业转移的大趋势，在中国经济与世界经济快速对接的时代，把半岛城市群研究的视野纳入环黄海经济圈，这是一个重大突破。

山东半岛成为拉动全省经济增长的重要地区。2008 年上半年，山东半岛城市群 GDP 为 9845.1 亿元，占全省的 66.81%，占全国的 7.54%；规模以上工业增加值为 5356.6 亿元，占全省的 65.26%；规模以上固定资产投资 4526.8 亿元，占全省的 64.65%；进出口总额达到 633.0 亿元，占全省的 85.41%；地方财政收入 610.5 亿元，占全省的 57.2%；社会消费品零售总额 3004.3 亿元，占全省的 60.78%。

（二）城乡之间的统筹发展

随着经济发展，中国城乡收入差距在不断拉大。2007 年全国城乡居民人均收入比扩大到了 3.33 : 1，绝对差距达到 9646 元，这是改革开放以来城乡居民收入差距最大的一年。据统计，2008 年山东城乡居民收入比为2.87：1，尽管与全国的3.31：1相比尚有距离，但收入差距仍属过大。城乡差距过大已成为整个经济发展的重要制约因素。

2008年10月，党的十七届三中全会审议通过《中共中央关于推进农村改革发展若干重大问题的决定》，指出要统筹城乡发展，决定在城乡规划、产业布局、基础设施建设、公共服务一体化等方面取得突破。

1. 打破城乡二元结构，加快城乡经济社会一体化发展

打破城乡二元结构，加快城乡经济社会一体化发展，这是2008年下半年及之后一个时期统筹城乡发展的关键所在。在市场经济条件下统筹城乡发展，客观上要求城乡居民具有平等的社会权利，并在城乡之间采取统一的经济社会政策，包括劳动力在内的各种生产要素可以在城乡之间自由流动。通过工业化、城市化、市场化，促进“三农”问题的根本解决，在城乡经济统筹发展的基础上构建社会和谐。

2. 继续深化农村综合改革，为统筹城乡发展提供制度保障

全面取消农业税后，以推进乡镇机构、农村义务教育和县乡财政体制改革为重点的农村综合配套改革相当迫切。《中共中央关于推进农村改革发展若干重大问题的决定》的出台，逐步消除了影响城乡互通的政策障碍，逐步建立了精干高效的农村行政管理体制和运行机制，覆盖城乡的公共财政制度，以及农民增收减负的长效机制，为统筹城乡发展提供了有力的制度保障。

3. 进一步加大对农村公共产品的投入

农村基本公共产品直接关系到农民的生存权和发展权，关系到农村社会的长治久安。《中共中央关于推进农村改革发展若干重

大问题的决定》的出台，在为农村提供基础设施的同时，把财政支农的重点放在为农民提供基本公共服务上。新增教育、卫生、文化等事业经费主要用于农村，国家基本建设资金增量主要用于农村，政府征用土地出让收益主要用于农村。这样有效缓解了不断扩大的城乡差距，促进了城乡协调发展。

4. 统一城乡公共服务体制建设

山东省在建立城乡统一的公共服务制度方面实现了新突破：首先，建立城乡统一的义务教育体制。在农村义务教育方面，从2005年秋季至2006年秋季，山东省筹集农村义务教育阶段“两免一补”（免杂费、免课本费、补助寄宿学生生活费）资金1.7亿元，资助农村中小学贫困学生77万人。农村中小学危房改造工程、课桌凳更新工程和教学仪器设备配套工程进展顺利。其次，建立起新型农村合作医疗制度。山东新型农村合作医疗自2003年开始试点，到2007年已全面建立。再次，在社会救助方面，山东省积极推行定期定量救济向低保制度过渡，救助特困群众310多万人次。初步开展农村最低生活保障制度。启动了敬老院建设改造规划，28.5万名农村五保对象实现应保尽保，集中供养率达60.7%。建立自然灾害应急救助机制，加强救灾物资储备，救助灾民2030多万人次。到2007年，全省农村养老保险参保农民已达1076万人。

七、新型县域经济格局的构建和县域经济又好又快发展

县域经济是国民经济的重要组成部分。建设社会主义新山东，

顺利实现“提前全面建成小康社会、提前基本实现现代化”的战略目标，在很大程度上取决于县域经济的发展。

（一）新型县域经济格局的构建

山东省委、省政府高度重视县域经济的发展，采取推进县级综合改革、实施强县带动战略、支持欠发达县进行改革开放试点等一系列政策措施，使县域经济有了长足发展。2002 年，山东省县域经济实现国内生产总值占全省总量的 75.5%，完成财政收入占 88%，其中地方财政收入占 45.1%，社会消费品零售总额占 72.3%，城乡居民储蓄存款余额占 68.9%，有 15 个县（市）进入全国百强。但是，山东省县域经济发展与先进省相比，与实现全省经济和社会发展的战略目标要求相比，还有较大差距，强县不强、弱县较弱的问题比较突出。

2003 年，山东省委、省政府制定《关于加快县域经济发展的意见》，把县域经济协调发展摆上了战略地位，强调坚持促强扶弱带中间，实施“双三十”工程，即突出抓好 30 个经济强县和 30 个欠发达县。全省县域经济发展的总体目标是，经过 5 年的努力，使全省县域经济发展速度明显加快，经济结构明显优化，整体竞争力明显增强，财政状况明显好转，群众收入明显增加，城乡面貌明显改变，各项事业进一步发展，社会文明程度明显提高，基层组织建设明显加强。

山东省对 30 个经济强县进一步扩大经济自主权，下放审批管理权限，在财税政策、分配制度等方面采取有效的激励措施。山东省对 30 个欠发达县采取政策扶持、对口帮扶、启动内力相结合，以促使其加快发展。山东省县域经济持续快速协调健康发展，基本形成发达县率先发展、中等县加速崛起、欠发达县跨越式赶上的新格局。山东进入全国百强的县（市、区）由 2002 年的 13 个增加到 2006 年的 22 个。2006 年，30 个强县和 30 个欠发达县 GDP 分别实现 8331.4 亿元和 2243.3 亿元，分别增长 18.2%和 17.6%；地方财政收入分别实现 332.3 亿元和 63.9 亿元，分别增长 27.8%和 34.0%，增幅明显高于全省平均水平。2006 年山东省县域经济实现较快发展，财政收入大幅增长，全省 98%以上的县（市、区）成为亿元县，总数达到 139 个。

（二）县域经济又快又好发展

山东坚持把做大做强县域经济作为发展的关键环节来抓。2006 年 6 月，山东出台《在新的起点上推进县域经济又快又好发展的意见》，提出了加快县域经济又快又好发展的新的目标任务，在扩大和落实县级经济管理权限、财政支持、金融服务、基础设施建设、社会事业发展和人才等方面制定了更加有力的政策和措施。

县域经济主要经济指标在山东省经济中的比重进一步提高，对全省经济的支撑作用和主体地位进一步增强。2007 年继续实施“双三十”工程，县域经济实力进一步壮大，县级地方财政收入平均增幅达到 28.2%，37 个县（市、区）地方财政收入超过 10 亿元。2007 年，全省 122 个县（市、区）实现地区生产总值 21882.48 亿元，年均递增 20.5%，占全省的比重由 81.4%增加到 84.3%；实现地方财政收入 829.15 亿元，对全省地方财政的贡献由 47%增加到 49.5%。2008 年 7 月，在“全国县域经济基本竞争力与科学发展评价报告”中，山东省 26 个县位居百强，与浙江并列百强县总数第一。

县域经济凸显又快又好的良性发展

山东省县域经济结构调整和产业布局不断优化升级。一方面发展现代农业，大力发展二三产业，以商贸物流繁荣服务业，培植大批特色鲜明的支柱产业，完成了现代农业、新型工业、现代服务业的全新布局。在2006年前三季度，30个经济强县和30个欠发达县，二三产业的增长速度加快，均高于全省平均水平。三大产业比例，30个经济强县由2005年的8.5∶62.2∶29.3变为7.9∶63.1∶29；30个欠发达县由20.8∶49.9∶29.3变为19.5∶52.1∶28.4。经济增长由主要依赖投资转向消费、投资、出口协调拉动，30个经济强县社会消费品零售总额由2005年的4407.28亿元增加到2007年的6106.06亿元，年均递增17.7%，高于全省平均增长0.3个百分点；出口总额达334.48亿美元，年均增长49.1%。

八、村务公开、民主管理的推进和城市居委会的健全

基层群众自治制度是中国特色社会主义政治的组成部分，是发展社会主义民主政治的一项基础性工程。加强基层民主建设，是全面建设小康社会的一项重要任务。

（一）村务公开、民主管理的推进

村务公开、民主管理是新世纪以来村民自治的重点。作为村民自治的重要组成部分，它主要包括民主决策、民主管理和民主监督等基本内容和形式。村务公开、民主管理的一些主要做法是：

1. 加强制度建设，强化对农民民主权利的保障

村务公开是村民自治工作的一个重点，2004 年 6 月印发的《中共中央办公厅、国务院办公厅关于健全和完善村务公开和民主管理制度的意见》，明确提出了健全和完善村务公开和民主管理制度的具体政策要求，为全面推进新时期村务公开、民主管理工作确立了行动指南。这个意见下发后，山东省立即在省、市、县、乡各级成立了专门的领导机构，推进村务公开民主管理工作。党的十七大后，山东省进一步加大了法规制度建设的力度，制定了《山东省村务公开民主管理工作规范》《山东省村民会议议事规则》《山东省村务公开条例》。

2. 完善体制机制，形成工作合力

山东省建立了村务公开领导协调机构，市、县（市、区）、乡镇成立村务公开协调机构。山东省加强村民自治工作制度化建设，

完善村党组织领导下的村民自治机制，大力推行村级规范化管理，落实了县、乡党委、政府主要领导责任制。全省构筑了全方位监督体系，把自我监督、群众监督、组织监督、纪律监督、审计监督、法制监督、舆论监督等各种方式有机结合起来，强化监督和责任追究机制，保障村务公开和民主管理工作顺利推进。各市、县也结合实际制定出台了一批相关的制度、规定，为实现广大农民当家做主的民主权利提供了可靠保障。

截至2006年，山东基层民主建设不断推进，全省93%的村建立起村民会议和村民代表会议制度，98%的村建立了村务公开制度。村务公开、民主管理工作的推进与深化，直接推动了农村经济建设、政治建设、文化建设、社会建设和党的建设，促进了社会主义新农村建设，维护了农民的物质利益与民主权利，活跃了农村基层民主生活。

（二）城市社区居民委员会的健全

社区居民委员会是城市居民自我管理、自我教育、自我服务的基层群众性自治组织。随着城镇化和老龄化快速发展，以及社会转型、企业转制和政府转变职能，社区居民委员会的工作对象发生了深刻变化，社会管理任务日趋繁重，居民服务需求日趋多样。这就要求社区居民委员会增强服务意识、拓展服务内容、创新服务方式、提高服务质量，有效保障困难群体的基本生活权益，满足居民群众多层次、多样化的物质文化生活需求。

自2000年11月《中共中央办公厅、国务院办公厅关于转发〈民政部关于在全国推进城市社区建设的意见〉的通知》下发以来，中国城市社区建设开始进入政府主导下全面推进的新阶段。党的十七大的召开进一步推进了城市居民委员会建设。截至2007年年底，中国89%的城市社区建立了居民（成员）代表大会，64%的社区建立了协商议事委员会，22%的社区建立了业主委员会，居民评议会、社区听证会等城市基层民主形式普遍推行。山东省居民委员会发展成绩显著。在数量上，1988年，山东省有居民委员会2787个，而到2005年，全省社区居民委员会数量已达4795个。在规模上，最初按照法律要求，全省居民委员会一般以100户到700户的规模设置，到2005年，全省社区居民委员会所辖平均户数已达1193户。在选举方式上，20世纪90年代，以居民小组代表和户代表选举产生的方式为主，进入21世纪，由有选举权的全体居民直接投票选举产生的比例逐渐增大，在济南、青岛等地全面实行了居民委员会直接选举。居民委员会换届选举工作的正常化、规范化得到进一步增强。

群众自治改善了基层的治理状况，加强了城乡基层组织建设，实现了政府行政管理与基层群众自治的有效衔接和良性互动，保障了人民群众享有更多更切实的民主权利。

九、文化体制改革、产业发展和高等教育从“精英”到“大众”的转变

文化是综合国力竞争的重要因素，是全面建设小康社会的重要目标，也是衡量社会文明程度和人民生活质量的显著标志。山东要实现文化资源大省向文化强省跨越，根本在文化创新，关键是要增强文化发展活力。

（一）文化体制改革

中国是文化资源大国，但由于旧有文化体制的束缚，严重缺乏有市场竞争力的文化产品。据统计，2004年中国出口了700多万册（份）书报，只占国内当年书报刊出版总量的0.16‰。同年，中国从美国引进的版权达4068种，仅向美国输出了14种版权，进出比约为290 ：1；从新加坡引进版权156种，而输出仅30种，进出比约为5 ：1。因此，中国文化体制改革势在必行。党的十六大以后，中国启动文化体制改革试点工作。山东成为首批文化体制改革试点省，制定了《关于全省文化体制改革试点工作的实施意见》，确定了两个全国试点单位和27个省试点单位，以省直文化单位的改革为重点，积极探索积累经验。大众报业集团、山东广播电视总台作为全国试点单位，改革取得初步成效。大众报业集团宣传与经营“两分开”的经验做法在全国推广，山东广播电视总台加快推进全省有线广播电视网络整合和数字电视建设，已完成多个市的整合工作，青岛大力发展有线数字电视的经验做法在全国推广。省直公益性文化事业单位内部机制改革、出版行业图书发行体制改革、经营性文艺院团改制、电影发行院线制改革等都取得实质性进展。

2005年年底，中共中央、国务院颁布了《关于深化文化体制改革的若干意见》，文化体制改革积极稳妥地推进。2008年山东省文化体制改革取得实质性进展，省属出版、发行、影视、报业传媒单位转企改制和股份制改造初步完成。

山东在推进文化体制改革过程中，坚持以项目促改革促发展。一是加快建设大型文化设施项目，如齐鲁文博中心、山东演艺中心、泉城文化娱乐园、山东书城等。二是培育发展大型演艺项目，组织创作了大型文艺晚会《齐风鲁韵》、大型舞剧《聊斋》等体现山东特色、代表山东形象、市场竞争力和艺术生命力强的演艺项目。在此基础上，山东以大型演艺项目为平台，组建山东演艺集团，政府重点扶持其发展壮大，让艺术院团在充分享受发展成果中逐步实现转企改制。三是以项目催生市场主体。一台演艺节目、一次大型活动可以组建相应的文化公司，一部影视作品、一个卡通形象可以衍生相应的产业链条。大型乐舞“杏坛圣梦”成就了一个杏坛圣梦文化公司。首届文博会自筹备以来，社会资本被充分激活，全省新注册成立各类文化企业1000多家。

（二）文化产业发展

文化产业是文化软实力的物化和有效载体。当今世界，凡是有强大软实力的国家，无不要有发达的文化产业。党的十七大报告特别强调，要大力发展文化产业，实施重大文化产业项目带动战略，加快文化产业基地和区域性特色文化产业群建设，培育文化产业骨干企业和战略投资业，繁荣文化市场，增强国际竞争力。

山东发展文化产业具有较好的基础。全省有60个省级文化先进县，29个全国文化先进县，被文化部命名的“中国民间艺术之乡”达23个，又具有现代科技、体育等诸多优势，发展文化产业条件得天独厚。山东省文化产业发展主要表现在以下方面：

1. 山东省委、省政府高度重视

山东省委、省政府把发展文化产业作为繁荣服务业、培植发展新优势的重要推动力量，切实加强领导。2005年中共山东省委八届十一次全体会议和全省经济工作会议都明确提出，要在发展文化产业上实现新突破。省委八届十一次全体会议审议通过了《山东省国民经济和社会发展第十一个五年总体规划纲要（草案)》，对文化产业发展做出了具有战略意义的规划部署。同时先后出台了《关于深化文化体制改革加快文化产业发展的若干政策》《山东省文化产业发展专项规划（2007—2015)》等文件，有效推动文化产业发展。

2. 特色文化产业聚集区基本形成，文化产业结构进一步优化

从全省来看，文化产业的发展初步形成了以青岛为中心的滨海文化产业集聚区，以济南为中心的山泉文化产业集聚区，以济宁为中心的儒家文化及运河文化、黄河文化产业集聚区。这些特色文化产生聚集区的形成，进一步优化了文化产业结构。据统计，2007 年济南市文化产业增加值达到 101.07 亿元，占全市 GDP 的 3.96%；青岛市文化产业增加值达到 241 亿元，占全市生产总值的 6.36%，高于全省 3.63 个百分点；济宁市文化产业增加值近 50 亿元，占全市国民生产总值的 3.3%。

3. 文化产业快速发展，发展总量呈现规模化趋势

山东省文化产业总体规模扩大，2007 年实现增加值 714 亿元，占地区生产总值的 2.75%；按可比价格计算，比上年增加 109.6 亿元，增长 15.5%，高出全省 GDP 增幅 1.2 个百分点，同比提高了 2.2 个百分点；文化产业对经济增长的贡献率为 3%，拉动经济增长 0.4 个百分点。从文化产业法人单位情况看，总体数量明显增加，2008 年，全省从事文化及相关产业的法人单位 33858 家，从业人员 109 万人，占全部从业人员数的 1.8%。文化产业的人均效益不断提高，全省文化产业从业人员人均创造增加值 6.5 万元。2008 年文化产业快速发展，全省文化产业增加值突破 800 亿元。

4.投资主体呈多元化趋势，运作模式呈市场化取向

山东省积极探索多元投入机制，推动社会承办公益文化项目，文化产业领域呈现国家、集体、股份制、民营、个体及中外合作等所有制形式并存发展的格局。山东省鼓励和支持民营资本投资文化产业，涌现出世纪天鸿书业有限公司、山东爱书人音像发行有限责任公司等一批销售收入过亿元的民营发行公司，全省 5700 多家发行单位中民营企业占了半壁江山。文化产业已经成为全省经济社会发展的新亮点，并向全省新兴支柱产业迈进。

（三）高等教育从“精英”到“大众”的转变

随着经济社会的发展，中国高等教育的规模不再适应时代需要。1999 年，党中央、国务院立足于中国现代化建设全局，作出了“扩大高等教育规模”的重大决策。1998 年 12 月 24 日，教育部发布《面向 21 世纪教育振兴行动计划》，确立了到 2010 年实现高等教育毛入学率 15%的目标。按照通常的说法，高等教育毛入学率是指高校在校生人数与适龄人口（18 岁到 22 岁）数的比率。高等教育毛入学率在 15%以下为精英教育，15%—50%之间为大众教育，50%以上为普及教育。

山东省高等教育规模迅速扩大。截至 2008 年，山东省普通高校在校生已经超过了 150 万人，比十年前超出一倍，高等教育毛入学率由 1998 年的 8.28%提高到 27%，超出高等教育大众化标准（15%）12 个百分点。这种大众化教育更加重视素质教育。高等教育的功能随之发生重大转变，由就业教育转向了就业预备教育。山东省高等教育改革步伐加快，办学效益和办学水平明显提高。高校科研工作得到加强，泰山学者工程和创新型人才培养取得新

进展，“齐鲁文化英才工程”也全面启动。据统计，2007年全省共有驻鲁两院院士36人，国家有突出贡献的中青年专家122人，山东省有突出贡献的中青年专家400人，享受国务院政府特殊津贴专家2670人。

山东省高等教育所取得的巨大成就有目共睹，还要进一步把提高教育质量作为高等教育发展的战略重点，优化高等教育学科专业结构、类型结构、层次结构和区域结构，促进高校办出特色，加快建设一流大学和一流学科，努力提高人才培养质量，增强自主创新能力，提高服务社会水平。

十、新型农村合作医疗的推广和社会救济制度的发展

进入新世纪，中国医疗卫生事业和社会救助事业发展仍滞后于经济和其他社会事业的发展，无法满足人民日益增长的需求。党的十七大报告明确提出“人人享有基本医疗卫生服务”，并将其作为全面建设小康社会奋斗目标新要求中的一项具体内容。

（一）新型农村合作医疗的推广

2002年10月，党中央、国务院发布《关于进一步加强农村卫生工作的决定》，决定在农村地区推行新型农村合作医疗制度（简称新农合）。新型农村合作医疗制度是指由政府组织、引导和支持，农民自愿参加，个人、集体和政府多方筹资，以大病统筹为主的农民医疗互助共济制度。随着党中央一系列路线、方针、政

策的贯彻执行，这一制度在山东省广大农村广泛开展起来。

2003 年初，山东省委、省政府颁布《关于进一步加强农村卫生工作的决定》，指出各级政府要积极组织引导农民建立以大病统筹为主的新型农村合作医疗制度，重点解决农民因病致贫、因病返贫问题。山东省确定临邑、五莲、曲阜、青州、广饶、招远、崂山 7 个县（市、区）为首批省级试点单位。从 2004 年开始，山东省逐步扩大新型农村合作医疗试点范围。到 2006 年年底，山东省省级试点达 88 个县（市、区），占农业人口县（市、区）的 65.67%，比全国高 16.79 个百分点；参合农民 4063.18 万人，占农业人口的 66.98%，比全国高 11.14 个百分点，平均参合率达 88.61%。2003—2006 年，累计为 4588.04 万人次参合农民报销医药费 15.77 亿元。2007 年新型农村合作医疗制度在全省推广，2008 年参合率达到 97%。为确保农民最大限度地受益，试点单位合理调整补助比例。山东省从 2007 年开始，各级财政对参合农民每年补助金额提高为 40 元，农民仍缴纳 10 元。2008 年以来，山东省进一步完善新型农村合作医疗制度，安排资金 9.92 亿元，提高了筹资标准，确定各级政府对参合农民的补助标准由每人每年 40 元提高到 80 元。

与新农合制度建设相配套，山东还开展了新一轮农村卫生服务体系建设，累计安排 4.5 亿元资金，先后扶持了经济欠发达县 30 所中心卫生院建设、110 所乡镇卫生院改造建设项目和“360 工程”“1127 工程”，从而使乡镇卫生院业务用房、设备装备和专业技术队伍状况发生了显著变化，服务功能和技术水平明显提高。

新型农村合作医疗制度的推广为农民带来了便利和实惠。新型农村合作医疗制度的实施，把党和政府对农民健康的关心和关怀送到了千家万户，拉近了干群、党群之间的距离，树立了各级政府亲民、爱民、为民的形象，对于提高农民健康水平、缓解农民因病致贫、因病返贫、统筹城乡发展、实现全面建设小康社会目标具有重要作用。

（二）社会救济制度的发展

为了维护社会稳定，推进企业改革和市场经济体制建设，国家需要探索建立完善的救助制度，使广大干部群众享受到经济社会发展成果。

山东很早就开始探索建立社会救助制度。2000 年，山东省人民政府下发《关于加快全省社会救助制度建设的意见》，当年全省所有县（市、区）都建立起城乡救助体系。2001 年 9 月，省政府发布《山东省实施〈城市居民最低生活保障条例〉办法》，明确了城市居民最低生活保障的保障对象、申请审批程序、应享受的待遇、法律责任等内容。2005 年 6 月，山东省人民政府出台《关于进一步加强社会救助体系建设的意见》，完善社会救助体系，确定建立十项制度，即城市低保、农村特困户、灾害救济、五保供养、流浪人员、医疗救助、教育救助、住房救助、法律援助、就业援助。

山东省于 2006 年 7 月 1 日率先全面实施了农村居民最低生活保障。山东省颁布《关于建立和完善农村居民最低生活保障制度的通知》，决定从 2007 年 1 月开始，在全省全面建立起农村最低生活保障制度，最低保障标准最初确定为每人每年不低于 700 元，3 月底又进一步提高为每人每年不低于 800 元。2007 年年末，山东省农村年人均纯收入低于800元的困难群众全部纳入保障范围，保障人数175万人，年保障为800—1800元。由此，山东省实现了城乡居民最低生活保障制度均等化，标志着传统的社会救助办法成功转型为现代社会救助制度，社会救助事业进入一个全面发展的新时期。到2008年，山东省已初步建立了以城乡最低生活保障为基础，以灾民救助、五保供养、城乡医疗救助、流浪乞讨人员救助为重要内容，以临时救助、慈善救助、社会互助为补充，以教育救助、住房救助、就业救助、司法救助等救助衔接配套，与经济社会发展相适应、覆盖城乡居民的新型社会救助体系的基本框架。2008年，山东省财政支出1.25亿元投入城市低保，占财政支出的12.38%。城镇建立了最低生活保障标准与低收入居民基本生活费用价格指数挂钩联动机制，保障人数61万人；农村年人均纯收入低于900元的困难群众全部纳入保障范围，保障人数187万人。

之所以能够取得这些成绩，一是党委、政府高度重视。山东省委把城乡低保纳入科学发展千分考核内容，省政府将社会救助有关工作纳入为民办实事项目。二是资金投入大幅度增加。仅民政部门支出的社会救助资金就从2005年的14.2亿元增加到30多亿元，年均增长幅度超过30%。省级财政对农村低保投入从无到有，三年内增加到4.88亿元，占全省农村低保总投入的40%以上。全省医疗救助资金投入从2005年的1800万元增加到2008年的1.96亿元。三是不断加强规范管理。健全社会救助管理制度和工作规范，建立社会公示制度，逐步完善低保对象动态管理机制、保障标准自然增长机制、补助水平与物价指数联动机制，救助工作的规范化程度不断提高。

十一、"平安山东"的建设和新泰、宁阳的"平安协会"

改革和发展需要稳定的社会环境。保持社会稳定同样是全面建设小康社会，实现社会主义现代化的重要保证。

（一）"平安山东"的建设

为维护社会稳定，2004年，山东省委、省政府从改革发展稳定的大局出发，结合本省实际，作出了开展平安山东建设的重大决策。省委政法委、省综治委制定《关于建设平安山东的实施意见》，具体提出了三年平安建设的目标任务。2007年党的十七大明确要求"加强社会治安综合治理，深入开展平安创建活动"，这为在新的历史起点上深入开展平安山东建设指明了前进的方向。平安山东建设的主要做法是：

1. 以人为本，机制健全，平安建设步入良性发展轨道

全省按照城市、农村切块抓，实行分类指导的思路，整体推动平安建设顺利开展。各地注意认真贯彻落实国家的法律法规和有关政策，不断健全完善以人民调解为重点，行政调解、司法调解相结合的多元化矛盾纠纷解决机制。人民群众的合法权益得到了有效维护，社会矛盾的问题明显减少。各地从强化基础性措施入手，着力健全完善平安建设的制度规范，严明各级各部门的责任，进一步形成了党委、政府统一领导，人大、政协有效监督，以综治委成员部门为主体，各级各部门各负其责、齐抓共管，社会各界和广大人民群众积极参与、共建共享的良好局面。

2. 重心下移，强基固本，维护社会稳定的基层基础进一步夯实

各地始终把抓基层、抓基础、抓队伍作为战略性、根本性的任务来抓。一是基层组织建设普遍加强。各地坚持以基层党组织建设为核心，政法综治组织建设为重点，群防群治组织建设为主体，不断壮大基层维护稳定力量。二是社会管理工作有了新的发展。随着平安建设的不断深化，各地积累了一些成功的经验。如济南市按照“公平对待、搞好服务、合理引导、完善管理”的工作方针，由公安、房管、工商、税务等部门联合建立协作管理机制，加强对全市流动人口的管理。三是基层队伍建设得到加强。各地在加快警务体制改革中，坚持警力下沉，积极推行公安民警驻村、包村。全省下沉警力 15000 余人，建立社区和农村警务室 10596 个，一线实战单位警力占县级公安机关总警力的 90.4%。同时，大力发展新型治安巡防队和保安服务公司。80%以上农村实行了治安防范承包责任制。

3. 强化措施，加强监管，安全生产形势总体稳定

各级高度重视安全生产工作，严格落实政府安全监管主体和企业安全生产主体两个“主体责任”，坚持不间断地开展隐患排查治理专项行动。普遍完善了安全生产督管网络，建立健全了“专家查隐患、政府搞督导、部门抓监管、单位抓落实”的工作机制。自 2002 年以来，全省各类安全事故起数和死亡人数连续 6 年保持“双下降”。

由于“平安山东”建设，各地打击刑事犯罪力度不断加大，治安防控能力继续增强，社会矛盾纠纷预防和化解机制有效运行。2004 年以来，全省刑事案件、治安案件、群体事件、非正常到省上访、安全事故五项衡量社会稳定的主要指标连续三年逐年下

降，其中2007年刑事立案同比下降3.4%，到省非正常上访批次下降2.1%，安全事故起数下降14.9%，人民群众对社会治安的满意率由2004年的90.6%上升到96.4%，比全国平均水平高出3.1个百分点。江泽民同志曾指出，正确把握改革、发展、稳定的关系，是现代化建设的一项重要的领导艺术，必须把改革的力度，发展的速度和社会可以承受的程度统一起来，在社会政治稳定中推进改革、发展，在改革、发展中实现社会政治稳定。平安山东建设为全省经济发展提供了有力的保障。

（二）新泰、宁阳的"平安协会"

在社区平安建设中，为了解决警力不足、资金短缺和基层治安防范薄弱的问题，山东新泰市和宁阳县充分整合社会资源，组建起以人民群众为主体的"平安协会"，大力推进社会管理体制改革创新。

2006年2月，新泰市汶南镇55名农民企业家自发组建"平安协会"，其职能主要是看家护院。经过几年的实践，"平安协会"的职能作用发生了重大变化，已由过去的看家护院、参与治安防范发展到现在的参与化解社会矛盾、处置突发事件、开展法制教育等，成为"为政府分忧，为百姓解难"的民间组织。2008年6月，新泰市成立"平安协会"。全市20个乡镇（街道）都建立了"平安协会"，602个村（社区）组建了"平安协会分会"，电力、卫生系统成立了行业"平安协会"，共发展单位会员1152个、个人会员11830人，形成市、镇、村、行业四级网络组织体系。

2008年10月，新泰市制定《关于深化平安协会建设的意见》，进一步明确了"平安协会"的性质和职责，完善"平安协会"的

泰安市的新泰、宁阳等地先后组建了“平安协会”，作为辅助警力

运行机制。新泰市每年拨付 100 万元作为“平安协会”的运转经费，主要由“平安协会”用于镇、村治安防控体系建设经费和矛盾纠纷化解经费补助。“平安协会”健全工作机制，市、镇和行业“平安协会”均制定了规范的协会章程，村级分会制定了会员守则，明确了协会宗旨、职责、会员的权利义务等。依托“平安协会”，新泰市健全了多元化解矛盾的新机制，初步形成了政府调控机制与社会协调机制互联、政府行政功能与社会自治功能互补、政府管理力量与社会组织力量互动的新格局。据调查，2008 年新泰市农村盗窃等可防性案件下降 15.2%，刑事发案率下降 11.7%，群众对社会治安满意度上升到 96%。

山东省宁阳县积极探索社区综治工作社会化、市场化的新路子，以宁阳镇南关社区为试点，成立了“平安协会”这一群众性组织。会员来自辖区内的机关、单位，也有社区内的老党员、个体工商户等，实行自我管理、自我服务、自我监督。南关社区“平安协会”成立了专职治安巡逻队、突发事件应急分队和矛盾纠纷调处分队三支队伍，分别担负起社区治安防控、应对突发事件、化解矛盾纠纷等平安建设任务。南关社区“平安协会”在社区内承担治安巡逻、矛盾调处、预防犯罪、安全防范、法制宣传等职责，具有社会治安防范员、矛盾纠纷调解员、预防犯罪帮教员、政策法规宣传员、社情民意信息员的作用。

新泰市和宁阳县通过“平安协会”，引导群众进入社会管理的体系框架，与政法综治队伍密切配合，走出了一条“人民治安人民办、社会稳定社会管”的社会管理创新之路。

第十一章
实现富民强省的新跨越

为实现由经济大省向经济强省的跨越，由人口大省向人力资源强省的跨越，由文化资源大省向文化强省的跨越，2007 年山东提出“富民强省”的新理念。山东在实现“大而强、富而美”的宏伟目标进程中迈出新步伐。

一、“富民强省”的新理念和建设“经济文化强省”的新战略

继中共山东省第八次党代会提出建设“大而强、富而美”社会主义新山东的决策之后，山东省先后提出“实现富民强省新跨越”和建设经济文化强省的新战略，为新时期新发展再次注入新的内涵。

（一）“富民强省”的新理念

2007 年 6 月 24 日，中共山东省第九次党代会提出这之后五年全省工作的总要求：“努力做到科学发展、和谐发展、率先发展，在新起点上实现富民强省的新跨越。”富民，就是坚持优先改善广大人民群众的生活，更加体现以人为本，更加关注民生，使全体

人民过上富足、殷实的生活。这之后五年中，城镇居民人均可支配收入和农民人均纯收入年均增长8%左右，社会就业不断扩大，城镇登记失业率控制在4%以内。社会保障体系更加完善，困难群众的基本生活得到有效保障。居民家庭财产普遍增加，衣食住行用条件明显改善，普遍享有公共卫生基本医疗服务和比较丰富的文化生活，公民思想道德素质、科学文化素质和健康素质不断提高。强省，就是通过调整优化经济结构，依靠科技进步和创新，使全省国民经济的整体素质、综合实力和竞争力明显增强。这之后五年中，生产总值年均增长10%，地方财政收入年均增长15%。自主创新能力显著增强，高新技术产业产值比重有较大提高。单位生产总值能耗降低22%左右，二氧化硫和化学需氧量排放分别下降20%和18%，生态环境明显改善，可持续发展能力增强。欠发达地区的发展进一步加快，区域发展总体趋于协调，城乡面貌发生显著变化，城市化率达到50%以上。体制机制创新取得新突破，社会主义市场经济体制更加完善。经济国际化程度不断提高，实施“走出去”战略迈出更大步伐。

“富民强省”的新理念包括以下几个方面：

1. 调整优化经济结构，扎实推进社会主义新农村建设

要按照生产发展、生活宽裕、乡风文明、村容整洁、管理民主的要求，以发展现代农业为着力点，突出增加农产品有效供给和农民收入两大基本任务，扎实推进社会主义新农村建设。

2. 强化节能环保

要把节能减排任务落实情况作为检验科学发展观是否落实、经济发展是否“好”的重要标准。2009年山东省环境保护力度不断加大。淘汰水泥落后产能1458万吨、小火电140万千瓦、钢铁落后产

能 52.8 万吨，万元生产总值能耗持续下降，化学需氧量和二氧化硫排放量分别下降 5.73%和 7.15%，环境质量逐步改善。全省污水处理实现“一县一厂”，城市污水集中处理率达到 72%，生活垃圾无害化处理率达到 63%。新增造林面积 276 万亩，新建湿地和森林类型自然保护区 5 处，新增农村沼气用户 45 万户。

3. 大力增强自主创新能力

加快推进科技进步，建立健全以企业为主体、市场为导向、产学研结合的技术创新体系；建立以财政投入为引导、企业投入为主体、社会投入为补充，多元化、多渠道、高效率的科技投入体系；制定完善发现、培养、引进人才和充分发挥人才作用的政策措施，努力造就高素质人才队伍。

4. 积极促进区域经济协调发展

一是继续推进胶东半岛制造业基地建设。二是促进济南省会城市群经济圈加快发展，增强辐射带动作用。三是抓紧启动鲁南经济带规划建设。四是大力推进山东环渤海地区综合开发，促使其在环渤海经济圈的合作与发展中发挥更大作用。五是进一步落实和完善各项政策措施，支持欠发达地区和革命老区加快发展。六是进一步壮大县域经济，继续实施“双三十”工程，促进欠发达县改变面貌。七是加快城市化进程，充分发挥城市在经济社会发展中的重要作用。

（二）建设“经济文化强省”的新战略

在新的发展阶段，山东省传统发展模式已不适应经济社会发展的大趋势，经济发展方式粗放、结构层次不够高、区域发展不平衡、文化发展水平与经济发展水平不相适应等一系列矛盾和问题，已经成为阻遏发展跨越的障碍。由经济文化大省变为经济文化强省是这一阶段山东省面临的紧迫任务。

2008 年 7 月，山东省委提出建设“经济文化强省”的新战略。建设经济文化强省总的要求是：全面贯彻党的十七大精神，以马克思列宁主义、毛泽东思想、邓小平理论和“三个代表”重要思想为指导，深入贯彻落实科学发展观，按照胡锦涛同志对山东工作的总要求和中共山东省第九次党代会的部署，大力推进社会主义核心价值体系建设，以解放思想为先导，以提高核心竞争力为目标，以改革创新为动力，以转变发展方式为根本途径，以营造良好环境为保障，推进科学发展、和谐发展、率先发展，努力建设经济文化强省，实现富民强省新跨越。

加快经济文化强省建设不仅坚持了做大做强经济这一板块的主导思想，而且更加注重了社会经济的统筹协调发展，创造性地将文化上升到主体战略，与经济建设摆在同等重要的位置，既保持了工作的连续性和稳定性，又丰富了强省建设的内涵。可以说，建设经济文化强省的过程，就是推进科学发展、和谐发展、率先发展的过程，就是在新起点上实现富民强省新跨越的过程，也是全面建设小康社会、加快推进社会主义现代化的过程，这一重大决策对山东长远发展具有重要意义。

二、全省区域发展战略的再演进和海洋经济战略的提出

为进一步推动区域经济发展，山东省委、省政府对“五大板

块”进行深度整合，提出“一体两翼”和海洋经济发展的战略。

（一）区域发展战略的再演进

为深入贯彻党中央、国务院关于继续实施区域发展的总体战略，推动区域经济一体化发展，2007 年 11 月山东省委九届二次全体会议召开，提出“一体两翼”的区域发展战略，即“着力建设胶东半岛制造业基地，加快推动胶济铁路两侧产业聚集带建设”。“一体”就是从东部沿海沿胶济铁路向西到省会济南周围。这一带是山东的优化开发区，聚集了山东省主要城市，总体发展水平比较高，经济总量占全省的 2/3，构成了山东区域经济发展的主体部分。“两翼”，分别是北临渤海湾的黄河三角洲和南接苏豫皖的鲁南经济带，该区域工业基础薄弱，城镇化水平低，巨大的资源潜力、后发优势尚未发挥出来，是目前山东区域经济发展的“软肋”。“一体两翼”战略侧重于从“南北中”纵向坐标观察和思考问题，是省委对全省区域发展格局做出的最新概括。为此要采取以下策略：

1. 增强“体”质，切实加大其对“两翼”的辐射带动作用

增强“体”质，主要应从三个方面下功夫。一是优化产业结构。在注重经济总量迅速扩张的同时，更自觉地提高发展质量，促进产业结构逐步实现由劳动密集型为主向资本、技术密集型为主的转变。二是加强科技创新。要加快三大基地建设，以济南国家信息通信国际创新园建设为依托，打造济南信息通信产业基地；以济南、淄博、威海、莱芜等为依托，以晶体材料、氟硅材料、碳纤维、冶金材料的开发为重点，打造新材料产业基地；以沿海八个市为依托，发挥国家技术优势，规划建设一批海洋产业开发基地。三是全面增强外围层经济实力。针对外围层经济不够发达、

海洋经济战略的提出，对促进山东沿海地区经济腾飞起到了催化剂作用

与紧密层差距较大的实际情况，在将“一体”作为优化开发区进行整体规划布局的同时，将外围层作为“一体”内部的重点开发区，区别对待，重点突破。

2. 丰实羽“翼”，有效提高“两翼”的支撑能力

黄河三角洲和鲁南经济带是山东省的重点开发区，要搞好规划，统筹兼顾、积极推进，特别要加强基础设施建设及其资源的整合，使其成为山东省新的经济增长带和可持续发展的支撑区。要做到这一点，应从两个方面入手。一是率先突破北翼。要按照《黄河三角洲高效生态经济区发展规划》，加快建设黄河三角洲生态高效经济技术创新示范区。农业方面，要大力发展现代农业尤其是大力发展畜牧养殖业和高效生态渔业。工业方面，要充分利用油气资源、海洋化工资源丰富的优势，大力发展现代加工制造

业，优先发展石油化工、盐化工等重化工业，扩大深加工，提高附加值。服务业方面，突出发展好临港物流，配套搞好集散、中转、存储和加工配送中心建设，将其发展为面向京津冀、环渤海地区和东北亚的区域性物流中心。

二是加快发展南翼。鲁南五个市要明确自身定位，坚持分工协作。要在产业布局、基础设施、环境保护、旅游开发、信息化资源等方面，实现“五个一体化”。要以鲁南星火产业带建设为契机，进一步整合资源，利用高新技术和先进实用技术改造提升传统产业，加快发展产业集群，把南翼打造成山东区域发展新的增长极。

这一发展战略的实施，有力地推动了全省区域一体化协调发展，增强了山东在全国区域发展中的竞争力。2007 年由半岛城市群和省会城市经济圈构成的“一体”实现生产总值 18601.4 亿元，占全省的 71.9%，比 2006 年增长 16%；黄河三角洲高效生态经济区实现生产总值 3826.4 亿元，比 2006 年增长 16.6%；鲁南经济带实现生产总值 5612.9 亿元，比 2006 年增长 16.4%。

（二）海洋经济战略的提出

山东海洋资源丰富，发展海洋经济可谓得天独厚。为深入贯彻落实党中央、国务院关于发展海洋经济的重大战略部署，大力发展海洋经济，2007 年 5 月，山东省委、省政府召开全省海洋经济工作会议，出台了《关于大力发展海洋经济建设海洋强省的决定》和《山东省海洋经济“十一五”发展规划》，全省海洋经济发展进入了一个新的历史阶段。

山东海洋经济发展的总体思路是：以科学发展观统领海洋经济发展全局，努力促进海洋一二三产业发展相协调，海洋经济与陆地经济发展相协调，海洋资源开发与保护相协调，海洋国内开发与国际合作相协调，实现海洋经济发展方式转变，构筑规模大、素质高、竞争力强的现代海洋经济体系，努力把山东建成区域布局合理、产业结构优化、生态环境良好的海洋经济强省。

为此要采取以下策略：

1. 调整优化渔业结构，做大做强海洋主导产业

要大力调整经济结构，加快发展海洋渔业，建设山东半岛现代渔业经济区。以优质高效为目标，坚持开发与保护并重，严格控制近海捕捞，积极发展优质高效海水产品养殖，大力发展远洋渔业。

突出发展临港物流业，集中培育青岛、烟台、威海、日照四大临港物流中心。大力发展船舶工业，突出搞好青岛、烟台、威海三大修造船基地建设。优化发展海洋石油和盐化工业，建设全

国重要的海洋化工生产基地。积极发展滨海旅游业，打造“黄金海岸”和“旅游度假胜地”两大品牌。山东省船舶工业发展迅猛，2007年实现总产值200亿元，比上年增长85%。海水利用业快速发展，实现总产值42亿元，比上年增长180%，已建成海水淡化工程17处，年利用海水52.3亿立方米。港口建设势头强劲。全省拥有港口24个，万吨级以上泊位达到146个，2007年完成吞吐量5.8亿吨，比上年增长21.2%。

2.进一步完善港口功能，构建海上大通道运输体系

要围绕全省经济国际化这个战略重点，优化沿海地区港、航、路结构布局，加快航运现代化进程，逐步建立起与其他运输方式相衔接、布局结构合理、功能较为完善的港口体系和水路、陆路运输体系。积极推进沿莱州湾、沿胶州湾、沿荣成湾综合经济区的开发建设，打造各具鲜明区域特点和产业优势的海洋经济板块。大力发展临港现代制造业，加快海岛经济开发，重点发展旅游业、海珍品养殖业和新型能源产业。

海洋经济已成为带动山东经济发展的重要增长点。2008年主要海洋产业实现总产出4415.3亿元，比2007年增长20.1%。海洋渔业、滨海旅游和海洋油气等产业稳定增长，分别实现产出1629.4亿元、1092.9亿元和118.7亿元，比2007年分别增长14.1%、18.3%和51.0%。海洋船舶工业快速发展，实现产出309.6亿元，比2007年增长54.6%。海洋资源开发稳定增长，海洋石油、原盐和烧碱产量分别达到232.2万吨、2180万吨和360万吨，比2007年分别增长2.7%、5.2%和9.7%。生态海洋建设扎实推进，新建海洋特别保护区7个，各类海洋保护区达到20个，保护区总面积达115万公顷。

三、与日韩合作全面展开和与全球其他经济板块合作的进一步加强

进入新世纪以来，各国之间的经济联系不断加强，经济竞争加剧。中国进入承接国际产业转移高速增长阶段。山东实施市场多元化战略，与世界经济接轨的步伐不断加快，参与国际合作和竞争的能力不断增强。

（一）与日韩合作全面展开

日韩是山东省重要的经贸合作伙伴。山东与日本一衣带水，和韩国隔海相望，具有经贸往来的地缘优势。山东省与韩日经贸合作发展迅速，中国也成为韩国最大的出口对象国。2006 年山东与韩国进出口总额超过 190 亿美元。2006 年，山东与日本的进出口总额实现 127.93 亿美元，同比增长 10.5%。日本世界 500 强企业中，三井物产、伊藤忠商事、三菱商事、丸红株式会社、住友商事、松下电器、三菱电机、三菱重工、日本电装、富士电机、三洋电机、小松、积水化学等 40 多家都在山东省有投资项目。贸易量的增长不仅仅反映中日韩经济关系的加强，更预示着双方从局部区域的合作向互动的区域经济合作全面发展。

综观日韩在山东省的项目，仍主要集中在劳动密集型和资源密集型领域，如食品加工、纺织服装、玩具箱包、化学品和普通机械制造等，而技术含量高、产业链长、带动性强的高新技术项目和大项目较少。高新技术领域合作相对滞后，发展潜力巨大。随着日韩产业结构调整步伐的加快和中国对高新技术投资在政策

上倾斜，一些韩国大企业集团开始调整对华投资战略，把占领中国市场作为其未来发展的长期战略，资金投向由劳动密集型向资本技术密集型转变，电子、造船、汽车零部件和精细化工等具有高新技术含量的项目开始向中国转移。山东省与日韩经贸合作迈向更高的层次。山东省在信息产业、生物工程产业、新材料产业、新能源和节能环保产业方面加强了与日韩的合作。

（二）与全球其他经济板块合作进一步加强

除了密切与日韩的经贸往来，山东省对欧美等传统市场出口保持稳定增长，对拉美、非洲、中近东、印度、独联体和东欧等新兴市场出口稳步上升，构建起多元化出口市场体系。欧美市场增势强劲，2006 年山东省对美国、欧盟、日本和韩国出口分别达到 113.4 亿美元、97.6 亿美元、93.3 亿美元、87.3 亿美元，分别增长 26.2%、28.2%、10%和 33.1%。2008 年，欧盟是山东省第一大出口市场，占出口总额的 18.8%，其次是美国，占 17.3%。粮食和资源类产品及高新技术产品进口扩大，粮食增长 1.1 倍，大豆增长 93.4%，铁矿砂增长 86.9%，高新技术产品增长 60.9%。山东省加大新兴市场开拓力度，对南亚、非洲、南美和大洋洲出口分别增长 65.9%、41.7%、69.3%、29.3%，增速均高于全省平均水平。除了与日韩合作，山东还增进与亚洲其他国家之间的交流与合作。中国（包括内地和香港）已成为东亚国家出口商品的主要吸纳市场和贸易出超的重要来源。同时，东亚区域内相互投资也增长很快。

山东省实施国际化战略，提高农业对外开放水平。在“走出去”方面，启动实施了“农产品出口促进专项行动”。“出口农产品绿卡行动计划”及“农产品出口促进专项行动”等政策的率先实施，为山东省农产品出口领跑全国打下了坚实基础。出口企业积极适应国家出口退税政策调整，努力克服国外技术壁垒的影响和人民币持续升值、生产成本不断上涨的压力，农产品出口保持平稳增长，2007年全年出口92.53亿美元，比上年增长14.3%。水产品、蔬菜、水果及制品、肉食制品、花生及制品五大优势产品出口75.1亿美元，同比增长12.2%。

山东省鼓励和支持省内具备条件的企业"走出去"，实施国际化经营，逐步形成一批有国际竞争力的跨国公司。山东省加快优势产业和长线产业向国际市场转移，重点开拓中东、非洲、独联体和拉美市场，投资发展纺织服装、化工医药、电子、食品、机械等加工装配项目和矿产、农林渔等资源开发项目。大力发展对外承包工程和劳务合作。海外投资已从单一的进出口贸易发展到家电、冶金、轻纺、食品、工程建筑等多个领域。2006年全省新增对外投资企业188家，境外投资协议总额4亿美元，分别增长20%和2倍。2006年山东有8家企业在境外上市，共融资48.8亿人民币。

在"引进来"方面，重点引进外商投资的技术含量高、环境友好型的农业项目，引进农业标准化生产、农产品加工、储藏、保鲜等领域的关键技术和先进管理经验。2007年有130家世界500强企业在山东省投资，设立项目342个。实际利用外商直接投资110.1亿元，比2006年增长10.1%。外资项目平均投资规模861万美元，提高200万美元，引进过亿美元项目10个。利用外资方式趋于多元化，新批增资项目1929个，外资并购项目50个，15家境外上市企业募集资金153.3亿元。韩国、中国香港投资仍居前两位，占全省的56.4%。2008年，有142家世界500强企业在山东投资，新增 12 家。外商直接投资实际到账 82 亿美元，引进设立了 9 个新能源项目；新批服务业利用外资项目 532 个，实际到账 24.3 亿美元。中国香港和澳门是主要外资来源地，两地实际到账 37.3 亿美元，增长 53.6%，占全省的 45.5%。

四、十六字经济建设方针的提出和二十一条促消费拉内需政策的出台

2007 年 8 月，美国次贷危机爆发，并很快发展成一场世界性的金融危机。2008 年年中，危机对中国经济的不利影响开始有所显现，主要表现为：由于国外需求的萎缩，中国沿海地区经济增速下滑，部分中小型加工企业倒闭，纺织、钢铁等传统制造业产品出口下降；国际居高不下的能源、粮食等初级产品价格进一步推高了国内物价。为应对危机，中央和山东先后推出相应政策。

（一）中央十六字经济建设方针的提出

结合应对危机的近期目标与转变发展方式等长远战略，2008 年 11 月中央明确提出，出手要快、出拳要重、措施要准、工作要实的经济建设方针。“快”就是要迅速出手，不可贻误时机；“重”就是要实施坚决有力的措施，从根本上扭转经济增速过快下滑趋势；“准”就是要抓住关键，突出重点；“实”就是要抓好落实。

按照中央的决策和部署，中国在宏观经济层面上继续实施积极的财政政策和适度宽松的货币政策，逐步形成应对金融危机、保持经济平稳较快发展的一个比较系统完整的应对方案，也被称

为“一揽子计划”。这个“一揽子计划”主要包含四个方面：一是大规模的政府投入和结构性减税（除4万亿元投资计划外，减税计划主要是全面实施增值税转型，出台中小企业、房地产交易相关税收优惠政策等措施，取消和停止100项行政事业性收费）；二是大范围的产业调整和振兴规划（涉及关系国计民生的十大行业）；三是大力度的科技支撑（计划在两年内投入1000亿元，加快推进科技专项规划）；四是大幅度提高社会保障水平（提高企业退休人员基本养老金、提高失业保险金、提高城乡低保等）。

这一计划具有标本兼治、远近结合的特点，既是保增长、保民生、保稳定的应急之举，也是推动中国经济实现科学发展、和谐发展的长远之策。到2009年年中，“一揽子计划”的政策效应逐步显现，中国经济运行中的积极因素增多，趋稳向好的势头日益明显。这突出表现在以下几个方面：生产增速稳步回升，国内需求增长加快，经济结构调整积极推进。据统计，2009年上半年，中国GDP同比增长7.1%，其中二季度同比增长7.9%，结束连续7个季度的下行，出现上升拐点；社会消费品零售总额同比实际增长16.6%；国家外汇储备突破2万亿美元；股市出现大幅反弹；全国城镇新增就业569万人，下岗失业人员再就业271万人。

（二）二十一条促消费拉内需政策的出台

为扩大投资、促进消费、拉动内需，山东省从2008年起，计划在三年内，围绕重大民生工程、基础设施、生态环保、自主创新、现代产业体系等方面建设，出台了二十一条政策措施，提出“稳增长、控物价、调结构、抓改革、促开放、惠民生、保稳定”的工作方针。“稳增长”重在扩大内需，“控物价”重在防止反弹，

“调结构”重在提高质量效益，“抓改革”重在增强创新能力，“促开放”重在适应变化调整战略，“惠民生”重在完善制度提高水平，“保稳定”重在加强和创新社会管理。

在改善民生方面，一是加快建设保障性安居工程。到2010年年底，廉租住房制度保障累计达到10万户，低收入家庭住房困难户做到全覆盖。用3年时间基本完成640万平方米城市棚户区改造任务。2008年到2010年，全省每年为低收入家庭提供5万套经济适用房。二是加快医疗卫生、教育、文化等社会事业发展。推进11家重点市级中医院建设，抓好财政困难县县级医院改造，加快31042所村卫生室的规划建设。加快实施农村中小学危房改造、“两热一暖一改”和办学条件标准化工程，到2010年年底每县建成一所合格的中等职业学校。建成一批敬老院，农村“五保”集中供养率达到80%；新建和改造17所社会福利院，新建42个儿童福利院和流浪未成年人救助保护中心。三是提高居民收入特别是农民和城乡低收入群体收入。提高农村低保、农资综合直补、良种补贴、农机补贴等标准。城镇低保标准要不断提高。四是扩大就业和再就业规模。提高失业人员、进城务工人员、农村劳动力培训补贴标准，支持就业培训、技工学校和实训基地建设。

在基础设施建设方面，一是推进农村基础设施建设。抓好大型灌区节水改造、农业综合开发和扶贫项目建设。新增沼气用户160万户，解决200万农村人口饮水安全问题。新建市、县两级农产品质量监测中心50个。搞好黄河三角洲绿色生态畜牧业基地规划建设，提高奶牛规模化标准化养殖水平。重点抓好13个国家级中心渔港、一级渔港建设。改建农村公路3.6万公里，其中新建2.1万公里。二是加强水利工程建设。推进17个骨干河道治理项目，搞好2529座小型病险水库的除险加固。三是强化交通能源等重大基础设施建设。加快推进京沪高铁山东段、京九铁路山东段电气化改造等6个在建项目，开工建设青烟威荣城际铁路等10个重点铁路项目。加快建设15个高速公路项目。建设烟台新机场，加快威海、济宁等机场改造。加强沿海港口重组联合，重点建设青岛前湾集装箱码头等19个码头项目。开工一批核电机组，新上一批大容量、高参数、环保型燃煤发电机组。推进巨野矿区开发建设，开工建设一批矿井。

在推进产业升级和建立现代产业体系方面，一是推进自主创新和产业升级。围绕计算机、软件、医用植入器械、碳纤维、太阳能热利用等领域，组建8个国家工程研究中心和国家工程实验室。组织实施100个国家自主创新和高技术产业化示范工程项目，突出抓好100个发展基础好、产业链条长、技术水平高的重大装备制造业项目。二是加大企业技术改造投入。加强重点技改项目调度，对1000多个在建技改项目实行旬调度，及时协调解决项目实施中的问题。加大结构调整专项资金投入，支持一批现代产业体系项目建设。三是繁荣发展现代服务业。

同时，山东省将深化重点领域和关键环节的改革，充分发挥积极财政政策和适度宽松货币政策的作用，为企业发展创造良好环境。全面实施增值税转型改革，确保企业抵扣其新购入机器设备所含增值税的政策落到实处。全面清理各种收费，为企业创造宽松环境。引导金融机构扩大信贷投放，加大对重点项目支持力度。加快组建地方金融机构，小额贷款公司试点由17家扩大到34家。设立创业投资引导基金，扶持中小型高技术企业发展。在遵守国家最严格耕地保护制度和节约集约用地制度的前提下，加快用地审批和闲置土地处置，加快土地预审和供地节奏，确保项目及时落地。

五、农业产业化经营的纵深发展和土地流转制度“西岗模式”的面世

在新世纪，山东省农业产业化进入深化提高阶段。为适应现代农业的发展，滕州市西岗镇也积极进行了土地流转制度的探索。

（一）农业产业化经营的纵深发展

山东农业产业化经营的纵深发展表现在以下方面：

1. 农业产业化催生了多元化主体

在农业产业化发展过程中，除仍然占较大比重的分散农户以外，逐步成长起一批专业大户，并以专业大户为骨干，发展起一批合作组织，众多农户以组织化的姿态面向市场和龙头企业，由此构筑起包括龙头企业、合作组织、专业大户、分散农户在内的多元化的农业生产经营主体框架。

2. 农业产业化催生了一体化经营

各类农业生产经营主体之间的沟通与合作，加快了农业一体化经营步伐。在利益关系方面，由订单合同关系，逐渐向合作关系、股份合作关系演进；在组织方式方面，以“公司＋农户”为基础，逐渐向“公司＋合作组织＋农户”“公司＋合作组织＋农业公司（农场）”等多主体参与、有机联结的形式发展。龙头企业和基地农户之间的利益机制，呈现多样化、规范化、紧密化的趋势，

农业产业化经营开始向纵深发展

但风险机制尚处于摸索阶段。

3. 农业产业化催生了集聚化产业

经过多年的发展，全省农业产业化不断向纵深拓展，产业链条不断向精深加工延伸，经营机制不断向以产权为纽带的合作制、股份合作制转化，经营方式不断向规模化、集群式发展。据不完全统计，到2007年年底，全省各类产业化经营组织已达到12万多个，其中销售收入100万元以上的龙头企业9377家，规模以上农产品加工龙头企业6853家，龙头企业实现销售收入7487亿元，其中过亿元的1341家，发展农民专业合作经济组织10800多个，参与产业化的农户比例达69%。农产品原料采购值达到4609亿元，农产品原料省内基地采购值为2738亿元，占全省农业总产值比例为57%。龙头企业通过合同、合作、股份合作等形式直接带动基地农户968万户，基地农户增加收入184亿元，户均1900元。

农业产业化的发展，客观上对农业社会化服务组织发展提出了更高的要求。全省引导科研院所、疫病防治中心、专业市场、超市等各类专业性服务组织和企业向农业经营领域延伸，构建起多形式、多层次的农业社会化服务体系。

（二）土地流转制度的“西岗模式”

促进土地流转是建立现代农业的必然要求。随着经济社会的发展，农村劳动力的转移使土地经营权的流转成为可能，加之一家一户分散的土地经营方式越来越难以适应现代农业的发展，特别是龙头企业、农民专业合作社的快速发展壮大对集中使用土地产生了新的更为迫切的需求。滕州西岗镇积极探索土地流转新形式，把农村土地流转与发展农业规模经营紧密结合起来，建立土地流转新平台。

西岗是山东省知名的经济强镇。这里二三产业发达，农民转移就业多，全镇农村劳动力约有 4.6 万人，其中 2 万人实现转移就业，因而土地闲置多，农民向外流转土地的意愿较为强烈。为解决这些问题，2005 年年初西岗镇人民政府投入 30 多万元，成立了全国首个土地流转服务中心，由镇经管站负责。其具体办法是，首先由转出户提出申请，说明土地流转的原因、期限、形式等；然后，由村土地流转服务站报镇土地流转服务中心进行审查，符合法律规定的对其进行流转，不符合规定的做好解释说明；交易达成后，由服务中心统一组织流转合同的签订、签证、归档管理。

这个“有形市场”不仅有具体的交易场所，而且有三个完善的机制：价格形成机制、谈判机制和规范的管理机制，应该说是比较成熟的“有形市场”。与城市土地“有形市场”不同，这个市场只是提供服务，农民自愿交易，不带任何强制色彩，不损害农民利益。这个“有形市场”不但减少无序流转，减少矛盾纠纷，而且公平、公正、公开。它使农村土地流转进入有序、公开、快捷轨道。

土地流转制度使农民、企业双双受益。“有形市场”建立以来，很多农民以满意的价格流转出了土地，而一些企业和经营大户也获得了自己的土地，通过发展规模经营，大大提高了土地产出效益。截至2008年，通过市场全镇已流转土地1.3万亩，占全镇土地总面积的1/5，涉及4000个农户。有了西岗镇土地流转制度的探索，滕州市于2007年出台《关于推进农村土地承包经营权流转的实施意见》，明确了土地流转工作的指导思想、思路目标和工作要求。滕州市土地流转活动日趋活跃，交易面积逐年增加。至2007年年底，全市土地流转面积累计达10.8万亩，占总耕地面积的9.4%。除农户外，已有越来越多的农业龙头企业、合作经济组织参与土地流转。

山东省农业部门和农业部在考察土地流转制度的“西岗模式”后均给予高度评价，认为这是一次成功尝试。山东省已明确提出，在有条件的地方推广西岗经验。

六、山东钢铁集团的成立和工业发展新特优工程的实施

为认真贯彻党的十七大精神，全面落实科学发展观，转变经济发展方式，促进工业结构调整和优化升级，山东省通过兼并、重组、联合等方式，逐步将省内中小钢铁企业纳入大型钢铁集团

发展，提高产业聚集度，并实施工业发展新特优工程。

（一）山东钢铁集团的成立

钢铁企业联合重组是当今钢铁工业发展的大趋势。山东省重点钢铁企业集中度低，为了顺应世界钢铁工业发展趋势，落实国家钢铁产业政策，提高钢铁企业竞争力，山东组建钢铁集团。山东钢铁集团有限公司于2008年3月26日挂牌成立，注册资本100亿元，是目前山东省属最大企业。

山东钢铁集团有限公司是由济南钢铁集团有限公司、莱芜钢铁集团有限公司、山东省冶金工业总公司所属企业（单位）的国有产权划转而设立的国有独资公司，由山东省国资委履行出资人职

山东钢铁集团生产车间

责。济钢以中厚板材为主打产品，莱钢则是目前中国规模最大、品种最全的H型钢生产基地，双方在主要产品上存在很大的互补优势。成立后的山东钢铁集团有限公司将在巩固提升济钢、莱钢等企业现有竞争力的基础上，实现产业布局、装备结构和产品结构的优化调整，建设现代化的、具有国际竞争力的一流钢铁企业。对于钢铁大省山东来说，济钢、莱钢合并重组仅仅是钢铁产能整合的第一步。按照规划，山东将严格控制钢铁产能总量，使全省炼铁、炼钢、钢材生产能力控制在年产4500万吨。其中，济钢济南厂区综合生产能力控制在年产560万吨以内，莱钢集团产能在年产1100万吨的基础上压缩至年产600万吨。这意味着出于节能减排的考虑，济钢、莱钢将缩减近一半的产能。青岛钢铁公司将保留年产400万吨的产能，其他钢铁企业保留年产940万吨的产能。

山东钢铁企业资产重组扩大了企业规模效益，提高了中国钢铁产业集中度。山东钢铁集团的成立对于促进山东经济结构调整和发展方式转变，创造发展新优势，促进经济社会又好又快发展，具有十分重要的意义。

（二）工业发展新特优工程

新世纪以来，山东省各级各部门和广大企业调整工业结构、转变经济发展方式，工业发展取得显著成就。2007年，全省制造业占规模以上工业的比重达到85.4%；高新技术产业实现产值占规模以上工业的比重达到29.45%；全省主要行业62.1%的技术装备达到国内先进水平，其中23.9%达到国际先进水平；在全国重点调度的353种工业品中，山东省有140种产量位居前列；中国名牌产品和驰名商标分别达到271个和172件。

工业发展开始注重新特优工程

为提高自主创新能力、加快工业结构调整、增强工业竞争能力、建设先进制造业强省，2008年，山东省委、省政府作出重大战略决策，出台了关于加强企业技术改造、实施工业发展新特优工程的意见。

“新”就是创新发展理念，更新发展思路，坚持走新型工业化道路，不断推进技术创新，发展高新技术产业和具有时代先进水平的新产品，培育新的经济增长点，再造工业发展的新优势。围绕“新”，紧紧抓住提高自主创新能力、加快科技进步这个关键环节，立足技术前沿，瞄准消费升级方向，重点发展电子信息、生物、新材料、新能源、海洋产业等高新技术产业，培育新的增长点。

“特”就是因势利导发展特色产业和特色产品。围绕“特”，立足本地产业集群发展现状和梯次转移规律，以汽车、船舶、数控机床、工程机械、电工电器、农业机械、煤炭机械七大装备制造业和高科技含量、高现代化水准、高市场欢迎度的特色产业链和特色工业品为重点，研究制定产业集群发展规划，进一步增强龙头企业辐射带动作用，引导配套中小企业拉长产业链，加快培育关联企业在空间上相对集中、生产上分工协作、技术上互动创新、资源上互补共享、地域和资源优势得到充分发挥的特色产业集群。

“优”就是优化产业结构，提高产品质量档次，优化资源利用，优化生态环境。围绕“优”，着眼于提高经济发展质量和效益，改造提升纺织服装、造纸、食品、家电、家具、工艺美术、化工、医药、轮胎、水泥、钢铁、铝十二大传统产业，培育自主知名品牌，推进节能减排。

七、全国最大优秀旅游城市群的建成和服务业“三大载体”的培育

山东是经济大省，但要进一步发展，关键是把服务业搞上去。为发展现代服务业，山东省委、省政府组织开展创建中国优秀旅游城市的工作，培育服务业“三大载体”。

（一）全国最大优秀旅游城市群的建成

山东旅游资源丰富，旅游业在山东是一个独具特色且潜力无限的行业。自 1995 年开始，按照国家旅游局部署，山东省旅游局在全省范围内组织开展创建中国优秀旅游城市工作。十多年来，山东省各主要旅游城市积极响应，全面推进旅游环境优化。2007

年，莱芜、德州2个地级市，新泰、诸城、即墨、栖霞4个县级市创建中国优秀旅游城市取得成功。至此，山东已有13个地级市、16个县级市成为“中国优秀旅游城市”，“中国优秀旅游城市”总数居全国第一。

2007年以来，全省旅游系统统筹城乡旅游一体发展，提升旅游目的地体系建设水平，广泛开展以“创建最佳旅游城市、优秀旅游城市、旅游强县、旅游强乡镇、旅游特色村”为内容的“五级联动创优”工程。旅游发展新格局形成。

随着创优工作的推进，各参创市、县均受益匪浅。首先是制定出台一系列加快旅游发展的政策措施，解决了许多制约旅游业发展的实际问题和困难。山东省各优秀旅游城市结合各自实际，以创优工作为起点，着力改善旅游生态环境，加大城市环境综合治理，加快绿化、净化、美化、亮化工程，营造天蓝、水清、灯亮、市容整洁的城市环境。青岛海边木栈道、烟台滨海广场、日照奥林匹克水上公园等一批具有轰动效应、市场潜力好的旅游产品和旅游精品相继涌现。

其次，按照“城市不仅要为市民服务，也要为游客服务”的理念，合理配置旅游目的地要素体系，不断提升区域旅游功能，如济宁的餐饮一条街、淄博的天乐园、济南的环城公园水系、聊城的江北水城，都深受游客喜爱。法国雅高饭店集团、英国洲际饭店集团等16个国际知名饭店品牌先后落户各大城市。各类旅游服务设施档次明显提高，“吃、住、行、游、购、娱”六大要素得到同步发展。

最后，山东省确立了“文化圣地，度假天堂”的旅游形象，各城市形成系列城市品牌形象群。像“济南——泉水之都”“青

全国最大的优秀旅游城市群形成

岛——帆船之都”“烟台——山海仙境、葡萄酒城”“威海——最适合人类居住的城市”“潍坊——国际风筝都”“曲阜——东方文化圣城”“聊城——江北水城”等名片，都大大增强了这些城市的吸引力和美誉度。2008 年，山东省旅游业实现了较快发展，旅游总收入达到 2005.2 亿元，相当于全省 GDP 的 6.45%，约占全省第三产业增加值的 19.3%。全年接待游客 2.4 亿人次，增长 18%，接待入境游客突破 200 万人次。

（二）服务业“三大载体”的培育

为贯彻落实《国务院关于加快发展服务业的若干意见》，2007 年 5 月下旬，山东省人民政府在淄博召开全省服务业发展工作座谈会，明确提出省里要重点培育服务业发展载体的思路，并对培育

服务业“三大载体”（即服务业城区、服务业园区和服务企业）做出部署。“十一五”期间，在安排服务业总体发展布局时，省政府将对重点服务业城区的重点项目、基础设施给予优先考虑。2008年1月，山东省人民政府正式下发《关于加快培育服务业三大载体的意见》，将服务业“三大载体”的名称和数量明确为：50个经济基础较好、总量规模大、服务业优势明显、发展特色鲜明的重点服务业城区；50个规模较大、产业集聚度高、发展特色鲜明的重点服务业园区；100户主营业务突出、具有知名品牌、市场竞争力强的服务企业。

各级各部门认真落实山东省委、省政府关于培育服务业“三大载体”的决策部署，“三大载体”建设取得了初步成效。

1. 重点城区服务业成为全省服务业发展的重要带动力量

各地城区充分发挥区位、资源和基础设施等优势，制定发展规划，出台优惠政策，加强载体建设，城区服务业呈现总量快速扩大、结构不断优化、产业层次逐渐升级的良好态势。重点城区服务业规模迅速扩大。2009年，全省50个重点服务业城区实现服务业增加值6678.4亿元，占全省服务业增加值的77.6%；重点服务业城区规模以上服务业投资完成4056.7亿元，占全省服务业投资的89.6%。

2. 重点园区集聚、辐射效应初步显现

通过加大投入，政策引导和环境优化，重点服务业园区规模快速膨胀。2009年，全省50家重点服务业园区共完成营业收入2762亿元，缴纳税金92.7亿元，发展规模和质量上了一个台阶。一是承载能力增强，集聚效应明显提升。2009年，50个重点服务业园区入园企业已达4.3万家，入园商户已达15.2万户，成为引领城市经济，汇聚人流、物流、资金流、信息流的主导和关键因素。二是与城市化进程相结合，提升了城市能级和辐射带动力。重点服务业园区已成为城市主体功能的承载点，新生产力布局的支撑点，服务资源整合的聚集点，新城市经济的增长点。三是与工业化进程相结合，促进了二三产业融合发展与效率提升。

3. 重点服务业企业实力进一步增强

企业是产业发展的主体。为做大做强服务业，各地强化政策引导，培植了一批大型服务业企业集团，提升了服务业的整体实力。一是重点服务业企业规模不断扩大。2009年，全省百户重点服务业企业实现销售收入1799.1亿元，缴纳税金88.5亿元。二是重点服务业企业发展后劲儿足。据统计，2008年全省重点服务业企业在建项目102个，投资总额达388.95亿元。三是重点服务业企业的辐射带动作用增强。重点服务业企业深化改革，利用现代技术改造传统产业，实现企业低成本扩张，既带活了一批中小服务业企业，又扩大了企业的经营规模。

4. 扶持政策措施陆续出台

山东各地和各部门在深入调研的基础上，也陆续出台了一些扶持政策和措施。一是扶持政策措施注重实际。在用足、用活、用好现行政策的同时，各市不断推动政策的创新，搞好政策的深化、细化和延伸，特别对服务业发展影响较大的市场准入、税费优惠、财政扶持、金融支持、土地供应、水电气价格等政策。二是行业扶持措施更有针对性。省公安、科技、人事、国土资源、工商、质监、人民银行、物价等部门先后出台了促进服务业发展的政策。三是重视服务业人才培养。各市把服务业人才培养纳入人力资源开发的整体规划，摆上重要位置，精心组织实施，制定了一系列吸引人才、留住人才的政策措施。

八、山东文博会的举行和“泉城义工”的行动

文化产业是现代服务业的重要组成部分，是拉动经济增长的重要力量。山东省委、省政府高度重视文化产业发展，从建设“大而强、富而美”社会主义新山东的战略高度，作出举办文博会的重要决策。

（一）山东文博会的举行

为促进山东文化产业的跨越式发展，山东省委、省政府决定举办（国际）文化产业博览会。山东省在2006年6月16日至18日和2008年9月27日至30日成功举办两届文博会。文博会是山东举办的全方位、大容量、多功能、高起点的文化产业盛会，有以下特色：

1. 招商展览

在济南举办的首次文博会主展区面积达到14500平方米，标准展位1600余个，设置山东文化产业成果展示区、高科技及信息产业展示区等六个展区。另外，在省博物馆、省体育馆、山东大厦及省美术馆设立四个分展区，分别举办文物精品展、山东图书展销会、书画摄影精品展、意大利著名画家画展。第二届文博会彰显国际特色，推动文化产业的跨国合作与对接，实行国际策展人制度，聘请国际知名人士和专家进行专业策划，邀请国际文化创意机构、企业和著名人士参加各项活动；大力开展对外招商招展活动，促进文化内容产品和服务走向国际市场。

2. 项目推介

文博会采取政府主导、企业承办、市场运作方式，宣传推介各类文化产业招商项目，开展文化产业项目洽谈及招商。首届文博会各类签约项目137个，协议融资总额217亿元。第二届文博会的全省重点文化产业签约项目有36个。这36个项目是从全省各地文化产业项目中挑选出来的重点项目，涉及投资额276.33亿元。据不完全统计，上述两届文博会期间全省文化产业合同签约项目404个，项目投资额1008.1亿元，融资额555.7亿元。

3. 文化论坛和活动

文博会突出文化创意，推动区域产业合作。首届文博会举办孔子文化与文化产业高层论坛、保护利用文化资源促进文化产业发展高层论坛等九大主题论坛。第二届文博会，济南会场共组织了山东省民营文化企业品牌建设理论研讨会、文化创意产业高层论坛、新媒体产业发展论坛、盛世与收藏高端市场讲坛、文化产业发展战略论坛等重要论坛活动。这些以文化产业为主题的论坛活动，有力促进了文化产业发展先进理念的交流与传播，彰显了齐鲁文化风采。为扩大文博会的社会影响，文博会组织开展多种形式的新闻宣传活动、群众性互动活动和文化艺术展演展示活动，设计开展多种形式的宣传推介、群众互动和文化赛事活动。

文博会的举办，有利于充分发挥市场机制作用，增添文化产业发展的活力，繁荣文化市场，满足人民群众的精神文化需求。

（二）“泉城义工”的行动

随着市场经济的深入发展，社会团体如雨后春笋般地发展起来。2005 年 8 月 21 日正式启动的社会团体——“泉城义工”，其“泉城义工在行动”项目，成为济南市群众精神文明建设活动的一个响当当的品牌。泉城义工的特点是：

1. 人员构成的平民性

泉城义工吸引了越来越多不同年龄段、不同职业背景的普通市民参与其中，包括党政机关、企事业单位以及社会各界人士，但骨干成员的年龄段主要集中在 23—65 岁之间，他们中 80% 以上都是在职人员。他们来自各行各业，其中既有医生、律师、工程师、公务员、大学生，也有编辑、记者、电台和电视台主持人、

“泉城义工”的呵护行动

反扒英雄、私企老板、下岗职工，社会覆盖面很广。

2. 服务对象的广泛性

泉城义工以“展我所长、尽我所能、倾我热情、回报社会”为理念，把关爱和奉献洒向泉城的大街小巷，社会的方方面面。现有 130 支泉城义工服务队，长期坚持提供助老、助残、环保、文明创建、医疗保健、法律咨询、扶贫支教、免费导游等多项服务，为济南提高市民素质、提升文明形象、创建全国文明城市做出重要贡献。在广泛服务的基础上，泉城义工始终把关爱的重点放在老人、孩子和农民工等弱势群体上。

3. 服务平台的先进性

泉城义工的发展壮大，离不开与现代传媒的密切结合。一方面，作为泉城义工的发起者和组织者，《济南时报》专门设置了志愿服务联络站，结合自身的宣传报道优势，运用消息、评论、图片等形式，随时刊发泉城义工的相关报道。另一方面，泉城义工引进了网络这个自由的新平台，设立了泉城义工 QQ 群，建立了“泉城义工网”，并在网站为泉城义工们开通了论坛和博客。这为义工自发参与、组织、推动甚至主导义工活动，提供了有利的条件。

固定时间主题服务活动、固定项目长期服务活动、专题月服务活动以及特色主题服务活动，成为泉城义工服务活动的四种主要方式。截至 2007 年 9 月 16 日，“泉城义工在行动”系列主题服务活动已经成功开展了 108 期，有 6 万多人次参与，12 万多人次接受了各种服务，18 万多人次从中直接受益。泉城义工不断发展壮大，至 2017 年，泉城义工从最初的 146 人发展成注册人数超过 15 万人的志愿者队伍。泉城义工为济南这座古老而又现代的城市带来了无限的爱心和勃勃生机。

九、农村最低生活保障制度的建立和城镇居民基本医疗保险的启动

完整的市场经济体制需要健全的社会保障体系，但山东的社会保障体系远远达不到健全的社会保障体系的要求。

（一）农村最低生活保障制度的建立

为贯彻落实党的十六届六中全会精神，切实解决农村贫困人口的生活困难，2007 年，国务院发布《关于在全国建立农村最低生活保障制度的通知》，要求在全国范围内逐渐建立农村完整的最

低生活保障制度，由以往的只重视城市低保制度改变为同时重视农村低保制度，进而健全全社会的低保制度。

农村最低生活保障对象是家庭年人均纯收入低于当地最低生活保障标准的农村居民，主要是因病残、年老体弱、丧失劳动能力以及生存条件恶劣等原因造成生活常年困难的农村居民。农村最低生活保障标准由县级以上地方人民政府按照当地农村居民全年基本生活费用确定，并随着当地生活必需品价格变化和人民生活水平提高适时进行调整。

山东省农村最低生活保障工作取得以下成就：

1. 各级政府高度重视，制度建设全面快速

山东省就农村低保工作提出：从2007年1月1日起，全面建立并实施农村低保制度，将符合条件的农村居民全部纳入保障范围，力争实现应保尽保，全省覆盖率不低于3%。2007年年底，山东省全面快速地实现了制度建设目标。同时，山东省还实施多种配套措施。一是建立监督机制。由省财政厅监督检查局每年两次对各市农村低保制度建设及实施情况进行全面审核，并作为确定补助资金的重要依据。二是建立激励约束机制，实施“以奖代补”办法。对各市农村低保制度建设情况进行全方位考核，按照考核结果确定补助标准。三是将农村低保工作纳入政绩考核指标，实行一票否决。四是建立科学规范的保障标准动态调整机制。2008年开始全面推行分类施保，低保标准与物价上涨联动，制度建设进入扩面提标的新阶段，对重病、重残、孤老等特殊困难的低保对象给予重点保障。

2. 贫困人口基本生活得到保障，社会效果突出

山东省农村低保制度建立以来，保障水平稳步上升。一方面，

基本实现应保尽保的制度目标。截至2008年，山东省农村最低生活保障人数达到187.5万人，农村贫困人口的生存需求基本得到保障。其次，保障水平稳步上升。2006年农村低保的最低保障标准是700元；2007年是800元；2008年提高到900元，尤其在经济发达地（市），最高达到了2400元。另一方面，山东省对低保户的补助水平也稳步上升，2008年10月全省平均补助水平上升到每人每月45元。农村低保制度的实施解决了农村贫困群体的基本生活，有效缓解了社会矛盾，受到民众的普遍认可和欢迎。

3.资金投入不断增加，覆盖范围持续扩大

针对农村低保明确规定资金列入各级预算，山东省建立起稳定可靠、清晰明确的财政预算列支渠道和资金筹集机制。省级财政预算2007年初安排6572万元，在保障标准提高到800元和扩大保障面后，两次追加预算。2008年农村低保扩面提标后，省级预算增加到2.49亿元。省财政补助标准不断提高，并加大了对西部欠发达地（市）的补助力度。随着资金投入的不断增加，农村低保制度的覆盖面逐步扩大，截至2008年10月山东省农村最低生活保障户数为108.41万户，保障人数为184.55万人，保障资金月底计划支出9545.6万元，全省覆盖率已经超过3%，在经济较发达地（市）达到4%—5%。

4.管理日益完善，运行效率逐步提高

山东省农村低保制度规范管理，逐步建立起全省统一的个人申请、村居评议推荐、乡镇审核、县级民政部门审批、三榜公示和社会化发放的运行机制。各地方政府出台了适合本地实际的一系列具体实施办法、细则，实现了低保政策、对象、标准、补助水平“四公开”。在申领程序上遵循了个人申请与村干部提名推荐相结合、定量测算与民主评议相结合的办法，民主推选制度初步建成。在审核程序上开展了不同程度的入户调查。由县（市）级民政部门按照20%—30%比例对乡镇审查后的低保户进行审核。在资金的发放和领取方面实行社会化管理，通过银行实现了“一本通”发放，减少了资金使用过程中人为因素的影响，更加透明、简便。

5. 以低保制度为基础的农村社会救助体系初步形成

农村居民致贫的多元性，决定了社会救助措施的多层次性。山东省在实施农村低保的同时，还开展了医疗救助、教育救助等其他社会救助措施，低保边缘户也开始纳入救助范围。为了解决贫困家庭子女上学问题，各地出台了针对农村低保家庭的教育救助政策，对接受九年制义务教育的农村低保家庭子女，实施“两免一补”政策；2007年秋季开学起，全省普通高中设立政府助学金，实施普通高中家庭经济困难学生资助政策；对于有子女接受高等教育的家庭，实行一次性补助。山东省在低保基础上建立的大病救助、技能扶贫、就业援助等救助机制，与农村低保形成救助合力，完善了农村救助体系。

（二）城镇居民基本医疗保险的启动

在坚持以人为本、改善民生、构建和谐社会的重大工程中，建立城镇居民基本医疗保险制度，妥善解决城镇非从业居民，特别是那些没有参加基本医疗保险的低收入人群、困难居民和老年人、城镇中小学生、少年儿童、残疾人等人群的医疗问题，显得非常迫切和重要。

城镇居民医疗保险是继城镇职工基本医疗保险制度和新型农村合作医疗制度推行后，党中央、国务院进一步解决广大人民群众医疗保障问题，不断完善医疗保障制度的重大举措。

城镇居民基本医疗保险制度涉及的人群大都没有固定收入，缴费能力低，也没有单位依托，管理难度大、成本高，因此一定要先搞好试点。中国城镇居民基本医疗保险试点工作 2007 年 7 月 25 日前正式启动实施。2007 年 9 月，山东省首选青岛、威海、莱芜、淄博、东营、泰安 6 个市为首批试点城市，基本医疗保险基本覆盖城乡所有人员。截至 2007 年年底，这 6 个市的城镇居民基本医疗保险参保人数已经达到 163.5 万人。到 2008 年，山东省城镇居民基本医疗保险将从 2007 年 6 个试点城市的基础上，扩大到 12 个市，政策制度框架已经基本建立，组织机构和工作机制基本形成。全省城镇居民基本医疗保险参保人数扩大到 588 万人。2008 年城镇居民基本医疗保险参保人数达到 1266.2 万人，保障能力和水平进一步提高。

城镇居民基本医疗保险采取政府补助和家庭缴费相结合的方式。山东省人民政府规定，城镇居民基本医疗保险的筹资水平，成年人每人每年不低于 150 元，未成年人每人每年不低于 70 元，各市根据当地的经济发展水平自行确定。此外，政府给予适当补助。山东省确定的试点补助标准是：一般未成年和成年参保居民，各级政府每年按人均不低于 40 元和 60 元给予补助；对未成年参保居民中的低保对象和重度残疾人，每年按人均不低于 60 元给予补助；对老年居民，每年按人均不低于 100 元给予补助；对成年参保居民中的低保对象和重度残疾人每年按人均不低于 140 元给予补助。另外，城镇居民基本医疗保险以大病统筹为主，重点保障城镇居民住院和门诊大病发生的大额医疗费用。在费用支付方面，城镇居民基本医疗保险基金的使用，坚持“以收定支、收支平衡、略有节余”的原则。此项医疗保险制度的顺利推进还需着眼整个医疗卫生体制改革，做好与其他医疗保险制度之间在基本政策、标准、管理措施等方面的衔接。同时，还需加强对医保资金的管理，在基金的收缴、支付和管理方面建立严格的规章制度，确保资金安全。

第十二章

市场经济中执政党的建设

为引领中国发展进步、更好地代表和实现最广大人民的根本利益，使党的工作和党的建设更加符合科学发展观的要求，党的十六大以来，党中央明确提出建设学习型政党的重大战略任务。山东省干部群众坚持以马克思列宁主义、毛泽东思想、邓小平理论和“三个代表”重要思想为指导，贯彻落实科学发展观，切实加强和改进党的建设，为科学发展提供可靠的政治和组织保障。

一、“党员先进性教育活动”在泰安的综合试点和山东党组织保持共产党员先进性教育活动的开展

根据党的十六大和十六届四中全会精神，为进一步加强党的执政能力建设，2004 年 11 月 7 日，中共中央发布《关于在全党开展以实践“三个代表”重要思想为主要内容的保持共产党员先进性教育活动的意见》。为保证活动见到成效，中央采取了“先试点，再铺开”的方式。

（一）泰安“党员先进性教育活动”的综合试点

作为中央和山东省委确定的保持共产党员先进性教育活动综合试点单位，泰安市从2003年3月到8月底，开展了声势浩大的保持共产党员先进性教育活动。他们采取先上后下、依次铺开、压茬进行的办法，将教育活动大体分为四个阶段进行。

第一阶段，调查摸底制定方案。调查摸底，即全面摸清党员队伍和基层党组织的基本状况。各级党组织都要针对存在的突出问题，制定开展教育活动的实施方案。

第二阶段，思想发动学习培训。学习培训，即先组织党员认真学习党的十六大报告和《中国共产党章程》等。接着，对下岗失业职工党员和农村困难党员，适当增加一些实用技术、专业技能方面的培训，提高他们再就业和致富的本领。学习形式因地因人制宜，采取集中学习和分散学习相结合，读原文与听辅导、看录像相结合，讨论交流与学习身边典型相结合，坐下来学习与走出去参观考察相结合等不同的学习培训方式。

第三阶段，党性分析民主评议。根据不同行业特点，泰安市分党政机关、企业、事业单位、城市社区、农村等不同类型，制定出各行业党员先进性的具体标准和不合格党员的主要认定标准；找出个人和组织存在的突出问题和在发挥先锋模范作用方面的主要差距，剖析思想根源，明确努力方向，并撰写出党性分析总结。在广泛谈心征求意见的基础上，泰安市召开党支部大会，对党员逐一进行民主评议。

第四阶段，教育转化整改提高。每个党员根据自己存在的问题和党组织的评议意见，制定整改措施；基层党组织针对党员队伍中存在的问题，制定整改方案；抓好基层党组织和党员个人整改措施的落实，巩固教育活动的成果，让群众实实在在地感受到教育活动带来的变化和进步。

为使各阶段工作开展达到目的，泰安市严格掌握政策，切实把握教育活动的正确方向。对限期改正的不合格党员，逐一落实帮扶措施，帮助尽快转化提高。

（二）山东党组织保持共产党员先进性教育活动的开展

继泰安“党员先进性教育活动”的综合试点后，2005 年 1 月，山东省委发布《中共山东省委关于深入开展以实践“三个代表”重要思想为主要内容的保持共产党员先进性教育活动的实施意见》，随

山东各级党组织开展保持共产党员先进性教育活动

即全省组织开展了保持共产党员先进性教育活动。全省22.5万个基层党组织、520万名党员，分三批参加了保持共产党员先进性教育活动。第一批为县以上党政机关和部分企事业单位（2005年1月—6月）。第二批为城市基层和乡镇机关（2005年7月—12月）。第三批为农村和部分党政机关（2006年1月—6月）。在一年半的时间里，山东省保持共产党员先进性教育活动取得了重要的实践成果、制度成果和理论成果。

通过这次教育活动，全省广大党员接受了深刻的马克思主义教育，坚定了理想信念，增强了党性修养，提高了实践“三个代表”重要思想、落实科学发展观的自觉性和坚定性，党性观念、党员意识进一步增强；各级党组织解决了许多群众反映强烈的突出问题，一些软弱涣散和不够健全的基层组织得到整顿和加强，党组织的创造力、凝聚力、战斗力进一步提高；各级领导班子思想政治建设得到加强，党政机关服务基层、服务群众、服务社会的工作力度进一步加大；党员干部的思想作风、工作作风有了明显改进。保持共产党员先进性教育活动结束后，山东省委组织部组织全省175万名党员群众进行了保持共产党员先进性教育活动群众满意度测评，群众满意度达到99.85%。

二、学习实践科学发展观活动在六个单位的试点和在全省的逐步展开

树立和落实科学发展观是提高党的执政能力和执政水平的迫切需要。党的十七大按照建设学习型政党的要求，决定开展深入

学习实践科学发展观活动，这是中央领导集体对发展形势进行客观分析后采取的重要举措。从 2008 年 9 月开始，全党第一批学习实践活动全面展开。

（一）学习实践科学发展观活动试点情况

山东省省级领导班子和 102 个省直部门、单位开展了第一批学习实践活动，同时在 6 个单位进行了试点工作，省财政厅、省建设厅、省卫生厅、省发改委、省民政厅和桓台县被列入学习实践科学发展观活动试点单位。

在活动开展中，山东省委和参加学习实践活动的试点各部门、各单位党委（党组）坚决贯彻落实中央的部署要求，把开展学习实践活动作为重大政治任务，高度重视加强领导；把深化认识、解放思想作为前提，努力形成科学发展的共识与合力；把促进科学发展作为根本任务，始终注重突出实践特色；把边学边查边改作为重要要求，以解决问题的实际成效取信于民；把改革创新作为动力，建立保障科学发展的长效机制；把加强检查指导作为保证，确保学习实践活动健康发展。全省组织学习群众对试点活动满意度进行测评，有 30.1 万名党员参加，省级领导班子满意率都在 99% 以上；省委常委会满意率为 100%，其中满意为 98.7%，比较满意为 1.3%；省直部门单位平均满意率为 98.9%，其中满意为 95.7%，比较满意为 3.2%。

总的来看，全省第一批学习实践活动进展顺利，完成了各项任务，取得了显著成效。山东省第一批学习实践活动虽然完成了预定任务，但与党中央的要求相比，与干部群众的期待相比，还存在一些差距和不足。

（二）学习实践科学发展观活动在全省逐步展开

山东省委组织部在第一批学习实践活动的基础上，研究制定了《关于在全体共产党员中开展深入学习实践科学发展观活动的实施意见》以及各个领域的党员学习实践科学发展观的具体实施方案。根据中央统一部署，山东省从 2009 年 3 月到 8 月开展第二批深入学习实践科学发展观活动，学习实践活动逐步向全省展开。

参加第二批学习实践活动的单位是：市、县（市、区）党政机关；市、县（市、区）人大、政协机关，人民法院、人民检察院和人民团体机关；省管企业，市、县（市、区）直属企业事业单位；高等院校。参加的党员有 186.6 万人。

第二批学习实践活动的开展，有利于进一步深化广大党员干部对科学发展观的认识，切实转变不适应不符合科学发展观要求的思想观念，使广大党员干部成为科学发展观的坚定信仰者、忠诚实践者和贯彻落实的有力推动者；有利于教育引导广大党员干部认真贯彻十七届中央纪委三次全会精神，加强党性修养、弘扬优良作风；有利于解决党员干部党性党风党纪方面群众反映强烈的突出问题，进一步密切同人民群众的联系。

在党中央和中央学习实践活动领导小组的坚强领导下，山东省学习实践活动分批次扎实推进，取得了丰硕的认识成果、实践成果和制度成果，达到了“提高思想认识、解决突出问题、创新体制机制、促进科学发展、加强基层组织”的目标。

三、基层党组织执政能力的建设和新型领域党建整体框架的形成

基层组织是党的全部工作和战斗力的基础。党的十六大以来，山东省党的基层组织建设以科学发展观为统领，突出党的执政能力建设和先进性建设这一主线，着力构建基层党建工作的新局面。山东省各级党组织大力加强农村、国有（集体）企业、街道社区、新型经济社会组织等各个领域的党建工作，取得了明显成效。

（一）基层党组织执政能力的建设

2002年11月，党的十六大首次提出“党的执政能力建设”这一重大课题，用“贯彻‘三个代表’重要思想的组织者、推动者和实践者”来定位基层党组织的功能。2004年9月，十六届四中全会审议通过了《中共中央关于加强党的执政能力建设的决定》。党的执政能力，就是中国共产党按照宪法和法律的规定，正确掌握和运用国家政权，全心全意地代表、实现和维护最广大人民的根本利益，带领人民全面建设小康社会、为实现社会主义现代化而奋斗的能力和水平。《中共中央关于加强党的执政能力建设的决定》精辟地把党的执政能力总体概括为五个方面：驾驭社会主义市场经济的能力、发展社会主义民主政治的能力、建设社会主义先进文化的能力、构建社会主义和谐社会的能力、应对国际局势和处理国际事务的能力。

为将党的十六大和十六届四中全会关于党的执政能力建设的

基层党组织注重执政能力建设

精神落实到党的基层组织建设中去，2004 年 12 月，山东省委组织部印发了《关于在各行业开展争创“五个好”活动，加强党的基层组织执政能力建设的意见》，提出了乡镇与村党组织、街道和社区党组织、国有（集体）企业党组织、非公有制企业党组织、机关单位党组织、高校党组织、事业单位党组织加强执政能力建设的“五个好”争创标准和各行业党员“五个好”争创标准。经过坚持不懈的努力，全省达到“五个好”创建标准的乡镇、街道、村、社区、国有（集体）企业、非公有制企业、机关和高校、科研院所等领域的党组织数量逐年增长，多数党员达到“五个好”党员的争创标准。

2005 年 1 月，山东省委印发了《关于以加强执政能力建设为重点全面推进党的基层组织建设纲要》（以下简称《纲要》）。《纲要》提出山东省党的基层组织建设的目标是：紧紧围绕加强党的执政能力建设，以改进、完善党的基层组织设置方式、活动方式、活动内容、领导体制和工作机制为重点，积极推进党的基层组织体系网络化、教育管理科学化、工作制度规范化、党的活动经常化、组织领导系统化，形成适应经济社会发展要求、具有时代特征和山东特色的基层党建工作新局面。《纲要》明确提出山东省党的基层组织执政能力建设的主要任务是：不断提高自觉学习实践邓小平理论和“三个代表”重要思想，贯彻执行党的路线方针政策的能力；不断提高坚持和落实科学发展观，驾驭社会主义市场经济的能力；不断提高发展党内民主和扩大基层民主，依法办事的能力；不断提高处理复杂问题和人民内部矛盾、构建和谐社会的能力。

山东省基层党组织执政能力建设提高了基层党建工作水平，为建设“大而强、富而美”社会主义新山东提供了坚强的组织保证。

（二）新型领域党建整体框架的形成

随着非公有制经济的大发展，城镇化水平的提高，政府和事业单位相关职能还原于社会，中国新涌现出各类民间性的社会组织，包括中介组织、社会团体、基金会、民办非企业单位以及各类群众团队，统称新社会组织。在发展社会主义市场经济过程中，社会的经济成分、组织形式、利益关系和分配方式日益多样化，中国出现内地公民私人、港澳台商、外商全部所有或绝对控制的新经济组织形态，统称新经济组织。社区、新社会组织和新经济组织新型领域党建工作的整体框架在党的领导下得以形成。

1. 社区党建的整体框架形成

社区党组织的职责是领导本地区的工作，支持和保证行政组织、经济组织和群众自治组织充分行使职权。2005 年 8 月，山东省委、省政府下发《关于进一步加强社区党的建设和社区建设工作的意见》，社区党组织要以“领导班子好、党员干部队伍好、工作机制好、工作业绩好、群众反映好”为目标，按照“一社区一支部”的目标，提出以服务社区群众为重点，不断扩大社区党组织的覆盖面。

2. 新社会组织和新经济组织党建的整体框架形成

2004年12月，山东省委组织部印发《关于加强社会中介组织党的建设工作的意见》，提出要按照“先行组建、逐步提高、突破难点、分类指导”的方针，扩大党在社会中介组织中的组织覆盖和工作覆盖。山东省委按照“五衔接、双带动、两覆盖”的要求，以规模以上非公有制企业为突破口，推动新经济组织党建工作的健康有序开展。“五衔接”是指新经济组织和新社会组织（简称“两新”组织）党建工作要与街道社区、乡村、园区、国有（集体）企业、社会团体党建工作相衔接；“双带动”是指以党建带动工建和团建；“两覆盖”是指扩大党的组织覆盖和工作覆盖。截至2007年年底，山东省有2.7万家非公有制企业和18987家规模以上非公有制企业建立了党组织，党组织组建率和单独组建率分别达到99.6%和95.6%。

山东省党的基层组织建设在巩固发展农村、国企、机关事业单位三大领域的基础上，已经完全形成了覆盖社区、新社会组织和新经济组织三大新型领域。截至2008年，全省具备条件的非公有制企业、规模以上非公有制企业、社会团体、社会中介组织、民办非企业单位的党组织组建率已经分别达到99.4%、95.6%、92%、87%、93%，构建起相当完备的基层党建工作新格局。

四、莱芜党代表任期制的实行和乳山“发展党内民主”的创新实践

党内民主是党的生命，也是社会治理的重要组成部分。发展党内民主，进而推动中国社会主义民主建设，是中国实现民主化的最佳选择。1998 年以来，基层民主政治建设进程不断加快。新形势对党内基层民主建设提出了新的要求。党的十六大和十七大对推进山东省党内民主指明了方向。

（一）莱芜党代表任期制的实行

2008 年 4 月，山东省莱芜市在经过反复调查研究和借鉴外地成功经验的基础上，在全市范围内实行了党代表任期制。莱芜实行党代表任期制的主要做法是：

1. 制定出台文件规定，规范党代表任期制工作

莱芜市先后出台了《关于实行党的代表大会代表任期制的试行意见》《莱芜市党代会代表意见、建议征集处理制度》和《中共莱芜市委委员（候补委员）、党代表、党员、群众四级联系制度》等一系列文件，在明确党代表任期、职责、发挥作用方式的基础上，建立健全了党代表教育培训制度、党的情况通报制度、履责保障制度和年度考核评议制度等有关管理制度；采取召开专门会议和印发文件、简报等形式，向党代表通报党内的重大决策部署和有关重要情况；要求各级党组织对党代表行使权利提供必要的保障，对党代表提出的意见和建议，限期给予认真负责的答复；对党代表履行职责的情况，每年进行一次民主评议。

2. 加强教育培训，提高党代表参政议政能力

为提高广大党代表参政议政的意识和能力，莱芜市采取了一系列行之有效的措施：从各级财政列支专项经费，通过举办专门培训班、以会代训、参观考察、视察调研等多种方式，使党代表增强代表意识、提升思想境界、开阔思路眼界、提高参政议政能力；不断推进党内民主建设，逐步形成领导核心突出、党内决策科学、民主监督有力、党员作用发挥充分的运行机制。

3. 加强管理服务，搭建参政议政平台

一是成立专门工作机构。莱芜市委成立了党代表任期制工作领导小组，在市委组织部设立了“党代表联络办公室”，具体负责党代表的联系、服务和管理工作。二是实行“四级联系”制度，即党委委员联系党代表、党代表联系基层党组织和党员、党员联系群众的制度。三是多渠道征求意见。在提拔任用干部时，组织党代表对领导班子和领导干部履行职责情况进行民主评议，对拟提拔的党员领导干部进行推荐和民主测评。

4. 继续推动党代表任期制的制度化规范化

围绕提高党代表素质、发挥党代表作用、加强党代表管理三个方面，莱芜进一步健全完善相关的规章制度，推动这项工作逐步走上制度化、规范化的轨道。在发挥党代表作用方面，完善重大问题征求党代表意见制度，明确征求党代表意见的事项、程序，党代表视察调研的方式、内容，以及党代表履行职责所必需的各项物质保障措施等，使党代表的知情权、参与权、决策权和监督权真正落到实处。在党代表管理方面，制定目标管理办法，明确党代表的任期目标，加强考核评议；建立定期述职制度，要求党代表定期向选区党员和群众汇报工作，通报有关情况。通过建立

健全一系列的规章制度，使党代表任期制工作真正做到有法可依、有章可循。

实行党代表任期制以来，莱芜市广大党代表增强了荣誉感和责任感，积极建言献策，拓宽了党内民主的实现渠道，对保障党员的民主权利、增强党组织的凝聚力和向心力起到了积极的作用。

（二）党内基层民主“乳山模式”创新实践

根据党的十六大关于“扩大在市、县进行党的代表大会常任制的试点”的精神和中组部要求，山东省从2002年年底开始在威海市所属的乳山市及乳山市所属的三个乡镇进行了三级联动试点。乳山市的主要做法是：

1. 在创新组织制度中扩大民主

乳山市实行年会制，审议市委工作，市委委员述职述廉和民主评议；实行代表任期制，充分发挥党代表在党代会闭会期间监督、调研、视察等作用；规范常委会、全委会之间的关系，对重大问题和任用重要干部实行常委会票推、全委会票决制度。

2. 在拓宽直选范围中扩大民主

乳山市还扩大了基层党组织领导班子成员直接选举的范围。2004年4月，乳山市在3个镇进行党代表直选镇党委领导班子试点；2004年7月，乳山市在20%的村实行“两推直选”村党支部书记（党员一人一票、群众一户一票推荐党支部成员候选人，党员直接选举党支部书记、委员），2007年农村“两委”换届时“两推直选”比例又提高到50%。

3. 在干部选拔任用中扩大民主

2003年以来，乳山市坚持把扩大党内基层民主贯彻于干部选拔的各个环节。在推荐提名上实行“定位公推”，将每个职位全市大会推荐得票数列前3位、所在单位内部推荐赞成率80%以上的作为考虑人选；在选拔方式上引入公开考选、竞争上岗等竞争机制；在酝酿讨论上实行重要职位领导干部常委会票推、全委会票决；在延伸监督上实行问责监督、审计监督、巡视监督、社会监督等全方位、多层次监督。至2007年年底，乳山市委全委会通过无记名投票表决的方式，调整镇党政正职干部15名。在此基础上，2008年，乳山市又采取干部选拔任用全程纪实，以“公开空缺职位和任职要求，公开选拔程序和选任方法，差额推荐、差额考察、差额酝酿、差额表决”方式，进一步扩大干部选用工作中的民主。

4.在带动人民民主中扩大民主

乳山市坚持以党内民主带动人民民主。2004年乳山市开始在农村党支部换届选举中坚持先定目标后选人，组织候选人围绕目标竞争，引导党员群众围绕发展选人，全面推行任期目标承诺制，规范农村“两委”换届秩序健康发展。2007年开始在农村“两委”换届中利用远程教育终端到户系统，探索实行竞职演讲视频入户的方式，组织候选人宣传竞选主张，让群众充分酝酿，推选出最合适的村级党组织成员和村级配套组织成员。

乳山市以一系列扩大党内基层民主的探索与实践，走出了一条“三级联动、以上带下、以下促上、整体推进”为特色的党内基层民主建设之路，得到了社会各界的广泛关注。2007年，乳山市在村党支部书记选举中的“两推直选”荣获全国政府管理创新奖。2008年1月，乳山市“全面推进党内民主”项目荣获第四届中国地方政府创新奖。

五、《建立健全教育、制度、监督并重的惩治和预防腐败体系实施纲要》的落实和杜世成、段义和案件的查处

反腐倡廉工作关系党和国家的生死存亡。进入新世纪新阶段，党所处的执政环境发生了重大变化，腐败现象滋生蔓延的土壤和条件依然存在，反腐败工作体制、机制和工作方式还存在与新形势新任务不相适应的问题。为此，山东省委按照党中央的要求，认真落实反腐倡廉工作。

（一）《建立健全教育、制度、监督并重的惩治和预防腐败体系实施纲要》的落实

腐败是社会的毒瘤，是导致社会不和谐、不稳定的重要因素。因此，构建社会主义和谐社会必须深入开展反腐倡廉工作。

以胡锦涛同志为总书记的党中央科学总结反腐倡廉的经验，提出建立健全惩治和预防腐败体系。2005 年 1 月，中央颁布了《建立健全教育、制度、监督并重的惩治和预防腐败体系实施纲要》(以下简称《实施纲要》)。中央颁布《实施纲要》后，山东省委高度重视，迅速制定下发了贯彻《实施纲要》的具体意见、分工方案以及 2007 年年底前的工作要点，并提出建立健全山东特点的惩治和预防腐败体系。结合实际，山东省委提出构筑惩治和预防腐败体系分三步走，提出到 2007 年初步形成惩治和预防腐败体系的总体框架，到 2010 年山东特点的惩治和预防腐败体系逐步完善，到 2015 年基本建成完善的惩治和预防腐败体系。

党的十七大明确提出要加强以完善惩治和预防腐败体系为重点的反腐倡廉建设。2008 年 5 月，党中央颁布实施《建立健全惩治和预防腐败体系 2008—2012 年工作规划》，对今后 5 年反腐倡廉建设做出了全面部署。根据中央部署，山东省委于 6 月印发了《山东省建立健全惩治和预防腐败体系 2008—2012 年实施办法》。

2008 年山东省各级各部门按照中央、省委要求，努力在政治、经济、文化、社会等领域深化防治腐败工作，党风廉政建设和反腐败工作取得重要进展。

1. 加强反腐倡廉教育，筑牢拒腐防变的思想道德防线

全省组织开展了“做勤廉表率、促科学发展”主题教育活动，加强以党员领导干部为重点的党风廉政教育，进行理想信念和从政道德教育、党的优良传统和作风教育、宣传党纪条规和国家法律法规。把反腐倡廉理论作为各级党委（党组）理论学习中心组学习的重要内容，把反腐倡廉教育纳入党校、行政学院和其他干部培训机构的教学计划。为严格执行领导干部廉洁从政各项规定，全省建立了统一举报电话和省、市、县三级纪检监察网上举报系统。

2. 加强反腐倡廉制度建设，充分发挥制度在惩治和预防腐败中的保证作用

建立和完善对权力进行制约和监督的制度，逐步健全党务公开制度，制定落实《中国共产党党内监督条例（试行）》各项制度的配套措施。修订《山东省国家公务员行为规范》，完善对违纪违法行为的惩处制度。深化干部人事制度改革，健全完善干部选拔任用制度、党政领导干部考核制度，推进党政领导干部交流工作，完善和规范党政机关工作人员工资和津贴、补贴制度。深化行政

审批制度、财政体制、投资体制、金融体制等方面的改革。干部人事制度改革不断深化，司法体制和工作机制改革逐步推进，财政、投资、金融体制改革力度继续加大。工程建设项目招标投标、国有土地使用权出让、产权交易、政府采购等制度进一步完善。

3. 加强对领导机关、领导干部的监督，充分发挥惩治的重要作用

认真执行谈话制度，落实领导干部个人重大事项报告、经济责任审计、述职述廉、民主评议等制度，深入开展巡视工作，全面实行纪检监察机关对派驻机构的统一管理。切实加强党内监督，支持和保证人大监督、政府专门机关监督、司法监督、政协民主监督，加强社会监督，提高监督的整体效能。山东省各级纪检监察机关认真履行监督检查职责，以查处发生在领导机关和领导干部中滥用权力、谋取私利的违纪违法案件为重点，严厉惩处腐败分子；严肃查处发生在基层以权谋私的案件；深入开展专项治理和纠风工作，维护了人民群众的利益。2008 年全省查处土地违法违规案件和问题 729 起，环保违法案件 400 余起，给予党纪政纪处分 269 人；全省纪检监察机关接受群众信访举报 59244 件（次），立案查处违纪案件 10111 件，给予党纪政纪处分 9994 人，涉嫌犯罪被移送司法机关处理 234 人，通过办案挽回经济损失两亿多元；全省查办商业贿赂案件 2020 件，涉案金额 1.8 亿余元，给予党纪政纪处分 946 人。

山东省对《实施纲要》的落实，有效地教育引导广大党员干部特别是领导干部牢固树立正确的世界观、人生观、价值观和权力观，真正做到情为民所系，权为民所用，利为民所谋，发挥模范带头作用，为实现山东省经济社会又快又好发展，加快建设

"大而强、富而美"社会主义新山东提供了坚强有力的保证。

（二）杜世成、段义和案件的查处

杜世成是改革开放以来山东省首名被免职的省级官员。杜世成曾担任山东省人民政府副省长、青岛市人民政府市长。2006年12月24日，中共中央纪委根据举报和巡视工作中发现的线索，对时任山东省委副书记、青岛市委书记的杜世成违反党纪问题进行了核查。经查，2000年至2006年，杜世成先后利用职务便利，为他人谋取解决企业纠纷、项目审批、开发房地产、购买别墅等方面的利益，非法收受人民币420万元、美元1万元以及别墅一套，共计折合人民币626.2768万元。

杜世成的行为已严重违反党的纪律，经中共中央纪委研究并报中共中央批准，2007年4月18日，杜世成因涉嫌受贿犯罪被刑事拘留，2007年4月29日被逮捕。最高人民检察院对杜世成的问题立案侦查，侦查终结后，该案经福建省人民检察院交福建省厦门市人民检察院审查起诉。2008年1月10日，厦门市中级人民法院公开审理了此案，并做出如下判决：杜世成犯受贿罪，判处无期徒刑，剥夺政治权利终身，没收个人全部财产。

段义和也是受党培养多年的副省级领导干部，曾任山东省济南市人大常委会主任。段义和自2000年以来与柳海平长期保持不正当的两性关系。后来为摆脱柳海平的纠缠，2007年7月9日，段义和指使其侄女婿陈志（济南市公安局治安支队第三大队原副大队长）伙同他人将柳海平炸死，并致伤两名行人。此外，段义和还利用职务上的便利，先后收受、索取财物共计人民币169万余元；对110余万元的财产不能说明合法来源。2007年8月23

日，山东省高级人民法院以爆炸罪，判处段义和死刑，剥夺政治权利终身；以受贿罪，判处其有期徒刑十五年；以巨额财产来源不明罪，判处其有期徒刑二年；决定执行死刑，剥夺政治权利终身。2007 年 9 月 5 日，段义和在济南被执行死刑。

杜世成、段义和案件在当地及山东省内引起相当大的反响。他们的落马警示我们，领导干部绝不能因为职务高就放松对自己的要求，廉政建设时时刻刻都不能丢。对杜世成、段义和案件的处理，说明了中央和山东省委反腐倡廉的决心和力度。

第十三章

推进由大到强战略性转变中的目标定位和各项体制改革

确定科学合理的奋斗目标，对一国一省一单位甚至一个家庭都极为重要，因为只有目标确定了，人们才能前进有方向、奋斗有目标，才能聚民心鼓干劲。体制是管理经济、政治、文化等社会生活各个方面事务的规范体系，是制度形之于外的具体表现和实施形式。体制科学，便能运行通畅，激发活力，促进发展；反之便会阻碍经济社会的发展。正是基于此，山东省在推进由大到强战略性转变中，认真研究，确定了自己的目标定位，并进行了各项体制的改革。

一、推进由大到强战略性转变的目标定位

（一）中共山东省第十次代表大会提出了“一个提前，六个更加”的奋斗目标

中共山东省第十次代表大会于2012年5月24日至28日在济南召开。这次会议是在全面建设小康社会，推进经济文化强省建

实施重点区域带动战略，突出蓝黄两区建设的主体地位，打造山东半岛蓝色经济区。图为东营河海交汇处

设的关键时期和深化改革开放、加快转变经济发展方式的攻坚时期召开的一次重要会议。会议在充分分析国际国内形势的基础上，根据山东的实际，提出了“一个提前，六个更加”的奋斗目标。

“一个提前”，即“提前实现全面建成小康社会的奋斗目标，开启基本实现现代化建设新征程”。

“六个更加”，包括：

经济发展方式更加科学。坚持把扩大内需作为战略基点，加快构建促进消费的长效机制，改造提升传统产业，培育壮大战略性新兴产业，以掌握核心关键技术为突破口，支持新信息、新能源等产业发展壮大，加快钢铁、煤炭、机械等资源的整合力度；落实扶持小微企业的政策，支持小微企业小而精、小而专、小而特的发展道路；促进服务业跨越发展，加快发展现代物流等生产性服务业和商贸、健身、养老等生活性服务业；大力发展农业，把“三农”工作摆在重中之重的位置，提高农业专业化、标准化、规模化、集约化水平；增强基础设施的支撑能力，加快现代信息网络和铁路网络的建设等。

城乡发展更加协调。实施重点区域带动战略，突出蓝黄两区建设的主体地位，打造山东半岛蓝色经济区，把黄河三角洲建成全国重要的高效生态经济示范区、特色产业基地；发挥济南的优势，做大做强省会城市经济圈；落实国家政策，支持沂蒙老区的发展；采取优惠政策，支持鲁西南、鲁西北地区的发展；逐步形成东部率先发展、中部加快崛起、西部实现跨越的区域发展新格局。

文化更加繁荣发展。坚持用社会主义核心价值体系教育广大干部群众，大力弘扬以爱国主义为核心的民族精神和以改革创新为核心的时代精神，传承山东人民忠厚淳朴、诚实勤劳的优秀品格，进一步培育新时期山东精神，要加大政府对文化建设的投入，扶持文化产业的发展，推进文化的改革创新，推动山东由文化大省向文化强省的迈进。

人民生活更加殷实富裕。加快社会各业的发展，坚持教育优先发展，提高学前教育普及率，促进义务教育均衡发展，推动高等教育内涵发展；深化医药卫生体制改革，着力解决群众看病难、看病贵的问题；把扩大就业当作头等大事来抓，五年新增城镇就业500万人，转移农村劳动力600万人；加快社会保障体系建设，扩大社会保险覆盖范围，提高城乡低保标准，城镇居民人均可支配收入和农民人均纯收入基本实现翻一番。

生态环境更加优美宜居。加快资源节约型、环境友好型社会的建设，努力形成节约资源能源、保护生态环境的产业结构、增长方式和社会模式；加强节能减排目标责任制的建设，使氨氮、二氧化硫等有害气体的排放量大幅降低；水和大气环境质量明显改善，率先建成“让江河湖泊休养生息示范省”；实施城市绿荫行动，加快造林绿化工作，使森林覆盖率达到26%。

社会更加和谐稳定。加强社会管理，运用现代信息技术，提

黄河三角洲建成全国重要的高效生态经济示范区、特色产业基地。图为黄河三角洲的中心城市东营

高社会管理的科学化水平；加强社会矛盾隐患的排查和风险评估，认真解决群众的合法合理诉求，从源头上预防和减少社会矛盾；加强社会治安综合治理，抓好对各类刑事犯罪的惩办，坚决打击境内外敌对势力的破坏活动，抓好安全生产，确保人民群众生命财产的安全。

“一个提前，六个更加”的奋斗目标，极大地鼓舞了山东人民。在山东省委的领导下，全省人民改革创新，开拓前进，在提前实现全面建成小康社会的道路上迈出了新步伐。

（二）以党的十八大精神谋划经济文化强省建设

2012 年 11 月 14 日党的十八大闭幕后，按照党中央的部署要求，山东省委把学习宣传贯彻党的十八大精神作为首要政治任务，高度重视，周密安排。先后召开了省委常委会议、省委常委扩大会议和全省领导干部会议，下发了《关于认真学习宣传贯彻党的十八大精神的通知》；召开了省委十届二次全体会议，审议通过了《中共山东省委关于深入学习宣传贯彻党的十八大精神的决议》，成立了党的十八大精神宣讲团，分赴各地进行宣讲，对全省 1600 多名市厅级干部进行了培训。同时，省委强调要把学习党的十八大精神与学习习近平总书记系列重要讲话精神结合起来，着力深化对“中国梦”的科学内涵、路径选择、精神支撑、力量来源的认识，组织开展了对“中国梦”的宣传教育。山东省委坚持理论联系实际，认真以党的十八大精神和习近平总书记系列重要讲话精神为指导，积极谋划山东经济文化强省建设。

一是明确了“在全面建成小康社会进程中走在前列”的目标定位，要以党的十八大精神指导经济文化强省建设的实践，努力

图为第二届尼山书系国际研讨会

实现提前全面建成小康社会的目标。

二是以改革开放为动力，以扩大内需为基点，以提高经济增长质量和效益为中心，实施创新驱动发展战略，打好转方式调结构的硬仗，使经济综合实力得到显著提升。

三是积极推进民主法制建设，充分调动各方面的积极性，要不断扩大人民民主，保证人民当家做主，畅通人民群众诉求的渠道，要依法行政，基本建成法治政府。

四是充分发挥先进文化的引领作用，使社会主义核心价值观更加深入人心，公民的文明素质和社会文明程度显著提高，积极发展文化产业，推动文化大发展大繁荣，使之成为国民经济的支柱性产业，文化发展的主要指标进入全国先进行列。

五是积极改善民生和创新管理，使各项社会事业得到全面发展，全民受教育程度和创新人才培养水平明显提高，社会保障覆盖全民，就业质量更加提高。

六是加快推进生态文明建设，基本形成节约资源、保护环境的产业结构、生产方式和生活方式，既努力实现永续发展，又使城乡环境更加舒适宜居。

七是加强党的建设，为建设经济文化强省提供坚强保证。

在山东省委的领导下，全省党员干部学习党的十八大精神和习近平总书记系列重要讲话精神逐步走向深入。在党的十八大精神和习近平系列重要讲话精神的指引下，山东省在改革开放的大道上又迈出了新的步伐。

二、各项体制改革

（一）推进经济体制改革

1. 农村土地制度改革

农业是民生的基础。无农不稳，没有农业的发展，人们的生活缺乏保障，社会就不稳定。自 20 世纪 80 年代实行土地联产承包责任制以来，责权利紧密结合，大大调动了农民的生产积极性，不仅使温饱问题得以解决，而且也为走向小康打下了基础。随着生产力的发展，这种分割的极为零散的小块土地，不利于农业机械化的使用，不利于品牌农产品的形成，也不利于农村市场经济的发展，存在着农民增收难、农产品流通难等问题。面对如此形势，山东省委、省政府认真贯彻中发〔2013〕1 号文件精神，积极改革农村集体产权制度。首先，全面开展农村土地承包经营权确权登记领证工作，这样既保证了集体对土地的所有权，又保证了承包者对土地的经营权，不但能使其放心地经营土地，更重要的是通过土地的收益使其生活得到基本保障。其次，经济基础和群众思想基础都好的村庄可进行股份制改造，发展土地股份合作社，同时“鼓励农民依法自愿有偿流转土地承包经营权，发展多种形式的适度规模经营”。加快转变生产经营方式，提高经营集约化水平。再次，“将农村除承包土地以外的集体各类资源型、经营性资产，作股量化到村集体组织成员，成立农村社区股份合作社、集体资产股份合作社、股份公司等集体经济组织，发展壮大农村集体经济，增加农民财政性收入”。最后，改革和完善农村宅基地制度，依法保障农户宅基地的使用权。

在第十三届全国人大第一次会议上，习近平总书记在山东代表团发表重要讲话。他指出，实施乡村振兴战略，是党的十九大作出的重大决策部署，是决胜全面建成小康社会，全面建成社会主义现代化国家的重大历史任务，是新时代做好“三农”工作的总抓手。

聆听了习总书记的讲话，山东人民很受鼓舞，倍感振奋，表示将以发展农业“新六产”为总抓手，推动农业质量提升、品牌提升、生态提升，实现小农户与现代农业发展的有机衔接，努力打造乡村振兴的齐鲁样板。

2. 国有企业混合所有制改革

无工不富，发展企业是富民强国的必由之路。国有企业是山东经济的重要组成部分，虽经多次改革，但深层次的问题仍未得到根本解决。为了增强企业活力，提高企业效率，山东省委、省政府于 2014 年 6 月 30 日印发《中共山东省委山东省人民政府关于深化省属国有企业改革完善国有资产管理体制的意见》，对国有企业进行了混合所有制改革。

文件规定：（1）引入社会资本参与省属国有企业改革，鼓励非国有资本通过出资入股、收购股权、认购可转债等多种形式参与国有企业改制重组或国有控股上市公司增发股票；试点探索混合所有制企业员工持股，允许员工个人出资入股或以投资公司、股权信托、有限合伙企业等方式持股；明确股东在公司中的法律地位，除少数骨干企业国家控股外，其他企业则依据情况而定。（2）加快建立以管资本为主的国有资产监管模式，对省属经营性国有资产进行统一监管。（3）组建国有资本投资运营公司，健全投资运营体系，构建开放型国有资本运营模式。

3. 财税制度改革

财税是经济调控的重要手段，是国家治理体系和治理能力的重要组成部分。山东省实行的财税体制是1994年分税制改革时确定的，当时虽起了培植财源、增收节支的积极作用，但随着经济社会的发展，这种体制也产生了一些矛盾和问题，如市、县收入划分不科学等。依据党中央和国务院的有关精神，结合山东的实际，按照“规范体制，理顺关系，促进发展，多方共赢”的思路，山东省进行了财税体制的改革。

2013年7月，山东省人民政府办公厅印发《山东省人民政府关于进一步深化省以下财政体制改革的意见》，提出要在保证各级既得利益的前提下，通过下划省级税收，有效调动各地积极壮大财源，加快转方式调结构的步伐。《山东省人民政府关于进一步深化省以下财政体系改革的意见》对省以下财政体制做了十个方面的调整，最主要的是在存量不动的情况下调整增量。如下划部分省级收入，规定自2013年起将省级分享的一般企业营业税、企业所得税、个人所得税等，全部下划市县，作为市县财政收入，属地征管，就地缴库。对省级下划的收入，以2012年决算数为基数，每年由市县定额上解省财政。再如建立统一规范的省市税收增量分享机制，规定自2013年起对增值税、营业税、企业所得税、个人所得税、资源税、房产税等，省与市县按照15：85的比例分成；对省级分享税收增长15%以上部分给予返还，对县级税收收入上台阶的予以奖励，等等。这次财政体制改革取得了明显的成效，建立了科学规范的省市收入分享办法，形成了有利于做大做强市县财政、促进发展方式转变的体制新格局。

党的十八届三中全会对于财政金融改革做了重大部署。为贯彻落实党的十八届三中全会精神，2014年8月起山东省深化了财税体制改革。

这次改革的重点：一是深化预算制度改革。预算制度是现代财政制度的核心，要通过改革，建立起全面规范、公开透明的现代预算制度。规定自2015年起，县及县级以上政府全面公开政府预决算，所有使用财政资金的部门均公开部门预决算及“三公”经费预决算；完善政府预算体系，增强政府财力综合运筹能力；加强预算执行管理，规范财政资金运行；健全预算绩效管理机制，提高财政资金使用效益等。二是深化税制改革，建立公平统一、调节有力的税收制度。税制改革的重点是完善“一个体系”，把握“三个重点”。“一个体系”即健全完善地方税体系，在逐步调整完善增值税、资源税、环境保护税等税收的基础上，着力培育地方税种。“三个重点”即扎实推进营改增试点、积极推进清费立税和清理规范财税优惠政策。三是深化省以下财政体制改革。划分省以下政府间的事权，理顺省以下政府间收入划分，完善转移支付制度，逐步形成财力、事权和支出责任相匹配的制度，促进权责的统一。四是深化财政支出管理改革。优化支出结构，压缩一般性支出等，保障公共服务、民生、改革成本等方面的支出。完善财企、财银、公私等合作的机制，引导社会资金的投放，发挥财政资金“四两拨千斤”的作用。严肃财经纪律，规范财经秩序，提高科学理财水平。

在开展财政管理体制改革的同时，开展了营改增试点。“营改增”是指以前缴纳营业税的应税项目，改成缴纳增值税，减少重复纳税环节。这是党中央、国务院深化财税体制改革的重大举措。2011 年 10 月 26 日，国务院常务会议决定选择部分地区和部分行业作为营改增试点。其后，对试点的地区和行业进行了推广。山东省对营改增试点工作十分重视，2013 年 5 月 22 日，山东省人民政府召开全省营改增试点工作电视会议，对试点工作进行了布置，选择运输业和现代服务业作为试点行业。经过认真准备、模拟运行，到 8 月营改增试点工作取得成功。

这次改革，对于建立现代财税制度，促进国家治理体系和治理能力的现代化都起到了积极的促进作用。

4. 加快金融改革发展

党的十八大提出要深化金融体制改革，健全促进宏观经济稳定，支持实体经济发展的现代金融体系。2013 年 7 月 5 日，国务院办公厅发布《关于金融支持经济结构调整和转型升级的指导意见》，提出要把金融改革的目标聚焦到支持经济结构调整和转型升级上来。

山东省积极贯彻落实党中央、国务院关于金融改革的精神，专门成立了山东省金融改革发展领导小组，印发了《山东省人民政府关于加快全省金融改革发展的若干意见》等文件，出台了一系列的政策。如在支持金融市场创新发展方面，提出要发展股权交易市场，建立多要素交易平台等。11 月 5 日，齐鲁股权托管交易中心正式挂牌运营，开了区域性股权交易市场之先河。在规范发展民间融资机构方面，明确了民间融资机构设立的条件、经营范围以及风险防控等方面的措施；在鼓励、支持小额贷款公司发展方面，放宽了小额贷款公司的准入门槛等。同时加强了对金融工作的监管，县级以上政府都设立了专门的金融监管机构。

金融的改革发展，对山东省经济社会平稳较快发展做出了积极的贡献。

（二）推进政治体制改革

改革开放以来，我国政治体制改革始终随着经济社会的发展、人民政治参与积极性的提高和时代不断变化的主题而不断深化。2010 年 10 月，党的十七届五中全会再次强调，“坚持中国特色社会主义政治发展道路，坚持党的领导、人民当家做主、依法治国有机统一，积极稳妥推进政治体制改革，不断推进社会主义政治制度自我完善和发展”。党的十八大指出，要坚持走中国特色社会主义政治发展道路和推进政治体制改革。山东省进一步推动民主法制建设，政治体制改革全面深化。

1. 简政放权

经济体制改革的核心问题是处理好政府和市场的关系，使市场在资源配置中起决定性作用和更好地发挥政府作用。为使市场在资源配置中起决定性作用，必须紧抓“简政放权”这个“牛鼻子”不放。

2013 年 5 月，国务院办公厅正式下发文件，决定取消和下放 117 项行政审批项目。2013 年至 2017 年，“简政放权”连续五年成为国务院当年第一次常务会议上的重点部署工作。山东省“简政放权”的主要任务和措施是：减少和下放行政审批事项，减少和规范行政管理事项，优化职能配置，改革完善社会组织体制机制，完善和加强宏观管理，加强依法行政。2013 年 7 月 30 日，山东省人民政府印发《关于推进政府职能转变简政放权减少行政许可的意见》，以深化行政审批制度改革为切入点，从六个方面提出了 30 条简政放权、降低准入门槛的措施。2014 年，山东省政府职能转变取得实质性进展，出台《关于全省 2014 年度深化行政审批制度改革的意见》，分两批削减 112 项省级行政审批事项，将 31 项工商登记前置审批改为后置审批。大幅削减行政审批事项，全部取消非行政许可审批，激发了蕴藏在山东人中的创造力，新增市场主体呈现“井喷式”增长。2016 年山东民营经济占 GDP 的比重为 51.1%，相比 2013 年提高了 6.3 个百分点。至 2017 年，山东省级行政审批事项减少近一半，市场主体增长近一倍，企业数量增长 1.4 倍。

简政放权清除了阻碍创新发展的“堵点”、影响干事创业的“痛点”和监管服务的“盲点”，打造出了“审批事项少、办事效率高、服务质量优”的政务环境。

2. 行政复议体制改革

行政复议是解决行政纠纷的重要途径，也是行政机关内部监督和促进依法行政的重要制度。从 2009 年开始，山东省修订《山东省行政复议条例》，规定了集中复议职权的条款，正式开展试点工作，探索集中行政复议职权。从 2012 年年初开始，山东省行政复议体制改革全面启动，进入创新发展的历史阶段，在全省市、县两级全面开展了集中行政复议职权工作。截至 2017 年，山东省全部完成了全省 17 个设区的市、137 个县（市、区）集中行政复议职权工作，省、市、县三级全部成立了行政复议委员会。全省行政复议案件总数持续增长，2017 年全省办案 1.6 万件，省本级案件数量突破1000件，分别是2013年的1.6倍和2.2倍，行政复议的权威性、公信力和主渠道作用日益显现。山东省不断加大行政复议纠错力度，严把证据关、程序关和审理关，提高案件审理质量，全省年均行政复议综合纠错率超过35%。

3. 司法体制改革

司法工作点多线长面广，在司法体制改革中面临的任务艰巨而繁重。党的十八大以来，山东省各级政法综治机关认真贯彻落实中央部署和省委要求，不断开创全省政法综治工作新局面。2014年5月，山东省明确司法体制改革框架，省法院重点推进审判流程公开、裁判文书公开、执行信息公开三大平台建设；省检察院研发“办案信息查询系统”，实现所有民事行政案件内网公开；省公安厅开通“山东民生警务平台”；省司法厅、省编办就劳教场所职能转型和机构调整制定方案获得省政府和国务院批准。2015年10月，山东省启动全省司法体制四项改革试点工作，安排部署淄博市、聊城市的8个法院、检察院开展完善司法责任制、司法人员分类管理、司法人员职业保障、省以下地方法院和检察院人财物统一管理等四项改革试点工作。2016年年底，山东省三级法院顺利完成首批员额法官遴选工作，共遴选出7569名员额法官，占中央政法编制数的34.13%。全省法院建立了审判流程公开、裁判文书公开、执行信息公开和庭审公开四大平台，裁判文书上网数量一直居全国前列。山东省普遍建立新型审判团队，司法责任制改革促使办案质效提升，推动实现“让审判者裁判、由裁判者负责”。在司法责任制改革推进过程中，信息化成为通往公开、公正、高效的桥梁，让公平正义看得见、摸得着。同时，创新建立检察宣告制度，对不立案、不批捕、不起诉等13类检察决定，邀请人大代表、政协委员和有关人员参加，在统一、规范的场所进行公开宣告。截至 2016 年 10 月，全省已建成检察宣告庭 665 个，公开宣告各类案件 5400 余件。

2016 年 9 月，山东省全面进行司法责任制改革，重点推进深化司法公开、废止劳教制度、建立涉法涉诉信访终结制度、建立轻微刑事案件快速办理机制、健全司法救助制度、完善人民陪审员制度六项改革。2017 年顺利完成劳教制度转型，稳妥推进监狱退危工作；以山东省委、省政府名义印发《关于深化律师制度改革的实施意见》，出台保障律师执业权利意见、违法违规执业惩戒工作规则；在全国首批试点人民监督员选任管理方式改革，选聘人民监督员 1138 名。

在创新公共法律服务方面，“山东品牌”叫得响。省、市、县法律顾问制度普遍建立。根据党的十八届三中全会关于“普遍建立法律顾问制度”的要求，2014 年 4 月，山东省人民政府印发《关于建立政府法律顾问制度的意见》。截至 2016 年底，山东科学系统的法律顾问制度体系基本形成。省、市、县三级政府普遍建立了法律顾问制度，50 个省直部门和单位建立起政府法律顾问制度，共聘请法律顾问单位 17 家，政府法律顾问 1531 名；全省 137 个县（市、区）中有 124 个在乡镇（街道）建立起法律顾问制度，覆盖率达到 90.5%，有效解决和满足了基层对法律服务的需求。山东省以司法化解信访，2015 年 6 月在全国率先推行律师代理信访申诉工作，一年内接待群众申诉咨询 7738 件，化解申诉 3008 件；积极实施矛盾调处安民工程，全省共有各类调解组织 8.5 万个，年调解矛盾纠纷 37 万余件，成功率达 98.95%，筑牢了维护社会和谐稳定的“第一道防线”。同时，引导社会力量参与提供多样化公益法律服务，全省共组建普法讲师团1018个、普法志愿者20余万人，人民调解委员会85777个、人民调解员32万人。

司法体制改革以来，山东省各级各地司法机关坚持以提高司法公信力为根本尺度，坚定不移深化司法体制改革，不断破除机制体制的束缚，创新工作思路和方法，提升案件审理的速度和质量。2013年至2016年，全省法院共办理各类案件467.2万件，诉讼标的额13390.8亿元；2016年结案数量比2012年净增38.5万件。2015年5月1日，全省法院实施立案登记制，当年实现立案率97.78%，高于全国2.78个百分点。

（三）推进文化体制改革

改革开放以来，我国文化体制改革取得了一定的成效。文化产业已经形成了一定的产业规模，文化产业增加值总量规模持续扩张。由于体制改革滞后，我国文化产业发展明显滞后于工业和其他服务业的发展。2011年10月，党的十七届六中全会审议通过了《中共中央关于深化文化体制改革、推动社会主义文化大发展大繁荣若干重大问题的决定》。2014年3月，中央《深化文化体制改革实施方案》正式出台，总的思路和布局是：紧紧围绕"一个核心目标"，着力抓住"两个关键环节"，加快构建"五个体系"。"一个核心目标"即培育和弘扬社会主义核心价值观，建设社会主义文化强国；"两个关键环节"即完善文化管理体制，深化国有文化单位改革；"五个体系"即构建现代公共文化服务体系、现代文化市场体系、优秀传统文化传承体系、对外文化传播和对外话语体系、文化政策法规体系。

在党的十八大前，山东基本完成了中央确定的阶段性文化体制改革任务，被评为全国文化体制改革工作先进地区。党的十八大后，山东文化体制改革的目标任务是：以发展为主题，以改革为动力，以体制机制创新为重点，紧紧围绕推进文化事业单位改革、深化文化企业改革、加快文化领域结构调整、培育现代文化市场体系、健全宏观文化管理体制等主要任务，以“创新、协调、绿色、开放、共享”五大新理念引领文化改革发展。

1. 深入推进文化领域供给侧结构性改革，增加有效供给

2017 年是山东供给侧结构性改革深化之年，文化领域面临的供给侧结构性改革的任务十分繁重。山东省出台了《文化领域供给侧结构性改革实施方案》，提出抓住优化供给、投资拉动、深化改革、补齐短板、降本增效、转型升级六项重点任务，列出了 58 项具体任务、44 项政策措施，深化文化体制改革，优化文化供给结构，推动全省文化产业又好又快发展。山东省科学区分供给主

读者在山东出版集团的展位前排队购书

体功能定位，充分释放市场主体发展活力。在提供均等化、普惠式的公共文化产品和服务，以及多层次、多样化的中高端文化产品和服务这两个方面，政府和市场作为文化供给的两大主体，协同发力、各有侧重。

山东省坚持以新发展理念为引领，把优化供给结构作为文化领域供给侧结构性改革的主攻方向，提高文化发展质量效益，提供更多优质文化产品。山东省通过实施文艺精品创作生产工程，推出了《琅琊榜》《伪装者》《红高粱》《温州一家人》《父母爱情》等引发收视热潮的影视产品，以及《老照片》《笑猫日记》等屡创发行量新高的图书，形成了“鲁剧”“鲁版图书”等具有较强影响力的文化品牌。

2. 坚持发挥市场机制的作用，促进资源的高效利用

通过深化改革，充分发挥市场对资源配置的决定性作用，增

一名参观者聚精会神地拍摄 3D 打印机

强文化产业竞争力。积极鼓励有实力的文化企业参与国际竞争，开拓国际市场。山东对外文化贸易增长显著。2016年，全省文化产品进出口总额达411.5亿元，同比增长23.6%。其中出口额379.9亿元，同比增长24.2%；进口额31.6亿元，同比增长16.6%。从出口来看，文化产品出口占全省外贸出口比重的4.2%，比上年同期提高0.8个百分点，拉动全省外贸出口增长0.8个百分点。外向型文化企业明显增多，截至2016年底，全省文化产品出口企业3393家，比上年增加64家。

3. 实施文化惠民工程

山东文化体制改革以来，政府职能也发生了重要转变，文化惠民力度不断加大，人民群众的基本文化权益进一步得到保障。以乡镇综合文化站、文化信息共享工程、农村电影放映工程、广

在实施文化惠民工程中，欢欣雀跃的孩子

播电视“村村通”、农家书屋五项文化惠民工程为抓手，覆盖城乡的公共文化服务体系基本建立起来。至2015年，山东省公共博物馆、纪念馆、文化馆、图书馆等公共文化服务设施实现免费开放。广播电视实现村村通，文化信息资源共享工程实现全覆盖，1388个乡镇综合文化站全面建成，农村文化大院总数达56000余个，农家书屋建成67000多家，数量居全国之首。全年放映公益电影95万场，观众3.8亿人次，覆盖率达97%，基本实现“一村一月放映一场电影”。

4. 推动产业转型升级

推动文化产业转型升级，使文化产业成为山东省经济转方式、调结构、稳增长的新动力和新的经济增长点。一是加强市场主体培育，二是大力发展数字创意产业，三是培育特色文化产业集聚区，四是促进文化与旅游融合发展，五是促进文化创意设计与相关产业融合发展。大力培育新型文化业态，以新供给拓展文化发展新空间。山东省文化产业的内部结构不断优化，新型文化业态比重不断上升，文化与相关产业的融合度显著提高。2016年全省规模以上文化信息传输服务业、文化创意和设计服务业等新兴行业营业收入近300亿元，同比增长近20%。

随着文化体制改革的不断深化，山东省文化产业发展取得了显著成绩，对国民经济的贡献率不断提高。自2004年以来，山东省文化产业增加值每年新增百亿元，年均增长20%以上。2010年全省文化产业增加值达到1230亿元，文化产业增加值占全省生产总值的比重由2006年的2.74%稳步提升至2010年的3.12%。2016年山东省文化产业实现增加值2481.0亿元，比上年增长13.6%，比山东省GDP增速高5.6个百分点；文化产业增加值占

GDP 的比重为 3.94%，比上年提高 0.26 个百分点。文化产业在动能转换、结构调整中成为一支最抢眼的力量。文化改革充分展现了宣传文化队伍的新作为，提升了文化在经济社会发展中的地位和作为。

文化体制改革带来文化领域的深刻变革，文化市场环境进一步优化，发展活力进一步显现，有力地解放和发展了文化生产力，创造了更多更好适应群众需求的精神文化产品，切实提高了山东文化事业和文化产业的影响力、竞争力。

（四）推进社会体制改革

为适应新形势下社会结构和社会组织形式发生深刻变动、社会管理环境发生深刻变化的需要，我国加快推进社会体制改革，着力构建中国特色社会主义管理体系，用社会体制改革来推动、促进和保障社会主义和谐社会的建设。党的十八大指出："加强社会建设，必须加快推进社会体制改革。"2013 年 11 月，党的十八届三中全会通过《中共中央关于全面深化改革若干重大问题的决定》，明确提出了全面深化改革的主要任务和基本要求，为深化社会体制改革、提高社会治理水平指明了方向。

社会体制改革的目标是建立健全有中国特色的社会主义公民社会体制。社会主义公民社会体制具有以下五个方面的主要特征：坚持以人为本的制度构建理念；城乡居民公平享受基本公共服务；以政社分开为核心加强政府与社会组织的分工与合作；实现德治和法治相结合的善治格局；公共服务和社会管理是宏观调控的两大手段。

在社会体制改革方面，山东省采取了以下措施：

1. 推进社会信用体系建设

山东社会信用体系建设总体思路是：围绕政务诚信、商务诚信、社会诚信和司法公信等重点领域，强化行业信用、地方信用和信用服务市场发展支撑，健全信用法规和标准体系，形成覆盖全省的公共信用信息平台，褒扬诚信，惩戒失信，切实提高全社会诚信意识和信用水平，努力营造良好的营商环境，推进“信用山东”建设取得更大成效。

山东省把诚信建设制度化作为构建美德山东、文明山东、诚信山东的重要环节来抓，着手建立“一网三库一平台”五大信用载体以及诚信“红黑榜”制度。2015 年 9 月，山东省人民政府印发《山东省社会信用体系建设规划（2015—2020 年）》，提出建立“一网三库一平台”五大信用载体。其中“一网”是指建设“信用山东”官方网站，对基础信息、资质信息可向社会公众和企业提

荣成市积极推进社会信用体系建设

供一般查询，对行为信息、惩戒信息可按照轻微失信、较重失信、严重失信等不同信用等级提供授权查询。“三库”是指建立完善三个基本数据库，即企业公共信用基础数据库、个人公共信用基础数据库、非企业法人公共信用基础数据库（包括政府机关、事业单位、社会团体等）。按照中央部署，山东省各地各部门相继出台措施，建立“红黑榜”发布制度，把恪守诚信者列入“红名单”，把失信违法者列入“黑名单”，推进诚信建设制度化。山东各地召开推进诚信建设制度化工作会议，贯彻落实中央、省文明委关于推进诚信建设制度化会议精神，加强宣传教育，不断完善诚信建设长效机制，建立健全全社会的征信系统，完善诚信奖惩制度，开展突出问题专项整治，形成工作合力。

山东将诚信建设和弘扬优秀传统文化相结合，2014 年，启动倡导“厚道鲁商”行动，引导企业诚信经营、和谐管理、勇担责任、创新发展。在“厚道鲁商”官方网站上，对企业的诚信状况及时发布。对诚信企业，政府各单位、部门联合给予 6 个方面 24 条政策激励，对企业 10 种严重失信行为共同依法实施惩戒。省、市、县（市、区）三级层层组织、上下联动、整体推进。2015 年 1 月，山东省委、省政府出台《社会信用体系建设工作方案》，有力提升了全社会诚信意识，诚信制度化向纵深推进。2016 年 1 月，山东省人民政府出台《关于做好行政许可和行政处罚等信用信息公示工作的实施意见》，提出了行政许可和行政处罚等信用信息公示工作的总体要求、主要任务、工作步骤和保障措施。“守信为荣、失信为耻”的氛围初步形成，各行各业涌现出拾金不昧、诚信经营、敬业奉献等诸多先进典型。

推进社会信用体系建设，对完善社会主义市场经济体制、实现国家治理体系和治理能力现代化具有重要意义。

2. 安全生产领域改革

为了防范遏制重特大生产安全事故的发生，保护员工生命安全，2014 年 8 月，全国人大常委会通过了《关于修改〈中华人民共和国安全生产法〉的决定》，新《安全生产法》强化并进一步落实了生产经营单位的安全生产主体责任，对依法建立和完善安全生产工作体制和机制做出了新规定。2015 年 11 月，山东省人民政府通过《安全生产行政责任制规定》，公布了一系列打基础、利长远、谋划长治久安的断然措施，概括起来包括十个方面：牢固树立安全发展理念、严格实施安全生产依法治理、创新完善安全生产监管执法方式、着力夯实企业安全生产主体责任、深入开展危险化学品企业安全生产治本攻坚、依法从速调查事故铁面严肃问责、充实加强省政府安全生产委员会、完善落实全省重大以上安全生产事故应急处置联动机制、加强安全生产监管执法能力建设、大力营造安全发展良好社会氛围。十项措施出台后，山东省安监局把山东省委、省政府的重大决策部署细化分解成 57 项重点任务，狠抓落实，取得了较好效果。

为深入贯彻落实中央精神，持续推进山东省安全生产领域改革发展，2017 年，山东省通过了新修订的《山东省安全生产条例》，其中界定了乡镇政府（街道办事处）、开发区管理机构在安全生产方面的职责，将风险管控作为法定制度。山东省修订了有关部门的“三定”方案，调整充实了安监部门职责，界定了公安、国土、环保、煤炭、煤监、交通、经信、质监等部门在危险化学品、矿山、港口、油气输送管道等领域监管工作中的职责。

在责任体系方面，山东省委、省政府提出了“一岗双责”的安全理念，不断推进安全生产责任落实。党政主要负责人是安全生产共同第一责任人，班子其他成员对分管范围内的安全生产工作负主要领导责任，市、县（市、区）安委会主任由党委、政府主要负责人共同担任，各级党委常委、政府第一副职分管安全生产工作；安全生产监督管理实行市、县两级政府属地管理和部门监管相结合，以属地监管为主。2016 年 6 月，山东省公布了修改后的《生产经营单位安全生产主体责任规定》，明确主体责任主要包括组织机构保障责任、规章制度保障责任、物质资金保障责任、教育培训保障责任、安全管理保障责任、事故报告和应急救援责任，千方百计督促企业落实；对领导干部严格实行“一票否决”制度，如果分管领域发生重大事故，不予提拔。

在风险管控和隐患排查治理双重预防机制建立完善工作中，山东省首先选树标杆，组织专家在 77 个行业门类中选出 283 家省级标杆企业，让这些企业先行先试，在风险管控中走在本行业前头，总结形成一整套可复制、可借鉴、可推广的经验做法，然后组织同行业企业现场学习。抓住遏制重特大事故这个“牛鼻子”，山东省狠抓重点行业领域专项整治，突出道路交通、煤矿、非煤矿山、危险化学品、建筑施工等重点行业领域，加快源头治理。抓住坚决遏制重特大事故频发势头这一重点，山东省坚持关口前移，大力推进双重预防体系建设。2017 年，省政府办公厅转发省安监局《关于进一步做好安全生产风险分级管控和隐患排查治理双重预防体系建设工作的意见》，在全省推进双重预防体系建设。2017 年全年，山东省共发布了 18 个双重预防体系建设细则地方标准，76 个行业双重预防体系建设实施指南基本编制完成；全省共 14 万家企业建立风险管控“一企一册”，排查风险点 170 万个。

山东省把加快推进新旧动能转换作为转型升级的治本之策，通过提高安全生产水平倒逼产业升级，利用法治、标准、市场等手段，加大化工企业整合力度。山东省人民政府制定了化工产业转型升级意见，共关停化工企业1842家，整顿提升4319家；制定《危险化学品安全综合治理实施方案》，细化了79项重点任务，颁布了《山东省危险化学品安全管理办法》。2017年，山东省委、省政府部署开展为期五年的化工产业安全生产转型升级专项行动。2017年6月到年底的第一阶段立足于治标，关闭淘汰1487家评级评价差或存在重大隐患的企业，完成搬迁项目129个，目前正推进人口密集区危险化学品企业的搬迁工作。

2016年，山东全省发生各类生产安全事故2835起、死亡1755人，同比分别下降8.2%和3.7%。2017年1月至8月，全省发生各类生产安全事故1062起，死亡934人，同比分别下降38.8%和9.0%，全省安全生产形势总体稳定向好。2017年，山东省安全生产主要指标实现“三个下降”。一是事故总量下降，全省发生各类生产安全事故起数和死亡人数同比分别下降49.1%和25.5%。二是较大事故下降，发生各类较大事故起数和死亡人数同比分别下降17.9%和18.5%。三是重大事故下降，全年未发生特别重大事故。全省安全生产形势持续稳定向好。

3. 食品药品安全治理

(1) 扎牢制度篱笆

加快完善地方配套法规，2017年，山东省颁布实施《山东省食品小作坊小餐饮和食品摊点管理条例》。着力健全最严格覆盖全过程的监管制度体系，对监管制度进行全面梳理、修改和完善，制定出台了60余项监管制度，重点解决监管制度“缺位”和“碎片化”问题。积极推行食品药品生产经营等各类良好行为规范，制定正面清单和负面清单，设好监管“路标”和“红绿灯”，切实扎紧扎牢监管篱笆。2016年，山东省人民政府发布《山东省食品药品安全“十三五”规划（2016—2020年）》，是全省食品药品安全工作“十三五”时期发展的纲领性文件，省食品药品监管局加强食品安全追溯体系建设，建立了食品安全责任保险制度。

（2）强化风险管理

坚持以风险管理理念引领食品药品监管，主动前移工作关口，推动监管由被动处置向主动防控转变，着力防范区域性、系统性风险。建立多层级跨部门的风险会商机制，定期开展会商，全面排查各类风险，列出风险清单，实施分级分类分层监管。

（3）加强抽检监测

以提高问题发现率为目标，不断改进抽检监测方式，明确各级抽查分工和重点。省级层面重点抽检食用油、肉类、乳制品、饮料、婴幼儿食品等流通范围广、日常消费量大、风险程度高的品种；市县重点抽检不便于长时间、长距离储存运输和具有区域性消费特点的产品。结合产品和地域等特点，对问题突出产品，季节性和节日期间集中上市产品进行有针对性的抽检。完善跨部门食品抽检监测计划、经费、信息“三统一”机制，实现了各级、各部门、各环节之间的计划统筹、经费集约。突出药品抽检重点，对基本药物和制剂生产企业实施全覆盖抽检，对所有在产品种、经营使用单位实施随机性抽检，加大医保品种抽检力度，着力提高抽检靶向性、实效性。

（4）强化监管措施

在食品领域，实施餐饮质量安全提升工程，强化从农田到餐桌的全链条食品安全监管。在药械领域，加强药品注册、生产、经营和使用全过程监管，严把从实验室到医院的每一道防线。严格执业药师管理，规范执业行为，提高药学服务水平。每年开展“安全用药月”活动，普及用药安全知识。创新监管方式，一是积极推行“双随机”抽查，将重点监管对象全部纳入随机抽查范围，采取随机抽取被检查对象、随机选派检查人员的“双随机”模式进行抽查，一旦发现问题，就彻查根源、予以严惩。2016 年，各级监管部门针对学校食堂共开展“双随机”抽查 237 次，检查 4472 家。二是大力实施智慧监管，充分借助大数据、云计算、“互联网 +”等技术开展数据分析、网上审批、日常监管、移动执法等工作，初步建立起从许可审批到抽检监测、日常监管、稽查执法和应急管理全过程信息化监管系统。三是建立常态化公开曝光机制，通过定期召开新闻发布会、媒体通气会，借助网站、微博等平台，及时、规范、全面公开监管信息，全面开放生产经营企业信息查询。

此外，山东还重点推进户籍制度、健全社会组织登记管理服务体系、社区网格化管理机制建设等改革。

（五）推进生态文明体制改革

生态文明建设是“五位一体”总体布局和“四个全面”战略布局的重要内容。党的十八届三中全会通过的《中共中央关于全面深化改革若干重大问题的决定》提出，紧紧围绕建设美丽中国，深化生态文明体制改革，加快建立生态文明制度，推动形成人与自然和谐发展的现代化建设新格局。《中共中央关于全面深化改革若干重大问题的决定》指出，建设生态文明，必须建立系统完整的生态文明制度体系，实行最严格的源头保护制度、损害赔偿制度、责任追究制度，完善环境治理和生态修复制度，用制度保护生态环境。

针对生态文明体制改革相对滞后的情况，2015年9月，党中央、国务院专门制定出台《生态文明体制改革总体方案》，总体方案设计了改革路线图。生态文明体制改革的目标是，到2020年构建起由自然资源资产产权制度、国土空间开发保护制度、空间规划体系、资源总量管理和全面节约制度、资源有偿使用和生态补偿制度、环境治理体系、环境治理和生态保护市场体系、生态文明绩效评价考核和责任追究制度八项制度构成的产权清晰、多元参与、激励约束并重、系统完整的生态文明制度体系，推进生态文明领域国家治理体系和治理能力现代化，努力走向社会主义生态文明新时代。

山东深入推进生态文明建设，在很多领域都实现了重大突破。

1. 建立补偿制度

山东省环境容量小，产业结构偏重，全省化学需氧量大，二氧化硫、氮氧化物排放量大，因此需要健全生态文明制度。山东实行资源有偿使用制度和生态补偿制度，逐步将资源税扩展到占用各种自然生态空间，健全自然资源资产产权和用途管制制度，推行资源有偿使用和阶梯价格。自2010年国家启动资源税改革以来，山东省结合实际，先后顺利实施了原油、天然气、煤炭、稀土等资源的从价计征，2016年，研究制定了资源税改革方案。此次资源税改革共设定31个税目，列入国家统一规定税率幅度的有铁矿、金矿、石灰石、盐等13个资源品目，省级税权范围内确定了花岗岩、石膏、矿泉水、天然卤水等18个资源品目。为激发各市大气污染防治的积极性，2014年2月，山东省人民政府下发《关于印发山东省环境空气质量生态补偿暂行办法的通知》，在全国率先建立了基于环境空气质量改善的生态补偿制度。大气环境质量同比改善的市，将得到省级财政补偿；大气环境质量同比变差的市，需要向省级补偿。污染物浓度以微克/立方米计，补偿一季度结算一次。2015年12月，山东省又将生态补偿资金系数由20万元/（微克/立方米）修改为40万元/（微克/立方米）。自2014年实施环境空气质量生态补偿制度以来，山东省充分发挥公共财政资金的引导作用，以此撬动环境质量改善方面的投入。据统计，2014—2015年，山东省级财政共发放生态补偿资金3.4亿元，部分市向省级财政缴纳2300余万元。2016年前三季度，山东省向各市发放生态补偿资金1.28亿元，部分市累计上缴了885万元。

山东省要求各市收到生态补偿资金后，按照省政府的部署和要求，将资金统筹用于辖区内改善大气环境质量的二氧化硫治理、氮氧化物治理、扬尘治理及空气站建设运营等项目。各市财政局、环保局要根据生态补偿资金额度制定资金使用方案，并将方案报省财政厅、省环保厅备案。为确保资金使用规范化，山东省实行专款专用、专账核算，同时加强监督。

2016年国务院办公厅印发《关于健全生态保护补偿机制的意见》（以下简称《意见》）。《意见》明确指出，将推进投入、重点生态区域补偿、横向生态保护补偿、生态脱贫、政策协同等七个方面的体制机制创新。截至2017年上半年，山东省级财政已累计发放生态补偿资金8.04亿元，有关市累计上缴3849.5万元。全省空气质量继续保持改善势头，大气质量也连续四年同比改善，四项大气主要污染物PM2.5、PM10、二氧化硫、二氧化氮平均浓度比2013年分别改善32.7%、25%、50.7%、20.8%。山东省从

2013 年开始实施的“跨越八年的蓝天梦想”，实现了时间过半、任务过半。随着生态补偿的作用越来越明显，山东省生态补偿的覆盖领域也越来越宽，从省级环境空气质量生态补偿扩展到 17 地市全部出台了本市领域的生态补偿机制，甚至有的县（市、区）也专门出台县级补偿机制；生态补偿的范围也从单一的大气环境扩展至水环境、自然保护区等领域。充分用好生态补偿资金，助推环境空气质量改善，已成山东各地的共识。

2. 建立城际联防联控制度

为推动重点区域环境空气质量在最短时间内明显改善，2015 年 11 月，山东省召开省会城市群大气污染联防联控工作会议，济南、淄博、泰安、莱芜、德州、聊城、滨州 7 个市将建立协同治污、联合执法、应急联动三大机制。

按照协议，7 个市将建立协同治污机制。加快重点行业减排工程建设，加强石油炼化、有机化工、表面涂装、包装印刷等企业挥发性有机物治理；清理整顿城乡接合部露天矿山开采企业，加强企业料场堆场综合治理；全面完成黄标车淘汰任务，提升车用油品品质，推动高污染机动车淘汰；加快建成区裸土绿化和受损山体生态修复，建设绿色生态屏障；建立联合执法机制，围绕建立健全边界地区环境监测网络，开展跨区域环境质量联合监测，并协同处置边界环境污染事故。同时，7 个市还将加强环境共性问题的联合执法，建立应急联动机制，共享环境质量和相关污染信息。

生态山东建设成效显著，城际联防联控制度初步形成。生态补偿制度和城际联防联控机制初步建立，进一步改善生态环境，主要大气污染排放总量持续下降。2016 年细颗粒物平均浓度比上年下降13.2%，可吸入颗粒物下降8.4%，二氧化硫下降22.2%，二氧化氮下降7.3%。

3. 实行最严格生态保护制度

为守护齐鲁大地的蓝天碧水，在中央统一部署下，山东省委、省政府推出一系列战略决策、行动方案和制度设计，环境保护和治理愈见章法。

（1）法律制度不断完善，为生态保护提供制度保障

山东省制定了有关环境保护、大气污染防治、水污染防治、环境保护税等方面的规章制度，实行最严格的源头保护制度、损害赔偿制度和责任终身追究制度，完善环境治理和修复制度，用制度保护生态环境。这一系列新的规定、新的机制在推动企业守法方面发挥了很好的作用。2016年，山东省编制实施《山东省生态红线区域保护规划》。山东生态文明体制改革继续深化，资源环境保护机制加快完善；加快自然资源及其产品价格改革，进一步完善了居民阶梯电价政策，出台了居民阶梯气价、水价的指导意见；建立环境空气质量逐年改善约束性机制，将PM2.5浓度现状及改善率纳入科学发展综合考核体系；完善矿产资源有偿使用制度，组建了山东省土地和矿业权交易中心；探索推行节能量交易制度，设立了山东省能源环境交易中心。

（2）以环境保护倒逼供给侧结构性改革稳步实施

污染治理给企业转型升级一个巨大推动力，促进了山东全省经济结构的优化。全省产业结构实现了由“二三一”向“三二一”的历史性转变，服务业增加值占比由2013年的41.2%提高到2016年的47.3%，2017年上半年提高到49.2%。以环境保护倒逼供给侧结构性改革稳步实施，全省供给侧结构性改革取得积极进展，

山东省开始实行最严格的生态保护制度。图为风景如画的工厂园区

连续五年超额完成国家下达的淘汰落后产能任务。山东省排出27项重点任务，落实40条政策措施，坚定不移推进“三去一降一补”。2016年，山东工业技改投资总量全国第一，淘汰煤炭产能完成年度计划的120%，规模以上工业企业产销率比全国平均水平高一个百分点，商品房去化周期降至合理区间。

（3）绿色发展全面提速，生态环境持续改善

出台了加快推进生态文明建设的实施方案，强化生态红线区域保护。积极推进临沂、淄博、济南生态文明先行示范区建设，加快资源型城市转型发展，采煤沉陷区、湿地自然保护区等重点区域综合治理效果明显，城乡环卫一体化实现镇村全覆盖；节能降耗工作不断加强，大力推进“工业绿动力”计划，实施能效领跑者制度，着力改善能源结构，加快散煤治理和清洁生产技术改造，积极应对气候变化，主要大气污染物排放总量持续下降。

环境质量明显改善，大气、水、土壤污染防治行动计划取得明显进展。2016年，全省水环境质量连续14年改善，省控重点河流在2010年全部恢复鱼类生长的基础上，2015年底基本消除劣五类水体，2016年在国家淮河、海河流域治污现场核查中分别赢得“九连冠”和“七连冠”。采煤沉陷区和湿地自然保护区综合治理效果明显。发展方式实现重大转变，资源节约型和环境友好型社会建设取得重大进展，主体功能区建设顺利推进，转型升级提质增效成效显著，创新驱动生态文明建设的能力大幅提高。

在生态和农村环境保护方面，截至2016年底，山东省共建成各类自然保护区总面积达101.2万公顷，建成省级重点生态功能保护区面积达46.2万公顷。建成国家级生态市（区）7个、生态乡镇560个、生态村6个、生态工业示范园区6个，省级生态市1个、

生态县（市、区）23个、生态镇592个、生态村580个。山东各地切实贯彻新发展理念，生态文明体制改革取得重大进展，生态文明建设取得显著成效。

改革是一个整体，经济体制、政治体制、社会体制、文化体制和生态文明体制改革“五位一体”。目前山东省正处于由大变强战略性转变的关键时期，体制改革的深化促使山东的文明建设与全面建成小康社会同步走在全国前列，把山东经济和社会事业推上新台阶。

第十四章
经济文化强省建设中的坚实步伐

2013 年，习近平总书记视察山东时，对山东的经济社会发展提出了明确的要求，山东省委、省政府认真落实习近平总书记的指示，带领全省人民向经济文化强省建设迈出了坚实的步伐。

一、高质量发展推动新旧动能转换

党的十九大报告指出，我国经济发展由高速增长阶段转向高质量发展阶段。2017 年 1 月 20 日，国务院印发了《关于创新管理优化服务培育壮大经济发展新动能加快新旧动能接续转换的意见》，这是我国培育新动能加速新旧动能接续转换的第一份文件。2018 年 1 月 10 日，国务院正式批复《山东新旧动能转换综合试验区建设总体方案》，同意设立山东新旧动能转换综合试验区，这是党的十九大后获批的首个区域性国家发展战略，也是我国第一个以新旧动能转换为主题的区域发展战略，山东将在全国新旧动能转换中先行先试、提供示范。2 月 22 日上午，正月初七上班第一天，山东省委、省政府召开山东省全面展开新旧动能转换重大工程动员大会，省委书记刘家义在大会上发表讲话，深刻阐明了加快新旧动能转换综合试验区、推进新旧动能转换重大工程的总的要求、重大意义，对把握重大机遇、发展产业集群、着力深化改革、创新领导方式做了系统部署，明确了当前和今后一个时期的重点任务和工作要求。同一天，山东省人民政府印发了《山东省新旧动能转换重大工程实施规划》。2018 年 6 月，习近平总书记视察山东时强调，推动高质量发展，关键是要按照新发展理念的要求，以供给侧结构性改革为主线，推动经济发展质量变革、效率变革、动力变革。要坚持腾笼换鸟、凤凰涅槃的思路，推动产业优化升级，推动创新驱动发展，推动基础设施提升，推动海洋强省建设，推动深化改革开放，推动高质量发展取得有效进展。这是山东工作的总遵循、总定位、总航标。遵照习近平总书记的重要指示，山东要结合现行的新旧动能转换重大工程等发展主题，提炼和增补经济高质量发展内容，形成经济高质量发展的框架结构和实施体系。经济高质量发展的总体设计从强化优势、补齐短板和释放潜力的原则出发，把“高质量”因素嵌入到各个发展主题、不同发展层次之中，把“高质量”要求贯穿到每个发展领域的成效评价之中。

新动能和旧动能是相对而言的。所谓“新动能”，是指新一轮科技革命和产业变革中形成的经济社会发展新动力、新技术、新产业、新业态、新模式。所谓“旧动能”，是指传统动能，它不仅涉及高耗能、高污染的制造业，还更宽泛地覆盖利用传统经营模式经营的第一、第二、第三产业。新旧动能转换的主要做法有：通过新动能的增量来对冲传统动能的减弱，加快培育新技术、新产业，找到新的经济增长点；通过大众创业万众创新、“互联网 +”

等创造出新业态、新模式来改造传统动能；通过新动能创造的“战略纵深”为传统动能升级赢得空间。之所以要进行新旧动能转换是因为我国经济正处在转变发展方式、优化经济结构、转换增长动力的攻关期。

改革开放以来，中国经济保持了快速发展。从实现经济增长平台转换、经济结构转型的需要出发，培育增长新动能，加快新旧动能转换，依然是重要任务。山东作为中国经济大省，在全面建成小康社会进程中理应走在前列。2017 年 6 月，中共山东省第十一次党代会召开，会议提出把加快新旧动能转换作为统领经济发展的重大工程，山东要由大到强、加快发展，就要抓住新旧动能转换这个“牛鼻子”。此后印发《关于助推新旧动能转换做好当前和今后一段时期就业创业工作的意见》等一系列文件，对新旧动能转换在政策上给予强有力的支持。新旧动能转换围绕产业智慧化、智慧产业化、跨界融合化和品牌高端化展开。推动传统产业数字化、网络化、智能化建设，运用新技术、新管理、新模式，加快制造业智慧化改造，提升服务业智慧化水平，推动农业智慧化发展，全面提高产品技术、工艺装备、能效标准，实现价值链向高水平跃升，促进“老树发新芽”“有中出新”，实现传统产业提质效。瞄准世界科技前沿，聚焦大数据、云计算、人工智能、集成电路、高端软件、物联网、车联网、空天海洋、生命科学、量子技术、虚拟现实等领域，加速知识、技术、创意向现实生产力转化，打造一批战略性新兴产业发展策源地、集聚区和特色产业集群，推动“筑巢引新凤”“无中生有”，实现新兴产业提规模。顺应产业融合发展趋势，深入实施“互联网 +”行动计划，培植壮大农业“新六产”产业链延伸，即 1+2+3，第一产业接二连三向后延伸；第二产业接一连三双向延伸；第三产业接二连一向前延伸。价值链提升，即 1×2×3，一产的一份收入，经过二产加工增值为两份收入，再通过三产的营销服务形成三倍效益，综合起来是六份收入，产生乘数效应。加快制造业与互联网融合、服务业与先进制造业融合、旅游业与上下游产业融合，推动产业行业交叉渗透提档升级，不断衍生新产业、新模式、新业态，拓展经济发展新空间，实现跨界融合提潜能。深入实施质量强省和品牌战略，打造一批国内外知名的产品、企业、行业和区域品牌，加强质量标准建设，推动“山东制造”向“山东智造”转变，打响“好品山东”“好客山东”“诚信山东”“食安山东”品牌，全面提升发展质量和效益，实现品牌高端提价值。

经过全省人民的努力，新旧动能转换已取得初步成绩。烟台万华集团成为中国唯一一家同时拥有全系列异氰酸酯制造技术自主知识产权的企业，市场占有率达到世界的 40%。青岛红领集团依托“互联网 + 个性化定制”，将个性化定制与规模化生产融合，成为国内正装订制领军品牌。青岛成为全国最大的轨道交通制造基地，动车产量占全国运营动车组的 65%，城轨地铁占全国份额的 25%，并成功登陆美国、欧洲等发达国家和地区市场。新能源及智能汽车、通用航空制造、核电装备、机器人行业等高成长性产业发展迅速。其中，新材料产业主营业务收入占全国的近 1/4，碳纤维产量居全国第二位，新能源和可再生能源发电装机突破 1800 万千瓦，占全省电力总装机比重达到 16.1%，2022 年有望达到 30%。跨境电商、在线医疗、网络约车、共享单车等新业态新模式崛起。电商平台 3000 多家，各类电商经营主体 120 万家。大数据、云计算、人工智能等新一代信息技术与产业融合，“工业

+旅游+商业”等跨界融合模式广泛应用。有45家企业入选2017年中国品牌500强。

在推动新动能积极发展的同时，积极淘汰旧动能也取得了一定的成绩，“三去一降一补”强力推进。2017年，压减粗钢产能527万吨、生铁产能175万吨、煤炭产能351万吨，妥善分流安置去产能企业职工4.12万人。如省内最大的“僵尸”企业肥矿集团，顺利完成了债务、资产、人员重组，安置职工1.4万余人，企业重新实现盈利。新旧动能转换重大工程已经实现了良好开局。

2018年1月经国务院批准，山东省获批建立新旧动能转换综合试验区，这是山东创新发展、加快发展难得的机遇，对山东人民是极大的鼓舞。山东省委、省政府对此高度重视，积极带领全省人民以新技术、新产业、新业态、新模式为核心，以知识、技术、信息、数据等为支撑，探索新旧动能转换模式；探索优化存量资源配置和扩大优质增量供给并举的动能转换路径；探索建立创新引领新旧动能转换的体制机制，充分发挥济南、青岛、烟台三个经济实力雄厚城市的率先突破和辐射带动作用，转变理念、改变机制、创新制度培养和引进，引得进、用得好、留得住一大批具有国际水平的战略科技人才、科技领军人才、青年科技人才和高水平创新团队，等等。青岛经济相对并不发达的李沧区，在人才争夺战中却独占鳌头，实现了从“追院士”到“院士追”的逆袭。通过创造顺畅的创新创业“小环境”，截至2017年12月初，李沧区已签约引进国内外知名院士75名。山东正在新旧动能转换的道路上迈出新的步伐。

二、做大做强海洋经济

经济提质增效，是山东由大到强战略性转变的本质要求。2013年11月，习近平总书记在视察山东时指出，充分利用沿海的独特地理位置，努力塑造开放型经济发展新优势；在东部要以发展蓝色经济、高效生态经济为主导，建设重要经济增长极。2018年3月8日，习近平总书记在参加十三届全国人大一次会议山东代表团审议时强调，要更加注重经略海洋，希望山东充分发挥自身优势，努力在发展海洋经济上走在前列，加快建设世界一流的海洋港口、完善的现代海洋产业体系、绿色可持续的海洋生态环境，为建设海洋强国做出山东贡献。2018年6月12日，习近平总书记到位于青岛蓝谷的青岛海洋科学与技术试点国家实验室考察时强调，“海洋经济发展前途无量。建设海洋强国，必须进一步关心海洋、认识海洋、经略海洋，加快海洋科技创新步伐”。

2018年5月，山东省委、省政府印发《山东海洋强省建设行动方案》。根据《山东海洋强省建设行动方案》，山东将深入实施海洋强省建设“十大行动”，即海洋科技创新行动、海洋生态环境保护行动、世界一流港口建设行动、海洋新兴产业壮大行动、海洋传统产业升级行动、智慧海洋突破行动、军民深度融合行动、海洋文化振兴行动、海洋开放合作行动和海洋治理能力提升行动。围绕“十大行动”，山东省将每年筹集不少于55亿元的省级财政资金，全力支持海洋强省建设。

山东将以新旧动能转换重大工程为统领，以建设世界一流的海洋港口、完善的现代海洋产业体系、绿色可持续的海洋生态环境为重点，努力打造国际一流的海洋科技教育引领区、国家海洋生态文明示范区、国家海洋经济竞争力核心区、国家海洋开放合作先导区、国家军民深度融合先行区，为建设海洋强国做出山东贡献。山东以打造“活力海洋、和谐海洋、美丽海洋、开放海洋、幸福海洋”为行动方向，力争到2022年，海洋生产总值年均增长9%以上，占地区生产总值的比重达到23%左右，海洋科技创新能力明显提升，海洋经济新旧动能实现接续转换，海洋生态文明建设取得显著成效，海洋强省建设取得重大突破。到2028年，全省海洋生产总值突破3.87万亿元，占地区生产总值的比重达到26%左右，实现海洋大省向海洋强省的战略性转变，在海洋强国建设中发挥示范引领作用。到2035年，基本建成与海洋强国战略相适应，海洋经济发达、海洋科技领先、海洋生态优良、海洋文化先进、海洋治理高效的海洋强省。

为促进海洋经济发展，山东出台政策，推动海洋高端研发平台走向市场、服务社会。业内领军型研究机构——烟台中集海洋工程研究院，致力于打造国内海洋工程领域的重要研发基地，已被国家能源局认定为“国家级能源海洋石油钻井平台研发（实验）中心”。该研究院目前已成为国内最大的深水海洋平台研发基地，自主研发的半潜式平台的总包设计建造等项目，有效地带动了海洋工程的上下游700多家配套企业的发展，年带动相关产业产值200亿元以上。产学研用结合是山东创新的最大特点。全省企业拥有国家重点实验室17家、国家工程技术研究中心36家、国家级企业技术中心179家，数量均居全国第一位，这些企业研究机构全部与国内知名院所建立合作。烟台绿叶集团每年的研发投入占销售收入的8%以上，其药剂产品远销美国。2012年以来，山东省4个研发项目获得国家科技进步一等奖。

三、实施乡村振兴战略，建设美丽乡村

党的十八大首次提出“美丽中国”概念，明确了包括生态文明建设在内的“五位一体”社会主义建设总布局。党的十九大报告指出，农业、农村、农民问题是关系国计民生的根本性问题，必须始终把解决好“三农”问题作为全党工作的重中之重，实施乡村振兴战略。习近平总书记参加十三届全国人大一次会议山东代表团审议时，就实施乡村振兴战略特别是推动产业振兴、人才振兴、文化振兴、生态振兴、组织振兴和乡村振兴健康有序进行做出重要指示，要求山东充分发挥农业大省优势，打造乡村振兴的齐鲁样板。2018 年 6 月 14 日，习近平总书记考察济南市章丘区双山街道三涧溪村时强调，乡村振兴，人才是关键。要积极培养本土人才，鼓励外出能人返乡创业，鼓励大学生村官扎根基层，为乡村振兴提供人才保障。要加强基层党组织建设，选好配强党组织带头人，发挥好基层党组织战斗堡垒作用，为乡村振兴提供组织保证。山东省委、省政府深入贯彻党的十九大和十九届二中、三中全会精神，坚决落实习近平总书记对新时代山东工作的总要求，以及关于实施乡村振兴战略的重要指示，咬定“走在前列”目标不动摇不放松，以实际行动打造齐鲁样板，奋力谱写新时代乡村全面振兴山东篇章。

2018 年 5 月，山东省委、省政府印发《山东省乡村振兴战略规划（2018—2022 年）》等文件，对山东实施乡村振兴战略做出总体设计和阶段谋划，明确至 2020 年实现全面建成小康社会和 2022 年召开省第十二次党代会时的目标任务，细化实化工作重点、政

发展现代农业，建设美丽乡村

策措施、推进机制，部署重大工程、重大计划、重大行动，确保乡村振兴战略扎实推进、走在前列。

山东自古以来就是中国最重要的“粮仓”之一，寿光蔬菜更是占据了全国蔬菜产量的 1/4。山东海岸线长达 3121 公里，约占全国的 1/6，湖泊总面积 1496.6 平方公里，蓄水量 23.5 亿立方米，水产生物资源十分丰富，名优珍稀水产品养殖发展迅速。山东还有着相当多的特色产品和农业品牌，其农业特色产业突出，烟台苹果、龙口粉丝、章丘大葱、胶东海产品等一大批知名品牌破土而出，农业品牌建设硕果累累。截至 2017 年年底，山东省已有至少 500 多家企业生产的 600 多个农产品获得了“山东名牌产品”称

号，品牌效益已经显现。

山东“美丽乡村”建设强化规划引领和基础设施建设，注重科学规划，健全乡镇、村庄规划编制体系，实现“多规合一”（将国民经济和社会发展规划、城乡规划、土地利用规划、生态环境保护规划等多个规划融合到一个区域，实现一个市县一本规划一张蓝图）统筹融合。把美丽乡村建设和脱贫攻坚、新型集镇化统筹考虑、一体推进。启动村内道路硬化“户户通”工程，完成农村“七改”（改路、改电、改校、改房、改水、改厕、改暖）工程。培育美丽乡村建设的经济支撑，推进农业供给侧结构性改革为主线、农村一二三产业融合发展，实施质量强农战略，构建新型农业经营体系，发展农村集体经济，厚植美丽乡村建设的物质基础。加强生态文明和人居环境建设，打造美丽乡村“升级版”。2013 年以来，山东省已累计安排 3 亿元资金用于乡村旅游建设，在支持“好客山东”的同时，突出打造“美丽乡村”。对全省具有典型示范作用的县（市、区）、旅游小镇、旅游特色村，分别按照 100 万元、60 万元、20 万元的标准进行奖励。积极开通“齐鲁乡村旅游网”，推动乡村旅游的发展，并与凤凰网合作开辟山东特色农产品品牌专题等。

树立“绿水青山就是金山银山”的理念，美丽乡村建设与农村生态环境治理同部署、同落实。发展节水农业，改良修复土壤，通过农业科技创新，加快推动农业绿色生态发展，山水林田湖生命共同体，加强农村生态保护和修复，打造生态安全屏障。美丽乡村建设落脚到提高群众生活水平上，以保障和改善民生，推动教育、医疗、养老等基本公共服务向农村延伸，创新农村社会治理。

四、协调推进区域、城乡发展

2012 年山东省第十次党代会作出构建省会城市群经济圈，打造西部经济隆起带的决策。2016 年“一圈一带”生产总值分别比 2012 年增长近 30%、34%，加之国家级战略的山东半岛蓝色经济区和黄河三角洲高效生态经济区建设，山东形成“两区一圈一带”的区域协调发展战略，山东半岛蓝色经济区共编制海洋装备制造等 24 个专项规划，黄河三角洲高效生态经济区共编制生态建设与保护等 26 个专项规划，“一圈一带”分别编制城镇体系等 14 个专项规划，各市、县（市、区）也相应制定本地区推进区域战略实施的相关规划，形成张力十足的区域发展格局：省内国家战略和省级战略良性互动，省外北融京津冀、西接中原经济区，打开更广阔的发展空间。

区域协调发展的重要载体是产业。2015 年，莱芜建立济莱民营经济科技创新示范园，奔速电梯等 40 多家济南企业搬迁而来；同年，莱芜在济南高新区建设研发基地，奔速电梯等 6 家企业回济南设置研发机构。济莱协作区是我省区域一体化发展的先行示范区，济莱协作区在要素配置、通信等五个方面实现同城化。济莱城际快客 2014 年正式开通，两个市通信资费以市话标准收取，制定了两个市协同发展“十三五”规划，确定了 19 项同城化任务，将两个市的协作发展愈加推向深入。

全省不同板块之间优势互补、共同发展。2013 年，青岛保税港区与乐陵合作建设功能区，打造高端制造、新兴产业孵化等 6 个板块，支持青岛市和西部经济隆起带发展。随着交通通信、产业基础等条件的提升，西部加快吸引外出打工者回乡创业，实现更高阶段的协调发展。菏泽在 2015 年出台政策吸引菏泽人回归，2016 年返乡人员创办的企业、个体工商户，占全市新登记市场主体的 79.6%。

半岛蓝色经济区以高端科研作支撑，成立海洋装备制造等七大产业联盟。在烟台、上海、瑞典设立三个研发中心的中集来福士，主导产品占全国市场份额的 78%、全球的 26%。2016 年，全省海洋新兴产业产值达 3500 亿元，同比增长 21.9%。

西部通过招商引资等方式培育发展优势。济宁引进惠普、华为等一批 IT 龙头企业，带动 651 家企业集群式落户。菏泽目前拥有的淘宝村、淘宝镇占全省份额的50%，电商园区发展到32个。黄三角石油装备制造产值占全国的45%以上，主营业务收入过百亿元的企业集团达到24家。

省会城市群经济圈，打造区域性经济、金融、物流、科技创新“四个中心”，产业向高端升级，主板、新三板新增上市企业59家。六个国家级高新区获批联合创建山东半岛国家自主创新示范区，青岛西海岸新区成为第九个国家级新区，黄三角成为第二个农业高新技术示范区，青岛市财富管理金融综合改革实验区也获得批准。这些高起点高平台，为未来区域经济高质高效发展提供了保证。

五、稳步推进新型城镇化

2012年12月15日，中央经济工作会议提出积极稳妥推进城镇化，着力提高城镇化质量。2016年，国务院下发《国务院关于深入推进新型城镇化建设的若干意见》。提出总体要求：按照“五位一体”总体布局和“四个全面”战略布局，坚持走以人为本、“四化”同步、优化布局、生态文明、文化传承的中国特色新型城镇化道路。坚持点面结合、统筹推进；坚持纵横联动、协同推进；坚持补齐短板、重点突破。

为贯彻党中央、国务院关于城镇化工作的决策部署，结合全省加快实施新旧动能转换重大工程要求，山东省城镇化工作领导小组办公室印发了《加快推进新型城镇化建设行动实施方案》，提出了如下内容。

推进农业转移人口市民化。重点群体落户，以农村学生升学和参军进入城镇的人口、国家机关和企事业单位招录的农村人员、在城镇就业居住 3 年以上和举家迁徙的农业转移人口以及新生代农民工为重点，促进有能力在城镇稳定就业和生活的农业转移人口及其家属进城落户；实施居住证制度，鼓励有条件的地区赋予居住证持有人更多公共服务和办事便利，不断提高居住证含金量，推进城镇基本公共服务覆盖全部常住人口；提升就业质量，强化城镇产业支撑，增加就业岗位，吸引更多农业人口转移到城镇就业安家；创新产城融合模式，统筹产城布局；推动进城落户农民工子女教育同城同待遇，建立以居住证为主要依据的随迁子女入学办法，全面实施“两免一补”；提高外来务工人员社会保障水平，加强基本医保、大病保险、医疗救助等各项制度有效对接，健全完善城乡居民异地就医即时结算机制。

优化全省城镇布局形态。提升半岛城市群融合度和竞争力。编制实施“两圈四区”都市圈（区）发展规划，提升重要轴带要素集聚水平，巩固全国第四大城市群地位；以济南、青岛两城市为核心，协同周边城市，培育发展济南都市圈和青岛都市圈；提升省会城市首位度。推进济南与周边淄博、泰安、莱芜、德州、聊城等城市协同发展，高水平规划建设国家新旧动能转换先行区；强化青岛核心城市功能作用。以青岛西海岸新区、蓝谷核心区、高新区、胶东临空经济示范区为引领，协同潍坊等城市一体发展，形成东部地区转型发展增长极；深入开展大中小城市培育；加快创建一批特色小镇。

加快提升城市宜居水平。加快棚户区改造，补齐城市基础设施短板，加大地下综合管廊建设力度，加快建设生态城市。开展城市双修，制订以工程项目为主要内容的双修实施计划；大力发展绿色建筑和装配式建筑；强化城市污染治理；深入开展城市违法建设治理行动，依法拆除存量违法建设；加快建设智慧城市；开发建设集城乡规划建设管理于一体的住建大数据平台，推动BIM技术在规划、勘察、设计、施工、运维等环节的应用；深化城管执法体制改革。

促进城乡融合发展。推进城镇设施和服务向农村延伸，促进更多村庄享受城镇基础设施和公共服务；改善农村人居环境。以农村“七改”为重点，推动村镇人居环境由生活垃圾治理全覆盖的“单项突破”，向污水处理、农村供暖、厕所改造、风貌塑造等“全面提升”转变。激发农村资源资产要素活力，维护进城落户农民权益。农业转移人口整户转为城镇居民的，凭借原村集体经济组织出具或由村（居）民委员会代行出具的集体成员身份确认证明和户口迁出地乡镇人民政府或街道办事处出具的整户转移备案证书，继续保留农村土地承包经营权、宅基地使用权及集体经济收益分配权。

深化重点领域改革创新。健全城镇化投融资机制，加大省级财政对农业转移人口落户较多地区的资金奖励力度；完善城乡土地制度。落实国家和省“人地挂钩”政策，保障农业转移人口市民化的合理用地需求；推进新型城镇化综合试点。总结推广第一批国家和省新型城镇化综合试点地区经验做法，在全省乃至全国推出一批可复制、可推广的经验模式；调整优化行政区划。支持济南行政区划调整，推进济阳县撤县设区；推进烟台、济宁、泰安、临沂、德州、聊城等设区市近郊的县（市）撤县（市）设区；完善城镇化统计监测制度。

六、不断增强县域综合实力

强省之基在于强县。山东省90%以上的经济总量在县域，80%以上的人口生活在县域。全省县域围绕贯彻落实新发展理念，大力发展特色县域经济。

发挥比较优势，走特色路，打造特色产业。我国最典型的蔬菜产业集群在寿光，寿光市不仅提高蔬菜产量，同时在产业化经营上下功夫，通过“组织模式＋植入新技术＋精准管理”的生产经营模式，实现了现代农业生产的标准化。东阿县的阿胶产量、出口量分别占全国的75%和90%以上的份额，形成了阿胶及保健品等百种产品的产业链条，带动了全县种植、养殖和食品加工等多项产业发展。

突出科技创新先导地位，整合创新资源，聚集创新要素，提升自主创新能力，形成以创新为核心动力的经济发展模式。即墨市以蓝色、高端、新兴产业为主攻方向，坚持引资引智，优化资源配置，打造蓝色硅谷，实现了县域经济的腾飞。2012年至2016年，生产总值由788亿元增长到1181亿元，年均增长11.4%，高出青岛市平均水平2.8个百分点，连续两年保持山东县（市）首位；公共财政预算收入由50.6亿元增长到105.1亿元，年均增长20.4%，成为全省公共财政预算收入过百亿元的唯一的县级市。

以特色优势产业为导向，立足资源优势和产业优势，做大做强优势突出、带动能力强的骨干企业，加快发展配套产业，膨胀壮大产业集群。荣成市大力发展特色海洋产业经济，2016年成功获批我国第二个国家级远洋渔业基地，新增国家级休闲渔业示范

县域综合实力不断增强。图为潍坊寿光市一角

基地 4 个、海洋牧场示范区 2 个，远洋渔船达到 316 艘，占全国的 12%。滕州市大力发展机械制造产业，2016 年机械制造企业 338 家，年产各类机床 10 万多台，中小钻铣床产量占全国的 80%，30%产品实现出口，拥有 2 个中国驰名商标、3 个山东省著名商标，被中国机械工业联合会命名为“中国中小机床之都”。

扩大“外引”与“内联”，加强同县外地区的经济联合与协作，加快各种生产要素在县域内的集聚，促进县域经济超常规、跨越式发展。城阳区以青岛出口加工区为龙头，积极发展加工贸易，累计引进加工贸易企业 1000 多家，是山东省知名的区域性对外加工贸易基地。临沂、聊城、菏泽市的各个县把劳动力输出作为扩大对外开放的有效途径，大力发展劳务经济，收到了“输出劳动力、带回生产力”的良好效果，劳务经济成为欠发达县经济发展新的增长点。

城乡统筹、工农联动、城乡联动、一体化发展，走以城带乡、以工补农、城乡协调发展的路子。淄博市张店区启动实施总投资141亿元的“三改三建”工程，惠及居民15.41万人，实施农村住房建设项目40个，新建农村住房519万平方米。2016年中心城区建成区已扩大到81.5平方公里，城镇化率达到93.2%。在2016年中国中小城市新型城镇化质量百强区榜单中，临淄区位列前30强。

多措并举的发展之路使山东省综合实力不断提升。2016年，全省县域实现生产总值61926亿元，同比增长7.7%，高于全省平均增幅0.1个百分点；占全省生产总值的92.4%，同比提高0.1个百分点。实现公共财政预算收入4709亿元，比上年同口径增长9.4%，高于全省平均增幅0.9个百分点；占全省公共财政预算收入比重的80.4%，同比提高0.7个百分点。实现税收收入3547亿元，同口径增长3.9%，占全省税收收入比重的84.2%。

事实证明，贯彻新发展理念，推动县域经济发展，已经成为当前促进全省经济持续健康协调发展的客观要求，是全面建成小康社会的重要保障和现实需要，也是整体提升山东省综合实力、实现“走在前列”的坚强保障。

七、加快建设“生态山东”

党的十八大报告中指出，建设生态文明，是关系人民福祉、关乎民族未来的长远大计。树立尊重自然、顺应自然、保护自然的生态文明理念，把生态文明建设放在突出地位，融入经济建设、政治建设、文化建设、社会建设各方面和全过程，努力建设美丽中国，实现中华民族永续发展。习近平总书记在党的十九大报告中全面阐述了加快生态文明体制改革、推进绿色发展、建设美丽中国的战略部署，建设生态文明是中华民族永续发展的千年大计。必须树立和践行绿水青山就是金山银山的理念，坚持全民共治、源头防治，持续实施大气污染防治行动，打赢蓝天保卫战。

为全面贯彻落实党中央的会议精神，山东省委、省政府围绕落实“五位一体”总体布局，把生态文明建设放在更加突出的战略位置。2016 年 5 月，山东省委、省政府印发了《关于加快推进生态文明建设的实施方案》。坚持节约资源和保护环境的基本国策，把节约优先、保护优先、自然恢复为主作为基本方针，把绿色发展、循环发展、低碳发展作为基本途径，把深化改革和创新驱动作为基本动力，把培育生态文化作为重要支撑，把重点突破和整体推进作为工作方式，推动生态文明建设深度融入经济建设、政治建设、文化建设、社会建设各方面和全过程。

构建人口、经济、资源环境相协调的空间开发格局。推进主体功能区建设，建立“多规合一”的体制机制；推进国土综合整治。以水资源、环境容量、优质耕地、近海海域和地质环境安全等方面的生态环境承载能力为基础，编制实施全省国土空间规划纲要；构建平衡适宜的城乡建设空间体系，合理确定城镇、农业、生态三类空间的适度规模和比例结构。加强城镇空间管控，划定“三区四线”和城市发展边界，严格新城、新区设立条件和程序；推进生态城区建设。统筹推进绿色规划、绿色交通、绿色市政、绿色建筑、绿色能源，推广绿色施工，推进智慧城市试点建设，

村民清理河道漂浮物，优化环境

做好城市污水处理厂污泥处置、垃圾焚烧处理、垃圾渗滤液处理、城乡生活垃圾分类收集和处理工作，提高建设、运行、管理水平；加强城市地下综合管廊建设，配套消防、供电、照明、监控与报警、通风、排水、标识等设施，建立城市地下管线信息系统，实现城市管线的数字化、动态化、现代化管理。扩大风电、太阳能光伏发电等装机规模，安全高效发展核电，因地制宜推动太阳能光热、沼气、地热能、海洋能等应用；发展有机生态农业。推行全产业链标准化生产，持续抓好“三品一标”建设，塑造“齐鲁灵秀地、放心农产品”品牌形象，培育 50 个知名区域公用品牌，提高山东农产品的知名度和美誉度。

推进海洋资源科学开发和生态环境保护。合理控制海洋开发强度。建立全海域的海洋生态红线制度，保护重要、敏感和脆弱的海洋生态系统；加大海洋生态修复整治力度；探索海洋资源科学开发利用的新模式和海洋生态环境保护的新途径；实施海洋生态建设工程，提升海洋生态环境保护、海域综合管理和海洋生态文明建设服务保障水平。

狠抓大气污染防治。深化燃煤、工业企业、城市扬尘、机动车尾气等重点领域污染治理。实施煤电机组超低排放行动，提高水污染治理水平，建立土壤污染防治体系。制订实施土壤污染防治行动计划，以种植性土壤和城市土地二次开发利用为重点；加强农业面源污染防治。推广使用商品有机肥，促进微生物繁殖；推广粪污无害化处理利用技术。开展保护性耕作技术集成与示范，实施海陆污染同防同治。推广生态养殖模式，严格控制海水养殖污染。

加快生态环境修复。遵循自然规律，实施山水林田湖生态保护和修复工程，更加注重自然恢复，协同推进人工修复，持续改善生态环境质量。保护和培育森林生态系统，保护和修复湿地与河湖生态系统，保护和改善农田生态系统，推进荒漠化和水土流失综合治理，加强地下水保护，保护生物多样性，开展矿山地质生态修复治理。

经过综合施策、强力攻坚，“蓝天保卫战”各项工作取得明显进展，2017 年全省空气质量实现持续改善。按省控及以上点位统计，全省 PM2.5、PM10、二氧化硫、二氧化氮平均浓度分别为 $57\mu g/m^3$、$106\mu g/m^3$、$24\mu g/m^3$、$37\mu g/m^3$，分别同比下降 13.6%、11.7%、31.4%、2.6%，分别比 2013 年下降 41.8%、33.8%、66.2%、22.9%。其中 PM2.5 一项超额完成了国家“大气十条”考核下达的改善目标（比 2013 年下降 20%左右）和山东省大气污染防治规划二期行动计划确定的阶段性改善目标（比 2013 年改善

35%左右）。各项主要空气质量指标均达到2013年以来的最优值，二氧化硫、二氧化氮年均浓度达到国家环境空气质量二级标准。与周边省份相比，山东省2017年PM2.5平均浓度在京津冀晋鲁豫六个省（区、市）中最低，比2013年下降的比例在六个省（区、市）中最大。

八、全力打赢脱贫攻坚战

习近平总书记十分关心民生，多次强调要精准扶贫，打好扶贫攻坚战。2015年11月27日，中央扶贫开发工作会议召开，会议指出消除贫困、改善民生、逐步实现共同富裕，是社会主义的本质要求，是中国共产党的重要使命。全面建成小康社会，是中国共产党对中国人民的庄严承诺。党的十九大报告指出，坚决打赢脱贫攻坚战，要动员全党全国全社会力量，坚持精准扶贫、精准脱贫。

山东省委、省政府始终高度重视扶贫工作。“十二五”时期，山东省委、省政府把农村贫困人口脱贫问题摆在经济社会发展的重要位置，投入力度不断加大，政策措施不断强化，基本构建起专项扶贫、行业扶贫、社会扶贫“三位一体”扶贫开发新格局。全省农村贫困人口由2010年的820万人减少至2015年的242.4万人，年均减少100万人以上，贫困发生率从11.4%下降到3.4%，下降8个百分点。2016年脱贫人员为120万人。2016年成立山东省扶贫开发领导小组办公室，贯彻落实中央和山东省委、省政府扶贫开发部署要求，研究拟定精准扶贫、精准脱贫工作政策、规

花生大丰收

划，统筹管理扶贫资金，协调安排省级扶贫资金项目，协调组织省直有关部门扶贫等相关工作。2017 年 1 月，山东省人民政府印发《山东省“十三五”脱贫攻坚规划》，协调推进“四个全面”战略布局，坚持创新、协调、绿色、开放、共享发展理念，以走在前列为目标定位，以增加农村贫困人口收入为核心任务，以“六个精准”（扶贫对象精准、项目安排精准、资金使用精准、措施到户精准、因村派人精准、脱贫成效精准）为主线，以“五个一批”（发展生产脱贫一批、易地扶贫搬迁脱贫一批、生态补偿脱贫一批、发展教育脱贫一批、社会保障兜底一批）为重点，深入广泛动员，优化政策措施，创新体制机制，层层压实责任，解决好“扶持谁、谁来扶、如何扶、怎么退”的问题，提前完成脱贫攻坚任务，稳定实现农村贫困人口“两不愁、三保障”，确保全省人民同步迈入全面小康社会。

我省脱贫攻坚工作坚持因地制宜、精准施策，造血为主、输血为辅，统筹推进、创新发展，绿色扶贫、生态为先，政府主导、合力攻坚五项原则，确保到2018年，242.4万建档立卡农村贫困人口全部脱贫、“十二五”期间剩余的4435个省定扶贫工作重点村全部摘帽；“十三五”期间，根据建档立卡最新情况，确定2000个贫困人口最多的村作为重点攻坚对象，按时脱贫。到2020年，稳定实现农村贫困户人均可支配收入增长幅度高于全省平均水平，基础设施建设和基本公共服务主要领域指标接近全省平均水平。

大力开展特色产业扶贫、乡村旅游扶贫、电商扶贫、光伏扶贫和资产收益扶贫；开展职业技能培训，拓展转移就业渠道，推进贫困人口创业就业；实施易地搬迁脱贫，推进库区、滩区、湖区搬迁和黄河滩区脱贫迁建，加快农村危房改造；提升基础教育水平，加大职业教育支持力度，构建教育扶贫帮扶体系；建立健全医疗卫生服务体系，提高医疗保障水平，加强疾病预防控制和公共卫生服务；加强生态保护修复，加大生态保护补偿力度；健全农村社会保障制度，完善农村社会救助体系，构建农村“三留守”人员和残疾人关爱服务体系；扎实开展驻村帮扶、区域对口协作帮扶、企业结对帮扶和其他社会力量帮扶，推进省内扶贫协作，支持经济实力较强的6个市结对帮助贫困人口较多、脱贫任务较重的6个市。

临沂是全国著名的革命老区，在沂蒙精神的引领下，全市凝心聚力，埋头苦干。2015年底，一场脱贫攻坚的新时期“孟良崮战役”又在蒙山沂水间打响。全市牢记习近平总书记视察临沂时“要紧紧拉住老区人民的手，不让他们在全面建成小康社会进程中掉队”的嘱托，一丝不苟“摘穷帽”，全力以赴“拔穷根”，把脱贫攻坚作为重大的政治任务来抓。“十二五”期间，共实现减贫 97.8 万人。

菏泽市地处山东省西南部，是全省贫困人口规模最大的地级市。2016 年全市有建档立卡贫困人口 91.4 万人，占全省贫困人口总数的 37.7%，是全省脱贫攻坚任务最重的地区。而鄄城县位于菏泽市西北部，地处黄河滩区。2016 年全县有省级扶贫开发重点村 103 个，贫困户 40566 户，贫困人口 89618 人。为了尽快脱贫，鄄城县建设了一个个扶贫车间，真正让贫困人口实现“家门口能干活，就业顾家两不误”。

按照《山东省黄河滩区居民迁建规划》和《山东省黄河滩区居民迁建规划重点任务分工方案》要求，扎实推进黄河滩区居民迁建工作，从根本上消除黄河水患对滩区群众生命财产安全的威胁，改善滩区群众居住生活条件和发展环境，促进滩区群众脱贫致富。坚持把改善民生作为迁建工作的着力点，加强黄河滩区迁建社区规划设计和房屋质量管理工作，切实维护人民群众生命财产安全。从实际出发，突出黄河滩区地域特点、文化特色、传统风貌，防止迁建社区“千区一面”。

2014 年 12 月，国务院扶贫开发领导小组第四次全体会议研究同意，淄博市列入国家扶贫改革试验区。按照“积极引导、政策支持、规范运作”的要求，大力开展农民专业合作社示范社、家庭农场示范场和市级以上农业产业化龙头企业评选创建活动，推动农民专业合作社规范发展，家庭农场适度规模经营，加快形成农副产业集群，完善产业链条，带动贫困农户增收。到 2017 年，农业新型经营主体达到 5000 家以上，市级以上农业产业化龙头企业达到 200 个，实现销售收入 210 亿元，带动农户 58 万户，60% 以上的贫困户实现增收。扶持市级以上农民专业合作社示范社 200

家，规范发展农民互助资金示范社 100 家。加强新型农业经营主体的制度建设，指导其完善产品研发、市场开拓和内部管理制度，引导其健康发展。以市场为导向，深入推进农业结构调整，将设施农业、养殖业、特色种植业、林果业等优势特色产业作为扶贫开发的主导产业，打造蔬菜、畜牧、果业、苗木花卉、中草药、小杂粮等高效特色扶贫产业。全市畜禽规模化养殖比重达到 85%。

九、化工等产业安全生产转型升级

化工产业是山东省的支柱产业之一，为此，山东省狠抓化工产业的转型升级和安全生产。山东省人民政府办公厅于 2015 年 12 月专门下发了《关于加强安全环保节能管理加快全省化工产业转型升级的意见》，并成立了山东省化工产业安全生产转型升级专项行动领导小组，领导安全生产转型工作。开展的具体工作有：

开展“打非治违”专项治理。全面查清现有化工企业的现状和问题；在全省范围内开展“打非治违”专项整顿行动，对非法化工企业和违规化工项目进行全面清理整治。对非法设立、不符合国家产业政策和安全生产条件、不能稳定达标排放污染物的化工企业，依法予以关闭。

把好化工项目准入关。严格执行项目准入门槛，从源头控制新增高风险化工项目。严禁投资新上淘汰类、限制类化工项目；鼓励发展产品档次高、工艺技术装备具有国际或国内领先水平的化工项目。

推动化工企业“进区入园”。由各市政府重新审核公布，积极引导分散的化工企业逐步集中到符合规划要求的化工园区。

提高化工企业本质安全水平。落实化工企业安全生产主体责任，严格从业人员资格条件，推行科技强安和商业保险，加强化工企业装置设备安全管理。

通过综合整治，全省化工产业实现安全生产形势稳定好转，环境保护标准和节能降耗指标全部达到国家和省的标准；化工园区规划科学完备，基础配套设施建设更加完善，园区专业化和企业集聚发展水平显著提高；化工产业园区化、生产安全化和技术高端先进、工艺绿色环保、产品富有特色、质量效益不断提高的化工产业新格局基本形成。同时产业转型升级步伐明显加快。工业化、信息化融合更加深入，智能制造水平进一步提升；化工新材料等新兴产业占比不断加大；企业综合素质明显增强，大型骨干企业数量增加；重点敏感区域化工企业搬迁取得积极进展，化工园区（集中区）企业聚集度明显提高。

十、人民群众生活持续改善

“民惟邦本，本固邦宁”，习近平总书记心中时刻牵挂的，正是最广大的人民群众。他多次强调，要让人民群众有更多的获得感，“让改革发展成果惠及更多群众，让人民生活更加幸福美满”。

山东不断加大民生投入，着力提升生产生活环境，强化制度性保障，人民群众生活持续改善，形成了“全覆盖、保基本、多层次、可持续”的保障体系。

2012 年以来，山东省在养老、医疗等社会保障领域，从人民群众最关心、最期待的问题入手，推进了一系列改革，基本实现了由制度碎片化、发展不平衡向更加公平可持续转变，由制度全覆盖向人员全覆盖转变，由城乡分割向城乡统筹转变，织密扎牢社会保障“安全网”，让人民群众在共建共享发展中有更多获得感。

山东比国家要求提前一年实现城乡居民基本养老保险整合工作，率先出台机关事业单位工作人员养老保险制度改革方案并启动实施。连续12年提高企业退休人员养老金标准，月人均养老金增长2.5倍左右；连续5年提高居民养老保险基础养老金最低标准，比国家标准高30元。截至2017年11月，全省职工养老保险参保人数达2652.6万人，比2012年底增加589.4万人；居民养老保险参保人数达到4529.3万人，居全国第二位。社保基金规模稳步扩大。截至2018年1月，基金累计结余4489.9亿元；全省居民养老保险参保人数全国第二，待遇领取人数全国第一，基金累计结余全国第一。

建立全省统一、城乡一体的居民基本医疗保险制度，并率先开展城乡一体、全省统筹的居民大病保险制度。城乡居民医疗待遇明显提高，农村居民用药品种由整合前的1100种扩大到2400种，报销范围扩大了一倍多。全省基本医保连同大病保险最高支付限额达到45万元以上。截至2017年11月，全省居民医疗保险参保人数达到7272.5万人。2011年起，启动省内异地住院直接结算，2013年全省17个市之间全部实现互联互通，住院医疗费用可即时结算。目前，全省17个市及省本级已全部接入国家异地就医结算系统，并开通山东大学齐鲁医院等定点医疗机构89家。实现城镇居民基本医疗保险和新型农村合作医疗保险并轨，覆盖城乡的大病保险制度，实际报销比例可达70%。

安居乐业，山东在强化保障性住房建设上大胆破题。2012 年至 2017 年，山东各级财政累计投入 505.13 亿元，有效改善了城乡居民住房条件。

十一、深入培育努力践行社会主义核心价值观

社会主义核心价值观是社会主义核心价值体系的内核，体现社会主义核心价值体系的根本性质和基本特征，反映社会主义核心价值体系的丰富内涵和实践要求，是社会主义核心价值体系的高度凝练和集中表达。培育和践行社会主义核心价值观，是实现中华民族伟大复兴中国梦的战略任务，是提升国家文化软实力的根本举措。当前，山东省正处在由大到强战略性转变的关键时期，大力培育和践行社会主义核心价值观，必将为加快建设经济文化强省提供强有力的价值引领和道德支撑。

山东省委、省政府高度重视培育和践行社会主义核心价值观，带领全省人民高举中国特色社会主义伟大旗帜，以马克思列宁主义、毛泽东思想、邓小平理论、“三个代表”重要思想、科学发展观及习近平新时代中国特色社会主义思想为指导，围绕山东实现工作指导的重大转变，推进全面深化改革，以建设美德山东、文明山东、诚信山东为目标，以实现传统美德创造性转化和创新性发展为突破口，大力弘扬齐鲁优秀文化，培育新时期山东精神，把社会主义核心价值观的要求贯穿于山东省经济社会发展各个方面，融入人们生产生活和精神世界，内化为全省人民的思想共识和行动准则，努力在推进社会主义核心价值体系建设上取得新突破，打

造山东道德高地，激励全省人民同心同德、奋发向上，为加快建设经济文化强省、实现中华民族伟大复兴的中国梦而努力奋斗。

1. 把培育和践行社会主义核心价值观落实到经济发展实践中

推进实施“两区一圈一带”区域发展战略，确定经济发展目标和发展规划，出台经济社会政策和重大改革措施，开展各项生产经营活动，遵循社会主义核心价值观要求，做到讲社会责任、讲社会效益、讲守法经营、讲公平竞争、讲诚信守约，形成有利于弘扬社会主义核心价值观的良好政策导向、利益机制和社会环境。注重经济行为和价值导向有机统一，经济效益和社会效益有机统一，实现市场经济和道德建设良性互动。

2. 把培育和践行社会主义核心价值观落实到法治建设实践中

推进法治山东建设，把社会主义核心价值观贯彻到依法治省、依法执政、依法行政实践中，落实到立法、执法、司法、普法和依法治理各个方面，用法律的权威来增强人们培育和践行社会主义核心价值观的自觉性。推动出台《法治山东建设纲要》，加强法制宣传教育，深入实施“六五”普法规划和山东省 2011—2015 年依法治省规划，积极开展法律进机关、进乡村、进社区、进学校、进企业、进单位活动，继续深化法治城市、法治县（市、区）创建活动，培育法治文化，弘扬法治精神，增强全社会学法尊法守法用法意识，形成有利于培育和践行社会主义核心价值观的良好法治环境。

3. 把培育和践行社会主义核心价值观落实到社会治理中

把社会主义核心价值观融入社会治理制度建设和治理工作中，形成科学有效的诉求表达机制、利益协调机制、矛盾调处机制、权益保障机制，最大限度增进社会和谐。创新社会治理，完善激励机制，褒奖善行义举，实现治理效能与道德提升相互促进。推进平安山东建设，把社会主义核心价值观融入治安安全、生产安全、食品安全、药品安全、交通安全、生态安全，融入系统治理、依法治理、综合治理、源头治理，构建大平安格局，倡树良好社会风尚。

4. 围绕培育和践行社会主义核心价值观，自下而上层层树立典型，发挥典型示范引领作用，广泛开展先进典型、道德模范、“山东好人之星”推荐评选活动，建立县、市、省三级联动的选树体系，加大对重点典型、最美人物和身边好人的宣传力度

加大对先进典型、道德模范的关心和帮助，建立道德模范帮扶基金，通过舆论上的推崇、道义上的支持、物质上的激励及生活上的关心，推动形成好人好报、善有善报的正向机制，营造崇德向善、见贤思齐的社会氛围。省委宣传部陆续推出了“齐鲁时代楷模”“齐鲁最美人物”发布厅，截至2017年7月，共发布9位“齐鲁时代楷模”、77位“齐鲁最美人物”，有4位山东人荣获全国“时代楷模”荣誉称号。

5. 用社会主义核心价值观引领思潮、凝聚共识

深化中国特色社会主义和中国梦宣传教育，坚持不懈地用中国特色社会主义理论体系武装党员干部群众，进一步坚定道路自信、理论自信、制度自信、文化自信。把社会主义核心价值观学习教育列入各级党委（党组）中心组学习计划，纳入各级党校、行政学院和干部学院培训教学内容。推进实施理论惠民工程，拓展理论大众化的广度深度。充分利用齐鲁大讲坛、社科普及周等宣讲品牌，进行宣传教育。

十二、纵深推进文化领域改革

2013年11月，习近平总书记视察山东时指出，沂蒙精神与延安精神、井冈山精神、西柏坡精神一样，是我们党和国家宝贵的精神财富，要不断结合新时代条件发扬光大。党的十九大报告中指出，要广泛开展理想信念教育，深化中国特色社会主义和中国梦宣传教育，弘扬民族精神和时代精神，加强爱国主义、集体主义、社会主义教育，引导人们树立正确的历史观、民族观、国家观、文化观。

为积极响应党中央的号召，深入贯彻落实习近平总书记重要讲话精神，深挖沂蒙精神、抗战精神、中国传统文化和爱国主义教育内涵，山东壑合济南、淄博、枣庄、烟台、潍坊、济宁、泰安、威海、莱芜、临沂等地红色旅游文化和资源，打造具有山东特色的红色文化研学目的地体系。遵循统筹区域联动的原则，细化明确了各地的发展方向，突出产品特色。例如，淄博围绕“艰苦奋斗教育”主题，传承具有时代特色的“生命不息，战斗不止”艰苦奋斗精神；济宁围绕“中华传统文化教育”主题，开发中华优秀传统文化特别是以儒家思想文化为主题内涵的研学旅游产品和课程，彰显儒家文化的魅力；临沂和潍坊围绕“沂蒙精神革命教育”主题，依托沂蒙党性教育基地，弘扬沂蒙精神，传承红色基因。坚持市场导向，针对不同客源群体，进一步细分红色教育客源市场，重点推出能满足党员干部党性教育，中小学生爱国主义教育，青少年革命传统教育，社会青年、企业员工、民兵预备役等社会公民国防教育的红色旅游产品体系，并推出具有山东特色的系列研学游红色旅游精品线路。同时，策划举办红色教育进景区、红色研学夏（冬）令营、沂蒙精神红色研学主题展览、沂蒙精神主题文学征文等红色旅游系列活动。

2012—2017 年，全省累计推出 369 部大戏，2 个剧目获中宣部“五个一工程”奖，4 个剧目获文华大奖或文华特别奖，一批优秀演员和剧目获得梅花奖、红梅奖、兰花奖、全国戏剧奖、中国歌剧奖及国际杂技金奖。齐鲁画派加快打造，组织实施了“大哉孔子 · 中国画创作工程”、重大历史题材等系列美术创作工程，推出一批优秀美术作品。

2013 年 11 月 26 日，习近平总书记在山东视察期间来到曲阜考察，就继承和弘扬中华传统文化，弘扬中华传统美德发表了重要讲话。习总书记指出，结合对孔子及儒家思想的研究和传播，要搞好四个讲清楚：要讲清楚每个国家和民族的历史传统、文化积淀、基本国情不同，其发展道路必然有着自己的特色；讲清楚中华文化积淀着中华民族最深沉的精神追求，是中华民族生生不息、发展壮大的丰厚滋养；讲清楚中华优秀传统文化是中华民族的突出优势，是我们最深厚的文化软实力；讲清楚中国特色社会主义植根于中华文化沃土、反映中国人民意愿、适应中国和时代发展进步要求，有着深厚历史渊源和广泛现实基础。山东认真学习贯彻习近平总书记视察孔子研究院的重要讲话精神，着力挖掘和阐发齐鲁优秀传统文化，承载起薪火相传、文化传承、以文化人的历史重任。实施“传承弘扬优秀传统文化十大行动”，聚力打造一批文化品牌。曲阜优秀传统文化传承发展示范区列入国家“十三五”经济社会发展规划，规划建设工作顺利推进。创新推广“图书馆 + 书院”模式，依托各级公共图书馆建设“尼山书院”，在乡镇综合文化站、农村文化大院、社区文化中心建设儒学讲堂。截至 2017 年 2 月，全省公共图书馆全部建成尼山书院，举办各类活动 4000 余场次；建成乡村（社区）儒学讲堂 1.03 万多个，开展活动 4 万余场次。启动实施县及县以下历史文化展示工程，全省 105 个县（市、区）、432 个乡镇、1509 个村（社区）建成历史文化展示场所，成为传承历史文化的重要阵地；面向国内外开展中华优秀传统文化故事会征集活动，遴选推出优秀故事作品 700 篇，开通“中华优秀传统文化故事会传播平台”；加强非遗传承保护，构建形成项目、传承人、传习所、生产性保护基地、生态保护区“五位一体”的非遗保护传承体系，拥有国家级非遗项目 173 个，数量居全国第二，建成 1 个国家级文化生态保护实验区、9 个省级文化生态保护实验区；《山东省非物质文化遗产条例》颁布实施，开展“非物质文化遗产月”特色活动；成功举办 4 届中国非物质文化遗产博览会。

文化产业转型升级加快发展。党的十八大以来，文化产业增加值年均增长 17%，2016 年全省文化产业增加值超过 2700 亿元。制定《山东省“互联网 + 文化产业”行动方案》，培育和建设了一批融合度高、发展潜力大、比较优势明显的“互联网 +”文化企业和项目，涌现出黑晶科技、歌尔声学、卓创资讯等一批优秀文化科技企业。启动首届山东文化惠民消费季，29 个省直部门、单位协同推进，征集系列文化消费活动 460 项、签约文化企业 316 家，涉及各类商户 1698 家，形成了促进文化消费的浓厚氛围。深入推进文化市场技术监管与服务平台应用，建成全国文化市场技术监管与服务平台北方分中心（服务覆盖 12 个省份），成为全国第一个所有市、县全面实现平台上网运行的省份。互联网上网服务行业转型升级加快推进，涌现出德州市“社区综合性文化上网服务站”、淄博市“文化惠民进社区工程”试点等一批典型。大力推进“放管服”改革，建立发布省文化厅行政审批清单、行政权力清单、政府责任清单，文化企业发展环境进一步优化。

对外和对港澳台文化交流日趋活跃，齐鲁文化软实力不断增强。山东按照“政府主导、企业主体、市场运作、社会参与”的思路，积极对接“一带一路”建设，大力开展多种形式的对外文化交流活动。党的十八大以来，全省艺术院团赴国外、境外演出交流 6000 多人次，举办演出 3000 余场、美术展览 1500 多场、非遗展示 600 多场。在世界多个国家和地区举办“中国山东文化年”“中国山东文化周”等主题活动，培育形成“孔子文化世界行”等品牌活动。山东省杂技团《鼓韵》参加中非合作论坛“中非时刻”文艺晚会取得圆满成功，50 多位国家元首观看演出，山东演艺“走出去”得到文化部、外交部表扬认可。与文化部合作共建塞尔维亚贝尔格莱德中国文化中心，习近平总书记出席奠基仪式。积极响应党中央“参与世界文明对话”的号召，大力推动中华文化在核心价值层面走出去，成功举办 4 届尼山论坛、7 届世界儒学大会，颁发 6 届“孔子文化奖”，齐鲁文化国际影响力和知名度不断提高。

第十五章
国内国际新格局中的扩大开放

2018年4月10日，习近平总书记在博鳌亚洲论坛上指出："中国人民将继续扩大开放、加强合作，坚定不移奉行互利共赢的开放战略。"山东省委、省政府以习近平新时代中国特色社会主义思想为指导，在国内国际新格局中迈开了扩大开放的步伐。

一、积极参与"一带一路"建设

2013年，习近平总书记首先提出"一带一路"倡议，2014年，走入"务实合作环节"，从互联互通伙伴关系对话会提出"以亚洲为重点实现全方位互联互通"，到APEC会议进一步推进亚太自贸区建设，从博鳌亚洲论坛习近平总书记所作打造命运共同体的演讲，到国家发布《推动共建丝绸之路经济带和21世纪海上丝绸之路的愿景与行动》，一个全新的重大倡议在世界经济版图上科学构建并付诸实施。"一带一路"倡议的提出和实施，彰显了中国统筹陆海协调发展的新理念，为加强区域合作提供了新平台，翻开了中国全方位对外开放的新篇章。

“一带一路”蕴含着国际视野下陆海经济地理重组的理念和实践。“一带一路”东连亚太经济圈，西接欧洲经济圈，是世界上最长、最具发展潜力、发展前景良好、覆盖数十亿人口的“丝绸之路”经济大走廊。这是一条横贯东西的大经济带，是更大范围的陆海统筹、东西并举、区域联动经济圈。作为陆海交汇点的山东半岛海岸线长达3345公里，拥有青岛、日照、烟台等优良港口，内外交通方便，是“一带一路”重要节点区域。融入、对接“一带一路”，将为山东陆海统筹联动发展提供新的广阔空间，是山东构建发展新格局的重大机遇。山东紧紧抓住了这个机遇，积极参与“一带一路”建设。

1. 发挥区位和地缘优势，加强交流与合作

山东省背靠亚欧大陆，面向太平洋，处于陆路经济与海上经济的交汇处，地理位置十分优越。山东十分重视发挥新亚欧大陆桥和海上通道的优势，运用点轴开发理论，以产业为支撑，加强与“一带一路”区域以及我国西部地区的交流与合作；如在金融贸易、文化旅游和交通基建等方面的合作，就充分考虑到各地区与山东的地缘关系，发挥互补型地缘经济关系的优势，提升与沿线国家和地区合作的水平，全面提高山东省在“一带一路”中的地位和作用。

2. 发挥港口优势，打造交通枢纽

“一带一路”建设的一个重要的方面就是加强基础设施的建设，与沿线国家加强交通网络和基础设施的互联互通。山东港口条件优越，又与新亚欧大陆桥相连接，依托“一带一路”的带动作用，利用良好的港口条件和资源，以青岛为核心，结合山东省的各种交通和基础设施网络来提高山东省整体的交通和物流水平。

积极主动地把新开工建设的路网纳入“一带一路”中，充分发挥作用，实现港口功能在地域上的拓展，充分将山东经济进入“一带一路”建设的大格局中。充分发挥与“一带一路”区域在交通基建方面的互补性优势，加强与南亚、中亚、西亚和中东欧的交流与合作，打造“一带一路”区域的交通枢纽。

3.发挥海洋经济优势，深化海洋产业合作

2011 年 1 月 4 日，经国务院批复的《山东半岛蓝色经济区发展规划》是我国第一个以海洋经济为主题的区域发展战略，这不仅体现出山东省海洋经济发展基础好，还体现出山东省海洋经济的实力，使山东省能够在海上丝绸之路中发挥更大的作用。“21 世纪海上丝绸之路”的建设将推动多个海洋产业的发展，为海洋产业的发展提供新的机遇，如海洋旅游、海洋运输和海洋石油化工等都会得到长足发展。山东省在海洋产业方面加深与“一带一路”地区尤其是南亚和东南亚地区的合作，发挥海洋经济的带头作用，拓展合作的深度和广度。山东省还加强与其他省份和城市的合作，增强自身的实力，扩大向外辐射的范围，形成新的海洋经济合作机制。

具体的措施有：

（1）将山东“蓝黄两区”“一圈一带”全面融入“一带一路”建设体系。把“蓝黄两区”和“一圈一带”融入“一带一路”，作为山东发展的重大布局。蓝色经济区规划是第一个以海洋经济为主题的规划，黄河三角洲高效生态经济区是第一个以高效生态经济为主题的规划，是国家实施陆海统筹和建设经济增长的重要试点，与“一圈一带”一起重构了山东的发展布局。把“蓝黄两区”和“一圈一带”融入“一带一路”建设体系，是发挥蓝黄战略更大作用的新的方向与目标。积极探索切实可行的建设路径，推动山东区域经济综合实力和竞争力的提升，既助力“一带一路”建设，也从开放发展中获益，增创山东发展的新优势。

（2）以陆海统筹视角科学把握山东的新定位。全面融入、有效对接“一带一路”，抓住共享、共建的机遇，科学把握山东发展的新定位。从山东省情出发，着眼于港口、产业、园区、城市互动发展，通过更加强调海洋经济对陆域经济的带动，通过国际海洋经济合作、经贸合作和海洋综合保障服务等临港产业的集聚发展，充分利用海域和陆域两种资源、两个市场、两种优势，实现陆海两条“丝绸之路”齐头并进、相互支持、各具特色、异彩纷呈，实现沿带、沿路、沿海地区的共荣共生。把山东打造成为内陆国家、地区走向海洋的重要出海口和海上国家、地区深入内陆腹地的重要通道，使山东成为沿“一带一路”扩大双向开放的重要区域。深入思考的新定位表现在：一是坚持蓝色经济引领产业发展，实现陆海统筹发展的产业定位；二是山东半岛蓝色经济区示范所要求的海洋建设战略支点的定位；三是在国家开放构想中强化陆海交汇的重要区域的功能定位；四是在整体开放格局中凸显东亚特别是中日韩合作前沿的空间定位。

（3）在全球布局中拉长蓝色经济产业链。进一步落实习近平总书记在山东视察时提出的以蓝色经济为主导积极打造经济增长极的要求，突出蓝色引领、海陆统筹、促进开放、扩展合作的战略导向，把山东具有竞争优势的蓝色经济放在“一带一路”建设的重中之重位置，在全球分工格局中拉长蓝色经济产业链。这是新形势下山东共享、共建“一带一路”的新的重点和亮点。首先提高对山东港口及口岸地位和作用的认识，把港口列为“一带一路”的核心战略资源，发挥山东港口群的战略价值、内外联通、强力引擎和重要龙头作用，围绕海陆一体产业，建链、补链、强链，构建以高端技术、高端产业、高端产品为主体的现代蓝色产业体系，坚定不移追求全球链接，提高国际分工地位，重点开拓，深度开拓，提升产业在全球价值链中的地位，努力走出“微笑曲线”的底端，奋力打造“中高端”。科学区分蓝色产业的不同发展阶段，推进关联度高的陆海产业发展。合作建设一批产业园区，切实落实一批重大基础设施和产业项目，如渤海海峡跨海通道和济南向西铁路干线延伸等，推动从陆海产业集群到陆海产业链的转变，并围绕这些海洋产业和项目，发展其前向关联或后向关联的陆域产业，促进产业融合，争取将产业链条延伸得更长，加速“走出去”。在融入推进“一带一路”建设中，特别重视打造蓝色经济在开放性经济中的新优势，促进陆海联动、东西并举的集资源环境、技术、产业和区位发展于一体的综合集成布局，扬长避短、统筹安排海洋与陆域资源的开发、科技的驱动、产业的发展和空间的拓展，实现融入、共建“一带一路”的科学协调与可持续发展。

青岛被定位为新亚欧大陆桥经济走廊主要节点和海上合作战略支点城市。2016 年青岛已与海外 67 个城市建立了友好城市关系，遍及六大洲 30 多个国家和地区。2018 年 6 月 9 日至 10 日，上海合作组织成员国元首理事会第十八次会议在青岛成功举行，国家主席习近平主持会议并发表重要讲话。青岛充分发挥其独特的区位、产业和开放优势，以合作共赢方式，与“一带一路”沿线国家加强经贸合作，建起“一带一路”沿线国家经贸合作重点项目库，涉及项目 102 个，总投资 600 亿美元。

烟台着力打造境外经贸合作区，鼓励和支持优势企业、特色企业到资源丰富、合作前景广阔的沿线国家，以生产加工、并购兼并等为切入点，积极建立产业园区、经贸合作区，搭建产业合作平台，吸引国内外企业进驻，在国际合作走廊上形成了独具特色的“烟台群体”。烟台市的中匈宝思德经贸合作区、中俄托木斯克木材工贸合作区都搞得红红火火。其中，中匈宝思德经贸合作区是迄今为止我国在中东欧地区最大的投资项目。

临沂发挥地处“一带一路”桥头堡区位优势，做大商贸物流两大引擎产业特色，全方位融入“一带一路”。海外临沂商城加速布局。巴基斯坦（瓜达尔）中国临沂商城纳入山东省与国家发改委签订的《关于建立推进国际产能和装备制造合作委省协同机制的合作框架协议》。该项目建成后将成为辐射南亚、中亚、中东和北非等地市场的区域性国际商贸物流中心。

（4）积极构建东西联动区域协调发展的大格局。山东陆海统筹联动发展的格局在省内外、国内外两个方向展开，切实丰富合作内涵。一是省内东西联动，延伸到省外。省内港口口岸、保税区与各类园区首先联动发展。“蓝黄两区”“一圈一带”不断优化区域发展布局，充分发挥各自优势和特色，进一步明确各自的功能、定位和发展方向，深挖潜力，打造特色经济，加强区域经济联系。发挥东部地区龙头作用，推动资源要素、政策要素向中西部地区倾斜，构建经济紧密型和一体化发展的省会城市群经济圈，加快建设山东西部经济隆起带，增强区域发展活力和动力，全面提高区域的整体经济实力。省外方面，利用山东省支援新疆等地建立起来的经济联系，加强重点项目开拓。二是国内外东西联动。以强化与各经济走廊沿线的合作为主线，加快对外贸易、投资、合作的延伸。

（5）做足改革开放先行先试、创新探路这篇大文章。全面融入、共同推进“一带一路”建设，需要先行先试、创新探路。一是利用好已有的试点资源，二要争取新的试点。在省内继续做好山东半岛蓝色经济区发展试点。并总结出一些好的经验。同时，还积极争取青岛、烟台、日照三大港口加快发展的试点，争取多拓展开放功能。在国际方面，正在开展自由贸易区的试点，如中韩贸易区在合作共建方面正在先行先试等。

随着“一带一路”倡议的深入推进，山东省参与区域合作及对外经贸合作程度显著增强。《“一带一路”大数据报告（2017）》显示，从省市参与度指数看，山东位居全国第五；从省市外贸竞争力看，浙江、福建、广东、上海、山东对沿线国家外贸竞争优势显著。全省“一带一路”政策环境不断优化，管理体制逐步健全，政策文件陆续出台，资金保障力度逐渐加强，相关配套设施建设正在加快。

山东良好的经济基础和经济外向度吸引着越来越多的外资企业来到山东，山东也在“一带一路”沿线国家倾注了越来越多的心血。2017 年，山东省与“一带一路”沿线国家实现外贸进出口 4816.3 亿元，同比增长 16.4%，占全省的 27%。其中出口 2672.5 亿元，同比增长 6.7%，占全省的 26.8%；进口 2143.8 亿元，同比增长 31.3%，占全省的 27.3%；“一带一路”沿线国家在山东省新设企业 116 家，同比增长 20.8%；合同外资 98 亿元，同比增长 10%；实际使用外资 99.8 亿元，同比增长 19.2%；山东省对“一带一路”沿线国家实际投资 100.6 亿元，同比增长 81.7%，占全省的 26.7%；派出各类劳务人员 26487 人，同比增长 24.7%，占全省的37%。东盟、俄罗斯、印度成为前三大贸易伙伴，山东主要向这些地区输出机械设备、钢材、果蔬等货物，并从这些地区进口液化气、石油、橡胶和粮食。山东省还创建了4家国家级境外经贸合作园区，数量位居全国第一。

二、深入推进鲁港、鲁台交流合作

鲁台经贸洽谈会，创办于1994年，是由国务院台湾事务办公室和山东省人民政府共同主办，台湾各大行会参与协办的两岸共办共享的对台经贸文化交流盛会，至今已成功举办24届，已经成为两岸各界人士交流对话、凝聚共识的重要桥梁和政策发布、经贸合作的重要平台，被国台办誉为“江北地区历史最久、规模最大的对台经贸文化交流盛会”。鲁台会自创办以来，累计接待台商4万余人，中央台办及山东省委、省政府主要领导每年均莅临鲁台会，发布重要合作政策。在鲁台会引领和推动下，鲁台经贸文化交流合作不断深化，山东省累计批准台资项目8000多家，实际利用台资200多亿美元，科技、文化、教育等各方面交流合作成效显著。

东道主城市潍坊直接利用台资27.43亿美元，6家潍坊企业入岛投资，大批企业通过与台湾企业开展合作、引进经验从而推动经济模式转型发展；文化、科技、教育、旅游、健康养老等各方面交流走在前列，齐鲁台湾城获批海峡两岸交流基地，在台湾设立的“潍坊民间文化艺术馆”成为齐鲁文化入岛的重要平台。为深化两岸交流、加快建设经济文化强省做出了重要贡献。

2017年9月1日，由国务院台湾事务办公室、山东省人民政府主办的第二十三届鲁台经贸洽谈会，在山东省潍坊市成功举办。本届鲁台会以习近平总书记系列重要讲话精神和治国理政新理念新思想新战略为指导，紧扣“四个城市”建设，以“新动能新机遇新发展”为主题，设置了主题活动、展示展览、专题洽谈、考察对接四大板块，举办了“新动能新机遇新发展”高峰论坛、海峡两岸博览会及两岸高端装备、产业园区、特色小镇、旅游产业、健康养老、现代农业、青年就业创业等十余项专题洽谈活动。参会台湾客商964人，海外侨商70余人，清华大学、北京社科院等知名高等院校、科研院所，美国GE通用、海尔、华为、大疆、小米等知名企业，大陆20多个省（自治区、直辖市）特别是“一带一路”沿线城市、山东省各市代表1000余人参加各专题洽谈对接。全省共签订台、外资项目65个，总投资额37.2亿美元，其中签订对台合作项目58个，总投资额22.3亿美元，合同台资额10.1亿美元；潍坊市签订合同协议项目33个，总投资21.46亿美元。海峡两岸博览会，展出面积5万平方米，参展企业772家，其中台湾企业207家，到场参观采购洽谈近16万人次，实现现场交易额4.7亿元，达成意向交易额17.9亿元。本届鲁台会在社会影响、实效等各方面再次刷新纪录，产生了新的拉动效应。

山东是内地重要的经济大省，且文化底蕴深厚。香港与山东一直维持着非常紧密的经贸关系。2002年5月6日，香港山东商会正式成立。香港山东商会以“繁荣鲁港两地经济，加强鲁港之间经贸合作，发扬孔孟之乡的儒商风范”为基本宗旨，以联合世界各地及港澳的山东精英，搭建合作桥梁，实现共赢共享为目的。创建之初，香港特区原行政长官董建华曾题词“惠益港鲁”，时任

聚焦鲁港合作。图为“山东 · 香港周”第五次在内地举办的推介香港、促进香港与内地省份之间区域性合作的大型活动（据了解，此次活动在规模、参加人数上超过了往届，这也是山东被香港视为“江北第一大省”的魅力所在。正如许多香港代表的共识：吸引着香港目光的不是别的，而是山东自身的实力和影响力）

山东省委书记的张高丽同志亲自赴港主持创立仪式。香港特区行政长官在2015年的《施政报告》中提出要为驻上海经济贸易办事处在山东增设联络处，以进一步加强特区与山东省及省内各市的联系。香港特区政府驻山东联络处于2016年4月21日在山东济南揭牌成立，为促进鲁港交流、合作进一步升级搭建新平台。截至2017年6月，全省累计批准设立港资企业18345家，使用港资796.1亿美元，香港的投资无论以项目数量、合同金额和实际利用金额计算，均排在所有在鲁投资的国家和地区的第一位。我省累计备案核准对香港投资企业（机构）772家，备案核准投资869.5亿元。目前，山东已有在香港上市公司46家，占全省境外上市公司总数的45.5%。

2017 年 8 月，第九届香港山东周在香港隆重举行，活动的主题为“汇聚全球优质资源，助推新旧动能转换”。这是我省新旧动能转换重大工程首次在港宣传推介活动。

活动期间，共举办了国际资本助推山东新旧动能转换洽谈会、香港山东各界推动鲁港合作交流会、“山东品牌全球行”（香港）首站活动、山东省中小企业新旧动能转换重点项目推介会、鲁港金融合作推介洽谈会、山东省老字号暨名优企业品牌交流活动、山东省城镇建设重点项目推介会等系列专题活动。本届香港山东周我省重点推介 109 个新旧动能转换重大项目。在推介会上集中签约 42 个重大合作项目，协议外资额 124.6 亿美元。

良好的发展环境，是深化鲁港合作的有力保障，是加快新旧动能转换的重要支撑。山东把创优环境作为发展的制高点、生命线，坚持“软”“硬”并举、内外合力加强交通、电力、通信、园区硬件设施的统筹建设，同步推进“放管服”改革，努力打造审批事项少、办事效率高、服务质量优的营商环境，实现生态系统的再造，“栽好环境梧桐树，引来发展金凤凰”。香港将会在专业人才、经验和金融等方面大力推动与山东的合作，实现优势互补、互利共赢。

三、继续优化对外贸易结构

在中国对外贸易不断扩大的大背景下，山东利用自身沿海港口众多，毗邻日韩等诸多地理区位优势加紧了对外开放和对外贸易的进程。山东省已经形成了以青岛市为龙头，以烟台、日照和

日照港集装箱码头

威海为前沿的对外贸易新格局。以沿海拉动内陆的外贸经济，对外贸易的规模不断扩大，结构逐步优化，进出口市场也呈现勃勃生机。随着对外贸易规模的逐年扩大，山东省委、省政府高度重视进出口活动，积极引进外资，刺激本地区的消费。由对外贸易而产生的对整体经济的推动作用不断增强。比如青岛市实施“四个一批”工程助推企业“走出去”参与“一带一路”建设。实行的措施有：缔结一批沿线经济合作伙伴城市，建设一批境外经贸合作园区，推进一批双向投资贸易重点项目；泰安市突出“六个强化”确保外贸稳定增长，等等。这些措施都有力地推动了山东省的对外贸易，随着政府政策的有力推行，对外经贸活动在山东省内也呈现良好的增长势头。

机电产品是山东省出口的第一大类产品，2017 年出口机电产品3877.3亿元，比上年增长了11.9%，占山东省出口总值的38.9%，比上年提升0.6个百分点，表现出重要支柱类产品出口强大的增长势头。

对外贸易产品结构不断优化。根据山东省近几年出口商品发展的报告来看，工业制成品的出口比重在稳步上升，作为后起之秀的高新技术产品的出口比重也呈上升趋势。山东省大力发展高新技术产业，以高新技术改造传统产业，以产业结构和商品结构的优化升级不断推进贸易的开展。外贸新业态进出口快速增长。2017年山东省跨境电商进出口额19.8亿元，比2016年增长4倍，其中青岛市跨境电商进出口额8.9亿元，约占全省跨境电商进出口总量的45%，进出口额较2016年增长13.4倍。38家本土培育

经济发展既要看速度、增量，更要看质量。图为占地面积仅100亩的信缔纳士机械有限公司（该公司以高端技术占领高端市场，实现亩创价值上千万元）

的省级外贸综合服务企业进出口额 231.5 亿元，比 2016 年增长 18.3%。

对外贸易经营主体日益多样化。山东省积极实施“引进来，走出去”的贸易战略，不断推动山东省对外贸易经营主体多样化的改革进程。截至 2017 年年底，外商投资企业达到 3 万家，投资总额 3042.2 亿美元。山东省引进世界 500 强企业投资项目达 234 个，多样化的对外贸易经营主体，不仅为山东省外贸市场注入了新鲜的血液，更重要的是在良性竞争中贡献了不同比重的进出口额。

对外贸易市场结构逐渐完善。2018 年，在威海签订《中国—韩国自由贸易区协议》，为山东与韩国的经贸发展提供了很好的机遇。目前，与山东建立经贸关系的国家和地区遍布全球，例如印度、俄罗斯、巴西、美国、韩国、德国、新加坡、英国、意大利、东盟、南亚、中东、澳洲、拉美及非洲等。实现对外贸易的多层次、宽领域和全方位发展。

对外贸易经营方式实现蜕变。山东省对外贸易的多种经营方式中在出口结构中占较大比重的是一般贸易和加工贸易，近年来山东省不断提升加工贸易和一般贸易中的附加值，使得这两种重要的贸易经营方式日益优化，同时这两种贸易经营方式在山东省的对外贸易中发挥着重要的作用。

第十六章
全面从严治党中的新气象

党的十八大以来，习近平总书记于2013年和2018年两次到山东视察并发表重要讲话，对山东工作做出重要指示，强调我们党要永远立于不败之地，就要不断推进自我革命，教育引导党员干部特别是领导干部从思想上正本清源、固本培元，筑牢思想道德防线，增强拒腐防变和抵御风险能力，时刻保持共产党人的政治本色；领导干部必须珍惜权力、管好权力、慎用权力，自觉接受各方面监督，做到忠诚老实、言行一致、表里如一，时刻想着为党分忧、为党奉献。

山东省委牢记习近平总书记嘱托，认真抓了从严治党工作，组织全省党员干部认真学习贯彻习近平总书记关于全面从严治党的一系列重要讲话精神，严肃党内政治生活，坚决落实中央八项规定精神，驰而不息纠正“四风”，推进党风政风改善，努力营造良好政治生态；从严从实抓好党内集中教育活动，推进“两学一做”学习教育常态化制度化；坚持工作重心下移，加强服务型党组织建设，发挥好广大党员先锋模范作用；高举巡视“利剑”，扎紧扎牢制度的笼子，严肃查处侵蚀群众利益的各种腐败；认真落实全面从严治党主体责任、监督责任和领导干部“一岗双责”，层层传导压力，着力解决管党治党“宽松软”的问题。从2013年起，按照党中央的部署，山东省委认真抓了对党员干部的一系列教育活动，推进全面从严治党不断向纵深发展。

一、坚决落实中央八项规定精神

中共中央政治局2012年12月4日召开会议，审议通过了中央政治局关于改进工作作风、密切联系群众的八项规定。八项规定的制定，体现了党中央党要管党，从严治党的坚定决心。

山东省委把贯彻中央八项规定精神作为重大政治任务，认真履行主体责任，出台了《山东省委落实中央八项规定的十条实施办法》，包括：(1) 深入学习领会党的十八大精神和习近平总书记一系列重要讲话、中央政治局八项规定，切实用中央精神统一思想和行动。(2) 扎实深入开展调查研究。不调研不决策；改进调研工作作风；完善省委常委联系点制度；切实减轻基层负担，坚持轻车简从。(3) 减少会议，提高效率。改进会议形式，提高会议实效，降低会议成本。(4) 精简文件，提高质量。凡国家法律法规和党内法规已做出明确规定的，一律不再制发文件。没有实质内容、可发可不发的，一律不发。(5) 禁止铺张浪费。发扬艰苦奋斗作风，从严要求自己，到基层自觉做到“五个一律”。即一律不提特殊要求，不做特别安排；一律在定点政务接待宾馆住宿，不住超规格套房，房间不配高档生活用品；一律不接受宴请，自助餐也要节俭，不上高档菜肴，人数较少或不具备自助条件的安排份饭；一律不到高档娱乐场所和健身场所；一律不接受地方赠送的各类纪

山东集中整治和加强预防扶贫领域职务犯罪和“小官贪腐”职务犯罪专项工作新闻发布会现场

念品和土特产。（6）反对搞形式讲排场。省委常委要带头简化接待工作，严格要求和监督各地做到“十不”，即地方负责同志不到边界接送，不张贴悬挂标语横幅，不打电子屏幕，不组织群众迎送，不安排礼仪人员，不铺设迎宾地毯，不献花插彩旗，不摆花草和豪华用品，不组织专场文艺表演，不安排接见合影。（7）控制和规范出访活动。合理制订年度出访计划，严格控制出访陪同人员，出访时不搞迎送。（8）改进规范新闻报道。减少简化会议报道，按照精简务实、注重效果原则，压缩数量、字数和时长。（9）加强廉洁自律。严格遵守《廉政准则》，严格要求亲属和身边工作人员，严格执行住房、车辆配备等工作和生活待遇的规定。（10）加强监督检查。坚持原则，从严把关，对各项规定特别是量化规定、刚性要求务必不折不扣地执行。

2014年、2015年连续两年，由省委常委、党员副省长带队对全省落实党风廉政建设责任制情况进行重点检查，并将落实中央八项规定精神情况作为重要内容；山东省委、省政府牵头，每年两次组织对全省各市、省直部门、省属高校和省管企业开展中央八项规定精神贯彻落实情况专项督查，省委常委会专题听取汇报并向全省通报。2014年2月，省委办公厅、省政府办公厅印发《山东省党政机关国内公务接待管理办法》，随后又出台补充规定，严格规范公务接待。实施上下联动抓整治。省本级“三公”经费、会议费、培训费自2013年以来逐年减少，2015年执行数分别较2012年决算数减少66.2%、76.4%和45.1%。2013年至2016年，以山东省委、省政府名义召开的全省性会议累计降幅超过50%。专项整治公款吃喝公款送礼、“庸懒散拖”、收“红包”及购物卡等问题。各市和省直部门上缴“红包”347.3万元、购物卡20.2万元；查处公款吃喝公款送礼问题111起，党纪、政纪处分92人；“庸懒散拖”问题直接责任人3441人，问责相关领导984人，党纪、政纪处分937人。发挥职能部门监管作用。查处党员干部违规配备使用公车问题，查处党员干部使用假车牌照逃避监督问题，部署开展省管企业领导人员关联交易和利益输送问题专项检查。清理纠正违规公车637辆，清理收缴假车牌照930副。全面层层压实主体责任。把落实中央八项规定精神工作情况作为省纪委常委同厅局级党政正职廉政谈话，县级党委、政府和市直部门主要负责人向市纪委全会述廉述责，县级党政班子成员向同级纪委全会述廉述责的重要内容。2013年以来省纪委常委开展廉政谈话218人次；县级党政班子成员向同级纪委全会述廉述责已在137个县（市、区）全面推开；县级党委、政府和市直部门主要负责人向市纪委全会述廉述责试点已扩大到8个市。落实中央八项规定精神之初，聚焦群众关注度高、社会反映强烈的突出问题，集中纠治、持续发力；随着工作不断深入，紧盯“四风”新动向新表现，制定新招、对症下药，多管齐下、锲而不舍。注重小事小节。每年省纪委全会都把监督中央八项规定精神落实、纠正“四风”作为重要内容，专题部署安排。在执纪重点上，全省各级纪检监察机关坚持从具体问题入手，持续发力，久久为功，积小胜为大胜。畅通举报渠道。为方便社会监督举报，省、市、县三级建立纪检监察网上举报系统，开设“12388”举报电话和网络举报邮箱，密切关注网络舆情，多层次、多渠道受理群众举报。省纪委监察厅门户网站设立“纠正‘四风’监督举报e线通”，开通手机客户端举报平台和微信公众号举报端口，2016年共分拣信息2056条，分拣中央纪委党风政风监督室网上举报平台信息18000余条。开展明察暗访。紧盯重要节点，省、市、县三级联动，全面排查与重点检查、蹲守与跟踪、突击暗访与随机回访相结合。同时，调整暗访频率，随时安排暗访检查。2013年以来，省纪委先后组织28轮暗访，发现问题线索1326条。强化责任追究，实行“一案双查”，既追究直接责任，又追究领导责任。2015年以来，全省共有1211人因“四风”问题受到责任追究，占各类问责总人数的78.5%。全省各级纪检监察机关“板起脸”来抓纪律，用好点名道姓通报曝光这一利器，坚持定期曝光、随时曝光、专题曝光相结合，不断提升通报曝光的频次。重要节点周通报，典型问题月通报，持续不断地通报曝光，产生了强大的警示震慑效应，释放出了执纪必严、常抓不懈的强烈信号。2013年以来省纪委分24批通报曝光典型问题160起，涉及厅级干部47名，县处级干部78名。全省坚持标本兼治、立破并举，陆续出台了一系列反对“四风”、改进作风的制度规定，做到整顿治理一类问题、祛除一个病根、健全巩固一套制度。

二、开展党的群众路线教育实践活动

党的十八大明确提出，围绕保持党的先进性和纯洁性，在全党深入开展以为民务实清廉为主要内容的党的群众路线教育实践活动。这是新形势下坚持党要管党、从严治党的重大决策，是顺应群众期盼、加强学习型服务型创新型马克思主义执政党建设的重大部署，是推进中国特色社会主义伟大事业的重大举措。2013年4月19日，中共中央政治局召开会议，决定从2013年下半年开始，用一年左右时间，在全党自上而下分批开展党的群众路线教育实践活动。

全心全意为人民服务是党的根本宗旨，群众路线是党的生命线和根本工作路线。深入开展党的群众路线教育实践活动，对于教育引导党员干部牢固树立宗旨意识和马克思主义群众观点，切实改进工作作风，赢得人民群众信任和拥护，夯实党的执政基础，巩固党的执政地位，具有十分重大而深远的意义。

按照党中央部署，山东省委认真组织开展了党的群众路线教育实践活动，省委成立了党的群众路线教育实践活动领导小组，负责全省教育实践活动的组织协调和督查指导，领导小组下设办公室，负责日常工作。各级党委（党组）也都成立了相应的领导机构和工作机构。印发了《中共山东省委关于深入开展党的群

兖矿集团扎实开展党的群众路线教育实践活动。图为兖矿集团领导、职工在东滩煤矿井下

众路线教育实践活动的实施意见》（以下简称《意见》）。《意见》要求各级党组织要把思想统一到习近平总书记一系列重要讲话精神和党中央部署上来，要以为民务实清廉为主要内容，以县处级以上领导机关、领导班子和领导干部为重点，切实加强党的群众路线教育；要把贯彻落实中央八项规定精神作为切入点，把“照镜子、正衣冠、洗洗澡、治治病”的总要求贯穿始终；要把集中解决形式主义、官僚主义、享乐主义和奢靡之风这“四风”上的问题作为主要任务。《意见》规定，全省的教育实践活动从2013年下半年开始，自上而下分两批进行。第一批是省级领导机关和副省级城市领导机关及其直属单位，7月初启动，年底基本结束；第二批是其他市、县（市、区）各机关及其直属单位和基层

八项规定的出台，体现了党中央党要管党及从严治党的坚定决心。图为一景区内的高级会所被关停

组织，2014年1月开始，7月基本结束。《意见》还规定，每一批的教育实践活动，都要抓好三个环节：(1) 学习教育，听取意见。认真学习党章和党的十八大报告，学习习近平总书记一系列重要讲话精神，深入调查研究，广泛听取党员干部群众的意见。(2) 查摆问题，开展批评。要通过群众提、自己找、上级点、互相帮，认真查摆问题，进行党性分析、自我剖析，开展批评和自我批评。(3) 整改落实，建章立制。要对查摆出来的问题，特别是作风方面的问题制定出整改方案，并要认真落实，要加强制度建设，注重从体制机制上解决问题，等等。省委带领全省党员干部群众认真落实《意见》，按时高质量地完成了党的群众路线教育实践活动。

通过党的群众路线教育实践活动，广大党员干部受到马克思主义群众观点和党的群众路线的深刻教育，进一步坚定了理想信念，宗旨意识更加牢固；“四风”积弊得到有力整治，进一步强化了纪律观念、规矩意识，党员、干部作风明显转变；党员干部经历了一次严格的党内生活锻炼，进一步提高了发现和解决自身问题的能力，党的优良传统得到恢复和弘扬；解决了一批关系群众切身利益的问题，进一步密切了党群干群关系，基层基础切实加强；建立完善一系列反“四风”改作风的制度规定，进一步扎紧了制度的笼子，制度执行力和约束力得到增强。

三、进行“三严三实”专题教育

2014 年 3 月 9 日，习近平总书记在参加第十二届全国人大第二次会议安徽代表团审议时，提出“既严以修身、严以用权、严以律己，又谋事要实、创业要实、做人要实”的重要论述，称为“三严三实”讲话。

2015 年 4 月 10 日，中共中央办公厅印发《关于在县处级以上领导干部中开展“三严三实”专题教育方案》（以下简称《方案》），对 2015 年在县处级以上领导干部中开展“三严三实”专题教育做出安排。《方案》要求，开展“三严三实”专题教育，要深入学习贯彻党的十八大和十八届三中、四中全会精神，深入学习贯彻习近平总书记系列重要讲话精神，紧紧围绕协调推进“四个全面”战略布局，对照“严以修身、严以用权、严以律己，谋事要实、创业要实、做人要实”的要求，聚焦对党忠诚、个人干净、敢于担当，着力解决“不严不实”问题，切实增强践行“三严三实”要求的思想自觉和行动自觉，努力在深化“四风”整治、巩固和拓展党的群众路线教育实践活动成果上见实效，在守纪律、讲规矩、营造良好政治生态上见实效，在真抓实干、推动改革发展稳定上见实效。《方案》提出，坚持以上率下、示范带动。中央政治局带头开展“三严三实”专题教育。同时，对省部级领导干部，市、县党政领导班子成员特别是党政主要负责同志，机关、企事业单位及其内设机构县处级以上领导干部和管理人员，分层提出要求。

按照党中央部署，2015年4月，山东省委举办“三严三实”专题教育党课，正式启动全省县处级以上领导干部“三严三实”专题教育。在专题教育中，山东省委常委班子率先垂范，带头开展班子自身的“三严三实”专题教育。一是坚持以上率下，深入学习研讨。省委常委坚持先学一步，学深一层，每次学习研讨，每个常委都对照正反两方面的典型，逐一查找剖析自身存在的不严不实问题，并互相交流，共同提高。二是坚持从严要求，加强督促指导。省委常委分别到分管领域、联系点单位讲了专题党课，听讲党员干部达1.2万余名，召开了4次“三严三实”专题教育工作座谈会，及时传达习近平总书记的重要指示精神和党中央部署要求，对各市开展了三轮督察。三是坚持问题导向，注重立根固本。把开展“三严三实”专题教育融入改革开放稳定的各项工作中，梳理出3类18条不担当不作为问题的具体表现，以情况通报形式通报全省。省委还汇总了方方面面的意见建议113条，并认真加以整改。

在省委和省级领导班子的引领带动下，各地各部门各单位都精心谋划、认真组织，深入研讨，扎实开展了“三严三实”专题教育。（1）按照两月一专题一月一研讨的进度开展了学习研讨，在学习研讨中，各地注意以鲜活的事例，以群众喜闻乐见的形式来教育党员干部。如莱芜市把24名来自基层的优秀共产党员的先进事迹汇编成册，组织先进事迹报告团巡回演讲。青岛市策划创作了专题片《誓言》，将党员干部修身做人的基本遵循、用权律己的誓言箴言等，艺术化地展现在舞台上，使全市1万余名党员干部观看后深受教育。(2) 坚持问题导向，认真对照，查摆问题，认真研究制定完整方案，着力抓整改。如济宁市出台了《济宁市党政领导干部问责办法》，明确了53条问题情形，对执政不力、慵懒无为等现象进行了专项整治。日照市对不作为、不担当、乱作为等问题进行了责任倒查和问题追究等。通过“三严三实”专题教育，全省各级党员干部进一步增强了用习近平总书记系列重要讲话精神武装头脑、指导实践、推动工作的自觉性、坚定性，增强了政治意识、看齐意识和保持一致意识，“严”“实”精神得到进一步发扬。

四、进行“两学一做”学习教育

2016年2月，中共中央办公厅印发了《关于在全体党员中开展“学党章党规、学系列讲话，做合格党员”学习教育方案》，并发出通知，要求各地区各部门认真贯彻执行。“两学一做”学习教育在中央政治局常委会领导下进行，各级党委（党组）要把开展“两学一做”学习教育作为一项重大政治任务。开展“两学一做”学习教育，基础在学，关键在做，实现四个进一步：进一步坚定理想信念，提高党性觉悟；进一步增强政治意识、大局意识、核心意识、看齐意识，坚定正确政治方向；进一步树立清风正气，严守政治纪律政治规矩；进一步强化宗旨观念，勇于担当作为，在生产、工作、学习和社会生活中起到先锋模范作用。开展“两学一做”学习教育是面向全体党员深化党内教育的重要实践，是推动党内教育从“关键少数”向广大党员拓展、从集中性教育向经常性教育延伸的重要举措。2017 年 3 月 28 日，中共中央办公厅印发了《关于推进“两学一做”学习教育常态化制度化的意见》，并发出通知，要求各地区各部门认真贯彻落实。

山东省委认真贯彻党中央的精神，山东省委办公厅印发了《关于在全体党员中开展“学党章党规、学系列讲话，做合格党员”学习教育实施方案》，对全省开展“两学一做”学习教育提出总体要求：“两学一做”学习教育不是一次活动，不分阶段、不设环节。要突出经常性教育的特点，以党支部为基本单位，以“三会一课”等党的组织生活为基本形式，以落实党员教育管理制度为基本依托，充分发挥党支部自我净化、自我提高的主动性，真正把全面从严治党落实到每个党支部、每名党员，推动党的思想政治建设抓在日常、严在经常。要把党的思想建设放在首位，以尊崇党章、遵守党规为基本要求，以用习近平总书记系列重要讲话精神武装全体党员为根本任务，促使广大党员和党员领导干部进一步坚定理想信念、提高党性觉悟；进一步增强政治意识、大局意识、核心意识、看齐意识，坚定正确政治方向；进一步树立清风正气，严守政治纪律政治规矩；进一步强化宗旨观念，勇于担当作为。突出问题导向，“学”要带着问题学，“做”要针对问题改。一是着力解决一些党员理想信念模糊动摇的问题；二是着力解决一些党员党的意识、党员意识淡化的问题；三是着力解决一些党员宗旨观念淡薄的问题；四是着力解决一些党员道德行为不端的问题。同时重点把握以下方面：一是聚焦问题、学做结合，二是领导带头、以上率下，三是区分层次、分类指导，四是健全制度、推动长效。

根据学习方案，全体党员认真学习党章党规。全体党员逐条逐句通读党章，深入领会党的性质、宗旨、指导思想、奋斗目标、组织原则、优良作风，深入领会党员条件和义务、权利，牢记入党誓词，明确做合格党员的标准和条件。县处级以上干部深入学习了《中国共产党廉洁自律准则》《中国共产党纪律处分条例》等党内重要法规制度。重点掌握廉洁自律准则规定的“四个廉洁”“四个自觉”，掌握党纪处分工作原则以及各类违纪行为的情形和处分规定，掌握党的地方委员会和党组的职责、组织原则、运行机制，掌握党政领导干部选拔任用原则、条件、要求。

认真学系列讲话。全体党员认真学习了《习近平总书记系列重要讲话读本》。县处级以上党员领导干部以《习近平谈治国理政》和《习近平总书记重要讲话文章选编（领导干部读本）》为基本教材，围绕坚持和发展中国特色社会主义这个主题，着重领会以习近平同志为核心的党中央治国理政新理念新思想新战略。深入领会我们正在进行具有许多新的历史特点的伟大斗争，我国发展重要战略机遇期变与不变的深刻内涵；深入领会坚定中国特色社会主义道路自信、理论自信、制度自信，决胜全面建成小康社会，实现“两个一百年”奋斗目标和中华民族伟大复兴的中国梦；深入领会统筹国内国际两个大局，协调推进“五位一体”总体布局和“四个全面”战略布局；深入领会创新、协调、绿色、开放、共享的发展理念，主动适应、把握、引领经济发展新常态，更加注重推进供给侧结构性改革，以新发展理念引领发展实践；深入领会全面深化改革，推进国家治理体系和治理能力现代化；深入领会全面从严治党要求，严守党的政治纪律和政治规矩，忠诚、干净、担当，强化正风反腐，坚持“老虎”“苍蝇”一起打；深入领会科学的思想方法和工作方法，观大势、定大局、谋大事，强化战略思维、辩证思维、系统思维、创新思维、底线思维，树立问题导向，注重防风险、补短板；牢记空谈误国、实干兴邦，一分部署、九分落实等。

全省党员干部还深入学习领会习近平总书记视察山东重要讲话和重要批示精神，切实加强社会主义核心价值体系建设，弘扬中华民族传统文化。切实加强和改进党的建设，着眼于领导好全面深化改革这场攻坚战，加强学习和实践，努力提高各级领导干部的思想政治能力、组织动员驾驭复杂矛盾的能力等。

争做合格党员。山东省全体党员积极做到：坚定共产党人理想信念。坚守党的信仰信念，牢记党的历史使命，对党忠诚，把正确的理想追求转化为行动的力量。牢固树立党的意识、党员意识。始终牢记自己是一名共产党员，强化组织观念，加强党性锻炼，严守党规党纪，保持政治本色，听党话、跟党走。强化党的宗旨意识，积极践行社会主义核心价值观。在推动改革发展稳定实践中建功立业。县处级以上党员领导干部认真贯彻习近平总书记关于培养造就具有铁一般信仰、铁一般信念、铁一般纪律、铁一般担当的干部队伍要求，对照习近平总书记关于“七个有之”“五个必须”等重要论述，认真践行“三严三实”要求和好干部标准，做心中有党、心中有民、心中有责、心中有戒的表率。

带头坚定理想信念。保持对马克思主义和共产主义的坚定信仰、对中国特色社会主义的坚定信念，强化宗旨意识、践行群众路线，把理想信念体现到修身律己、为政用权、干事创业的方方面面，做远大理想和共同理想模范践行者。

带头严守政治纪律和政治规矩。知敬畏、明底线、守规矩，保持对党绝对忠诚的政治品格，主动向党中央看齐，向党的理论和路线方针政策看齐，坚定自觉地在思想上政治上行动上同以习近平同志为核心的党中央保持高度一致，坚决维护党中央权威，维护党的团结统一，做政治上的明白人。

带头落实全面从严治党责任。树立全面从严治党永远在路上的思想，树立抓好党建是最大政绩、抓不好党建是不称职、不抓党建是失职的意识，坚持思想建党和制度治党紧密结合，强化依规治党，切实担负起管党治党责任。

山东省在进行“两学一做”学习教育中具体做法主要有以下七点：

1. 抓实专题学习讨论

党支部按照“三会一课”制度要求，认真制订学习讨论计划，突出主题，精心设计，细化安排。综合采取个人学、集中学、专家辅导学、典型示范学等方式，确保学习质量和效果。利用互联网、手机报、微信易信、远程教育平台等开展在线学习交流，用好党校、行政学院、干部学院教育培训渠道，编印制作口袋书，运用微党课、微动漫、微视频等，满足党员学习需求。集中学习以党支部或党小组为单位，每月至少组织一次。党支部每季度召开一次全体党员会议，每次确定一个专题组织交流讨论。

2. 讲好高质量的党课

讲党课紧扣主题，重点讲清楚党章党规和习近平总书记系列重要讲话的核心要求，讲清楚党员队伍中存在的突出问题及危害，讲清楚做合格党员的基本要求和实践途径，有针对性地解疑释惑。

省委常委带头讲党课。用沂蒙党性教育基地、济宁干部政德教育基地、胶东革命教育基地等红色教育资源，发挥优秀传统文化作用，增强党课教育的吸引力和感染力。

3. 开好专题组织生活会

结合学习讨论、征求意见、谈心交心等情况，对照党章党规和系列重要讲话，对照正反典型、职能职责，联系思想、工作和生活实际，查摆在思想、组织、作风、纪律等方面存在的突出问题，深入进行党性分析，撰写简要发言提纲。

4. 认真开展民主评议党员

组织全体党员对照党员标准，按照个人自评、党员互评、民主测评、组织评定的程序进行。每名党员实事求是地做出自我评价，党员之间相互提出批评意见，党员人数较多的党支部，个人自评和党员互评分党小组进行。

5. 引导党员立足岗位作奉献当先锋

围绕“受教育、强党性、当先锋、促发展”，提出党员发挥作用的具体要求。

6. 健全党员教育管理基本制度

从根本上解决党员队伍中存在的突出问题，认真落实党员组织关系转接、组织生活会、民主评议党员、党员交纳党费、流动党员管理、“三会一课”等制度。

7. 建设过硬支部

以“两学一做”学习教育为带动，切实加强基层党建工作，着力破难题补短板，激活基层党组织，增强基层组织力。

五、查处王敏、杨鲁豫贪腐案

2016年9月30日，浙江省宁波市中级人民法院公开宣判原山东省委常委、原济南市委书记王敏受贿案，对被告人王敏以受贿罪判处有期徒刑十二年，并处没收个人财产人民币200万元；对王敏受贿所得财物予以追缴，上缴国库。经审理查明，2004年至2014年，王敏先后利用担任山东省委副秘书长、省委秘书长、济南市委书记等职务的便利，为他人在房地产开发、职务提拔、工作安排等事项上谋取利益，直接或者通过其特定关系人非法收受他人财物，共计折合人民币1805.103万元。2017年5月5日，河南省平顶山市中级人民法院公开宣判原济南市委副书记、原济南市人民政府市长杨鲁豫受贿案，对被告人杨鲁豫以受贿罪判处有期徒刑十四年，并处罚金人民币200万元；经审理查明，2004年至2016年，杨鲁豫在担任济南市委副书记，济南市人民政府副市长、市长，以及泰安市委书记期间，利用职务上的便利，在土地征用、项目开发、规划审批、工程建设、工作安排、职务调整等事宜上为他人谋取利益，直接或通过其亲属非法收受他人财物，共计折合人民币2327.8228万元。

王敏、杨鲁豫贪腐案的查处，彰显了我党反腐的坚定信心。习近平总书记提出“老虎”要打，“苍蝇”也要拍。要坚持党纪国法面前没有例外，不管涉及谁，都要一查到底，决不姑息。只要违规违法，损害党和国家利益的官员干部，都是反腐对象。王敏、杨鲁豫的落马是正义之举，是党和国家坚决反腐、全面从严治党信心的现实表现。

此事告诉人们反腐任务依然艰巨。从王敏、杨鲁豫贪腐案中可以看到反腐败斗争的复杂性和艰巨性。王敏描述自己贪腐堕落的“两面人生”为“台上一套，台下一套；说一套，做一套；人前是人，人后是鬼”。王敏张口“廉洁”、闭口“清正”，迷惑了不少干部和群众。甚至在他被调查后，很多干部还觉得不可思议。王敏、杨鲁豫贪腐案告诉我们，要清醒地认识到腐败案件的隐秘性。虽然反腐败斗争取得了明显成效，腐败案件涉及面、发案率在降低，但在未来相当长的一个时期内，我国反腐败仍将是成效与问题并存，防治力度不断加大与腐败现象易发多发并存，群众对反腐败期望值不断提高与腐败现象短期内难以完全根治并存的态势。我们必须充分认识反腐败斗争的长期性、复杂性、艰巨性，将反腐倡廉建设贯穿于改革开放和现代化建设的全过程，采取扎实有效的措施，努力把腐败现象遏制到最低程度。

此事还告诫党员干部要坚守共产党员的信仰。中国共产党是中国工人阶级的先锋队，同时是中国人民和中华民族的先锋队，代表中国最广大人民的根本利益。中国共产党是以全心全意为人民服务为根本宗旨的政党，也正因为这样，中国共产党的执政才会得到人民的拥戴，历史才会选择我们，人民才会选择我们。中国共产党先锋队的性质决定了进到这个政党里的必须是真正有信仰、真正有觉悟的人。信仰是共产党人的灵魂和命脉，坚守信仰是共产党员的永恒追求。无论社会怎样发展进步，信仰都不能丢，更不能偏。王敏、杨鲁豫之所以走上犯罪道路，归根到底就是信仰出现了问题。这也提醒广大党员干部要时时处处将自己的言行与共产主义信仰进行比对。只有坚持不断反省，不断清扫心中的“雾霾”“尘垢”，理想信念才能更加坚定。牢牢把握坚定理想信念这个关键，争做合格党员，以实际行动做出无愧于时代与人民的业绩，这是全体党员的职责所在。

此事还提醒广大党员干部防腐必须防微杜渐。王敏、杨鲁豫贪腐案也是由小及大形成的。在 20 世纪 90 年代，一个老乡找王敏办事，送他 1 万元现金。他诚惶诚恐，后来想想，朋友间往来别人不会知道。之后，他变本加厉，找他办事的人越来越多，送钱送物的也频频登门。“勿以恶小而为之，勿以善小而不为”。抓早抓小，要尽量防止小问题发展成大问题。反腐败是把双刃剑，打的是违纪违法党员干部，疼的是组织，损害的是党的形象。对每个违纪违法干部的惩处，给他本人带来的损害远没有对党组织的损害大。惩是为了治。如果在出现苗头的时候提醒提醒、警示警示，就可以避免问题小变中、中变大、单变双，最后演变成违法犯罪问题。党员干部当守住做人底线，不可越雷池一步。反腐要慎微，防腐败于小事之中。要认真落实管早、管小、管平时的要求。党员干部要从小事预防，从细节入手，一个人不可能一夜之间成为腐败分子，走向腐化堕落大多是从不注意小事小节开始的。因此，党员干部一定要防微杜渐，从自身做起，要清正廉洁，别有贪腐之心。贪腐之心是个无底洞，任何一个党员干部一旦踏入，就意味着踏上了一条不归路。同时，每一个党员干部必须牢记，任何的贪污腐败行为，都必将受到公正的审判和严肃的惩治。我们每一个党员干部必须将贪腐扼杀在萌芽中，弘扬党的廉政清风。

六、反腐败斗争形成压倒性态势

习近平总书记在十八届中央纪委第七次全会上指出，经过全党共同努力，党的各级组织管党治党主体责任明显增强，中央八项规定精神得到坚决落实，党的纪律建设全面加强，腐败蔓延势头得到有效遏制，反腐败斗争压倒性态势已经形成，不敢腐的目标初步实现，不能腐的制度日益完善，不想腐的堤坝正在构筑，党内政治生活呈现新的气象。

党的十九大报告对全面从严治党做了重要论述和战略安排，反腐败斗争是其重要内容。习近平总书记严肃指出："反腐败斗争形势依然严峻复杂，巩固压倒性态势、夺取压倒性胜利的决心必须坚如磐石。"党的十九届一中全会闭幕后，习近平总书记在新一届中央政治局常委同中外记者见面时强调，"全面从严治党永远在路上，不能有任何喘口气、歇歇脚的念头"。2018 年 1 月 11 日，习近平总书记在第十九届中央纪委第二次全会上发表重要讲话，深刻分析反腐败斗争形势，提出当前和今后一个时期的任务目标，"要深化标本兼治，夺取反腐败斗争压倒性胜利"。党的十九大后，党重整行装再出发，以永远在路上的执着把全面从严治党引向深入，开创全面从严治党新局面，提出从六个方面深化标本兼治。要坚持无禁区、全覆盖、零容忍，坚持重遏制、强高压、长震慑，坚持受贿行贿一起查，坚决减存量、重点遏增量；要推动全面从严治党向基层延伸，严厉整治发生在群众身边的腐败问题；要把扫黑除恶同反腐败结合起来，既抓涉黑组织，也抓后面的"保护伞"；要加强反腐败综合执法国际协作，强化对腐败犯罪分子的震慑；要强化不敢腐的震慑，扎牢不能腐的笼子，增强不想腐的自觉；要通过改革和制度创新切断利益输送链条，加强对权力运行的制约和监督，形成有效管用的体制机制。

重拳反腐，形成震慑。党的十八大以来，党中央以“刮骨疗毒、壮士断腕”的决心和勇气，重拳反腐，惩贪去恶，坚决把全面从严治党、党风廉政建设和反腐败斗争进行到底。中央立案审查省军级以上党员干部及其他中管干部 440 人，其中十八届中央委员、候补中央委员 43 人，中央纪委委员 9 人；厅局级干部 8900 余人，县处级干部 6.3 万多人，处分基层党员干部 27.8 万人，惩处力度不断增强，查处从严，形成震慑，既让腐败分子闻风丧胆，也使广大党员干部明规矩、知敬畏。海外不是法外，也不是“避罪天堂”。对国际追逃追赃狠抓到底。天涯海角，虽远必追。2014 年至 2017 年连续组织“天网行动”，向外逃腐败分子发出红色通缉令，杨秀珠、李华波等重点“红通”嫌犯被缉拿归案或投案自首，共追回外逃人员 2566 人、赃款 86.4 亿元人民币，一大批怀揣“异国避罪梦”的外逃腐败分子陆续落网，让腐败分子永无“避罪天堂”。山东省坚决贯彻党中央反腐败无禁区、全覆盖、零容忍的工作要求，深入推进反腐败斗争。2013 年至 2017 年，全省共立查贪污贿赂等职务犯罪 9917 件 12394 人、渎职侵权等职务犯罪 2990 件 4380 人，挽回直接经济损失 28.1 亿元。山东共有 41 名厅级以上官员落马。

强化监督，问责必严。党的十八大以来，立足于打赢反腐败这场正义之战，各级纪检监察机关不断推动党内监督方式方法的改革创新，实现党内监督全覆盖。积极探索监督执纪“四种形态”。各级纪检监察机关通过有效运用“四种形态”，从小处抓起、从日常抓起，对反映党员干部的苗头性、倾向性问题，及时予以纠正，减存量、遏增量，防止腐败势头蔓延。截至2017年6月，党的十八大以来共处置问题线索236.2万件，立案141.8万件，处分140.9万人，移送司法机关依法处理5.4万人。强化自我监督。针对监督执纪中的关键点和风险点，把规矩立起来、纪律严起来，严格约束监督执纪权力，严防“灯下黑”。截至2016年年底，党的十八大以来中央纪委机关谈话函询218人、组织调整21人、立案查处17人，全国纪检监察系统共谈话函询5800人次、组织处理2500人、处分7900人。山东省纪委着力把握问题线索“五类处置方式”和监督执纪“四种形态”的内在关系，突出党纪特点和政治性，强化监督执纪问责。2016年，全省各级纪检监察机关处置问题线索29300件。谈话函询2727次，给予纪律轻处分15921人，给予纪律重处分9247人。省纪委立案审查省管干部92人，处分85人，移送司法机关10人。全省处分各级“一把手”642人，其中县处级以上“一把手”254人。

标本兼治，扎紧“牢笼”。党的十八大以来，中央纪委按照党中央部署，坚持实践探索在前、总结提炼在后，把管党治党、正风反腐的成功经验，特别是党的十八大以来的新实践，及时转化为制度成果，不断建立健全长效机制，让制度成为正风反腐的利器。出台《中国共产党廉洁自律准则》《中国共产党问责条例》，修订《中国共产党纪律处分条例》《中国共产党巡视工作条例》，通过《关于新形势下党内政治生活的若干准则》和《中国共产党党内监督条例》等，中央共出台或修订的党内法规80余部，党规党纪的“笼子”越扎越紧，为巩固和发展反腐败斗争压倒性态势奠定了坚实的制度保障。标本兼治，方能防患未然、赢得主动。以完备的制度建设为抓手，用制度来规范党组织、党员的行为，把制度当成尺子来丈量党的一切工作，让铁规发力，让禁令生威，坚决打赢党风廉政建设和反腐败斗争这场攻坚战、持久战，推动形成风清气正、崇廉尚实、遵纪守法的良好政治生态。

加强宣传，及时曝光。反腐专题片《永远在路上》，曝光了77名党的十八大以来因腐败违法违纪落马的党内官员，上至副国级，下至村委会主任，其中有30名省部级及以上落马官员包括周永康、苏荣、薄熙来等等。由这些当事人亲自现身说法，还原自身违法犯罪的心路历程，表达深切的忏悔。让腐败分子作为活生生的人出现在屏幕上，讲述其被腐蚀和堕落的真实故事。使得社会对腐败的认识更为直观深刻，腐败究竟是怎样发生的，离普通党员到底有多远，这些具有针对性和现实性的问题，都可以在专题片中找到线索，甚至获得灵魂深处的震撼。从而促使广大党员认真对照反思自身的行为，防患于未然，具有很强的警示和教育意义。山东省2016—2017年落马官员名单曝光，包括济南市城市建设投资集团原党委书记、董事长赵明奎，凯远集团公司党委委员、董事、副总裁陈瑞斋，烟台市原副市长王国群，齐鲁工业大学原党委书记徐同文，青岛市人大机关农村工作室原副主任崔成健，日照原市委常委、统战部部长万同等。这些官员的落马，表明了党中央坚定不移惩治腐败的鲜明态度，体现了党纪国法面前人人平等的原则，显示了猛药去疴、重典治乱的决心，刮骨疗毒、壮士断腕的勇气，同时也给了人们深刻的教育。

主要参考文献

1. 邓小平：《邓小平文选》第 2 卷，人民出版社 1994 年版。

2. 邓小平：《邓小平文选》第 3 卷，人民出版社 1994 年版。

3. 习近平：《习近平谈治国理政》第 1 卷，外文出版社 2017 年版。

4. 习近平：《习近平谈治国理政》第 2 卷，外文出版社 2017 年版。

5. 姜春云：《跨入全国经济大省行列——山东改革与发展回眸》（1980—1994），2004 年 1 月 30 日姜春云接受中共山东省委党史研究室采访时谈话要点。

6. 王修智主编：《山东工业四十年》，山东人民出版社 1989 年版。

7. 王修智主编：《山东外向型经济》，山东人民出版社 2006 年版。

8. 田德全、丁龙嘉主编：《山东改革开放三十年史》，山东人民出版社 2014 年版。

9. 王永仁主编：《山东改革开放与展望》，山东人民出版社 1998 年版。

10. 山东省统计局编：《奋进的四十年山东分册》，中国统计出版社 1989 年版。

11. 中共中央文献研究室编：《十三大以来重要文献选编》（中），中央文献出版社 2011 年版。

12.《拨乱反正》山东卷编审委员会编：《拨乱反正》（山东卷），黄河出版社 1998 年版。

13. 中共山东省委研究室编著：《山东新时期的十年》，山东人民出版社 1988 年版。

14. 张皓若主编:《辉煌的历程:中国改革开放二十年》，中国商业出版社 1998 年版。

15. 中共山东省党史研究室、山东省农业委员会编:《中国新时期农村变革》(山东卷)，中共党史出版社 1998 年版。

16. 卢培琪等主编:《邓小平理论与山东发展》，山东人民出版社 1998 年版。

17. 安作璋主编:《山东通史》现代卷(上)，人民出版社 2009 年版。

18. 吕景琳、申春生主编:《山东五十年发展史》，齐鲁书社 1999 年版。

19. 周鸿、朱汉国主编:《中国二十世纪纪事本末》第 4 卷，山东人民出版社 2000 年版。

20. 廖盖隆、王浦明主编:《中华人民共和国编年史》，河南人民出版社 2000 年版。

21. 国家统计局国民经济综合统计司编:《新中国六十年统计资料汇编》，中国统计出版社 2010 年版。

22. 中共山东省委党史研究室编:《中共山东八十年简史》，中共党史出版社 2001 年版。

23. 中共山东省委党史研究室编:《中共山东历史大事记(1978 年 12 月—2002 年 6 月)》，中共党史出版社 2004 年版。

24. 费云良主编:《2007 年山东省国民经济和社会发展报告》，山东人民出版社 2007 年版。

25. 中共中央文献研究室编:《十六大以来重要文献选编》(上)，中央文献出版社 2011 年版。

26. 中共中央文献研究室编:《科学发展观重要论述摘编》，中央文献出版社、党建读物出版社 2009 年版。

27. 衣芳等:《山东改革发展 30 年研究》，山东人民出版社 2008 年版。

28. 山东六十年纪事编写组编:《山东六十年纪事》(1999—2009),山东人民出版社2009年版。

29. 张卫国主编:《山东经济蓝皮书2009年:山东加快提升产业国际竞争力》,山东人民出版社2009年版。

30. 王志东主编:《山东文化蓝皮书2009年:全面提升山东省文化竞争力》,山东人民出版社2009年版。

31. 中共山东省委主办:《中共山东年鉴(2008)》,黄河出版社2008年版。

32. 中共山东省委主办:《中共山东年鉴(2009)》,黄河出版社2009年版。

33. 中共山东省委主办:《中共山东年鉴(2010)》,黄河出版社2010年版。

34. 中共山东省委主办:《中共山东年鉴(2011)》,黄河出版社2011年版。

35. 中共山东省委主办:《中共山东年鉴(2012)》,黄河出版社2012年版。

36. 中共山东省委主办:《中共山东年鉴(2013)》,黄河出版社2013年版。

37. 中共山东省委主办:《中共山东年鉴(2014)》,黄河出版社2014年版。

38. 中共山东省委主办:《中共山东年鉴(2015)》,黄河出版社2015年版。

39. 中共山东省委主办:《中共山东年鉴(2016)》,山东人民出版社2016年版。

40.《大众日报》,1978—2017年。

后　记

山东，是马克思主义在中国的发祥地之一。

1920 年，马克思主义在济南和烟台开始传播。1921 年春，济南共产党早期组织诞生。是年 7 月，王尽美、邓恩铭代表济南共产党早期组织出席中共一大，参与创建中国共产党。

中国共产党从面世到今天，经过了革命、建设、改革三大历史时期，走过了近百年历程。历史赋予了这近百年历程以精神和道德的意义，这个意义就是为人民谋幸福、为民族谋复兴。为人民谋幸福、为民族谋复兴，是中国共产党的初心，也是贯穿中国共产党近百年历史的一种精神。

以 1978 年党的十一届三中全会为标志的改革开放新时期，已满 40 年了。在这一历史时刻，人们正以不同方式纪念改革开放——中国共产党领导的“第二次革命”。我们奉献给读者这本书，也是纪念改革开放 40 周年的一个举动。

纪念改革开放，就是要不忘初心，弘扬为人民谋幸福、为民族谋复兴这一共产党人的精神，就是要坚持改革开放、走中国特色社会主义道路，就是要从 40 年历程中汲取经验，前行得更为稳健。这三点，正是我们撰写这本书的初衷。

这本书，是我们分工、合作撰写的。丁龙嘉设计了全书框架，拟定了全书编写大纲，审阅了全书清样。田德全主持了全书编写工作，审阅、修改了整个书稿，并撰写了第一章、第十三章的“一”和“二”中的一部分。吕厚轩除协助田德全统稿外，还撰写了第二章、第四章、第五章、第七章、第八章。王振霞撰写了第九章、第十章、第十一章、第十二章和第十三章的“二”中的一部分。田蕙撰写了第三章、第六章。王璇撰写了第十四章、第十五章、第十六章。

在成书过程中，中共山东省委宣传部的领导和中共山东省委党史研究室的领导、专家以及山东人民出版社的领导、责编给予了指导和帮助，在此特致谢意。

本书作者

2018 年 5 月

图书在版编目（CIP）数据

中国改革开放全景录·山东卷/田德全，丁龙嘉著.--济南：山东人民出版社，2018.11
ISBN 978-7-209-11018-1

Ⅰ．①中… Ⅱ．①田… ②丁… Ⅲ．①改革开放-历史-山东 Ⅳ．①D61

中国版本图书馆CIP数据核字(2018)第171376号

责任编辑：李言英 崔萌 常纪栋 于萌
封面设计：石笑梦
版式设计：周方亚

中国改革开放全景录·山东卷
田德全 丁龙嘉 著

主管部门 山东出版传媒股份有限公司
出版发行 山东人民出版社
出 版 人 胡长青
社　　址 济南市英雄山路165号
邮　　编 250002
电　　话 总编室（0531）82098914
　　　　 市场部（0531）82098027
网　　址 http://www.sd-book.com.cn
印　　装 山东新华印务有限责任公司
经　　销 新华书店

规　　格 16开（168mm×238mm）
印　　张 33.25
字　　数 310千字
版　　次 2018年11月第1版
印　　次 2018年11月第1次
印　　数 1-3000
ISBN 978-7-209-11018-1
定　　价 117.00元